古代天津城市史

天津社会科学院建院四十周年精品文库

郭蕴静 主编
涂宗涛 副主编

天津社会科学院出版社

图书在版编目（CIP）数据

古代天津城市史 / 郭蕴静主编. -- 天津 ： 天津社会科学院出版社，2019.8

（天津社会科学院建院四十周年精品文库 / 靳方华主编）

ISBN 978-7-5563-0567-4

Ⅰ. ①古… Ⅱ. ①郭… Ⅲ. ①城市史－研究－天津－古代 Ⅳ. ①K292.1

中国版本图书馆 CIP 数据核字(2019)第 170093 号

古代天津城市史
GUDAI TIANJIN CHENGSHISHI

出版发行：天津社会科学院出版社
出 版 人：张博
地　　址：天津市南开区迎水道 7 号
邮　　编：300191
电话/传真：（022）23360165（总编室）
（022）23075303（发行科）
网　　址：www.tass-tj.org.cn
印　　刷：天津午阳印刷股份有限公司

开　　本：880×1230　毫米　1/32
印　　张：13.75
字　　数：314 千字
版　　次：2019 年 8 月第 1 版　2019 年 8 月第 1 次印刷
定　　价：78.00 元

总 序

《天津社会科学院建院四十周年精品文库》收录了天津社会科学院建院以来的部分精品学术著作和研究成果,即将陆续付梓。该文库的出版是天津社会科学院建院40年来优秀科研成果的集中展示,是对40年来不懈奋斗的领导和学者们的诚挚敬意,也是对当今接续奋斗的社科院人的热忱激励。作为天津市规模最大、门类最全的哲学社会科学专业研究机构,40年来,天津社会科学院在众多学科涌现了杨柳桥、吕万和、卞慧新、黎干、孙振、王昌定、王辉、温克勤、罗澍伟、潘允康、周路、包永江、荣长海、张景荣等一大批国内外知名的专家学者,在哲学伦理学、法学理论、历史文化、经济社会等诸多领域贡献了一大批思想深邃、引领学界的研究成果,为繁荣发展中国哲学社会科学做出了突出贡献。借撰写文库序言的机会,谈几点感受。

我们正处在繁荣发展哲学社会科学的新时代。习近平总书记指出,当代中国正经历着我国历史上最为广泛而深刻的社会变革,也正在进行着人类历史上最为宏大而独特的实践创新。这种前无古人的伟大实践,必将给理论创造、学术繁荣提供强大动力和广阔空间。这是一个需要理论而且一定能够产生理论的时代,这是一个需要思想而且一定能够产生思想的时代。改革开放以来,中国共产党团结带领全国各族人民开辟了中国特色社会主义道路，在理论、制度和文化上，形成一系列创新的思想理论、发展理念和实践方略，为人类文明做出了突出贡献。天津社会科学院的发展伴随着改革开放的历史进程，从建院以来的初创奠基、探索前进、改革发展到如今的创新竞进，从站上新起点到迈入新时代，40 年风雨同舟，40 年披荆斩棘，40 年砥砺奋进，全体社会科学工作者用忠诚、担当绘就了一幅气势恢宏的历史画卷，谱写了一曲不问浮华的奋斗赞歌。新时代，新召唤，哲学社会科学正面临着空前丰富的素材与题材、空前复杂的命题与试题、空前广阔的机遇与空间，时代是出卷人，我们是答卷人，人民是阅卷人，在这个繁荣发展哲学社会科学的新时代，只有坚持以习近平新时代中国特色社会主义思想为指导，聆听新时代的声音，立足新时代的特点，回应新时代的呼唤，认真研究解决重大而紧迫的问题，才能真正把握住历史脉络、找到发展规律，推动理论创新，推进咨政建言，提升服务社会的品质。

新时代的哲学社会科学必须毫不动摇地坚持以马克思主义为指导。当今世界，各种思想观念、思维方式、意识形态的交流和碰撞越来越频繁、越来越激烈，给意识形态带来许多新问题、新挑战。以什么样的世界观、方法论来审视世界、引领未来，是哲学社会科学的根源问题。马克思主义是科学的思想体系，是人类思想史上最重要的成果，它揭示了人类社会发展的本质和规律，是科学的世界观和方法论，是我们认识世界、改造世界的强大思想武器。我国革命、建设和改革实践反复证明：中国特色社会主义需要马克思主义，坚持以发展着的马克思主义为指导，是我们事业沿着正确方向胜利前进的根本保证。当今中国，坚持马克思主义就是要不断深入学习贯彻习近平新时代中国特色社会主义思想。建设具有中国特色、中国风格、中国气派的哲学社会科学，必须坚持马克思主义指导地位，运用马克思主义观察时代、解读时代、引领时代，真正搞懂面临的时代课题。坚持马克思主义指导地位，需要不断推进实践基础上的理论创新，及时回答时代之问、人民之问，不断开辟马克思主义发展新境界；需要我们用马克思主义的思想武器，提升文化“软实力”和社会主义核心价值观体系建设，用强大的思想武器构筑意识形态领域的钢铁长城；需要我们加强主流意识形态的吸引力、凝聚力，提高主流意识形态的控制力和引导力，同新自由主义、历史虚无主义等各类不良社会思潮和意识形态领域的敌对势力做斗争。

哲学社会科学研究应该“以人民为中心”。与时代同步伐，与人民共命运，关注和回答人民需要的问题，是社会科学工作的生机与活力所在。“大学之道，在明明德，在亲民，在止于至善。”中国特色社会主义的成功经验蕴含着人民群众丰富实践创造的宝贵经验，为理论工作者的学术创新提供了丰厚土壤和研究样本。以人民为中心，需要我们“引时代明德、为人民立言”，牢固树立为人民做学问的思想，切实承担起以文化人、以文育人、以文培元的重要使命；需要我们认真汲取优秀历史文化中的合理元素，挖掘阐释其中符合时代精神、具有普遍意义的思想精华，为振兴中国学术尽心尽力；需要我们坚持理论与实践相结合，坚持问题导向，善于从实践中提炼经验做法，善于运用哲学观点和社会理论，回答和解决当前面临的矛盾和问题；需要我们唱响主旋律，凝聚正能量，不断巩固人民群众团结奋斗的共同思想基础；需要我们坚持从国家和区域发展的实际出发，聚焦高质量发展要求，努力在中华民族伟大复兴和“五个现代化天津”建设中，服务大局，展现作为；需要我们坚持平实务实，聚焦人民群众所思所想所盼，用通俗易懂的语言，有针对性地解疑释惑，积极回应群众关切，推进马克思主义思想大众化，始终贯彻理论创新“来自人民、为了人民、贴近人民”的鲜明品格。

哲学社会科学研究要强调精品意识。对社会科学研究成果而言，质量就是生命。大学之大，不在大楼，而在大师；大家之大，不在派头，而在作品。如何锻造学术精品，需要我们以扎根本土、深植时代为基础，在观念和手段结合上、内容和形式融合上进行深度创新，提高作品的思想高度、文化内涵、学术价值。当前，哲学社会科学研究的重要任务是立足中国特色社会主义伟大实践，提出具有自主性、独创性的理论观点，构建中国特色学科体系、学术体系、话语体系，这是产生学术精品的源泉和保障。社科工作者应该围绕“三个体系”建设，深入生活、扎根人民，树立正确的历史观与文化观，拿出真正经得起考验的精品佳作，凭本事说话，靠品质取胜。社会科学研究是一项苦差事，需要勤于思考、甘于清贫、淡泊名利，不畏浮云遮望眼，专心致志地锻造精品。如果不把心思和精力放在创作精品上，只想着追名逐利、走捷径、搞速成，成不了大师、成不了大家。以精品奉献人民，需要耐得住寂寞，经得起诱惑，守得住底线，立志做大学问，做真学问，同浮躁之风、弄虚作假、学术不端划清界限，在学术积累上下功夫，在守正创新上下功夫，不断增强学术积累和创新能力，拿出更多高质量、高水平的科研成果。

藉此为序。向被收入文库的作者和作品致敬！向接续奋斗 40 年的天津社会科学院人致敬！向为文库的出版付出辛勤努力的同志们致谢！也衷心希望更多的专家学者立时代潮头、通古今变化、发思想先声、引时代明德、为人民立言，不断涌现出更多的精品佳作、名家大师，不断推进全国一流社科院建设迈上新台阶。

靳方华

2019 年 3 月 17 日

本书主编:郭蕴静

副 主 编:涂宗涛

作　　者:(按姓氏笔画为序)

林纯业　罗宏曾　张增元

涂宗涛　郭蕴静　韩嘉谷

第一版编写说明

一、本书编写工作始于1985年。初稿完成后经有关专家和学者审阅，不仅给予热情鼓励，而且提出了宝贵意见，在此基础上，我们做了进一步的修改。在编写过程中曾得到天津历史博物馆、天津社会科学院及所属历史研究所领导及有关同志的支持；本书的出版得到天津市领导同志的关心，并得到了市哲学社会科学规划领导小组与天津社会科学院的资助，以及天津古籍出版社的热情支持，在此一并深致谢意。

二、自1860年《北京条约》签订后，天津被迫开为商埠，标志着由封建城市变为半封建半殖民地城市的开始，故本书下限至1860年。本书主要涉及范围相当于今天天津的市区、郊区、塘沽和汉沽等地区。至于今市属五县，为了与另编方志分工，故不加论述。

三、全书分上下两编，共十三章，以明清时期为主线，尤以明清经济为重点，采取纵横结合的写法。上编五章，探讨了天津平原的形成直到明清时代天津城市的形成与演变过程；下编八章，探讨了明清时代天津农业、渔业、盐业、商业及手工业等各经济部类的发展及其对天津城市发展的作用与影响。同时，还叙述了这一时期天津的文化、教育、民俗的概况与发展。

四、本书的组织工作由郭蕴静、涂宗涛负责。全书编写体例、结构和纲目由郭蕴静提出，并兼统稿。插图由林纯业搜集，大事记为张增元、林纯业整理。各章执笔人：一、二、三章：韩嘉谷[①]，四、五章：罗宏曾，六、七章：郭蕴静，八、十一章：林纯业，九、十章：张增元，十二、十三章：涂宗涛。

五、本书为集体撰写。在编写过程中，全体成员力图以马克思主义为指导，以历史唯物主义的观点、方法分析和运用史料，但是，却带有各自不同的风格，虽经统修也未能消除。又因天津古代时期的史料贫乏（如手工业、渔业和农业方面的史料尤缺），更无前人经验借鉴，难度较大，加之我们水平所限，缺点错误在所难免，衷心期望得到批评指正。

① 韩嘉谷工作单位为天津历史博物馆，其余作者工作单位均为天津社会科学院历史研究所。

目　　录

上编　天津城市的形成与演变

第一章　早期的开发……………………………………………（3）
第一节　天津平原的地理特点及其影响……………………（3）
第二节　聚落的出现…………………………………………（7）
第三节　早期的开发 ………………………………………（18）
结　语 ………………………………………………………（33）

第二章　汉唐时的经济开发 ……………………………………（35）
第一节　汉代海侵 …………………………………………（35）
第二节　曹操开凿运渠和海河水系形成 …………………（39）
第三节　章武县、雍奴县和泉州县…………………………（42）
第四节　三会海口 …………………………………………（46）
结　语 ………………………………………………………（49）

第三章　直沽寨和海津镇 ……………………………………（51）
第一节　宋辽对峙时期的天津 ……………………………（51）

第二节　直沽寨 …… (56)
第三节　海津镇 …… (59)
结　语 …… (67)

第四章　军事城堡——天津三卫 …… (69)
第一节　天津卫的设置 …… (69)
第二节　扩充管理机构 …… (75)
第三节　建设工程 …… (80)
第四节　吏　治 …… (93)
第五节　明代晚期的天津城市 …… (95)
结　语 …… (101)

第五章　城市的发展和演变 …… (103)
第一节　天津府的设置 …… (103)
第二节　完善管理机构 …… (109)
第三节　建设工程 …… (114)
第四节　吏治与防务 …… (128)
第五节　第二次鸦片战争对天津城市的影响 …… (136)
结　语 …… (142)

下编　明清时期天津城市的经济与文化

第六章　屯田的兴起 …… (145)
第一节　明代前期天津的屯田 …… (145)

第二节　万历年间天津屯政的勃兴……………………（151）
第三节　明末天津的屯政……………………………（162）
第四节　皇　庄………………………………………（170）
结　语　……………………………………………（173）

第七章　农业的经营与渔业概况……………………（176）
第一节　清代发展农业的措施………………………（176）
第二节　清政府对农业的经营………………………（187）
第三节　农业生产的衰落……………………………（198）
第四节　天津渔业概况………………………………（200）
结　语　……………………………………………（210）

第八章　漕运的发展与作用…………………………（212）
第一节　明代天津的漕运……………………………（212）
第二节　清代天津的漕运……………………………（223）
结　语　……………………………………………（239）

第九章　盐业生产……………………………………（241）
第一节　盐业的生产…………………………………（241）
第二节　明朝对盐业的管理…………………………（248）
第三节　盐业发展对天津城市经济的影响……………（262）
结　语　……………………………………………（264）

第十章　盐务的治理和手工业简述…………………………………… (266)
第一节　清政府的改革措施…………………………………………… (266)
第二节　盐业的发展…………………………………………………… (272)
第三节　清朝对天津盐业的控制……………………………………… (276)
第四节　盐　商………………………………………………………… (286)
第五节　手工业简述…………………………………………………… (295)
结　语　………………………………………………………………… (300)

第十一章　商业的发展与影响………………………………………… (303)
第一节　明代天津的商业……………………………………………… (303)
第二节　清代天津的商业……………………………………………… (317)
结　语　………………………………………………………………… (337)

第十二章　文化生活及民俗…………………………………………… (340)
第一节　卫学及其他…………………………………………………… (340)
第二节　艺文简介……………………………………………………… (346)
第三节　寺观宫庙与社会的关系……………………………………… (352)
第四节　民俗剪影……………………………………………………… (355)
结　语　………………………………………………………………… (361)

第十三章　文化教育的发展和民俗的某些变化……………………… (363)
第一节　文化教育进一步发展的原因………………………………… (363)
第二节　教育事业的发展……………………………………………… (365)
第三节　文坛呈现繁荣景象…………………………………………… (377)

第四节　艺苑活动丰富多彩……………………………………（387）
第五节　天津民俗活动的某些变化……………………………（406）
结　语　……………………………………………………………（413）

附　录　…………………………………………………………………（415）

上　编

天津城市的形成与演变

第一章　早期的开发

第一节　天津平原的地理特点及其影响

过去被认为“滨海弃壤，无古可考”的天津平原，由于最近时期近郊文物考古资料的大量积累以及有关文献资料的不断发掘，现在已经可以初步看到其历史发展的基本轮廓。这个平原和相邻地区一起，几千年来基本上是同步前趋的，但是天津历史具有间断多、波动大的特点，尤其是早期的历史几乎整个为后期的地理变化所湮没，因而使人产生天津历史短浅的错误。造成天津历史多变的原因，主要是由于地理环境多变，形成天津历史的特殊之点。

天津所处的天津平原，或称海河平原，位处华北平原东北边缘，其地理上有如下特点：

华北平原河流入海的总汇

天津平原往西通过冀中平原和太行山脉相连，往北和燕山山前平原接壤，东南面越过鲁西北平原是泰山山脉，整个地势像一只不规则的畚箕，向渤海倾斜，天津处于畚箕口。基于这样的地势，发源于太行山区和燕山地区的河流都汇集于天津，流注渤海，这即是著名的海河水系。

海河水系形成于曹操开凿平虏渠的三国时代，迄今已一千七百多年，流域面积二十二万平方公里。上游较大的河流有三百多条，进入河北平原后，逐步汇聚成南运河、北运河、子牙河、大清河、永定河五大干流，在市区三汊河口汇合成海河，东流七十多公里至大沽入海。整个海河水系的分布像一把蒲扇，天津位于扇把的顶端，所以有“九河下梢”之称。众多河流汇聚于此，使天津得天独厚地成为华北平原河、海交通的枢纽，首都北京的水上门户。天津从金代的军事寨铺，经数百年的发展成为国际性大商埠，即和此优越的地理位置有关。

然而这些河流又曾给天津带来过巨大的灾难。流域周围大多是千米以上的高山，中间环抱一望无垠的华北大平原，下游只有海河等有限的几个河流入海口。各河流在进入平原前，高山陡下，流短水急，进入平原后又地势变缓，水流不畅，而华北地区的降雨量多集中在每年七八月间，每当一年一度的雨季到来之时，千山万壑的洪水夺道而下，常常溢出河床，漫流平地，千里平原，转眼泽国，天津平原年年面临着洪水侵袭的危险。据不完全统计，从元末到中华人民共和国成立前夕的580年间，海河流域共发生水灾387次，平均不到两年便有一次。人们的生命财产得不到保障，这成为生产开发的严重障碍。天津平原的农业生产直至明清时期才得以逐步确立，完全是由于洪水灾害频繁的缘故，其使平原的历史显得十分短暂。

河流入海的总汇是天津的特征之一，而它的另一特征则是和渤海紧密相连。天津海岸线全长一百三十多公里，辽阔的海域、宽广的滩涂和良好的港湾，使天津得以尽享海洋的渔盐之利和航运之便。渤海属于内海，很少受台风或大潮袭击，因此特别适宜海盐生产。长芦盐场长期以来一直是我国海盐的重要产地，盐质洁白味醇，久享盛名，成为天津的经济支柱之一（详见下编）。

海洋对天津影响最大的，还是交通万国的港口，它具有决定兴衰的意义。天津港面对辽阔的海洋，背倚富饶的华北大平原，有众多河流沟通河北和中原。两千五百多年前的《禹贡》便记录了这一北方的水上门户。历史上天津地名闻著于世的，如“三会海口”和“泥沽海口”，都是海港的名字。真正给天津带来繁荣的，乃是元代的海运。海漕历经元明清三代，天津亦由寨铺发展为城市。清末漕废，内河漕运线上的其他城镇，如山东临清等相继衰落，独有天津日益繁荣，并且步入国际大商埠行列，无疑是海港的作用。

大海给天津带来过繁荣，也制造过毁灭性的灾难。六千年前的海水入侵，使整个平原淹没达两三千年之久。两千年前的海面波动，又使由战国开始充满生机的平原全面陷落。海水对平原的大规模吞没，虽不如江河洪水那样频繁，但灾难的程度却远过于陆地洪水。海侵能使被侵地区在较长时期内完全改变地理环境，人们被迫迁移，当海侵结束，人们重新回到这个地区的时候，早已时过境迁，海侵以前的历史就这样被湮没。全新世海侵自不必说，汉代海侵虽然没有吞没整个平原，但其对平原经济文化造成的破坏也已直接影响到后人对平原历史的认识。平原上大多数古城的名称被遗忘，便是其中一例。

平坦低洼的冲积沉积平原

天津平原的地面在全新世海侵时的海面下形成，成陆后又经河流冲积，因此特别平坦，可是在生产力低下的古代，还没有抗拒自然灾害的能力，因而，平原不但没能给当地居民造福，反而为洪水泛滥提供了方便。

从天津平原迤西到冀中平原，平缓的地势连成一片。河道通过平原时水流不畅，携带的泥沙多在沿途沉积，使河床不断升高，成为易决易迁的地上河。海河水系从北部的潮、白、永定，到南部的漳、淇、滹沱，平原部分的河道几经迁移，给当地居民酿成无穷的灾难。位居“九河下梢”的天津平原，无论在灾害的数量还是规模上，自然都是最严重的地区。

平原 3～5 米的海拔高度，和渤海涨潮时的水位相差无几。平原的地势又过于平缓，垂直高差 1 米，水平距离可达几十里，因此潮汐现象特别突出。海河在海口建闸以前，海潮沿河道向北可上溯至杨村，向南至杨柳青，向西至韩柳墅。如果海面发生波动，对天津的威胁可想而知。海侵在天津历史上造成的两次破坏，比任何灾害都更为剧烈，使很大范围内的古文化遗存发展间断，年代割裂，这即和过于低洼平缓的地势有关。

天津平原的地理特点是在长期的变迁过程中形成的，和深埋在地下的地质构造有关。天津地下岩石的基底构造，比平原表面的地势要复杂得多，到处是高山和深谷。大体上从沧县越天津而北，在构造上是一个隆起，宽 30 公里至 40 公里，走向在 18°至 40°之间。隆起以西是冀中坳陷，由大城断裂和天津北断裂分隔，断裂带在静海、侯台子、新开河一线。隆起以东是黄骅坳陷，由沧东断裂和白塘口断裂分隔，断裂带在葛沽、小站等地。隆起东陡西缓，最高部位偏于东部，两侧不对称，天津位于隆起北段。

在漫长的地质年代里，在此起伏不平的构造上，由于河流泥沙的不断填充，普遍覆盖了一层很厚的沉积物，厚度不一。隆起部分较薄，一般不超过千米，坳陷部分较厚，深处达四千米以上。这些高差达两三千米的高山和深谷，到全新世海侵前已大大缩小，但在隆起部位和附近坳陷之间，仍然存在数十米的差距，经过全新世海侵才进一步填平。不过即使到此时，构造的影响也并没有在平原地表完全消失，而是在成陆和历史发展过程中一直发生作用。距今四千年前，天津平原在全新世海侵后成陆时，由于沧县隆起部分地势较高，海岸线首先在隆起东部的张贵庄、巨葛庄一线出现，隆起以东是浩瀚的渤海，隆起以西成为潟湖。后来在河流泥沙的不断冲积下，海岸线逐步向海推移，潟湖渐渐缩小，天津地貌一步步地在变化，构造的痕迹继续被抹平。

第二节 聚落的出现

天津平原上的石器

迄今发现有关天津原始社会时期历史的最早证据，是1974年在北郊刘家码头发现的3件石器。石器出土于刘家码头村西南300米处，子牙河北岸，埋藏深度距地表5.6米。在直径不到2米的范围内，共发现石斧2件，石磨棒1件。石斧皆作椭圆柱状，上窄下宽，通体磨光，一端有刃。一件长15.7厘米，以板岩制成；另一件长15厘米，以玄武岩制成。石磨棒作柱状，长34.5厘米，中基性喷出岩制成，中段工作面略凹，有明显的使用痕迹。

有人怀疑：这些石器是否是河流搬运来的？我们认为不是。因为石器埋藏的地层都是灰色或黑灰色黏土，包含有较多腐殖质，从中能看到树干、芦苇等自然杂物。这一地层在天津平原地下有广泛分布，有时还能发现成片树林以及麋（四不像）和野驴等动物遗骸（尤以麋角最常见)，与一般的河流沙积层迥然有别。这些情况都表明石器不是由河流搬运而来，而是当时人们到此活动时的遗留物。出土于这一地层中的树干，经碳 14 测定，宝坻县(今宝坻区，下同)大白庄标本为公元前 4730±200 年，辛务屯标本为公元前 4485±120 年。

在除蓟县(今蓟州区，下同)山区以外的整个天津平原上，海拔五米以下的范围内，出土石器的地点已积十处之多。除北郊刘家码头和青光外，还有武清县(今武清区，下同)一处(小韩庄)，宁河县(今宁河区，下同)二处(张广村、东棘坨)，宝坻县五处(北里自沽、中登、张洪庄、南仁垺、黑狼口)。石器埋藏的层位基本相似，多单件出土，也有和刘家码头一样，两三件同出的。武清县小韩庄共出土了一件石耜、两件石磨棒、一件石磨盘、三件石斧，还同出有零星陶片。因此可以认为，这些石器出土地点中至少有一部分，是天津最早的居民聚落。当时人们曾广泛活动于天津平原，有时在此作短暂的栖息。

从出土石器的种类看，当时到此活动的是一支农业部落的成员。石磨棒是谷物加工工具，和磨盘配套使用，在新石器时期的遗址中常有出土。石斧是原始生产中的万能工具，刀耕火种、构房架屋都离不开它，天津平原十个地点出土的二十件石器，石斧占 60%，说明它在生产活动中所处的位置。

最能说明这批石器和农业部落关系的，是其中的四件石耜。武清县小韩庄一件，板岩打制，宝坻县中登乡二件，砂岩磨成，皆残。保存最好的是宝坻县北里自沽一件，用墨绿色的板岩制成，器身扁平，通体磨光，形状近似一只鞋底，前端聚成尖锋，长 26.8 厘米，宽 14.6 厘米，厚 1.6 厘米，刃部锐利，两侧皆有使用痕迹。耜用于耕耘和播种，是最原始的犁具，在牛耕发明以前是农业生产的主要工具，所以耜可作为我国古代农业的象征。

从这批石器的形制特点看，当是古代燕山地区氏族集团的遗物，因为其中的石耜和石磨棒等器物具有燕山地区红山文化的特征，常见于赤峰、辽西一带。红山文化是燕山地区的主要原始文化之一，以最初发现的地点赤峰红山命名，经济生活以农业为主，处于发达的母系氏族制阶段。近年在辽西的凌源、建平等地发现这个文化的祭坛、女神庙和积石冢群，出土有大小和真人相等的女神头像，以及一大批雕琢精美的玉器和情态神秘与商周时期造型相似的玉龙，这些不只表现了其发达的经济文化丝毫不比同时期的中原文化逊色，还表现了彼此之间的密切关系。

和红山文化相近的遗存，近年在燕山南麓多有发现，如蓟县围坊、三河县孟各庄、玉田县蒙各庄等，皆和天津平原毗邻。孟各庄遗址经发掘，知其堆积从距今六千年前开始，一直延续到距今五千年前。发掘出的住房，方形半地穴式，边长四米，四壁经火烤，周有立柱，中央用陶器保存火种，已是一种比较进步的建筑形式。这个居民集团在燕山山前平原长期定居，到略低的天津平原上活动是完全可能的。

但是和一般红山文化遗存相比，天津平原的石器出土情况具有若干特点：一、在近万平方公里的范围内，只见一种石器，罕见陶器等其他同时期遗物，更无居住遗迹等遗存发现。二、在年代上，只见相当红山文化时期的遗物，不见红山文化以后的遗存，明显地出现发展间断现象。三、在地域上，只见分布于天津北郊以北，天津市区以南不见。四、在石器埋藏的地层上，普遍覆盖有一层海相沉积物，包含蚶、蛤等海生介壳动物残骸。

其实这些现象都是由同一原因造成，即全新世海侵。先是全新世海侵前的地理环境，限制了人们活动的范围和规模，接着是入侵的海水吞噬了整个平原，从而使原始文化夭折，并在它的遗存上覆盖海相沉积。

根据目前考古发现，新石器时期的早期遗存，多数开始于七千多年前，并且由此开始遗址数量迅速增加，规模也不断扩大，这是生产进步、人口增加、人类扩大活动范围的结果。正是在这样的情况下，居住在燕山山前平原的居民开始下移到天津平原活动，时间在距今六千多年前。可是这个时候，不断升高的海水已淹没了较低的天津南部地区，钻探和碳 14 测定表明，海水侵入天津南部地区的时间，开始于距今一万年前，完成于接近距今八千年前，最晚的静海县四党口钻孔，第一海相层底板的碳 14 年令为距今 7920±655 年，亦远在红山文化兴起之前，因此红山文化遗存不可能在此发现。

到距今六千年前，海水开始入侵天津北部平原。宝坻县东老口距地表下四米出土的长牡蛎壳，经碳 14 测定为距今 6654±100 年，接近辛务屯和大白庄出土的古树碳 14 年令，表明当时这里虽然尚未沦海，但亦已经是处处水潦，不宜垦殖和居住，人们到此进行临时性的采集活动，遗留了一些石制工具。未过多长时间，大体在距今六千年前后，现代海拔五米以下的地方也全被海水吞没，被淹时间约两千年，于是在红山文化石器的地层上，被厚厚的覆盖了一层海相沉积。

新石器时期的人们在天津平原上活动的时间不长，活动规模更加有限，所以对后来平原历史发展的影响不大。可是他们的活动，毕竟是天津历史上最早的人类活动，是天津历史的最早一页。

天津平原上的全新世海侵

新石器时期人们开启的天津历史，在全新世海侵中被迫夭折，接着是长达两三千年的茫茫海域。若不是考古和地质、地理、海洋、生物等学科的合作探索，这天津史上最早的一幕将被永远湮没，不能不认为是天津历史的特殊之点。

海侵亦称海进，相对海退而言，是一种自然现象，主要由地球的气候变化造成。当气候寒冷，降雪不能消融，便凝聚成巨大的冰川，使海洋的贮水量减少，海面下降，海岸线向海退缩，即为海退。当气候转暖，冰川消融，大量陆地水流注海洋，使海面上升，海岸线又向陆地推移，即为海进。这种现象在地质史上反复发生，并且首先在像天津这样濒海的低洼平原上展开。据钻探得知，天津地区发生过的海侵，至少有六次之多，其中有三次发生在距今十万年内。

全新世海侵是已往地质史上最后的一次海侵，开始在距今一万多年前。在此以前，即大理冰期的时候，气候奇寒，华北地区的年平均气温，比现在要低 4℃左右，地球上积聚的冰川总量，比现在约多 4000 立方公里，于是海洋贮水量大大减少，海面降低到比现代海面低 110 米至 130 米的地方，渤海和黄海皆干涸成为陆地，东海也只剩下涓涓细流，日本列岛和中国大陆连成一片。天津市区陈塘庄地下 40 米，以及渤海海底以下，都发现披毛犀骨骼，即是当时气候寒冷、渤海陆化的证据。

大约在距今一万二千年前后，气候逐渐转暖，雨量增加，冰川开始融化，海面随之上升。到距今六千年前后，黄河流域的年平均气温比现在高 2℃，海面在这五六千年时间内总共上升了一百多米，达到高过现代海面约五米的地方，整个天津平原成为渤海的一部分。

由于海侵前天津的地势南北高差较大,因此海水侵入的时间不同。大体在接近距今一万年时,海水开始侵入南部地区,不过那时的海面高度还低于现代海面十多米。到距今八千年时,包括市区在内的整个南部地区被淹没。有关的地质钻孔资料可展示出海水侵入南部地区的经过,以及各个时期的海面高度(见表 1-1):

表 1-1 天津地区海水侵入地质钻孔资料表

地　点	埋藏深度	样　品	碳 14 年令
天津四新纱厂	地下 13～15 米	海相层底板泥炭	10370±175 年
黄骅县南排水河	地下 16 米	泥炭	10300±200 年
天津二七公园	地下 16 米	泥炭	10080±175 年
黄骅县李家堡	地下 14 米	泥炭	9120±175 年
天津卫东橡胶厂	地下 13 米	泥炭	8825±140 年
渤海水底	水底下 5 米	泥炭	8640±155 年
黄骅县南排水河	地下 14 米	泥炭	8590±170 年
天津市区		泥炭	8265±120 年
静海县四党口	地下 14 米	泥炭	7920±655 年

由于基底构造的影响,海侵以前北部地区的地势普遍比南部地区要高出十米以上,因此海水侵入的时间比南部要晚得多。距今七千多年时,海水侵入宁河俵口等较低的地方。距今六千年前后,天津北部平原大部被淹没。距今六千年以后,海侵达到鼎盛期,天津北部成为典型的浅海环境,不仅鱼虾畅游,连体形巨大的鳁鲸也到此觅食。近年在这里多处发现鳁鲸遗骸,主要集中在两个地方,一处在宁河县北部的大辛庄等地,另一处是天津市区、宁河之间的狭长洼地,向西北深入至武清、

宝坻境内。宁河县乐善庄发现的一具鳁鲸骨骼，全长 12 米，仅下颚骨即达 2.5 米，表明当时这里必定有较深的水域。

牡蛎礁是此浅海环境另一种引人注目的遗迹，广泛分布于宁河县西北部和宝坻县东南部，多由长牡蛎组成。大者长一尺多，俗称“千层蛤”，互相黏结在一起，坚硬如石。宁河俵口西潮白新河中的一处，上下数层，下层碳 14 年令距今 7400±90 年，上层距今 3810±85 年，大多数地点则在距今五千至六千年间，表明此浅海环境的存在时间。兹把有关数据列表如下(表 1-2)。

表 1-2　天津地区长牡蛎碳 14 年令表

地　点	埋藏深度	标　本	碳 14 年令
宁河俵口	贝壳堆积下部	贝　壳	7400±90 年
宁河俵口	贝壳堆积上部，地下 4 米	长牡蛎	3810±85 年
宝坻县东老口	地下 4 米	长牡蛎	6654±100 年
宝坻县东老口	海拔-3 米	长牡蛎	6620±300 年
北郊东堤头	海拔-2～3 米	长牡蛎	5690±250 年
宁河史家庄	地下 2.5～4 米	长牡蛎	5945±90 年
宁河姜庄子	地下 2 米	长牡蛎	5640±140 年
宁河史家庄、姜庄子之间	地下 2.5～4 米	长牡蛎	5475±150 年
宁河董庄子	地下 4～6 米	长牡蛎	5410±250 年
宁河毛毛匠	地下 2 米	四角蛤蜊	5320±75 年
宁河狼淀子		牡　蛎	2515±85 年
塘沽区北塘		贝　壳	1005±80 年

从表 1-2 可以看到，浅海环境的开始出现在距今六千年略前，发达期在距今六千至五千年间，俵口上层、狼淀子、北塘等几个地点的数据，则是海水逐步退出这个地区的时间。

全新世海侵使天津平原整整被浸淹了两(北部地区)三(南部地区)千年，它对天津历史的直接影响是使天津平原上出现的新石器时期文化被迫夭折，并且还深深地湮没了这段历史，以致后人几乎全然不知。它对天津历史的间接影响是为天津塑造了特别平坦的地面。全新世海侵以前，天津南低北高，高差达十多米，无平原可言。全新世海侵时，大量的陆地水通过河道流注海洋，携带的泥沙在河流汇聚的渤海湾西岸沉积。这个沉积过程是在高海面时的水面下完成的，因此，当海侵结束，平原露出海面时，新形成的陆地平坦如砥。然而这一平缓低洼的地势最易受河海灾害侵袭，对后来天津历史的发展进程带来了极为深远的影响。

五千年前宁河、宝坻等地的牡蛎礁终止发育，黄骅县苗庄贝壳堤开始堆积，表明全新世海侵的高海面已开始回降。此后，海面继续回降，在海水逐步从陆地退出的过程中，海潮又堆积了一道又一道贝壳堤，标志着近代天津平原形成的经过。

在渤海湾西岸，目前已发现四道古海岸线的遗迹——贝壳堤。由陆地向渤海方向算起，第一道即黄骅县苗庄贝壳堤，由苗庄向西北延伸，经翟庄、同居等地。此堤开始堆积于距今五千年略前，结束于距今四千年，顶部高度为 4.2 米(黄海高程，下同)。

第二道分布于东郊和南郊，北起张贵庄，向南经巨葛庄、中塘，断续延伸至沙井子。张贵庄贝壳堤开始堆积的时间为距今三千八百年，结束在距今三千年略前。巨葛庄贝壳堤的顶部高度为 2.9 米。

第三道贝壳堤亦在东郊和南郊，北起东郊白沙岭，往南经军粮城、泥沽、邓岑子至马棚口。泥沽贝壳堤开始堆积时间为距今两千五百年，白沙岭堆积顶部为距今一千四百年，军粮城一带海拔高度为2.8米。

第四道贝壳堤位于海边，主要堆积点有东大沽、高沙岭等。此贝壳堤开始出现应在宋代黄河迁离天津以后，大沽一带海拔高度为2.5米。

兹把各道贝壳堤的有关情况列表于后（表1-3）。

从表1-3贝壳堤的分布和年令数据中，至少可以得出三点结论：一、四道贝壳堤的高度和碳14年令，皆依次向渤海方向有规律地递减，显示出海水从天津地区逐步退出的经过。第一道贝壳堤低于海侵鼎盛期的海面高度，然而仍然高出现代渤海高潮线位置三米以上，所以是在海面回降过程中出现的。二、高海面回降至距今三千八百年时，在地质构造上属于沧县隆起的地方开始露出水面，位于隆起东部的张贵庄、巨葛庄等地成为新的海岸线位置，出现新的贝壳堤，宣告此线以西的天津平原成陆。三、第二道至第四道贝壳堤的高度，彼此相差无几，并且都接近现代高潮线的高度，表明从距今四千年前起，海面已回降到接近现代海面的高度，而且从那时起一直基本稳定。这样，张贵庄贝壳堤以东的陆地就不再是海面回降的产物，只能是河流造陆形成的。贝壳堤把这片土地划分成一个个地块，根据贝壳堤只能在海岸线位置出现的规律，以及各贝壳堤的分布特点、形成时间、河道变迁和各个时期沉积物来源的变化，可以认为这片土地实际上是多次河口三角洲的重复套叠，并且主要是黄河到天津入海时造成的。

表 1-3　天津附近贝壳堤统计情况表

顺　序	地　点	层　位	标　本	距今年令
第一道	黄骅县苗庄	顶　部	贝壳沙	3950±70 年
第一道	黄骅县苗庄	上　部	文　蛤	3950±70 年
第一道	黄骅县苗庄	中下部	文　蛤	4205±95 年
第一道	黄骅县苗庄	中下部	近江牡蛎	5230±140 年
第一道	黄骅县苗庄	底　部	文　蛤	4740±105 年
第一道	黄骅县同居		近江牡蛎	4460±160 年
第一道	翟庄西南 1500 米	地表下 0.4 米	四角蛤蜊	4185±80 年
第一道	翟庄西南 1500 米	地表下 0.8 米	贝壳砂	5115±85 年
第一道	翟庄西南 1500 米	地表下 4～5 米	缢　蛏	5135±80 年
第二道	天津张贵庄	上　部	贝　壳	3040±120 年
第二道	天津张贵庄	下　部	贝　壳	3880±160 年
第二道	天津巨葛庄	中　部	贝　壳	3400±115 年
第二道	天津八里台		贝　壳	3730±150 年
第三道	天津泥沽		贝　壳	2530±120 年
第三道	天津上沽林		贝　壳	2030±150 年
第三道	天津上沽林		贝　壳	2290±120 年
第三道	黄骅县歧口	上　部	贝　壳	1080±90 年
第三道	黄骅县歧口	近底 0.5 米处	贝　壳	2020±100 年
第三道	天津军粮城		贝　壳	1790±100 年
第三道	天津白沙岭	上　部	贝　壳	1460±95 年

大量资料表明，历史上造成张贵庄贝壳堤以东陆地的，是远道而来的黄河。黄河泥沙居世界河流之冠，每年向海输送的泥沙达 13 亿至

16 亿吨，能在海口附近制造二十多平方公里的土地，把海岸线向前推进 2.5 公里。而且黄河的这种造陆功能在很早以前已经形成，《诗经》有“俟河之清，人寿几何”的诗句，《汉书》有“一石水而六斗泥”的记载，足见在两三千年以前其造陆功能已十分惊人。

历史上第一次提到在天津入海的黄河，即《禹贡》和《山海经》两书所记的“河”。由于历史久远，特别是从三国时期的魏开始，史籍中即已出现一些对历代河迁不正确的解说文字，因此关于此河的入海地点颇多异议。其实在《禹贡》和《山海经》中，对此河的入海地点都已有明确的表达。《禹贡》云：“覃怀底绩，至于衡漳……恒卫既从，大陆既作，岛夷皮服，夹右碣石入于河。”大陆是古代大泽，位于今河北省隆尧、宁晋一带。恒、卫分别是滱水（今唐河）和滹沱河的上游支流。碣石位于渤海湾北岸。“禹河”沿太行山东麓山前洼地北流，汇纳滹沱河和唐河以后入海，其入海地点已至天津一带。

“禹河”到天津入海，以其携带的大量泥沙，造就了大块陆地，大幅度地改变了入海口附近的海岸线位置。今见张贵庄贝壳堤结束于距今三千年前，军粮城贝壳堤开始堆积于距今两千五百年，其间陆地的形成年代，正是“禹河”在天津入海的时间。此河传说由大禹开凿，结束年代是佚书《周谱》记载的周定王五年（前 602）河迁。事实上，没有“禹河”至此入海，就无法解释这块陆地的沉积物来源。同样，没有这块陆地，也将无法解释“禹河”泥沙的去向。有关“禹河”入海的史料，为张贵庄至军粮城之间陆地的形成，提供了透彻的说明。

军粮城至近代海边的陆地，是黄河又一次到天津入海，即宋代黄河造成的。北宋仁宗庆历八年（1048）河决商胡埽，次年，合永济渠北流入界河（今海河），东流至泥沽入海，黄河泥沙又使河口附近海岸线迅速向海推移，军粮城贝壳堤以东形成新的陆地。至金章宗明昌四年(1193)黄河再次迁离时，海岸线已移到了大沽一带。这块陆地以泥沽为起点，南翼至马棚口，北翼至汉沽，具有较典型的河口三角洲特征。

据此，对于全新世海侵后天津平原的成陆过程，可以归纳为如下两个过程：第一个阶段是全新世海侵后高海面回降，出现张贵庄贝壳堤以西陆地。第二个阶段是黄河造陆，商周时期的“禹河”制造了张贵庄至军粮城之间的陆地，宋代黄河制造了军粮城至海边的陆地，奠定了天津平原的基本轮廓。这两个过程性质不同，前者是海面波动，后者是河流造陆。

第三节　早期的开发

“逆河”之域

以张贵庄贝壳堤的出现为标志，天津平原宣告成陆，时间在距今近四千年，这是天津被全新世海侵的海水淹没了两千多年后重新形成的陆地。可是从成陆到春秋一千多年的时间里，平原上的人类活动依然罕见。尤其在近海地带，迄今只在南郊巨葛庄发现一件西周时期的陶鬲残片，在巨葛庄和宁河县俵口两个地点，见到春秋前期的遗物。稍具规模的商周时期遗存，只在宝坻县秦城、歇马台、文安县芦庄子、黄骅县南排水河等离天津较远的地方发现。公元前2000年到公元前500年，是我国历史上盛极一时的奴隶制时期，前后经历了夏商周三个王朝，奴隶们创造的古代文明，辉煌灿烂。可是在天津平原上，一千多年时间里很少见到开发者的足迹，无疑耐人寻味。

成陆后的天津平原，在很长时间内没有得到有效的开发，完全是由于地理环境的障碍。现在看到的天津地面，并不是四千年前初成陆的地面，当时的地面比现在要低得多。在现在平原的地表下，普遍有一层黄色黏土，厚一二米至三四米不等，这是平原成陆后由河流冲积造成的。在此黄土层下，有一层包含有芦苇、杂树等腐殖质的黑色黏土，一般距地表三四米，接近海拔零点，下面即是包含有大量海生动物遗骸的全新世海相地层。黑色黏土厚度多在 30 厘米左右，这即是全新世海侵后的最早地面。在此地层上，宁河县田庄坨出土的一件麋角，经碳 14 测定为距今 2765±240 年。

这些地方虽然已是海岸线以里的陆地，但高度和海面相差无几，甚至还低于贝壳堤，因此还是在海潮侵袭的范围之内。在近代地面已被普遍垫高的情况下，海潮犹可沿河道上溯近二百里，在当时地面与海面高度相差无几，坡降只有几十万分之一的平原上，海潮侵袭的范围可想而知。

正是在此时，黄河又迁河入海，这即是《禹贡》所记的"禹河"。此河循泒河河道入海，入海口在"泒河尾"，即今天的海河。然而由于河北平原的地势，使"禹河"下游形成特殊的河道形势，这就是《禹贡》说的"北过降水，至于大陆，又北播为九河，同为逆河入于海"。

《禹贡》所记的这些地名，至今犹可追溯。"降水"就是漳河，是由于漳河上游支流有名绛水者，合流后可以互称。大陆泽位于广阿、宁晋、隆尧一带。"禹河"越过这些地方后，即"播为九河"。"九河"不是指具体的九条河流，而是形容多数，同书另有"九江""九山""九陂""九泽"等诸种形容多数的文字可证。

《禹贡》一书两处提到"九河"，除冀州外，在兖州下有"九河既导"之语。"禹河"是大禹导河时"厮二渠"中的一渠，另一渠是导河以前的黄河原有河道，由兖州入海，地在齐国西北界的无棣，今渤海湾西岸南段。那里也是地势低洼平衍，河渠纵横密布，“九河”正是指这种地理环境。所以“北播为九河”，是说“禹河”进入冀中平原后分析成很多支流，这是冀中平原沟渠纵横、淀泊星罗的历史写照。

“禹河”在分成很多水流后，入海时又汇聚到了一起，所以《禹贡》又称“同为逆河入于海”。“逆河”的得名，也是由于地理环境。“禹河”入海在天津，而初成陆的天津平原极其低洼平缓，潮汐现象突出。远道到此入海的黄河，源远流长，尤其在经过太行山东麓北流时，汇纳了出自太行山区的大部分河流，水大势盛。一方面是茫茫海潮强劲上溯，另一方面是滔滔河水浩然下泄，在“禹河”河口段所在的天津平原上，形成海潮和河水往回相逆的自然奇观，“逆河”之名由此而起。在这样的自然环境里，要进行生产和生活自然是困难的，这就是为什么天津平原在成陆后一千多年的时间里一直不得有效开发的主要原因。

当时平原上不利于开发的因素还远不止此。《禹贡》于“至于衡漳”下还记载：“其土惟白壤。”白壤是指土地因斥卤而形成的白色土壤，不利于庄稼生长。这虽然是指整个冀中平原的情况，但也应包括天津平原。在海水中形成，露出水面不久的天津地面，其斥卤程度必然比天津以西的平原更加严重。

“九河”之地、“逆河”之域的天津平原虽不利于生产开发，却水草丰茂，遂成为适合麋鹿等动物繁殖、栖息的场所。麋又称“四不像”，是一种喜欢在水草之交生活的食草动物，所以有“河兽”之称。这种动物在战国前繁殖极多，《左传》甚至有多麋害稼的记载。天津平原上发现此种动物遗骸的地点已不下数十处，有的地方出土了成批的麋角，反映了当时的地理环境。

春秋以前天津一带缺乏开发的情况，还集中表现在齐桓公向燕国礼让土地的故事中。《史记》记，公元前663年，“齐桓公救燕，遂北伐山戎而还。燕君送齐桓公出境，桓公因割燕所至地予燕”。《正义》引《括地志》云：“燕留故城在沧州长芦县东北十七里，齐桓公沟割燕至地予燕，因筑此城，故名燕留。”燕齐两国间的疆界原是黄河，所以《韩非子》说燕国“以河为境，以蓟为国”。可是当齐桓公的大队人马通过时，竟未发觉边界所在，必是“九河”之地遍地水潦，连主河道也难以辨认的缘故，足见其荒凉的程度。齐桓公恪守“诸侯相送不出境”的古礼，把“禹河”以南的土地，包括今天津海河以南至沧州附近，割赠给燕国。这也是天津行政归属的最早信息。

“逆河”的地理特征，表明了春秋以前天津平原缺乏开发的条件，然而却透露了这里在很早以前已是我国北方的重要港口。《禹贡》的“恒卫既从，大陆既作，岛夷皮服，夹右碣石入于河”，是叙述当时边远戎狄部落向中原王朝纳贡的贡道。“岛夷”指东北夷人。长期争议中的碣石，近年考古工作者已觅得其踪迹，在今山海关外，那里尚有秦皇、汉武修筑的碣石宫遗迹。东北夷人的贡物由海道西行，经碣石后进入黄河，溯“禹河”转输中原。河口所在地的天津，不折不扣是此千里运输线上的大门。

战国时期的经济开发

公元前602年黄河迁走后，天津平原的地理环境出现了两个重要变化。

第一是河道形势的变化。《周礼·职方》记载并州地理云：“其山曰恒山，其泽薮曰昭余祁，其川虖池、呕夷，其浸涞易。”《墨子》也记载“派

(泒)注后之邸,滹池之窦(渎)”。虖池即滹沱,呕夷即滱水(今唐河),这两水就是《禹贡》的恒、卫,此时都已和黄河脱离关系,独自入海了。《周礼》在兖州下称“其川河济”,表明黄河已转移到山东地区,入海尾闾行《汉书》的笃马河,所以此河被壅塞,到西汉末年已“既灭难寻”。在黄河沿太行山东麓北流入海时,太行山区河流基本上都随河入海,河北地区洪水都汇集天津。黄河迁离后,各河流恢复自己的河道分流入海,不仅大大减轻了一年一度的洪水威胁,还有利于灌溉。

第二是生产条件的变化。黄河在此入海数百年,大大垫高了初成陆时的地面。今天所见平原的地表以下、全新世海侵地层以上的黄土堆积,都是平原成陆以后形成的,有的地方厚达四米。此堆积在许多地方可明显地分作两层,上层系宋代黄河堆积,下层为“禹河”堆积,所以战国和汉代遗层经常发现在这两层黄土之间。下层黄土在天津、静海一带厚度为二米,至宁河县南部减薄为五十厘米,这就是“禹河”在此入海时垫高地面的幅度。黄河泥沙使地面升高,不仅可以减弱海潮对平原的袭击,还把斥卤的海相地层深埋地下,从而改良了土壤,有利于农作物生长。

天津地理在出现这两个方面的变化后,为经济开发提供了条件。此时已接近战国时期,整个社会的政治、经济形势,又为平原开发提供了需求和可能,这主要也有两个方面:

其一,战国时期生产技术迅速进步,人口增加,大大提高了人类征服自然的能力。尤其是铁器的广泛使用,为开发沼泽连绵、苇草遍地的天津平原提供了有效的工具。南郊巨葛庄、八里台、北仓砖瓦厂等遗址都出土了很多铁器,包括镬、锄、铲、镰、斧、凿等。天津平原获得迅速开发,无疑与这些铁器有关。正如恩格斯所说:“铁使更大面积的农田耕作，开垦广阔的森林地区，成为可能。”天津境内虽然尚未发现铸铁遗址，但在毗邻的黄骅县郛堤城，试掘时曾出土大批生铁。

其二，由于社会生产力飞速发展，聚落形成，人口逐渐增加，导致荒地被大批占领和开发。春秋时存在于各国间的“隙地”至此尽被占领，并且开始了以占领对方土地为目的的兼并战争。于是人们竞相到渔盐之利的天津平原获取财富，使天津平原一反成陆以后一千多年的荒凉景象，出现生机。仅在市郊一带，迄今已发现战国至西汉时期的遗存三十多处。巨葛庄一地方圆十里范围内，发现战国遗址有九处之多。不少遗址颇具规模，像巨葛庄、沙井子、北仓砖瓦厂等遗址，面积都有数万平方米。张贵庄一处清理出三十三座墓葬，出土有成套的鼎豆壶等礼器。《孟子·公孙丑》说：“鸡鸣狗吠之声，有闻而达于四境。”《庄子·胠箧》说，齐“邻邑相望，鸡狗之音相闻……”以之形容此地是毫不夸张的。大多数遗址坐落在贝壳堤上，这是由于贝壳堤地势高凸，并且能够保存部分淡水的缘故。

出土文物表明，尚处于初级阶段的农业已成为战国时期天津经济的重要内容。平原出土的铁器中，镬、锄等农具占多数。《管子·海王篇》记：“耕者必有一耒、一耜、一铫，若其事立。”耜乃铲形工具，铫是大锄，天津平原都有发现。值得注意的是，在南郊太平村出土的一件陶磨盘上，陶土中掺杂有许多作羼和料的稻粒和茎叶，提供了两千多年前天津种稻的实物例证。《周礼·职方》曾记载各地农作物的种类，并州宜五种：黍、稷、菽、麦、稻；幽州宜三种：黍、稷、稻。说明战国时水稻种植在我国北方已有出现。可是近代天津的水稻种植，却是从明代屯田开始的，其间几乎间断了近两千年。宋代和明代都有关于在此推广南方水稻栽培技术的记载，其技术又多次失传，这是由汉代以后的地理环境变迁造成的。

濒临渤海湾的天津，最丰富的自然资源是渔盐。《管子·地数》曰："齐有渠展之盐，燕有辽东之煮。"渠展即指齐之北海，也就是渤海。故《管子》又曰："请君伐薪煮水为盐，征而积之，成盐三万六千钟。孟春既至，北海之众得聚庸而煮盐。"这就是说，煮盐是利用农隙进行的。盐是齐国财政的重要支柱，远销魏、赵各地，这在《管子》中有明确记载，其云："然盐之贾必四十倍，君以四十之贾，循河、济之流，南输梁、赵、宋、卫、濮阳，守圉之本其用盐独重。"从西汉时在天津南的渤海郡章武县和西北的渔阳郡泉州县都设置"盐官"的情况看，天津在战国时必是齐、燕两国的重要产盐基地。

在已发掘的战国遗址中，渔网坠出土的数量独多，反映出渔业生产的普遍性。北仓砖瓦厂遗址在不到一百平方米的范围内，出土渔网坠四十多件；巨葛庄、沙井子等遗址亦陆续出土数十件。网坠多专门烧制，呈长方形，两端有供系网的槽；少数用陶片磨制穿孔而成，呈圆饼形。在张贵庄出土的一件陶壶上，刻有鱼和鸟形的图案，显然是取材于鹭鸶捕鱼的场面。

由于渔盐的生产以及通往华北和中原的水路交通，天津的商业一开始就比较活跃，交换的媒介物——货币多有发现。除沙井子遗址曾出土一枚赵国的"安阳布"外，其余出土的都是明刀币，巨葛庄遗址出土过二十多枚，张贵庄墓葬内也有发现，最多的是天津南的沧县肖家楼，一次出土达10339枚，集中反映了商业活动的规模。

随着经济的开发、财富的积累，平原面貌也在迅速改观。许多遗址发现了筒瓦、板瓦和瓦当等建筑材料，巨葛庄遗址还出土了砖，表明瓦屋在这里已不鲜见。瓦当多数是素面的半圆瓦当，部分当面有装饰图案。南郊大任庄出土的一件瓦当上的图案是一只在奔跑中翘首怒吼的猛虎，刀法洒脱，形象生动；泉州故城出土的一件瓦当上则是两只相对而立的神兽，神情宁谧，浑厚古朴，都是难得的艺术珍品。装饰有这类瓦当的住房当然是少数的富有之家，多数住房则是一些茅草小屋，即《周礼·考工记》所说的“葺屋”。北仓砖瓦厂遗址清理出的一处，平面呈椭圆形，长 2.26 米，宽 1.87 米，室内低于周围平地 0.4 米，门口两侧有两个对称的柱洞，显然是一处狭窄而又简陋的单坡窝棚。

和经济发展相联系，战国时的天津平原亦已被深深纳入封建制度的轨道之中。张贵庄出土的 33 座墓葬中，有 6 座随葬有陶制的鼎豆壶礼器，另外还有戈、剑等兵器和带钩、料珠等装饰品，以及青铜印玺等，虽然称不上富丽堂皇，可是和另外 18 座不见任何随葬品的墓葬相比，贫富之别显而易见。随葬鼎豆壶礼器是《周礼》规定的制度，只有奴隶主贵族才能享受，并有严格的等级限制。进入封建社会后，礼崩乐坏，新兴的地主阶级肆意僭越，礼器遂成为战国时最流行的随葬品。这说明在经济上和中原各地有着紧密联系的天津平原，在政治制度上也在前进。

燕齐赵兼并战争和天津的归属

战国开始的卓有成效的开发，使富饶的天津平原很快成为列强兼并的对象，燕齐之间的一系列战争，很多是在天津平原上进行的。天津的归属，在剧烈的兼并战争中不断发生变化。

《韩非子》记燕襄王“以河为境，以蓟为国”。根据《史记·十二诸侯年表》和《六国年表》，燕无襄王，当为襄公之误，在位时间是公元前 657 年至公元前 618 年。此时“禹河”犹在天津入海，燕国刚在齐国的帮助下，从山戎的侵扰中解脱出来，重新建立统治秩序。“禹河”下游所行河道是泒河，其尾闾按《水经》所记，在清河和沽河会合以后，即今南、北运河合流后的海河上段。所以这里是燕齐两国的疆界所在。

由于齐桓公的以礼割让，燕齐疆界南移。《汉书·地理志》记齐境曰：“北有千乘，清河以南，渤海之高城、高乐、重合、阳信。”高城故城在今盐山。其北界清河，是周定王五年河迁以前黄河“二渠”的东渠，河迁东去，浊水变清，于是有清河之名，为今盐山和黄骅之间古河道。由此往北至海河的土地改属燕。

然而，随着社会政治、经济的不断发展，齐桓公时期那种国与国之间的关系很快过去，代之而起的是连绵不断的兼并战争。齐国凭借军事上的优势，频频侵凌燕国。公元前 332 年，齐威王因燕丧伐燕，取十城。公元前 312 年，齐宣王乘燕乱，令章子将五都之兵伐燕，覆燕三军。前述齐桓公割让给燕国的土地，实际上仍在齐国的控制之下。《史记·田敬仲完世家》记：“简公出奔，田氏之徒追执简公于徐州。”史料中对“徐州”有不同的解释。《集解》云：“春秋作舒州。”《索隐》云：“徐州，齐邑，薛县是也”。《正义》则认为是“齐之西北界上的地名，在渤海郡东平（舒）县也”。

齐之西北界上确有徐州。《史记》记齐威王语曰：“吾臣有肦子者，使守高唐，赵人不敢东渔于河；吾吏有黔夫者，使守徐州，则燕人祭北门，赵人祭西门，徙而从者七千余家。”此徐州西近赵，北邻燕，和《史记正义》所说的渤海郡东平舒县治相当，其地即今静海县西钓台古城。在这座西汉古城附近，存在一片规模很大的战国遗址和墓葬。遗址中发现有密集分布的水井，结构有土、瓦两种，间距仅 3～5 米，有的井铺设有集水的陶制水管，陶井圈系专门烧制，非一般村落遗址能与之相比。

此遗址在水利工程中曾出土大批文物，齐文化因素特别突出，如陶鼎的双耳平折外翻，耳和足插于鼎腹，表现了齐文化的工艺特征，瓮棺葬具用厚壁、圜底、深腹的大陶瓮，也是齐文化特点。

最能说明此遗址和齐国关系的，是在采集到的一件陶量残片上印有“陈和忐左廪”五字圆形戳记。陈字写作“陲”，和传世的其他齐国量器相同，是田齐陈氏的专用写法。从文字结构到内容，都可确认它是齐国遗物。量器是田齐陈氏进行政治斗争的特殊武器，在陈氏夺取齐国政权的过程中，曾推行“厘子之政”，即用大斗贷出，小斗收赋的办法笼络民心，最后达到攫取姜齐政权的目的。齐威王称“肦子守徐州，徙而从者七千余家”，如果徐州只是单纯的军事据点，不可能有如此大的吸引力，必然有别的手段相配合，这手段就是这些量器，是它们使经济改革处于落后地位的燕赵两国百姓纷纷趋附。此量器的出土，说明齐在战国时确曾控制着这个地方，它的改革在这里也产生了广泛、深刻的影响。

公元前 311 年燕昭王即位，“吊死问孤，与百姓共甘苦，卑财厚币以招贤者”。全力振兴国力，旨在洗雪齐国占领国土之耻，即如《战国策·燕策》所记苏代令人谓齐闵王曰：“燕之攻齐也，欲以复振古埊也。”其中自然也包括这部分土地。公元前 284 年，燕由乐毅将五国之兵伐齐，下齐城七十余，仅莒和即墨未下。“河北之地，随先王举而有之于济上。”燕收复了这片土地。

可是事后不久，这片土地又一次易手。公元前 247 年，“赵与燕易土，以龙兑、汾门、临乐与燕，燕以葛、武阳、平舒与赵”。葛在高阳，武阳在固安，平舒即东平舒。赵于是取得由河间至渤海的通道，故《汉书·地理志》曰：赵“又得渤海之东平舒、中邑、文安、束州、成平、章武，河以北也”。东平舒在静海，章武在黄骅，束州在大城，沧州以北、海河以南土地，又归赵所有。

频繁的战争，剧烈的兼并，使平原的出土物表现出浓厚的战争色彩。这里出土的兵器异乎寻常的多，铜器中除几件带钩和印章外，几乎都是戈、剑、矛、镞等兵器。在巨葛庄出土的一块肱骨残段上，还带有一枚深深锲入骨壁的铜镞，铜锈已把骨头染成了绿色，似乎还在控诉着那“以战立国”的残酷岁月。

土地频繁易手，还使平原出土物兼呈燕齐赵各国特色。燕文化因素最突出的是两种炊器，即釜和鬲，都用掺云母屑作羼和料的陶土烧制，所以被称作“鱼骨盆”和“星星瓦”，平原上到处都能见到，即使在静海等地也有出土。张贵庄出土的陶制礼器上刻画的鱼鸟纹装饰图案，也是燕国陶器上的常见花纹。

齐文化因素主要见于海河以南，海河以北极少见。巨葛庄出土的印有“区釜”戳记的陶罐，西钓台出土的“陈和忐左廪”陶量，都是齐国文物。张贵庄、沙井子、西钓台等地出土的双耳平折外翻的陶鼎，巨葛庄、沙井子、中塘等地出土的深腹圜底厚壁的大瓮棺，也具齐文化特色。

赵国文物只零星见到，主要有沙井子出土的“安阳布”和“平阳戈”。安阳布笔画细直刚劲，转笔处折角明显，具赵币特征。虽然战国时有多处地名称平阳，但平阳戈和安阳布同出，以赵国平阳的可能性较大。沙井子地近战国时滹沱河入海口，距赵国易土获得的东平舒仅七十里。

在平原的出土文物中，还有一种能反映战国时期天津土地归属变化的文物，即明刀币。这里出土的明刀币数量颇多，按明字的写法基本上可分两类：一类笔画粗壮，字体浑厚，外笔转角作圆弧；另一类笔画细直，笔触刚劲，外笔拐弯作方折。这两类明刀币在分布上有所区别，前一类多见于海河以北，并且是燕地常见的明刀形式；后一类多见于海河以南，静海西钓台、王口出土的都是这种形式，在沧县肖家楼出土的一万多枚刀币中，此类占70%，足见其铸额之巨。然而在海河以北，迄今只在宝坻县歇马台见到二枚。分布上的多寡之别显然可见。

方折明字刀过去多发现于山东一带的齐境，有的背面还铸有"齐化"字样，因而被认为是齐明刀。然而明刀币毕竟是燕国货币的主要形式，明字是"易"(燕国下都)或"晏"(燕国名原写作"匽""郾""郾")的变体，齐地也铸造以"明"字为面文的货币，不会没有原因，这只能认为是昌国君乐毅伐齐后在齐地五年间铸造的。乐毅在给燕王的申辩书中即称，他在伐齐获胜以后，燕国曾"裂地而封之，使之得比乎小国诸侯"。因而也就有可能独自铸造这种派生于燕国，但又与燕国货币不同的明刀币。从齐国势力范围里获得的海河以南土地，自然会成为昌国君封地的一部分，因此多见这种货币。静海县王口还出土过数百枚方折明字的小刀，刀身窄而直，和过去山东博山香峪村出土的"博山刀"一致，可进一步说明这些地方都是此种货币的流通区。

天津最早的两个县——泉州和东平舒

公元前222年，秦灭燕国和赵国。公元前221年，秦兵又由燕国南下灭齐。天津由此属秦。

秦统一六国后，"分天下为三十六郡"，郡下设县，开启了两千多年的郡县制。这是秦在长期兼并战争中形成的一种地方行政制度。官吏由国君直接任命，有利于加强中央集权。当时丞相王绾等曾提出"请立诸子"的建议，但秦始皇还是采纳了李斯的意见，分天下为郡县，不立尺土之封，这样可使"天下无异意"。

天津地区郡县始置于战国。燕昭王时大将秦开袭破东胡，却地千里，沿边设置上谷、渔阳、右北平、辽西、辽东五郡。右北平郡治无终，位于今天津北部的蓟县。渔阳郡治渔阳，位于今怀柔、密云一带。战国时郡和县的地域大小没有固定，也无隶属关系，郡一般置于戎狄杂居的边地，县则置于较近的富庶之地，所以实际地位是郡低而县高。秦始皇为监督县的活动，置郡于县之上，成为郡县两级制。

秦置郡县时，除在天津北继续设置渔阳、右北平等郡外，在天津的西面，以原燕都蓟城为中心设置了广阳郡；在天津南面，因赵的河间之地设置了巨鹿郡。如果按《汉书·地理志》所说的“汉兴，因秦制度”，则海河以北属渔阳郡，海河以南属巨鹿郡。汉灭秦，北面的渔阳、右北平如旧，南面于汉高祖五年（前 202）设渤海郡。渔阳郡的泉州和渤海郡的东平舒，是天津最早的两个县。

泉州县位于海河北，县治离今天津市区最近。《水经注》记载：“沽河又东南迳泉州县故城东……沽河又东南合清河。”沽河下游相当今北运河，清河下游相当今南运河，两河会合处在今市区三汊河口，故泉州故城应在天津市区西北。《畿辅通志》武清县下记载：“泉州故城在今县东南四十里，汉置。”同书天津府下又记“在府西北”。《武清县志》称“遗址尚存”。此故城即今武清县的城上村古城，距武清县旧城和天津旧城都是 40 里。永定河绕经其北、东二面，由于河水常年冲刷，城的东北角已圮于水中，城里还淤积了一米多厚的淤土。

城东西长 600 米，南北宽 500 米。据当地老人回忆，五六十年前城墙还有三四米高，现在最高处亦已不足二米。城内文化堆积主要属战国和西汉两个时期。战国文物采集到的有“燕国鬲”、陶豆、虎纹和双兽纹半圆瓦当。汉代文物有夹云母屑红陶釜、纺轮、锯齿状蚌镰等。最丰富的是建筑材料，包括板瓦、筒瓦和卷云纹圆瓦当。城墙夯筑，夯土中夹杂有战国时期的陶片。可见在战国时这里已经是一个拥有豪华建筑的聚落，西汉初年在聚落的废墟上又修成城池。

1978 年，在城东 11 公里的天津北郊双口镇，发现西汉初年的墓葬一座。墓室全用筒瓦、板瓦等建筑材料堆砌，足见当地建筑的发达。不过此墓的重要性是在随葬的陶器上。墓葬出土陶罐、陶钵各一件，皆印有“泉州”二字戳记，这种戳记还见于城内采集到的一件陶盆残片，可证文献关于此城的记载不误。陶器上印“泉州”二字，则说明这些陶器可能出自官营作坊。

泉州县东濒渤海，有辽阔的海滩可进行盐业生产。西汉政府在此设置“盐官”，专门管理海盐的生产和转输。当时政府对盐业控制甚严，《史记·平准书》记载：“募民自给费，因官器作煮盐，官与牢盆”；“敢私铸铁器煮盐者，没入其器物”。近年在天津平原上多次发现印有“大富牢罂”字样的陶器残片，其属于一种夹砂灰陶大瓮，或即是“官与牢盆”的器物。

泉州还是河北地区北部河流汇聚入海的地方。《汉书·地理志》记沽河和治水在此入海。沽河相当今白河和北运河，治水即今永定河，在通县附近入沽河。另外，当时的滱水(今唐河)、泒河(今大沙河)在文安汇合后东流，河口段的泒河尾实际上也是在泉州县。因此当时的海口，今军粮城一带曾一度出现繁荣，杨台和西南堼都发现西汉时期的筒瓦、瓦当等建筑材料，西南堼的有些瓦当上印有“千秋万岁”“王门大吉”等字样。这样的瓦当非一般民间所有，官署也不会建在此海边，或与汉武帝祠名山大川的活动有关。汉武帝元封三年(前 108)“行自泰山，复东巡海上，至碣石”；太初元年(前 104)又“东临渤海，望祠蓬莱”，在渤海沿岸的大河口都留有遗迹。黄骅县的古漳河入海口，北大港区沙井子的古滹沱河入海口，都曾建有高大的"汉武帝望海台"，泒河、漉水亦属大川，在此修建祭祠建筑是完全可能的。

海河南是东平舒县，其位置在古泒河、滹沱河两河口之间，包括今天津南郊、北大港二区及静海县地。可是此县的县治地点长期以来一直被误解。宋代地理名著《太平寰宇记》记载："大城县，西北去霸州九十五里，本汉东平舒县。"其实这是东汉以后的东平舒县治，西汉东平舒县治在今南运河畔，静海县境。《水经注》清漳下游有一段文字完全可说明这一点："清漳迳章武县故城西，枝渎出焉，谓之涉水，东北迳参户亭，分为二渎……一水迳亭北，又迳东平舒故城南……又东北分为二水，一右出为淀，一水北注滹沱，谓之涉口。清漳乱流而东注于海。"

《水经注》的文字为东平舒县治位置提供了两点重要线索：一、在参户亭北。《水经注》引应劭曰："平舒县西南五十里有参户亭，故县也，世谓之平虏城。"《元和郡县志》曰："参户故城，一名木门城。"地在今青县，名木门镇。由于曹操开凿的平虏渠渠首在此，故又被称作平虏城。二、在清漳沿线。漳水下游河道屡有变化，西汉以前由章武县(故城在今黄骅县)南入海，公元前 109 年黄河夺漳入海，河口壅塞，东汉后改由章武县北、平舒县南入海，即为《水经》所记清漳"又东北过章武县西，又东北过平舒县南东入海"者，郦道元为《水经》作注时，漳水已和清河合流，北流与滹沱河会合，而此时滹沱河下游河道亦已和汉代不同，曹操凿平虏渠时，滹沱河还从青县木门镇东流至平舒县南的马棚口入海，司马懿征公孙瓒时，在饶阳附近凿滹沱入泒，所以《水经注》中清漳所入的滹沱，实际上已是今大清河水系的泒河。和清河合流后的清漳相当今南运河。东平舒故城也只能在青县木门镇以北的南运河沿线寻找。

在此范围内，今发现西汉古城两座：一座在静海县西钓台村，南运河西一里处，城南北长 520 米，东西宽 510 米。另一座在静海和青县交界处，南北长 220 米，东西宽 160 米。按城址规模及其同周围相邻县治的距离，西汉东平舒县治应是静海县西钓台古城。城墙的地上部分已不存，仅剩墙基，宽 18 米，黄沙土夯实，夯层厚 0.3～0.4 米。1983 年静海县修港（黑龙港）、团（团泊洼）引渠，绕经古城东、北、西三面，发现城内和城北都是居住区，并出土大批水井，有土、砖、陶三种，砖井的用砖都是专门烧制的梳背形砖。陶井圈的直径为 1.2 米，每节高 0.25 米。有些井距仅 3～5 米，可见居民相当密集。

城西为墓葬区，结构有土圹木棺和砖室墓两种，随葬品多数为陶制明器，部分饰彩绘或施釉。墓地绵延近 2 公里，反映出当年曾有的繁荣。

泉州和东平舒的设置，说明由战国时开始开发的天津平原，西汉时得到进一步发展，生产规模扩大，社会管理亦有改进和加强。

结　　语

考古资料表明，天津历史可追溯到六千年以前，尽管这个时期的文物发现较少，却清楚展示了天津历史的最早一幕。燕山地区原始部落的成员，下移到全新世海侵前夕的滨海平原上活动，成为天津平原上最早的居民，在此留下了生产工具和聚落痕迹。

因为全新世海侵吞没了整个天津平原，开始不久的天津历史便遭夭折，嗣后即是长达两三千年之久的茫茫海域，使天津的原始社会史鲜为人知。距今四千年前海侵平复，天津平原自张贵庄以西开始成陆。初成陆的天津平原的地面高度和海水相差无几，又适逢黄河迁此入海，在海潮和河水的制约下，开发极为迟缓，一直到春秋时期，人烟还十分稀少。

天津平原开发初见成效是从战国开始的。由于社会生产力提高，自然环境改善，平原的居民迅速增加，出现了一批颇具规模的村落，农业、手工业和商业都有发展，原始海岸的荒凉景象得到改变，天津平原初步得以开发。

自西汉开始，天津平原被纳入郡县制行政体制，在海河南北分别建立了东平舒县和泉州县，天津在新生的封建制度下得到迅速发展。

第二章　汉唐时的经济开发

第一节　汉代海侵

经过战国至西汉四百多年时间的持续开发，天津平原初步呈现繁荣。然而从西汉晚期起，情况突变，天津及其附近地区的六十多处战国和西汉遗址，包括修筑不久的县治在内，至此全部废弃。在天津市郊境内，迄今见到的东汉时期的遗存，只有大港区（今天津滨海新区大港街）窦庄子的一座瓮棺，伴随出土的有“货泉”等遗物，属新莽时期。另外在静海县西钓台古城内见到一座小型砖墓，亦出土新莽时期的“货泉”。稍具规模的东汉遗存，只发现于离海较远的地方，如静海县东滩头东汉墓群，武清县兰城鲜于璜墓等，年代均属东汉后期。整个天津平原的近海地带，到东汉时期几乎陷入一片人烟灭绝的境地，令人诧异。

在被废弃的西汉遗址中，有一个值得注意的现象，即在这些遗址的文化堆积上，普遍覆盖有一层由水浸形成的自然堆积层，厚约 30 厘米，状如一条黑带，里面包含有较多芦苇等腐殖质。这一堆积还可分两种情况，离海较近的遗址，包含有海生螺、蚌等，宁河县洛里坨战国文化层上厚 70 厘米，黄骅县武帝台遗迹上厚 40 厘米，这种堆积应是在海水中形成的；离海稍远的地方，如静海县西钓台，覆盖层中包含的是淡水螺、蚌壳，属湖沼相沉积。

不管覆盖物的内涵有什么区别，有两点情况是相同的：一、所有西汉遗址都是在遭受水灾以后废弃的，并且经历了相当长时期的浸淹，因而有黑色带状的地层形成，甚至有海相或湖沼相堆积生成。二、水浸堆积的形成时间都在西汉末到东汉时期，除普遍存在的地层叠压关系外，还有碳 14 数据可供证明，宁河县潘庄农场泥炭，经碳 14 测定为距今 1860±125 年，宁河县田庄坨遗址地表文蛤，碳 14 年令为距今 1920±90年。所有这一切都表明，天津及其周围平原在西汉末年遭受过一次毁灭性的水害，并且延续颇久，从而使其经济文化全面陷落。

文献也有关于西汉末年渤海地区发生水灾的记载。《汉书·沟洫志》曰："大司空椽王横言，河入渤海，渤海地高于韩牧所欲穿处。往者天尝连雨，东北风，海水溢西南出，浸数百里，九河之地已为海所渐矣。""渤海地"自然是指汉渤海郡一带，"九河"是商周黄河下游地区，在今渤海湾西岸。王横是新莽时人，所言这次灾害必在西汉。这就是说，西汉末年渤海湾西岸确曾发生一次大规模的水害，其规模和年代正好和今天古文化遗存反映的情况相合。

由于王横的话好像是在叙述传说，因此引起一些人的怀疑，但北魏时的历史地理学家郦道元却深信不疑，他在《水经注》中写道："昔燕齐辽旷，分置营州。今城届海滨，海水北侵，城沉沦者半。王横之言，信而有征，碣石入海，非无证矣。"又说："昔在汉世，海水波襄，吞食地广，昔日碣石，苞沦洪波也。"虽然这里说的是渤海湾北岸的情况，但属同一次自然灾害是清楚的。

王横所说的这次海浸，应即《汉书》记载发生在公元前 47 年的渤海海溢。《汉书·天文志》记，汉元帝初元二年（前 47）"五月，渤海水大溢”。《汉书·元帝纪》同年七月诏曰：“一年中地再动，北海水溢，流杀人民。”当是海溢发生的这一年还有地震。

从王横的话看，这次海溢似由风暴潮造成。可是从实际结果看，已远远超过单纯风暴潮所能造成的灾害。一般风暴潮都有一定的侵袭方向，海水登陆后，水势便迅速减弱，侵袭范围局限于沿海，溢出数百里的情况罕见，而且在风暴高潮过去以后，侵入陆地的海水也就很快退去。可是这里的情况是，整个渤海湾西岸平原，包括宁河、天津、静海的全部，宝坻、武清的大部，大致在接近 4 米等高线以下的范围内，都可看到这次自然灾害破坏后留下的痕迹，所有西汉时期的古文化遗存年代下限都截止于此，甚至距海 150 里以上的宝坻县秦城也不例外；侵入陆地的海水不仅没有及时退出，还制造了水浸堆积，这就不可能是单纯风暴潮的产物。

与此相应的是，泉州和东平舒二县，西汉以后不仅县治内迁，而且连建置也相继合并。乾隆《武清县志》云：“按旧志云，武清县本古之泉州。又云，东汉末年移泉州县治于三角淀，改名雍奴，必有所据。”《魏书·地形志》记泉州并入雍奴的时间是北魏太平真君七年(446)，不过西汉泉州县治在西汉末年已经废弃，因此泉州县治在东汉时期迁移殆属可能。东汉时东平舒县已由傍海的渤海郡改隶略西的河间国，其西汉治所在北魏时期人们已经不辨，可见废弃亦久，迁移不会晚于东汉。这两县迁移时间相同，方向都是向离海较远的地方转移，显然和来自海洋的自然灾害有关。这不只显示了西汉末年这次特大自然灾害的存在，同时还表明灾害的范围广、延续时间长，因而人们被迫退出这个地区。战国时开始的开发进程至此夭折，这绝不是一次单纯的风暴潮所能造成的。

有趣的是，这种现象不只限于渤海周围平原，在我国沿海的其他低洼平原上亦有发现。在广东南海县近代河流泛滥沉积的土层中，出土了一些唐宋时期的陶瓷片，发现在它下面有一层淤泥炭层，包含有汉代陶器、铁器和铜器以及现代动植物遗骸，因而有人推测“在距今2500至2000年前，又发生一次幅度较小的海侵”。上海地区滨海平原上的古文化遗址，从已发表的材料看，早期的亦多由新石器时期一直延续到西汉早中期，此后有一段接近空白，再晚就是南朝的遗存。这些情况虽然分别发生在渤海、东海和南海，然而表现形式一致，始末时间相同，因此可以认为在距今两千年前我国沿海必曾一度出现海面升高，因而近海低地同时遭到海水侵袭。

从天津平原见到的情况看，海面波动在一米左右。因为只有这样，才有可能在黄骅县武帝台、宁河县洛里坨等西汉文化堆积上覆盖海相堆积的同时，南郊窦庄子等地仍然有人在活动，只是十分稀少而已。不过尽管海面只升高一米，但对于地势特别平坦低洼的天津平原来说，后果比任何地区都为严重。这不仅加剧了近海地带潮汐的侵袭，海溢发生时海水能侵入陆地更远，而且由于海面升高，陆地水宣泄不畅，大片低地成为沼泽，失去生产和居住条件，人们不得不向高处转移。天津平原上经济文化陷落，县治合并迁移，都是在这样的背景下发生的。

最迟到东汉晚期，海面波动已经平复，前后不过一百多年。然而这已使战国以来平原上的开发劳动前功尽弃，陷入一片荒凉的景象。而且在海侵以后，接着又是海河水系逐步形成，平原承受越来越大的洪水，使海侵造成的破坏迟迟不得恢复。

第二节　曹操开凿运渠和海河水系形成

公元206年，曹操为讨伐北方乌丸，在渤海湾西岸的滨海平原上开凿运渠，以运粮饷。此举使河北平原河流下游的结构发生重大变化，给天津历史带来了深远影响。

《三国志·魏志·武帝纪》云："三郡乌丸承天下乱，破幽州，略有汉民十余万户。公将征之，凿渠自滹沱入泒水，又从泃河口凿入潞河，以通海。"知曹操开凿的运渠有两段，一段是沟通滹沱河和泒水，另一段是沟通泃河和潞河。

沟通滹沱河和泒水段一名平虏渠。在司马懿凿滹沱入泒之前，滹沱和泒不通。滹沱河由灵寿、新市东流，经东昌、东光、参户等地，然后从青县木门镇和滹沱别河汇合，沿今娘娘河东流至马棚口入海。此即《汉书·地理志》所记："虖池（即滹沱）河东至参户入虖池别"，"虖池别河首受虖池河，东至平舒入海"。

泒河，即今大沙河，经河间、高阳、文安等地，沿今潴龙河、大清河一线，至天津入海，即《汉书·地理志》所记的"从河东至文安入海"。"从"字乃泒字之误，《水经》称其河口段为"派（泒）河尾"，云："笥沟东南至泉州县与清河合，自下为泒河尾也。"笥沟即潞水，又称沽河，相当今北运河。清河即今南运河。二河合流后的"泒河尾"，相当今海河的军粮城以上段。所以沟通滹沱河和泒河的平虏渠，相当今青县木门镇以下的南运河。

沟通泃河和潞水的是泉州渠。《水经·淇水注》记清河"东北至泉州县北入滹沱……又东，泉州渠出焉"。《鲍邱水注》又记："鲍邱水又东合泉州渠口，故渎上承滹沱水于泉州县，故以泉州为名。北迳泉州县东，又北迳雍奴县东，自滹沱北入，其下历水泽一百八十里入鲍邱河，谓之泉州口。”这里说泉州渠上承滹沱水，已是司马懿决滹沱入泒，行经泒河的河道；清河是曹操凿平虏渠，使清河向北延伸和泒河会合后的河道。泉州渠承滹沱水的位置，是在清河和沽河会合以后，即今三汊河口以下，接近当时的海口，今军粮城附近。

泉州渠自滹沱河北出，历水泽一百八十里，当是行经今七里海、黄庄洼等淀泊，汉魏时连成一片，名雍奴薮。渠道中经宝坻，故宝坻县城北有“渠阳”之名。金刘晞颜《新仓镇改宝坻县记》曰：“时方廓民千有余家，自余村闾著为四乡，东曰海滨，南曰广川，西曰望都，北曰渠阳。”宝坻境内的窝头河还有“渠河”之称，《宝坻县志》载：“渠河一名梁水，即窝头河也。自香河县蒲石河东注，经流城池……雍正四年新开裁湾取直，由城南而行。”此渠在《三国志》称联结潞水和泃河，在《水经注》称联结潞水和鲍邱河，是鲍邱河夺泃入海的缘故。

曹操凿渠的目的是向辽西用兵，因此在开凿了平虏、泉州两渠，沟通了滹沱河至鲍邱河之后，又自鲍邱河分出一渠，一直向东延伸至滦河，名叫新河。《水经·濡水注》载：“自雍奴县承鲍邱水东出，谓之盐关口，魏太祖征蹋顿，与泃口俱导也，世谓之新河矣。陈寿《三国志·魏志》云，乃通海也。新河又东，北绝庚水……”渠首盐关口在泃口以下，和庚水（今舟河）会合处以上，也应在今宝坻一带。这里从辽代起置榷盐院，在历史上一直是盐关重地。新河绝庚后行今蓟运河，至宁河北部分为两支，一支循蓟运河入海，一支由泥河一线循山前洼地东行至滦河。

曹操开凿的运渠，一般都在四米高程上下，环绕渤海湾西、北两面，穿过整个天津平原，使偏居北方的滦河水系和以黄河为中心的中原河系相联结，无疑是中国运河史上的一大创举。曹操凿渠虽然只是军事上的一时之需，然而此举却造成了一个新的河道结构，对我国历史产生了深远的影响。

在曹操凿渠以前，河北平原的河流分道流注渤海，据《汉书·地理志》记载，这些河流可归成四个河系：一、由章武入海的黄河水系，入海口在今黄骅和盐山之间，随黄河入海的有沁、淇、漳等河流。二、由东平舒入海的滹沱河水系，入海口在马棚口，随滹沱河入海的有今天滏阳河水系的一些河流。三、由文安入海的泒河水系，入海口在天津海河，随泒河入海的有今大清河水系的一些河流。四、由泉州入海的沽河水系，入海口也在天津，随沽入海的有治水，即今永定河。

东汉时，此河道形势略有变化。黄河迁从千乘入海，漳水脱离清河水系侵入"寖"水系统。"寖"水即今洺水，下游为《水经》的衡漳。由于黄河使章武南的漳河入海口壅塞，清、漳合流迁由章武北、平舒南入海，入海口和滹沱河合到了一起。可是即使这样，渤海湾西岸还没有沟通南北水系的河流。直至曹操凿渠，才使河北平原上出现众流归一的局面，这就是《水经注》所说的"清、淇、漳、洹、滱、易、涞、濡、滹沱同归于海"。此河道结构一经出现，便标志海河水系形成。

海河水系形成，使位于众河会合处的天津立即登上了航运枢纽的宝座，对以后天津城市的形成和发展，具有决定的意义。而且这个河系中的清河，在曹操开凿白沟后可进入黄河，后来隋炀帝即循此开凿永济渠抵北京，因此实际上又造成了一条联结我国南北的水路交通动脉，对促进南北经济文化交流，巩固国家统一，均有重要贡献。

可是此河系的形成对天津平原的开发也带来了严重的消极作用，这主要是各河会合入海后使河北平原的洪水过分集中，位处"九河下梢”的天津年年受到洪水的威胁。据文献记载,河北地区的水灾,两汉时期尚不突出,主要和黄河的决溢有关;但在汉代以后便逐渐严重起来,唐时“河北大水,庐舍漂没殆尽”的记载已屡见不鲜。及至元代,在运河漕运被强化保护后,更发展到不到两年便有一次水灾的灾难性程度。正因为这样,被汉代海侵破坏了的平原经济迟迟不得恢复,此后古文化遗存的分布,主要集中在海河口、马棚口等港口附近和运河沿线,农业生产难以确立,长期处于萧条局面。

第三节　章武县、雍奴县和泉州县

西汉海侵以后,天津地方行政建置发生一系列变动,到北魏时,海河以北的泉州县并入雍奴县,海河南的东平舒县并入章武县。县治的后迁和合并,集中反映出此时平原经济衰落,人口大幅度减少。

雍奴县始置于西汉,和泉州县毗邻,同属渔阳郡。《汉书·地理志》右北平郡无终县下记:“浭水西至雍奴入海。”浭水在《水经注》作庚水,其云:“世亦谓之柘水也,南迳燕山下。”此河即今舟河(舟即柘之音变),发源于遵化县北部山中,西南流经蓟县(西汉无终故城在此)东南,南流至宝坻县入蓟运河,然后入海,故雍奴县应在蓟县南宝坻县一带。

今见蓟县迤南的舟河下游有两座西汉古城。一座是位于宝坻县城东南5公里的秦城,东西长800米,南北宽600米;另一座是武清县崔黄口南4公里的大宫城,约一里见方。这两座古城堆积的年代下限皆属西汉,地层中都明显留有水浸形成的黑土层,大宫城遗址的地表还有很多海蛤遗骸,显然表明大宫城是在西汉末年的海侵中废弃的。这两座古城哪一座是西汉雍奴县治,目前尚有争议。从渤海湾西岸西汉县治的分布一般距离都在百里上下的布局看,以秦城较为适宜,但也并不排除秦城是秦右北平郡治和大宫城是西汉雍奴县治的可能。

西汉末年海侵后，雍奴县治西迁至今武清县西北的兰城，这在关于东汉初年一次战争的记录中可见到其位置。《后汉书·彭宠传》记建武四年(28)渔阳太守彭宠在潞县反叛，“(光武)帝使游击将军邓隆救蓟。隆军潞南，浮军雍奴，遣使奏状。帝读檄，怒谓使吏曰：‘营相去百里，其势岂可得及？比若还，北军必败矣。’”知彼时雍奴在潞南百里。潞县故城在今北京通县东30里故城村，往南百里(合今七十多里)即是武清县兰城。

此城呈方形，每边长800米，兰城村正坐落在城内。近年在此附近发现石阙等重要文物，东汉雁门太守鲜于璜的墓也在这里发现，显然是一处重要的东汉城邑。

然据《读史方舆纪要》武清县下记载：“雍奴城，在县东，汉县也……《城邑考》：唐改雍奴为武清，其旧城距白河十七里，今邱家庄南。”《日下旧闻考》曰：“旧城在邱家庄南，距县东十二里，今其地名曰旧县，有城隍庙。盖今之县城自明洪武初始迁，明以前县治即邱家庄南之故基也。”

据调查，武清旧县附近的古城址，除明武清县城外，还有两座，一座在邱古庄南，多汉和元代文物，约一里见方；另一座在旧县村，南北长近900米，多见汉代和唐代遗物，以隋唐堆积为主。附近还有寺台子、天齐庙等唐代建筑基址。这些古城都是在泉州、雍奴、武清的沿革变化中留下的遗迹。

关于泉州县和雍奴县的合并，《魏书·地形志》渔阳郡雍奴县下有如下记载：“太平真君七年并泉州县属焉，有雍奴城、泉州城。”西汉末年海侵后，西汉的泉州和雍奴县治皆已废弃，至北魏时两县合并，其间已近五百年，这期间两县的建置仍然存在，必曾迁移并另建新的县治。兰城为东汉雍奴故城，则邱古庄南古城为东汉泉州古城，旧县村古城为泉州、雍奴二县合并后的雍奴故城，唐改武清县即此。《水经注》言泉州渠“西去雍奴故城百二十里”，是指西迁后的东汉雍奴故城。泉州、雍奴合并后，西起武清县西北部，北起宝坻县北部，东至海，南至海河，皆属雍奴县境。

海河南的章武县，亦系西汉时设置，县治为今黄骅县韩城镇北之郛堤城。此城《读史方舆纪要》以为是合骑城，有误，合骑城在今盐山县，此则为西汉章武县治，除出土印有“武市”二字戳记的陶器可给佐证外，文献资料亦有踪迹可寻。《汉书·地理志》记黄河“至章武入海”，河道在黄骅、盐山之间，是其南界。北界和东平舒县相邻，故《水经》记“衡漳又东北过章武县西，东北过平舒县南东入海”。西汉末年海侵，章武城亦遭浸淹废弃，城内至今仍散布有大量海蛤遗骸。此后县治西南迁三十里，为今旧县。《沧县志》以为今黄骅县南的旧城镇为章武县治，亦误。该地是北齐时的高城县治，隋唐金元俱治此，隋开皇十八年(598)改名盐山，故整个两汉，章武和今天津无涉。

三国时，魏分渤海、河间地置章武郡，晋改为章武国，辖东平舒、文安、章武、束州四县，治东平舒。西汉海侵后，东平舒县治已移至大城，此名系后周显德六年(959)改。章武县改隶章武郡后，县治西迁，故《魏书·地形志》记正光中分置的西章武有章武城，地在大城县南，是为三国以后的章武城。

西迁后的东平舒和章武县治，距海岸都有三百里之遥，因此北魏时以此二县的沿海地另置章武县，隶浮阳郡。《魏书·地形志》浮阳郡章武县下记：“治章武城，有汉武帝台，漳水入海。有沽(沽)水。大家姑祠，俗云海神，或云麻姑神。”既然章武县的北界已至沽水，则海河以南地区皆是其范围。

北魏章武县治位于今黄骅县乾符，这是唐代的县名。章武县至隋开皇十六年(596)改名鲁城县。唐乾符二年(875)，县东北有野稻水谷二千余顷，以为祥瑞，三年改名乾符。附近至今有麻沽里等地名，或即是《魏书·地形志》所记的麻姑神庙孑遗。近年在与此邻近的大港区窦庄子一带不断出土铜造像，已积十二尊，其中四尊有"延兴三年""永平四年""章武人"等铭刻，说明北魏的章武县治确在此，也说明北魏的佞佛之风在此亦盛。

麻姑庙又名海神庙，是由于这里是渤海湾西岸的重要港口，清漳和滹沱皆在此入海。此入海口处章武，故名章口。《十六国春秋·北燕录》曰："章武郡临海，舟楫可通，出于辽西临渝，不为难也。"即此海口。唐李忠臣进军河间，亦由此登陆西进。今名歧口，或是由海口歧出清漳和滹沱二渎得名。

泉州和东平舒分别并入雍奴和章武，表明西汉海侵以后天津平原经济迟迟不得恢复的现实。但这里仍然是海盐生产的重要基地。《魏书·食货志》记载："自迁邺后，于沧、瀛、幽、青等四州之境，傍海煮盐，沧州置灶一千四百八十四，瀛州置灶四百五十二，幽州置灶一百八十。"天津地跨幽、瀛二州，且傍海，置灶自必不可少。《水经注》曾提到这一带盐业生产的情况："清河又东迳漂榆邑故城南，俗谓角飞城。赵记云：石勒使王述煮盐于角飞，即城异名矣。《魏土地记》曰：高城县东北百里，北尽漂榆，东临巨海，民咸煮海水，藉盐为业，即此城也。"漂榆邑故城位于清河北，和沽河汇合的三汊河口下，濒临海口。地在今小东庄乡务本村。近年在此发现西汉时期古城遗迹，南北宽 170 米，东西长近 300 米。附近西南埑出土有魏晋时期的青瓷器以及罐和豆等。从高城县东北百里到漂榆邑，是今天津南部沿海平原。显然，盐业生产是当时天津经济生活的主要内容。

第四节　三会海口

唐代的三会海口，第一次显示了天津作为北京海上门户的特殊地理位置，在唐代幽蓟漕运的刺激下，虽然整个平原的经济萧条依然未变，港口却一度繁荣。

唐初，幽州等地屡受突厥、靺鞨、奚、契丹、霫等北方游牧部落的骚扰和掠夺，因而于此驻守重兵，置幽州节度使（后改范阳节度使），临制奚、契丹，统经略、威武、清夷、静塞、恒阳、北平、高阳、唐兴、横海九军，屯幽、蓟、妫、檀、易、横、定、漠、沧九州，管兵九万一千四百人，马六千五百匹，衣赐八十万匹段，军粮五十万石。由于军需给养数量庞大，当地无法筹措，便组织江南转输。安禄山任范阳节度使时，又兼河东、平卢节度使，“江淮挽输，千里不绝”，除供应平时的军队消耗外，还为其叛乱做储备。

唐代漕运多利用隋炀帝开凿的永济渠。隋大业四年（608），“诏发河北诸郡男女百余万开永济渠，南达于海，北通涿郡”。此渠在河北平原流经的河道，即《水经注》所说的清河。然到独流后，此渠并不北趋天津，而是折而向西，经信安、永清、安次等地达北京，所以《太平寰宇记》破虏军（景德二年改信安军）下曰：“永济河自霸州永清县界来，经军界，下入淀泊，连海水”；霸州大城县下曰：“永济渠在东北五十里”；幽州安次县下曰：“东枕永济渠”。《续资治通鉴长编》记景德元年（1004）何承矩上言：“乾宁军西北有古河渠，抵雄州，可疏通”，即指此。

内河运输漕渠多梗，船樯阻隘，因此又“于扬州置仓，以备海运，供东北边防用”。《新唐书·方镇表》记开元二十七年(739)“幽州节度使增领河北海运使”,使海运成为河北军务的一部分。《唐会要》则记“天宝元年十月,除裴宽为范阳节度使,经略河北支度营田、河北海运使,以后遂为定额”。《旧唐书·五行志》记“开元十四年沧州大风,海运船没者十之一二,失平卢军粮五千余石,舟人皆死”。略可见漕运的规模。

从江南海运军粮转输幽、蓟,入潮河最为捷便,于是接纳军粮的“三会海口”立即引起人们的注意,并被载入史册。杜佑《通典》记:“渔阳郡,东至北平郡三百里,南至三会海口一百八十里。”唐代渔阳郡辖渔阳、三河、玉田三县,治所渔阳,即今蓟县。由蓟县往南一百八十里,即是河北平原河流汇聚入海的海河,“三会海口”当指此。

“三会海口”,顾名思义是指三条河流汇合到一起入海的海口,这也正是海河成流处水道结构的特征。唐代时河北平原诸河流在汇成海河前,实际上已汇成了三大股,即南系的清河(包括漳河)、西系的滹沱河(包括泒、滱、易、巨马等河)、北系的沽河(包括治水)。三大河系的汇合处即今天津市区的三汊河口,海口的实际地点则在迤东七十里的军粮城,宋称“泥沽海口”。《太平寰宇记》乾宁军下记曰:“御河在城南一十步,每日潮水两至。其河从沧州南界流入本军界,东北一百九十里入潮河,合流向东七十里于浊流口入海。”浊流口即泥沽口,当时黄河由此入海,因泥多水浊得名,今村名仍谓泥沽。河北岸为军粮城。

江南来粮输幽州,有沽河可溯流而上,较方便。然而转输蓟州,需先行一段海路,才能入蓟运河。海运多海难,因此沧州刺史姜师度专门从海口附近向北开凿了一条人工运渠,和曹操所凿南段运渠的名称相同,也叫平虏渠。《新唐书·食货志》记载:“神龙三年,沧州刺史姜师度于蓟州之北,涨水为沟,以备奚、契丹之寇。又以旧渠傍穿漕,号平虏渠,以避海难运粮。”此旧渠即曹操开凿的泉州渠,《新唐书·姜师度传》有说明:“循魏武故迹,并海凿平虏渠,以通饷铬,罢海运,省功多。”泉州渠沟通沽河下游和鲍邱河,鲍邱河和庚水通,因此溯此河可直抵蓟州城南。

接纳军粮的数额如此庞大,并且还有不同目的地的转输任务,因此海口附近必须有相应的屯储设施。今见军粮城镇刘台村西南有古城址一处。已被夷平为略高于四周的土台,呈方形,东西宽 250 米,南北长 320 米。当地居民犹称土台的一些地方为“西门”,可见原是一座城址无疑。康熙《天津卫志》载:“军粮城在城东南,去城七十里,元海运为屯粮之所。”《长芦盐法志》称“周遭遗址尚存”。据考古调查,此古城址的年代不是元,而是唐代早期,显然和唐代的海漕活动有关。

在此城址附近,从军粮城镇迤西四五里的范围内,包括杨台、塘洼、刘台诸村,都有丰富的唐代文物分布,包括各种瓷器、陶器和建筑材料。瓷碗造型多作深腹、平底、假圈足,属典型的唐代早期特征。塘洼、刘台、白沙岭还发现唐代墓葬,出土有三彩罐、海兽葡萄镜等许多珍贵文物。其中以 1959 年在刘台村发现的一座墓葬规模最大。用浮雕有青龙、白虎的大理石棺作葬具,随葬有瓷器、铜器和大批制作精美的陶俑、日用家具模型和家畜家禽等,表现了统治阶级的侈靡生活。这种石棺还曾在清代出土过,同治九年(1870)郝福森的《津门闻见录》载:“天津地面极东南曰军粮城,或曰元人屯粮之所。土人刘姓挑濠掘出石棺一,极大,上以三道铁匝匝之,并有两大磁人站立,此葬之极贵者也。”一并显示出唐代海口的繁荣,当地必多有富庶之家。

处在三河会合处的天津市区一带,由于近代城市的发展,古代遗迹已经不多了。近年在河北区普济道出土石弥勒造像一具,铭文记载是范师元为亡父母造，时间为永徽二年（651），附近有建筑遗迹。此时正值唐代河北海漕方兴未艾之时，这里的佛教遗迹或与之有关。

现在军粮城一名，极有可能是唐时沿袭下来的旧称。《新唐书·兵制》记："唐初兵之戍边者，大曰军，小曰守捉，曰城，曰镇。"可知"城"是军队的一级建制。河北海运既然隶属于范阳节度使，因此在转输军粮的海口置一"城"之兵戍守和处理海运事务是完全有可能的。对这种专理军粮的"城"固然可称作"军粮城"，而对海口转输基地修建的城垣，当然更可称"军粮城"。军粮城遗址是"三会海口"的物质遗存。

安史之乱起，江南漕运废止，所以此城址的出土文物主要属唐代早期。附近地区除海口南岸的巨葛庄等地出土一些唐代文物外，平原腹地很少能见到文物出土，表明这只是局部的情况，对整个平原的经济开发意义不大。并且随着漕运的废止，整个平原的经济也就很快衰落。所以唐代以后的文物，只在刘台村发现过，出土"宣和"铜钱的辽墓数量较少。

结　　语

发生于两汉末年的海侵，是天津历史发展中的一次重大事件。由于自然环境改变，平原失去了生产和居住条件，人们被迫转移，经济凋敝，行政建置合并内迁，从战国开始颇见成效的开发进程至此夭折，天津又陷入了一片荒凉景象。

曹操开凿平虏、泉州、新河三渠，海河水系形成，使天津形成河北平原河流入海总汇的河道结构，奠定了河海航运枢纽的基础。然而这一变化也导致洪水泛滥，不利于生产，使被海侵破坏的平原经济久久不能恢复。很长一段时间，平原经济活动只限于海口和运河沿线，而且时兴时废。这种现象一直延续到北京成为首都,足见地理因素对天津历史发展影响之深。

汉代时天津平原上出现的两大地理环境变化,即西汉末年的海侵和东汉末年的海河水系形成,与早先发生的全新世海侵和黄河到天津入海一样,分别来自海洋和河流。虽然其规模和具体表现形式有所不同,但都对天津历史进程产生了深远影响,有的还造成了不折不扣的毁灭性破坏。这些都是天津特殊的地理环境所固有的特殊矛盾,难以彻底消除。自然界不停地无目的地反复运动变化,对天津平原的潜在威胁将永远存在,这应当引起人们的高度警惕。

第三章　直沽寨和海津镇

第一节　宋辽对峙时期的天津

唐末，我国进入五代十国的分裂割据时期，世代居住在北方的契丹族乘机南下。936 年，后晋主石敬瑭割幽、蓟、瀛、莫、涿、澶等十六州与契丹，天津海河北属幽州管辖的武清县由此入辽。

契丹主并不以此为满足，继续向中原进军。944 年分道攻晋，947 年攻入开封，海河以南地区亦被契丹占领。959 年周世宗柴荣征契丹，“至乾宁军，契丹刺史王洪举城降”；“至益津关，契丹守将终延辉以城降”①。后周从契丹手中取得这片土地。

柴荣征辽是循隋唐时的永济渠，由水路进军的。从沧州开始，一路修补堤防，开通河道，至独流后溯流而西至契丹境，连下益津关、瓦桥关和莫州、瀛州、易州等关隘城池。后瓦桥关改为雄州，是今雄县；益津关改为霸州，是今霸县；于淤口关置破虏军，后改为信安军，是今信安。益津、瓦桥、高阳，史称“三关”，即宋辽对峙时的边界。

柴荣在征途中病故。960 年，禁军首领赵匡胤于陈桥驿兵变，黄袍

① 见《资治通鉴》。

加身，改国号曰宋。赵匡胤即帝位后，为巩固自己的地位，转向南方用兵，对契丹则采取防御政策。962 年，全面部署瀛、莫、易沿边诸州守将，以加强守御。963 年，修筑益津关等城池。974 年，宋辽两国开始议和，开始了持续 150 年的对峙局面。

976 年宋太宗赵光义即位，谋图收复幽蓟地区。979 年以灭汉之兵包围辽南京（幽州，今北京），986 年又遣曹彬、潘美等攻契丹，然都以失败告终。于是亦转而加强沿边防御，修筑边界城池，疏导沿边河道，开通关南漕运。沿线置寨二十八，铺百二十五，命廷臣十一，戍卒三千余戍守，专设上百艘船在沿边河道巡警。

宋辽间边界的标志，自雄州以下为拒马河，又称白河或白沟河，经霸州、信安，迤东直至泥沽海口，全线上下统称界河。海河是界河的一部分，当时比现在要宽阔得多。《宋史·河渠志》记载："界河未经黄河行流前，阔一百五十步下至五十步，深一丈五尺下至一丈。自黄河行流之后，今阔至五百四十步，次亦二三百步；深者二丈五尺，次亦二丈。"另一处记载较此更阔："黄、御河带北行入独流东寨，经乾宁军、沧州等八寨边界，直入大海，其近海口阔六七百步，深八九丈。三女寨以西阔三四百步，深五六丈。其势愈深，其流愈猛，天所以限契丹。"宽阔的河流对防阻契丹骑兵南侵具有天然屏障的作用，所以当有人提出关闭黄河北流时，被认为是"未睹黄河在界河内东流之利也"。

界河南岸，今海河以南一带，宋朝在此广设军事寨堡。按《宋史·地理志》所记，在御河沿线，有钓台、独流北、独流东、当城、沙涡、百万涡六寨，属乾宁军管辖；沿海地带有乾符、巷姑、三女、泥沽、小南河五寨，属清池县管辖。宋曾公亮《武经总要·前集》的记载略有不同，将这些寨铺多列于沧州横海军，并记录有彼此间的距离：泥沽寨，东至鲛脐铺十里，北至界梁河；双港寨，东至泥姑寨二十五里；三女寨，东至双港寨八里；苇场港寨，东至三女寨二十里；小南河寨，东至苇场港寨十八里；百万涡寨，东至小南河寨三十里；沙涡寨，东至百万涡寨十一里；独流寨，东至沙涡寨一十二里；钓台寨，南至乾宁军六十里，北至独流寨六十里，寨城居其中，旁有稻田务。这些寨铺名称大部分是今天的自然村名，位置距离大体相符。

界河末端的泥沽海口，在宋仁宗庆历八年(1048)以后，也是黄河的入海口。战国时开始停留在此的海岸线，至此又渐向东移，所以在泥沽寨以东十里又出现了鲛脐铺港铺。这个有丰富渔盐资源和交通之便的海港，此时却常遭兵燹之祸，生产活动受挫。宋真宗咸平三年(1000)，剽掠淄齐地区的辽师数千骑，屯驻于此数日不走。咸平五年(1002)，西京左藏库使舒知白“请于泥沽口及章口复置海作务造舟，令民入海捕鱼”。也因怕辽人乘机混入而未能实行。景德三年(1006)，宋朝廷明令：“禁缘边河南界军民于界河捕鱼。”

界河一线处河北平原河流汇集的冀中洼地。为阻止契丹骑兵南突，宋朝利用沿线地势低洼、河渠密集的特点，在界河南潴水为塞，苦心修建了一道塘泺防线。沈括《梦溪笔谈》记其规模说：“自保州西北沈远泺，东尽沧州泥沽海口，几八百里，悉为潴潦，阔者有及六十里者，至今倚为藩篱。”《宋史·河渠志》也说：“自边吴淀至泥沽海口，绵亘七州、军，屈曲九百里，深不可以舟行，浅不可以徒涉，虽有劲兵，不能渡也。”整个塘泺分区修造，区区毗连。近海一区东抵海，西至乾宁军，衡(横)广一百二十里，纵九十里、一百三十里不等，水深五尺。

塘泺防线的设计者是刺史何承矩，他把军事防御和边界屯田巧妙地结合到一起。他在给宋太宗的奏疏中说：

臣幼事先臣关南征行，熟知北边道路、川源之势。若于顺安寨西易河蒲口，导水东注于海，东西三百余里，南北五七十里，资其陂泽，筑堤贮水为屯田，可以遏敌骑之夺轶。俟期岁间关南诸泊悉壅阁，播为稻田，其缘边州军临塘水者，止留城守军士，不烦发兵广戍，收地利以实边，设险固以防塞，春夏课农，秋冬习武，休息民力，以助国经。

宋太宗采纳了这一建议，并任命其为制置河北缘边屯田使。经过几年推广，终使“顺安以东濒海，广袤数百里，悉为稻田”。这些稻田的开辟有一定规制，做法是“随田塍四方穿沟渠，纵广一丈，深二尺，鳞次交错，两沟间屈曲为径路，才令通步兵”。故被称作“方田”。为使屯田在军队中有效推行，在一些“寨”下设“稻田务”。静海的钓台寨即有此设。

何承矩的屯田，虽然“岁入无几，利在蓄水，以限戎马而已”①，甚至有一些武臣“耻于营葺佃作……几罢其事”②，不过对当时的经济还是起了一定的作用。尤其在河北地区，自从“边隙一开，河朔连年绎骚，耕织失业，州县多闲田”，“三百里无居民”③。在此情况下，屯田的推行缓解了这一矛盾，所以《梦溪笔谈》说：“异日惟是聚集游民，刮咸煮盐，颇于盐禁，时为寇盗。自为塘泺，奸盐遂少，而鱼蟹菰苇之利，人亦赖之。”可是屯田持续时间不长，治平四年（1067）河北屯田司奏：“丰岁屯田，入不偿费。”于是“诏罢缘边水陆屯田务，募民租佃”。可是又由于租佃者

① 《宋史·食货志》。
② 《续资治通鉴长编》。
③ 《宋史·食货志》。

“重苦番教，应募者寡”，因此所辟土地逐渐荒废，对以后当地农业生产的影响也不大。

由于黄河迁至界河入海，塘泺防线亦维持不久。熙宁九年(1076)高阳关奏：“信安、乾宁塘泺，时因不收独流决口，至今干涸。”又由于在实施屯田后，“官司利于稻田，往往泄去积水，由是堤防坏矣”。此后塘泺已是“浅足以褰裳而涉，深足以维舟而济，冬寒冰坚，尤为坦途”。自此塘泺有限辽之名，无御辽之实。

宋辽对峙期间，天津盐业有所发展。这是因为宋朝廷虽然也实行盐的专卖制度，但在宋辽边地，契丹人常进行盗卖，如果控制过严，盐价上涨，反而给契丹人提供盗卖之机。因此在乾宁等地，允许盐业通商贸易，使“浮阳际海，多鬻盐之利”。浮阳以北当亦不例外。

海河以北的辽地，盐业生产发展亦快。五代时赵德钧在芦台置盐场。辽太宗时期(936年)选择高阜平阔的宝坻置榷盐院，设仓贮盐，名谓新仓，这一带遂成为辽金时期的盐业基地。辽太平五年(1025)的《广济寺佛殿记》记载当时新仓镇的情况：“枕榷酤之剧务，面交易之通衢，云屯四境之行商，雾集百城之常货。”足见已是相当繁荣的市集。

宋辽两国对边界地区奉行的不同国策，直接影响到海河南北的经济生活，乃至文物风貌。海河以南，赵宋政权奉行消极防御政策，一味在边界沿线修建塘泺，甚至连毁坏农田亦在所不惜，推行的屯田并未收到经济实效，沿边经济一直处于衰萎状态。今天在这个地区见到的宋代遗存，除寨铺外，多是一些沿御河分布的小型遗址和墓葬，还有像静海县元蒙口村出土的反映塘泺风光的木船。可是在海河以北，辽政权以幽蓟地区为农业基地，生产稳定，经济充实，佞佛的契丹贵族在此修建了许多大型佛教建筑。武清县有大良塔，宝坻县有广济寺，北部蓟县寺院塔庙更多，有不少保存至今。

第二节 直沽寨

辽和北宋政权分别在 1125 年和 1127 年被女真族金朝灭亡，天津地区结束长达二百多年的割裂局面，海河南北一起进入金的版图。

女真族进入中原后，“鄙辽俭朴，袭宋繁褥之文；惩宋宽柔，加辽操切之政”，“一切掊克之政靡不为之”[①]。从 1150 年起便征集诸路民夫工匠，扩大燕京城池，兴修宫殿园林。1152 年把首都从上京会宁府(今黑龙江阿城县南白城)迁到中都燕京。为供给骄奢淫逸的宫廷生活，保证向南宋频繁用兵以及镇压各地人民的反金斗争，金朝便大肆向地方掠夺，把从各地搜刮来的粮食，利用河北平原河流组织漕运，向燕京集中，天津成为首都门户由此始。

金初漕渠的分布，由漳水和黄河沟通豫北、冀南；由衡水、滹沱沟通冀中；由北清河沟通山东，然后“皆合于信安海壖，溯流而至通州，由通州入闸，十余日而后至京师”。这后一段路线，基本上是行隋炀帝开凿的永济渠，即由独流西折经霸州、永清、安次等地，然后至通州，不经天津三汊河口。

金章宗时，漕渠下段路线发生变化。泰和五年(1205)金章宗“至霸州，以故漕河浅涩，敕尚书省发山东、河北、河东、中都、北京军夫六千，改凿之”。值得注意的是，称“改凿”而不称疏导。改凿后的漕渠，不再在独流西折行永济渠旧道，而是北下经三汊河口，然后溯潮河北上至通州。这一变化在第二年设置“管勾漕河事”的沿线州县名单中得到充分

---

① 《金史·食货志》。

反映。泰和六年(1206)定制:“凡漕河所经之地,州府官衙内皆带‘提控漕河事’,县官则带‘管勾漕河事’,俾催检纲运,营护堤岸。”涉及的有三府、十二州、三十三县,其中位于御河下游的有清池、兴济、会川、靖海;属潞水沿线的有潞、香河、漷阴、武清。原永济渠下游沿线的霸县、永清、安次等县皆不见,表明这里已不再是漕渠经过的地方,改行天津三汊河口,所以有武清等县在“管勾漕河事”的名单上出现。这一变化使天津真正成为内河航运的枢纽、控扼首都经济命脉的门户。

现在可以追溯到今天津市区的最早聚落,是金代的直沽寨,这是运河沿线的一个寨铺,是为保护漕运和震慑地方而设的军事据点。《金史·完颜龡住传》记载:“完颜佐本姓梁氏,初为武清县巡检。完颜龡住本姓李氏,为柳口镇巡检。久之,以佐为都统,龡住副之,戍直沽寨。”柳口镇是今杨柳青镇,《金史·河渠志》记明昌五年(1194)以前黄河由柳口入海,即指此。《天津县新志》亦记:“柳口镇在城西三十里……今杨柳青镇地。”

梁佐和李龡住是迄今能追溯到的两个最早的天津地方行政官,也是镇压农民起义的刽子手。为反抗金朝政府的残暴掠夺,金宣宗贞祐二年(1214)刘永昌等人在今大兴县东部起义,占领宝坻,建元“天赐”,势力所及,东至丰润,西抵满城,成为金都燕京的肘腋之患。不幸的是,在翌年到直沽策反梁佐等人时,刘永昌遭擒被害。由是“迁佐奉国上将军,遥授德州防御使;龡住镇国上将军,遥授同知河间府事。皆赐姓完颜”。在直沽寨同时设置都统和副都统,说明金朝政府的重视。据史载,当时一年漕运至燕京的粮食达一百多万石,运渠已成为京师的经济命脉,自然不能掉以轻心。

按行政区划,柳口镇和直沽寨都属靖海县管辖,这是金朝在运河沿线设置的一个新县。《金史·地理志》记载:“靖海,明昌四年以清州窝子口置。”清州在宋为乾宁军,领乾宁一县,辖乾宁以下至界河的御河一线。金时在这一线分别设置会川(青县)、兴济、靖海三县,在这些县的官衔内皆带“管勾漕河事”,显然这些县的设置是为了确保漕运的效率和安全。

漕运使运河沿线经济渐见起色,出现了静海县、柳口镇、直沽寨等城邑和寨铺。近年发掘还表明,著名的漕运遗迹武清县十四仓,其下层堆积也可早及金代。即使如此,天津附近的生产却仍然未见有多大开发,大多数地方还是苇场、猎地,民多以煮盐、织席为业。《金史·食货志》记泰和元年(1201)诏:“清州北靖海县新置盐场,本故猎地,沮洳多芦,宜弛其禁,令民时而采织之。”《金史》还记金世宗在大定八年(1168)到三汊口狩猎,金章宗在承安三年(1198)到酸枣林狩猎。三汊口即今天津市区三汊河口,酸枣林是元代直沽屯田军所在地,在今天津西郊小甸子一带。由此可以看到天津周围当时仍缺乏开发。

海河以北的武清县地,金时行政建置也发生了一次重要变化,这便是在武清县北部析置了宝坻县。《金史·地理志》大兴府下记载:“宝坻县本新仓镇,大定十二年置,香河县近民附之。承安三年升置盈州,为大兴府支郡,以香河、武清隶焉。寻州废。”

宝坻之兴,在于盐业。《金史·食货志》记载:“榷货之目有十……以盐称首。”大定十一年(1171)金世宗东巡,见辽代以来的“新仓镇,其人烟繁庶”,尤其是“每岁所出,源源不绝,以补国用”,便于大定十二年(1172)“析香河县东偏乡闾五千家为县。谓盐乃国之宝,取如坻如京之义,命之曰宝坻”。并且还在此置“宝坻盐使司”,设“正五品”官员一人,统管河间至山海关一带盐务。宝坻盐务曾为国库提供了财富,据史载,宝坻盐旧每斤官价 43 文，金章宗即位之初，纳户部尚书邓俨等议，减为 30 文。其后因国用不足，复增为 32 文，而每斤盐的成本只有 10 文。

辽金时期宝坻县出现的早期繁荣，在当地留下很多遗迹。辽太平年间（1021—1031）修建的广济寺，金皇统年间（1141—1149）修建的石经幢，都有较高的历史、艺术价值。县城北的北台，是一处规模颇大的辽金时期墓地，近年曾在此发现六角砖室墓，以及用石函作葬具的墓葬，出土有“金三彩”等许多珍贵文物。

靖海县和宝坻县，是金代新设置的两个县。靖海县是在汉东平舒县境设置的。距西汉东平舒故城 10 公里。宝坻县是在汉雍奴县境设置的，距可能是西汉雍奴故城的秦城仅 5 公里。这二县的设置，意味着西汉时期的县治布局，在遭西汉末年海侵破坏，经过一系列的迁移和合并，此时又重新恢复，这和平原经济的渐见复苏是分不开的。然而应当看到的是，靖海县的建立在很大程度上是漕运的需要，宝坻县则是盐业，天津平原农业仍未见起色，平原的经济中心更未出现。

第三节　海津镇

海津镇出现的背景

13 世纪初，蒙古族在斡难河（今鄂嫩河）流域崛起，在部落首领铁木真的领导下，统一了大漠南北。成吉思汗六年（1211），蒙古军开始南伐，并进入居庸关，攻打燕京。成吉思汗八年（1213）兵分三路：以皇子术杰为右军，循太行山而南，攻取冀南、豫北、山西的广大地区；以皇弟哈撒儿等为左军，遵海而东，攻取冀东、辽西地区；铁木真自将中军，攻取冀中一带。这一年河北地区除金中都及通、顺州等十一城未下外，其余郡县尽拔。至成吉思汗十年(1215)金中都也终于被蒙古军攻克,天津跨入了蒙古族建立的元朝。

天津入元后,仍以海河为界,分属两县管辖。海河以南和金时一样,为清州靖海县。《元史·地理志》记载:"清州,领县三:会川、靖海、兴济。"海河以北武清县,元初时属大兴府。大兴府后改大都路,领院二、县六、州十,州又领县六。至元十三年(1276),升漷县为漷州,割大兴府武清和香河二县属,天津海河以北由是属漷州。

在攻克金中都后,蒙古逐渐把统治重心移向这里。中统元年(1260)元世祖忽必烈即位称帝,自和林进驻燕京。中统二年(1261)开始进行燕京旧城及琼华岛等修建工程。至元八年(1271)发中都、真定、顺天、河间、平滦民28000余人筑元大都宫城,至元二十二年(1285)竣工,城廓周长28600米,宏伟壮丽。可是这些浩繁的建筑工程却是在一个田园荒芜、经济凋零、物资枯竭的环境中进行的。在蒙古王朝初期,由于蒙古贵族进行的对外战争多以掠夺牲畜、人口和占领牧场为目的,因此所到之处"悉空其人,以为牧地",以达到马克思所说的"适合于他们的生产"。《常春真人西游记》一书记录了河北地区遭劫后的悲惨景象:"十年兵火万民愁,千万中无一二留";"无限苍生临白刃,几多华夏变青灰"。在此情况下又加上繁重的徭役,百姓艰苦可知。

由于元大都机构庞大和河北百姓穷困,"百司府庶之繁,卫士编民之众,无不仰给江南"。就在忽必烈进住北京的第二年,元政府即设立军储所。军储实际上都来自漕运,所以第二年即改称漕运所,至元五年(1268)升置漕运司,至元十九年(1282)又改为京畿都漕运使司。《元史·百官志》记载:"都漕运使司,秩正三品,掌御河上下至直沽、河西务、李二村、通州等处攒运粮科。"直沽由此纳入漕运体制之中。

元代漕运初期由内河进行，“运粮则自浙西入，涉江入淮，由黄河逆水至中滦旱站，陆运至淇门，入于御河，以达京师”，所行即是最初由隋炀帝开凿，后经多次疏通、改造了的南北大运河。由于中途转折，耗资费时，又几经周折，于至元二十六年(1289)凿成著名的京杭大运河。至元三年(1266)元政府命令“濒御河立漕仓”。至元二十四年(1287)时，已在沿线设漕仓七十五。天津亦始置仓，《元史·百官志》记载：“直沽广通仓，秩正七品。”

天津地区主要的漕运机构，除直沽外，还有武清县河西务。河西务是元大都外围的重要漕运仓储设施。《元史·百官志》记：“河西务十四仓，秩正七品。永备南仓、永备北仓、广盈南仓、广盈北仓、充溢仓、崇墉仓、大盈仓、大京仓、大稔仓、足用仓、丰储仓、丰积仓、恒足仓、既备仓。”这些仓房的遗址在今河西务西北三公里的东、西仓一带。那里现存的一片洼地，是当年的运河故道。洼地旁称前海子、北海子、堤头的地方，即是漕运码头所在。洼地西侧有三块高地，布满砖瓦、烧土和瓷片，有的地方还暴露出建筑基址，即是官署和仓房所在地。这里曾出土大批文物，包括刻有元代地名的“平阳路”银锭、“大德七年大都路造”铜权，以及种类繁多的瓷器等日用品。

然而内河运渠狭窄，又经常淤浅，年运量不过数十万石，远远不能满足元大都的浩繁支出。并且河漕劳役大，运费高，明邱濬的《大学衍义补》曾做过计算：“河漕视陆运之费省十(之)三四，海运视陆运之费省十(之)七八。”崔旦的《海运记》称：“海船一载千石，可当河船之三。”因此元代漕运不久便实行海运。“至元十九年伯颜追忆海道载宋图藉之事，以为海道可行，于是朝廷命上海总管罗璧、朱清、张瑄等，造平底船六十艘，运粮万六千石”，做首次试航。由于“风信失时，明年始抵直沽”。这次漕运数量不大，又没有按时到达，未引起朝廷重视，因此这年还专门建立管理河漕的京畿、江淮二都漕运使司。可是到至元二十三年(1286)漕运数量增至五十七万余石后，朝廷即于翌年“始立泉府司，专掌海运”。至元二十五年(1288)分置内外漕运司二，其在外者于河西务置司，专理接领海道运粮事。《元史·百官志》记：“海道运粮万户府，至元二十五年置，秩正三品，掌每岁海运粮，供给大都。”

联结长江口和直沽的航道，经多次修正，不断改进。首次航行从上海太仓刘家港起航，沿苏、鲁海面经胶州湾，绕成山角，抵大沽口或杨村，凡一万三千三百五十华里，需时六到七个月。至元二十九年(1292)朱清等言其路险恶，改进航线，自刘家港开航放大洋，过青山洋、黑水洋至成山，又经莱州大洋以达界河口，只需半月至一月十日以上，时间大为缩短。至元三十年(1293)在千户殷明略建议下又辟新道，从上海刘家港起碇，至崇明的三沙放洋，东行黑水洋，越成山转西到刘家岛，于莱州大洋入界河。这一条航线利用春夏多东南风，以及黑潮暖流进入渤海的规律，把自长江口到直沽的时间缩短到不过旬日，已接近今天的北洋航线，它是船工历尽艰辛的经验结晶。直沽海口筑土堆设置灯标，每年四月十五日开始，日间挂帆，夜间点火，以标志航道。

元初海船，大者不过千石，小者仅三百石。延祐以后，商民各造海船，大者八九千石，小者三千余石。航线的改进，船舶的增大，使海运量迅速上升，到至元(1264—1294)后期已达一百多万石，至大(1308—1311)时达二百多万石，延祐以后常至三百万石，直沽海口顿时出现一片繁忙景象。王懋德《直沽》诗描写道：“东吴转海输粳稻，一夕潮来集万船。”张翥《代祀天妃庙次直沽作》诗则称：“晓日三汊口，连樯集万艘。”足见漕船之多。

随着海漕运粮数量的急速增长，直沽相应地出现了一系列和漕运有关的机构。明胡文璧《与彦伦式求志书》中即称："元统四海，东南贡赋集刘家港，由海道上直沽，达燕都。舟车攸会，聚落始繁，有宫观，有接运厅，有临清万户府，皆在大直沽。"首先是仓廒，至元十六年(1279)建广通仓，至元二十五年(1288)又增置直沽海运米仓。《天津县志》载："直沽在城东三汊河南，海河起处。金以完颜佐为都统戍其地，名直沽寨，元至元二十五年增置直沽海运米仓。"这些仓廒应在三汊河口附近。据《天津县新志》记载："接运厅在大直沽，去城东南十里许。"为保证漕运的安全，至正二年(1342)又设置镇守海口屯储亲军都指挥使司，在春夏粮船到直沽时调兵一千镇守，至正九年(1349)设海道巡防官，以保护粮船，至正十五年(1355)升防御海道运粮万户府。

寺庙的建立是由于海难频繁，船工不能掌握自己的命运，从而求助于神灵保佑。《元史》记当时"风涛不测，粮船漂溺者无岁无之"。臧梦解的《直沽谣》更惊呼："杂遝东入海，归来几人在"；"北风吹儿堕黑水，始知溟海皆墓田"。对于在海漕中付出的惨重代价，连大学士虞集也以为"京师恃东南运粮，为实竭民力以航不测，所以宽人而地利也"。元朝统治者为维护漕运，搬出海神天妃欺骗人民，于沿海各地遍建天妃庙，一次又一次地进行册封。《元史·祭祀志》记载："南海女神灵惠夫人，至元中以护海运有奇应，加封天妃神号，积至十字，庙曰灵慈。直沽、平江、周泾、泉、福、兴化等处皆有庙。皇庆以来，岁遣使斋香遍祭。"知直沽天妃宫在元初已经建立。

天妃宫始建于大直沽，泰定时遭火灾，后来在直沽另建新庙，即《元史》所记泰定三年(1326)八月"作天妃宫于海津镇"者。至正五年(1345)都漕万户府又拨款重建大直沽天妃宫，于是直沽有了东、西二座天妃宫。大直沽天妃宫在八国联军侵华中又遭火焚，今仅存宫前、宫后等街道名称。西庙保存至今，位于三汊河口南，唯建筑都已在明清时重建。

海津镇的出现

元朝在搜刮天下财富，保证宫廷供给的各种措施中，除漕运外，尚有屯田和榷盐，这对天津也有较大的影响。

屯田是元朝初年为解决财政困难，首先实行的措施之一。《元史·兵志》载："海内既一，于是内而各卫，外而行省，皆立屯田，以资军饷"，"由是而天下无不可屯之兵，无不可耕之地矣"。从忽必烈接帝位后的第三年起，就陆续在元大都周围，建立了左卫、右卫、中卫、前卫、后卫等各种屯田机构，分布于永清、香河、武清、宝坻各地，此外还有左、右翼屯田万户府，左、右钦察卫，营田提举司等名目繁多的屯田机构，多分布在天津南北的武清、霸县等地。

直沽屯田开始时间略晚，《元史》记至大二年(1309)"摘汉军五千，给田十万顷，于直沽沿海屯种。又益以康里军二千，立镇守海口屯储亲军都指挥使"。至大三年(1310)，"以钞九千一百五十八锭有奇，市耕牛农具，给直沽酸枣林屯田军"。酸枣林地名今已不存，但在津郊传统的枣林所在地，西郊张家窝乡小甸子村，发现一处元代居住遗址。遗址东西宽 30 米，南北长 50 米，在距地表 0.5 米深的文化层中出土了铜、铁、陶、瓷等各种质料的文物八十余件，包括日常生活用具、车马器和武器。其中数量最多的是农具，共三十多件，包括犁铧、犁镜、铲、耙、镰、铡刀以及压垄用的石砘等，大量农具和武器伴出，不见任何庄园设施遗迹。遗址规模不大，不像一般的居民住宅，极像屯田军的据点。这里位处宋代黄河的独流决口沿线，土壤肥沃，地势突兀，正是天津附近实行屯垦最理想的地方。

元时对天津沿海屯田，虞集曾提出过实施办法，其云："京师之东濒海数千里，北极辽海，南滨青齐，萑苇之场也。海潮日至，淤为沃壤，用浙人之法，筑堤捍水为田，听富民欲得官者，合其众分授其地……可以近卫京师，外御岛夷，以宽东南海运，以舒疲民，以遂富民得官之志，而获其用，江海游食、盗贼之类皆有所归。"只是元代屯田未得有效持续，所以明代巡按御史张慎言说："自枝河而西，静海、兴济之间，万顷沃壤，河之东尚有盐水沽等处为膏腴之地，悉皆荒芜。"

盐是元朝财政最重要的支柱。《元史·食货志》称："国之所资，其利最广者莫如盐。"传统的海盐产地天津，此时又获得进一步发展。《元史·食货志》记："大都之盐，太宗丙申年初于白陵港、三叉沽、大直沽等处置司，设熬煎办，每引有工本钱。"知当时直沽既是海漕的终点，又是主要的盐业基地。世祖至元十九年(1282)"改立大都、芦台、越支、三叉沽盐使司"。至元二十二年(1285)，元朝在渤海西岸和北岸的宝坻、德沧、平滦各地设立了兴国、富国、三叉沽、芦台等二十二所盐场，每场设司令一员。其中三汊沽即今三汊河口，丰财在葛沽，富国在咸水沽，兴国在天津南高家庄，直沽及其周围盐场遍布。王鹗《三汊沽创立盐场碑》详细记载有该场创立的经过：

> 有县曰宝坻、芦台、越支畴，昔之盐场也，三汉沽则未之闻。甲午之秋，三汉之地未霜而草枯，滩面宽平，盐卤涌出、或经日自生，时人指以为瑞，遂相率诉于官，按验得实，受首煎造。初得旧户高松、谢实十有八人，岁不再易。招徕者日益众，河路通使，商贩憧憧往来，是年办得课五百余锭，比之他场几倍之。

由于盐业是国家财政支柱，政府控制甚严。渤海年产盐四十万引，按盐法规定："每盐一引重四百斤，其价银一十两"；"凡伪造盐引者皆斩，籍其家产，付告人充偿。犯私盐者徒二年，杖七十，产一半没官"。对熬盐的灶户，虽然盐法规定给工本钱，但实际上受到层层剥削，三汊沽盐场创建之初，即"为势家垄断，灶户工本例不给之，折以无用之物，故户皆贫窭，借不能偿"。每年四月起，向大都运盐之时，还要祸及船工，到时兵丁随意抓捕民船，而京仓刁难，所给甚微，常使船民卖妻卖船。海漕和榷盐是直沽官衙最忙碌的两件事，傅若金在《直沽口》一诗中称："使收通漕米，兵捕入京盐"，颇反映元时直沽的特点。

元代天津还出产蛤珠。《元史·食货志》记载："珠在大都者，元贞元年，听民于杨村、直沽口捞采，命官买之。"《元史·百官志》还记载有专门掌管采珠的官员："管领珠子民匠官，正七品，掌采捞蛤珠于杨村、直沽等处，中统二年立。"

在漕运、盐业、屯田等各种经济活动的推动下，直沽商业发展迅速。当时从江南海漕来的货物，部分即成为市场商品。张翥《蜕庵集》说："一日粮船到直沽，吴罂越布满街衢"，反映出市集的热闹场面。货物则多来自江南。当时随漕船前来的，其中有一部分便是商船，所以《元史》记载："漕运粮储及南来诸物，商贾舟楫，皆由直沽达通惠河。"

随着经济的发展，直沽人口迅速增加。至元朝后期，直沽已由"未霜而草枯"的荒凉盐滩变成相当繁荣的海口重镇。由于这里的漕运、商业等各项主要经济活动都和江南密不可分，因此居民中有很大一部分是南人。傅若金《直沽口》诗称："转粟春秋入，行舟日夜过。兵民杂居久，一半解吴歌"，便是对这一现象的描述。

经济的发展，人口的增加，使直沽逐渐成为天津平原的政治经济中心,延祐三年(1316)“改直沽为海津镇,命副都指挥使伯颜镇遏直沽”,以加强地方管理。至正九年(1349)“立镇抚使于直沽海津镇”。至正十三年(1353)又“命南北兵马司各分官一员,就领通州、漷州、直沽等处巡捕”。这些措施和元末起义军兴起有关,也表明元朝对直沽安全的重视。至正十八年(1358),红巾军东路首领毛贵即由山东入河北,从河间取直沽,攻克蓟州和漷州,威逼元大都,又过十年,至1368年,明朝大将徐达北下直沽,攻克元大都,元朝在人民大起义的烈火中灭亡。

结　语

金朝建都北京,对天津平原的开发带来了历史性变化。金章宗改凿运渠后,以首都为目的的漕运使天津成为必经之地,在经济、军事的作用下出现了直沽寨。由于漕运和盐业的促进,平原开发出现生机。海河南北又分别设置了靖海和宝坻二县,废弃了一千年之久的县治布局开始恢复。

元朝统一全国后,大规模的河漕与海运使直沽成为名副其实的河海航运枢纽和京畿门户。社会的需求冲破了自然因素的制约,给天津平原的经济开发带来了强大的活力。即使此时一年一度的洪水威胁依然存在,并且在运河被强化通航后,灾害程度还远过于前,可是以直沽为中心的天津经济却得到日益发展。漕运使商业繁荣,人口激增,盐业生产规模也不断扩大,直沽寨升置为海津镇,天津开始了向城市发展的历程。

天津的河海航运,如果从《禹贡》的“岛夷皮服,夹右碣石入于河”算起,到稳定的港口集镇直沽寨出现,其间差不多经历了三千年,如果从曹操开凿平虏、泉州、新河三渠算起,其间也经过了八百多年,可是平原上一直没有出现经济中心,连稳定的聚落也没有形成。这一事实表明,在古代商品经济不发达的条件下，由于自然因素的制约，天津的兴衰在很大程度上取决于周围政治形势的变化，尤其和北京是否成为全国政治中心的关系更为密切。这一点，明代天津三卫的建立得到了进一步证明。

第四章　军事城堡——天津三卫

第一节　天津卫的设置

“天津”称谓的由来

金元时期,天津虽已出现了“直沽寨”和“海津镇”,但主要还是个军事据点。天津城的筑建是在明永乐年间。“天津”这个名称,也是在此时才出现的。

明建文元年(1399),封藩于北平(今北京)的燕王朱棣,以讨伐齐泰、黄子澄为由,发动了“靖难之变”,反对明惠帝朱允炆(即建文帝)的削藩政策。建文四年(1402),燕王兵陷都城南京(今属江苏),次年于南京称帝,改年号为“永乐”,这就是明成祖(亦称太宗文皇帝)。

在明成祖挥师南下途中,曾自小直沽渡南运河径取沧州(今河北沧县)。据程敏政《天津重修涌泉寺旧记》中说:“我文庙入靖内难,自小直沽渡跸而南。名其地曰天津,置三卫以守,则永乐甲申也。”李东阳《修造卫城旧记》亦载:“我朝太宗文皇帝兵下沧州,始立兹卫,命工部尚书黄福、平江伯陈瑄筑城浚池，立为今名，则象车驾可渡处也。”[1]这两个《旧记》表明：“天津”这个名字，应为明成祖所钦赐，即“天子渡河之地”的意思[2]。1952年，天津南门外曾出土一块《重修三官庙碑》，碑文上刻有“我祖文皇帝入靖内难，圣驾由此济渡沧州，因赐名天津”的字样。至于赐名的具体月份，史无明文。据《明史·惠帝本纪》载：“建文二年九月……徐凯屯沧州。冬十月，燕兵袭沧州，徐凯被执。”同年十一月，明成祖派人将徐凯及缴获的辎重押运北平，自己亦离开沧州继续南进。照此推论，明成祖“自小直沽渡跸而南”的时间，至迟不会晚于1400年10月。

关于“天津”一词的由来，还有其他说法。如：“金史有天津河”“女宿上有天津九星，姚广厚占应小直沽，故以为名”[3]之说，还有“又按旧志天津本近口关名，在良乡北，自永乐置卫，天津之名遂移直沽”[4]等。类似这些提法，或因史料短缺而难于稽补，或因牵强附会而扑朔迷离，只好录以存疑，暂且不论。

卫的设置与职能

在天津筑城置卫，是天津古代城市发展史上的一件大事。关于置卫的经过，史书记载颇为简略：

《明史·地理志》：“静海……县北有小直沽，卫河自西来，与白河合入于海。又有丁字沽、咸水沽，又北有天津卫，永乐二年十一月置。”

---

① 《新校天津卫志》卷四。

② 《新校天津卫志》卷四。

③ （乾隆）《天津县志》卷首《凡例》。

④ 《天津县志》卷三。

《明实录》："永乐二年十二月丙子，设天津左卫。"

《明史·兵志》："天津右卫，旧青州左护卫。"

这些史料说明：一、原名小直沽的天津，在置卫以前不过是濒临水边的一个居民点或村镇，它与丁字沽、咸水沽、葛沽、邓善沽等一样，充其量只是"七十二沽"之一，尚未具备城市的规模。二、当时置卫时有三卫，即除天津卫以外，还有天津左卫和天津右卫。置卫的时间是天津卫和天津左卫分别为1404年的11月和12月，天津右卫原名青州左护卫，隶属于山东都指挥司，置卫的时间当早于天津卫和天津左卫。

天津置卫有两个特点：一是置卫与筑城并不同时，置卫在前而筑城在后；二是筑城后曾进行"调卫"，后来才增设天津兵备道以统辖三卫。关于筑城以前三卫的所在地，除已知天津卫在今旧城之北的尹儿湾外，天津左卫和天津右卫的具体地点尚难于厘定，但均不在今天津旧城内当属无疑。换句话说，筑城以后的天津三卫的具体地址，与刚设置天津三卫时是不同的。据《天津县志》卷三载："按《明一统志》，天津卫、天津左卫、天津右卫俱在静海县小直沽，永乐二年筑城，三年调天津卫和天津左卫，四年复调天津右卫以守备。"由此可知，天津旧城始筑于1404年，而将城外的三卫移入城内则在1405—1406年之间。故同书卷首《凡例》说："天津……有明立卫，乃正其名，然今之天津，且非复置卫之天津矣。"另外，在将天津三卫相继调入卫城的同时，还筑建了各卫的卫署，其中天津卫署位于卫城南门里西（今南门里大街内），由卫指挥使倪兴督建，成化二十年（1484）复经卫指挥使倪雄、镇抚萧勇重修；天津左卫在卫城东门里门房后（今东门里大街口），由卫指挥使袁得建监修（该署后改为春防游击衙门）；天津右卫在卫城西三皇庙前（今北门西鲍公祠胡同），由卫指挥使杨运筑建，成化二十年（1484）亦经卫指挥使吕昂重修。

当时的天津卫城不过是个弹丸之地，却同时并置三卫，它一方面固然说明天津在畿辅地区的重要性，另一方面却容易带来管理上的紊乱。弘治三年(1490)，明政府为了改变“三卫势均，纷无统纪”和“奸盗窃发，百务废弛”的状况，在天津添设兵备道副使(亦名整饬天津按察司副使)以统辖三卫，进一步完善了管理体制。

按明代兵制，卫本是京师和各地普遍设置的一级军事组织，受各省都指挥司节制，统由中央五军都督府管辖。在卫之下，设有千户所、百户所。当时每 112 人编为一个百户所，设百户，每 1120 编为一个千户所，设千户；每 5600 人编为一个卫，设指挥使。天津有三个卫，如以兵员足额计算，则共有卫卒 16800 人。

在天津设置兵备道副使之前，各卫的指挥使便是最高军事指挥官，秩正三品。在卫指挥使之下，尚有指挥同知，秩从三品；指挥佥事，秩正四品；千户，秩正五品；副千户，秩从五品；镇抚，秩从五品；百户，秩正六品；经历，秩从七品；知事，秩正八品；吏目，秩从九品。此外，还有专管仓厫的大使、副使等。由于史籍所载互有出入，有明一代各级官员的人数无法做出正确统计。如按《天津卫志》载，则计有指挥使 44 员，千户 92 员，百户 161 员，镇抚 12 员，冠带总旗 2 员等。实际上，仅指挥使一项便遗漏甚多，总数不少于 64 人。如永乐年间(1403—1424)出任天津左卫的袁得建和天津右卫的杨运，以及蔡启盛重修府志时采访补录的赵铭等人，都没有计算在内。

明初在天津置卫，主要是出自军事上的考虑，并不在于治民。当时天津卫城尚隶属直隶顺天府通州武清县，诸如民刑庶政以及户口税收等各项重要事宜，归由各府、州、县政府机构掌理。因此，卫所的权限较小，职能范围大抵只局限于军事及其有关方面。归纳起来，大致有如下几项：

其一，筑建城垣和戍守卫城。按天津方志记载[1]，早在建卫之前，戍守天津附近地区的卫卒约有一万人。随着三卫的设置，修筑城池与戍守卫城遂成为当时的首要任务。建卫之初，总兵官陈瑄、都指挥佥事凌云、卫指挥同知黄纲、清军同知陆敏捷以及兵备道副使刘福等人，均曾负责督建城池。他们所部卫卒或班军当为筑城的主要劳动力。如万历三十二年(1604)，清军同知陆敏捷就奏请朝廷，留下两营班军计六千人，修筑了一道护城堤。

其二，督护漕运和搭盖仓廒。天津是漕运必经之地，又是储存粮米之所。为此，督护漕运的安全和建造仓廒的重任亦多由卫卒承担。早在筑城之前，明政府已命平江伯陈瑄“充总兵官总督海运，输粟四十九万余石，饷北京及辽东，遂建‘百万仓’于直沽”[2]。天津建城以后，卫卒除督护漕运外，亦以建造粮仓为要务(详见下编)。

其三，屯田、巡捕及其他杂役。置卫而兼屯田是明政府在军事上的一项重要措施。这种“寓兵于民”的目的，在于做到“兵仓俱足”。另见《明史 · 百官志》：“卫指挥使设官……分理屯田、验军、管操、巡捕、漕运、备御、出哨、入卫、戍守、军器诸杂务。”不言而喻，屯田实为卫卒的重任。

综上所述，可知天津置卫筑城是天津城市发展的起点。天津之所以能由一个村镇发展为一个城市，除自然条件和地理环境以外，军事上

---

① 《天津县志》卷十一，转引《河间府志》。
② 《明史》卷一五三。

的需要实为一个值得重视的因素。如早在元朝末年，当刘福通领导的红巾军分兵三路北伐时，以毛贵为首的东路军就曾把攻占天津作为一项重要的战略部署。至正十八年(1358)三月，这支东路军势如破竹，在相继攻克清州、沧州后进占了直沽。东路军在直沽的胜利，逼使元政府一时无暇再顾及红巾军的中路和西路，慌作一团，“京师人心大骇”①。又如明朝建立之初，奉命北伐的大将徐达在连克德州、沧州后，亦曾昼夜兼程要抢占天津。北伐军在“直沽之役”的辉煌胜利，使元都大都(今北京)失去了屏障，元顺帝妥欢帖睦尔只好逃往上都(今内蒙古自治区兆乃曼苏默)，元朝统治亦就此终结。再如天津置卫之初，作为明朝属卫的辽东地区的蒙古朵颜部贵族，经常带领蒙古骑兵突入山海关，在蓟州(今天津市蓟州区)、昌黎(今属河北)和抚宁(今属河北)等地进行屠杀与掠夺。因此，天津又成为调兵筹饷以及反击蒙古贵族侵扰的基地。待至永乐十九年(1421)正式迁都北京后，天津更成为拱卫明朝都城安全的海上门户，其军事价值自是不言而喻了。这些情况表明，天津在明初虽已建卫筑城，初具一个城市的规模，在漕运和盐业方面也已有一定程度的发展，但就其城市性质而言，天津置卫筑城主要是出于军事上的考虑，漕运和其他经济生产的发展不过是置卫筑城所带来的效果之一。可以说，直至在天津设置兵备道副使以统率三卫以后的相当长的一段时间里，天津仍然是以封建军事堡垒的面貌出现的。

① 《元史·顺帝本纪》。

第二节　扩充管理机构

春、秋游击营

春、秋游击营设立于何时?《天津卫志》《天津府志》所载不同,一曰永乐三年(1405)置,一曰万历四十八年(1620)置。蔡启盛重修的《天津府志》则说置于永乐十三年(1415)。他先是考定班军之制创于该年,然后推断“有班军必有班将,或《卫志》三年之上脱一‘十’字,未可知也”①。以上各种提法,除万历四十八年之说实属谬误之外(因万历三十二年已有陆敏捷题留班军一事),其余说法均一时难于稽查,暂且存疑待考。

所谓春、秋游击营,实际上是《明史·兵志》中的“春班”和“秋班”,即各地在春、秋两季轮番入京受训的军队。春班军以三月初至,八月中还;秋班军以九月初至,二月中还。明政府创设班军之制,目的在于加强对各地军队的控制。但是,这种制度本身流弊甚多,故自洪熙元年(1425)以后,再也难以按照常例进行。当时天津设置的春、秋游击营班军,是从天津三卫的卫卒中经过筛选而编成,共计六千人。每营设游击、副游击各一员,作为待调京师之班军的头目。班军在留守天津期间,其职责与常驻军略同,仍然要担负巡捕、守城、屯田等各项具体事务。如“万历三十二年,教场口岸冲决,浸及城砖二十四层,有清同知陆敏捷申请题留两营班军修护城堤一道”②。这个任务虽说是临时的,但

① (光绪)《重修天津府志》卷十一注。

② 《天津县志》卷十一“附陆公堤”。

它表明班军的地位并不高。

关于春、秋两班游击营之官员，各志多有遗缺。据记载，春班游击有褚东山、刘龙、曹焕等七人，秋班游击有赵继光、王通、王秋等十一人[①]。这些人都是在万历年间（1573—1619）任职，不另定品级。至于其他时期出任游击者，因史无明文，已难于稽查补漏了。

户部分司和兵备道

户部为明代中央机构六部之一，设户部尚书，掌管全国土地、户籍、赋税、财政收支等要务。在天津添设户部分司，是天津卫城日益重要的一个侧影。

天津户部分司设立于宣德十年（1435），置主事一员，称分司主事或分司监督，职掌漕运的税收事务。起初，朝廷每隔三年委派一名主事或监督来天津检核漕粮的收存和发放，后来改为“岁一更官”，并在天津添设专门机构。之所以设立这个分司，一是由于天津漕运税款已成为朝廷收入之大宗，二是为了“盖防奸伪之滋”，惩治那些营私舞弊的事件[②]。正因为朝廷极为重视户部分司这一机构，故其历届任此职官员皆可存查。自宣德末至万历四十三年的 180 年间（1435—1615），计有史彦名、苏谐、李颙、孟玘等 169 人[③]。

天津兵备道简称天津道，原先隶属于山东按察使司，在天津则设副使一人，故其职称山东按察副使，或称整饬天津按察司副使。兵备道署建置于弘治三年（1490），其职能权限比卫指挥使高。兵备道除典掌“操

---

① （光绪）《重修天津府志》卷十一。

② 《新校天津卫志》卷四《艺文》。

③ （光绪）《重修天津府志》卷十一。

练军马，修浚城池”以外，还有“禁革奸弊，问理词讼，兼管运河事宜”之权[①]。史籍有这样的具体记载：“卫既武置，无州县承平之余，故习未改，则肆为强戾，讼狱繁起，越诉京师者殆无虚月，往来舟楫夫役之费，不统于一，下上病之。朝廷乃用议者，特置山东按察副使一人，专督兵备，而凡城池、兵马、词讼、盗贼之事，皆隶之。”[②]换句话说，兵备道不仅统辖三卫军事，而且兼管司法和财政诸方面事宜，是天津设巡抚之前的一个重要机构，在天津古代城市史上占有一定的地位。

明政府曾在正德二年(1507)一度裁撤了兵备道，改设捕盗御史，事隔两年，复裁革捕盗御史。正德五年(1510)，因“流贼四起，复设”兵备道，并改称为天津道，由陈天祥继位。有明一代，先后出任兵备道者有刘福、陈嘉谟、金献民和施槃等 84 人[③]。

天津巡抚及其他

巡抚一职虽始于明代，但其时未成定制，只是朝廷委派中央官员赴各地巡视的临时加衔。明置巡抚，以洪武二十四年(1391)明太祖朱元璋遣皇太子朱标巡抚陕西为最早。在天津设置巡抚，则不会迟于万历二十五年(1597)，当时称为天津海防巡抚(或为天津登莱海防巡抚)。《明史·职官志》说：“巡抚天津地方，赞助军务，一员。万历二十五年，以倭陷朝鲜，暂设，寻为定制。”在《明督抚年表》中，则记有“万历二十七年正月，裁天津巡抚”之事。这些记载表明，天津巡抚之设，原只为“倭寇朝鲜”和“防畿辅”，其职责范围有限，而且是非常之职。天启元年

① (光绪)《重修天津府志》卷十一。
② 《新校天津卫志》卷四《艺文》。
③ (光绪)《重修天津府志》卷十一。

(1621),由于满洲贵族兵寇辽阳,前锋吃紧,举凡调兵、筹粮、运饷,乃至打制兵器等防务事宜,均以天津为基地。朝廷为了东防侵朝倭寇,北御满洲贵族南犯,拱卫京都的安全,遂于同年复设天津巡抚,直至明朝覆亡的二十多年间,天津巡抚之设从未间断。值得注意的是,先后出任天津巡抚的万世德、汪应蛟、李邦华、毕自严等 13 人,无一不是朝廷命官,并且皆以都察院右副都御史的身份巡抚天津。它反映明朝后期的天津在全国的地位是越来越重要了。

除上述的几个主要管理机构外,天津在有明一代还陆续增添了盐运都司、巡盐部院、督饷部院、屯田部院、天津通判、天津清军同知、城守营游击和海运、漕运总兵等官署。其中:

盐运都司:原名河间长芦都转盐运使司,后略称为长芦都转盐运使司,洪武二年(1369)设置于沧州青县长芦镇。永乐年间省去“河间”二字,并将青州(今山东益都)分司、直沽批检所和盐运都司移驻天津,加强了天津对北平、沧州、青州等地的盐务管辖和控制,对天津盐务的发展有着积极的作用。据载,出任此职者计有丁澄、俞璟等 146 人①。

巡盐部院:创设于永乐十三年(1415),原名长芦巡盐部院,官员称巡盐御史,多由侍郎、都御史或巡河御史兼任。在天津尚无常设机构。明政府为查禁私盐以及惩处灶户、私贩的违法偷盗行为,曾多次派巡盐御史来天津。由于资料残缺,见于记载的仅有耿九畴、李嗣、王璟等 9 人②。

督饷部院:始设于万历四十七年(1619)。其职责与巡抚不同,为总

① 《天津县志》卷十四。
② 《天津县志》卷十四。

督地方粮饷的最高一级长官。李长庚、毕自严、李邦华、黄运泰等一批颇有众望的朝廷官员均曾出任此职。在天津添设这一机构，是因为其时“以三方犄角用兵，天津为咽喉重地”①。值得注意的是，自天启二年(1622)以后，凡出任天津巡抚的官员皆兼掌督饷部院。换句话说，原来专门赞理军务的巡抚，已开始兼管行政事务，表明明朝末年的天津已逐渐完成了由军事区划向行政区划的过渡，为清代天津由卫改为州、府做了必要的准备。

屯田部院：或名屯田抚院，创始时间不详。历任官员亦多漏脱，可知者唯有金之俊、周应期二人。另外，与屯田事务有关的，尚有屯田推官孙谋、屯田同知卢观象和屯田道韩毓忠等。

天津通判：增设于正德十三年(1518)，专管粮运及农田水利事务。

天津清军同知：原为河间府管马厅通判，移驻天津后改为今名，负责军务、军纪等事宜。

城守营游击：添设于崇祯十三年(1640)，旨在确保卫城安全，以防关外清军入侵。

海运、漕运总兵：前者设于永乐四年(1406)，后者设于正德四年(1509)，分别督运海道、河道粮饷，兼管筹建仓屯诸事宜。

以上是有明一代天津各级管理机构的概貌。机构的建置与扩充，正是天津古代城市发展的反映。

① (光绪)《重修天津府志》卷十一。

第三节 建设工程

筑建卫城

“城市的建造是一大进步。”[①]因为它不仅对于手工业和商业发展有利，同时也是居民们“寻求保护”和免遭“侵犯”的“设防的地方”[②]。为此，筑建天津卫城应视为天津古代城市开始形成的标志。

在设置天津卫、天津左卫的同一年，明政府在卫河（今南运河）与海河之间的三角地带的小直沽营建城垣（即今天津旧城）。当时负责督建卫城的是工部尚书黄福和平江伯陈瑄，而具体筹划施工者则为都指挥佥事凌云和卫指挥同知黄纲等人。卫城堆垒殆成时，复由都指挥陈达监工用砖包砌。天津卫城的筑建历时一年有余，人们赞誉它赛过当时的淮安城（今河南泌阳）[③]，转年（1405），又经刑部侍郎张思恭监督补修。《明实录》卷三十六说：“永乐三年秋七月庚申，改工部侍郎张思恭为北京刑部侍郎。初思恭坐事，命督修天津卫城，至是还奏称旨，遂改官刑部，仍令督修天津卫城。”

关于这次筑建和整修天津卫城的具体情形，史无明文。但综合有关天津方志的记载来看，当时的卫城颇具规模：城墙周长达九里十三步，高三丈五尺，广二丈五尺。卫城东西长而南北短，呈矩形，有如算盘，故俗称之为“算盘城”。城垣四周各开一门，东曰镇东门，西曰安西门，南曰定南门，北曰拱北门。在这四个城门中，以拱北门最为壮观。

---

① 《马克思恩格斯全集》（第3卷），人民出版社1960年版，第33页。
② 《马克思恩格斯全集》（第10卷），人民出版社1962年版，第459页。
③ 《新校天津卫志》卷四。

各城门之上和城之四角均建有城楼，以供哨望戍守之用。由于卫城临河而建，东距海河二百二十步，北离卫河二百步，故皆以河为池，不另掘壕。西、南两面虽无河流环绕，但地势较为低洼，沟洫甚多，挖掘城壕亦是易事。另外，在弘治年间(1488—1505)复在城内四条大街的相交处，下起方城，上建重层歇山式楼屋一座，这就是天津的鼓楼。鼓楼上悬大钟一口，以备报警聚众之用。后来，这座鼓楼大钟相因成俗而变为报时钟。按当时规定：戍守大钟者每天早晚要依时各敲五十四下，共一百零八下。张焘在《津门杂记》中收录了清代诗人梅宝璐(字小树)所书于鼓楼内的一副对联："高敞快登临，看七十二沽往来帆影；繁华谁唤醒，听一百八杵早晚钟声。"可惜这副对联在八国联军进犯天津时亡佚，后由近人华世奎补修，至今犹存。鼓楼在民国期间曾进行改建，1952 年时拆除。

永乐初年筑建的天津卫城，虽有"赛淮安城"之誉，但不过是一座土城。由于天津地势低洼，夏秋之间常有水患，墙垣屡遭浸泡冲击，加之年久失修，至明孝宗即位之初(1488)，城垣多有坍塌。兵部尚书兼大学士李东阳曾在《修造卫城旧记》中追述说："予尝以使命夜道天津，见土城颓圮，兵士传递者越堞而行，若履平地，心甚讶之。"[①]弘治六年(1493)，明孝宗乃诏令天津兵备道副使刘福监修天津卫城。刘福原为四川巴县人，对修城工作颇为负责，认为"城池最重，宜亟为之处"。他"累岁而计"和"徐而图之"，多方挖掘财力、物力和人力，对于城墙的质量要求十分严格，"城为高甓而扃之，隅方而准平"，城楼"皆逾寻累尺"，施工精巧。这次修建后的天津卫城，"平看俯瞰，迥出尘垢"，更加壮观。

① 《新校天津卫志》卷四。

应当指出，由于施工条件的限制，这次修城也只能是在土城的外表“甃以砖石”，即重新砌上一道城砖。1970 年，市人民政府曾在北门修建地下工程时发现刻有阴文并配以两道边栏的长方形砖一块，砖上有“天津卫窑户□□城砖”的字样。有人研究推论，这块城砖“即弘治修城遗砖”①。

万历十四年(1586)，天津兵备道副使王来贤奉命再次修建天津卫城，但其详情却不得而知。此后几十年间，墙垣又多有残损败坏。至天启二年(1622)八月，由于大雨成灾，使“南北城口，坍塌七十余丈”，造成“高堂巨屋，倒者不可胜计”。于是，天津巡抚毕自严特上《修造城垣议留班军》奏折，建议朝廷拨款重修天津卫城。由于御倭防清战事日紧，修城一事未果。崇祯十年(1637)，明政府复有重修天津卫城之议，但结果亦因国祚难保而罢举。

整修道路，增设驿站

明代天津的陆路交通，较之元代有了进一步发展。天津既是北京的屏障，又是北京通往旧都南京的必经孔道。到明代后期，随着抗倭防清军事斗争的加剧，天津与东北方面的陆路交通也日益发达起来。于是，一个以天津为中心的陆路交通网逐渐形成。当时主要的陆路交通线有五条：

其一，天津—北京线。由天津经杨村(今属天津市武清区)、武清、河西务(今属天津市武清区)、漷州(今北京市通州区东南)至北京，属南北干线的北段，亦即今之京津公路。为了保证这条线路的畅通，明政府

---

① 《天津史研究》1985 年 1 期，第 67 页。

十分注意按时修整路面、架设桥梁和道旁植树等工作。据史载，明朝建立之初（洪武元年，1368），“号令严肃，秋毫无犯”的北伐军，在大将徐达的率领下由天津直逼北京，走的就是这条干线。“靖难之变”时（建文元年，1399），明成祖南进的路线是由北京经漷州至天津而直下沧州。在平定封于乐安（今山东惠民县）的汉王朱高煦叛乱（?）时（宣德元年，1426），明宣宗也曾由北京御驾，经杨村而驻兵于天津。明朝覆亡前夕（崇祯十七年，1644），李自成起义军放弃攻略天津计划后，在将领李信（即李岩）的率领下，也由天津南大泥沽经漷州而撤回北京。以上情况表明，天津—北京线在明代是畅通无阻的。

其二，天津—济南线和天津—德州线。以天津为起点，经杨青（今天津市西郊杨柳青）、静海（今天津市静海区）、青县（今属河北省）、沧州（今属河北省）而达济南府（今山东济南市），或由沧州折向西南行至德州（今属山东）。其中天津—济南线即为南北干线南行的前段，也是明成祖南下路线。明代中期，农民领袖刘六、刘七于霸州（今属河北省）起义（正德六年，1511），在攻略天津计划受挫而转战河北、山东、河南等地时，就曾经活跃在天津—济南线和天津—德州线上。

其三，天津—遵化北线。这是一条北去线。由天津经蓟州（今天津市蓟州区）、遵化（今属河北省）北出长城喜峰口。这条驿道虽然不够通畅，但它是天津和北京至辽东的捷径。萨尔浒之战（万历四十七年，1619）的前夜，明政府派经略杨镐出镇辽东以及由天津输送军事物资，便是走这条驿道。

其四，天津—临榆线。由天津经军粮城、塘沽、大沽，复由塘沽北上汉沽、芦台、唐山、昌黎而至山海关（前一部分即今之津塘公路）。在明世宗嘉靖年间（1522—1566），随着渔业、盐业的发展，还培垫出一条从大沽经于家堡、北塘至新河长约六十里的埝道，可通车马，甚为利便，成为扼守海防的咽喉通道。而唐山至山海关一段原为古道，明朝后期曾几经修筑整治，成为从天津运送兵员、军饷和车马辎重等军事物资去广宁前线的要道。

其五，天津—保定线。这是一条西南行路线。由天津经霸州（今属河北省）、归信（今河北雄县）、涿州（今属河北省）而至保定府（今河北省保定市）。前引的刘六、刘七起义军，就曾转战于固安（今属河北省）、永清（今属河北省）、信安镇（今河北省霸州东北）、文安（今属河北省）等地，往来于这条驿道。明末贺人龙领导的农民军（崇祯十三年，1640），在遭到天津守军拦截而南下时，便经霸州退到保定地区，然后再向今山西省中部转移。这些情况反映了一个事实，即天津—保定线较之元代更为通畅。

另外，在今天津市的塘沽、汉沽等区，明朝时期已形成了比较完整的交通网。出于军事上的需要，大沽、北塘等处已有重兵把守，并修筑了炮台，各炮台之间皆有水道、陆路和埝道衔接。在汉沽，由于盐业的发展和军事位置的重要，明初已有一条滩道，它由大神堂往北经杨家泊至芦台，往东则至丰南（今河北丰南）和越支盐场（今南堡盐场）。在明世宗嘉靖年间（1522—1566），除修筑汉沽至北塘和汉沽至芦台的埝道外，还整修了一条自汉沽至宝坻（今天津市宝坻区）之间的可行车马的大道。

以上情况表明，明代时期的天津已有一个较为完整的陆路交通网，对天津古代城市的发展产生了积极作用。

在开拓和整修陆路交通的同时，明政府也十分重视增设用以传递军国文书的驿站。按规定，在各条交通要道上，每隔二十里设一马铺，以供歇马，每隔六十里设一驿站，作为传递公文或转运军需的官员歇足之所。明代天津地区的驿站主要有六个：

（1）蓟州渔阳驿。该驿站始设于元代，位于蓟州城南三里许。明天启二年（1622）改移至蓟州城东南，是天津或北京至遵化或山海关途中最重要的驿站。

（2）武清河西驿。在今武清河西务。

（3）武清杨村驿。在今武清杨村。

（4）天津杨青驿。该驿站原设于今杨柳青，嘉靖十九年（1540）移至天津卫城西。

（5）靖海奉新驿。在靖海（今天津市静海区）城南，永乐十三年（1415）设置。

（6）津沽驿。在今天津市塘沽地区，设置的具体时间不详。

以上六个驿站，分布在天津至北京、山海关、济南、渤海口等驿道上，对于保障天津和北京的安全起过应有的作用。

治理河道，筑建桥梁

海河是南粮北运的必由之道，也是天津交通运输的动脉，因此，治理海河遂成为当时主要工程之一。又因天津的北、东两面濒临南运河和海河，西、南两面也是河汊纵横，在靠海口附近更是低洼之地，需要筑建桥梁、津渡以繁荣交通。现将有明一代天津水道工程简述如后。

（1）海河水系的治理

正如上面所述，海河水系是一个典型的扇形水系，它由海河干流以及上游的北运河、永定河、大清河、子牙河和南运河五个支系组成，再加上黄河以北直接入海的马颊河、徒骇河和蓟运河、滦河，构成了海河流域。由于海河下游地势洼下有如釜底，每当夏秋雨水霖潦之际，往往因宣泄不畅而泛滥成灾。元朝至治元年(1321)和至正十一年(1351)时，政府曾两次修治海河[①]。

迨至明代，政府对治理海河水系十分重视，治理方法亦有了明显的改进。按天津地理特点，欲求蓄水以便耕植则利在“曲”，欲防满溢以除水患则利在“直”，但二者不可得而兼有。因此，明政府为了解决这一矛盾，除继续疏通海河干流和加固堤岸外，主要是在海河支流多寻入海孔道，以分天津海河之势，减轻在洪水暴涨时所受的压力。宣德十年(1435)，明政府征发民工加固自通州至直沽各处的堤岸。正统五年(1440)，又在河西务和直沽等处修复了被洪水冲决的河堤。天顺二年(1458)，明政府曾命自小直沽开凿一条长达四十里的新河以通蓟州(今天津市蓟州区)。转年，又开工凿通海口新开沽与近蓟州的水套沽之间的陆地十里为新河。这两条新河沟通后，既有益于排洪泄涝，又有利于转运漕粮，“民称大便”。成化三年(1477)，明政府命都督同知陈逵与工部河道郎中杨恭，征发通州、直沽等地军卒三千和地方民工一千人，加固沿河堤岸以利漕运。正德十六年(1521)，遮洋运粮指挥王瓒奏称，新河因不按时疏导，河道淤浅，必候有潮才能行船，致使边关给养经常中断。于是，明政府及时督促疏浚。旋因明武宗朱厚照死，此令未能施行。嘉靖元年(1522)，明世宗朱厚熜继位后不久，再命工部主事江珊，会同巡按御史和天津兵备副使督理新河治理工程[②]。隆庆四年(1570)，明政府下令治理南运河和北运河，由工部管调拨夫役，兵部管

① (乾隆)《天津县新志》卷二十七。
② (乾隆)《天津县新志》卷二十七。

筹措钱粮，天津兵备道管筑建事宜。结果，修复了管辖区内的吴桥县朱官屯、交河县徐家马头、青县盘古口以及天津附近的堤岸。再就是上面所提及的万历三十二年(1604)，河防同知陆敏捷奏请留下轮番上京的两营班军，筑建了一道西起西门外海会寺前横街，南迄南门外倪家台东闸口的护城堤(即陆公堤)。万历四十六年(1618)，直隶巡按董元儒向朝廷奏请改变疏浚白河(即北运河)之法，将从通州至天津的白河分为五十九段，由各州、县、卫分工负责，每年整修一次，各募工一千七百人浚河筑岸。

以上是修治海河水系的大概情形。这些治理方法虽然未能一时奏效，水患还是经常发生，但为清代的海河治理工程奠定了良好的基础。

(2)兴建水闸、桥梁津渡

为沟通天津卫城与城郊的交通，解决卫城内居民的用水和灌溉各地的农田，明政府也很重视修建水闸、引河和桥梁渡口工程。其中主要的有：

大闸：位于城东南角，永乐年间筑建天津卫城时兴修，原为一座土闸。其目的是将海河水引入城内，以供城内居民饮用。后因年久失修，引河淤塞，城中军民只好汲水于城外，深感不便。崇祯十二年(1639)，天津巡抚李继贞征发军民疏浚引河，使海河水复经大闸流入城内。清康熙年间，天津总兵赵良栋再次修复引河，并将土闸改为石闸。

马家口闸：为泄南淀之水，明政府在城东南马家口曾开一引河，并在河上建闸。后闸口淤塞。清乾隆年间，天津道乔人杰重建新闸时，曾在故地掘得古闸一座，即为明时所建。

葛沽引河：万历二十七年(1599)由天津巡抚汪应蛟督修，其目的在于引海河水以浇灌斥卤之地，进行屯种以解决兵饷。

鸿沟桥:位于城西北角,景泰三年(1452)建。

安西桥:位于卫安西门外,弘治八年(1495)建。

此外,为了弥补桥梁的不足,便利城内外的交流,还设有许多渡口,如城东北隅的真武庙渡,城北三岔河口的北马头渡,城东南十里余的寇家口渡,城东南五里余的宝船口渡,城北三里许的西沽渡和晏公庙渡,城东南约十里的大直沽渡等。

建筑官署和寺庙

除三卫指挥衙署之外,天津相继筑建了不少官署和寺庙。今据《天津新县志》《天津皇会考》和《津门纪略》等书所载,将其中较为重要的建筑工程分述如下。

(1)官署的添设

天津提刑兵备分司公署:位于城西北隅天津右卫署旧址(今北门西鲍公祠胡同)。弘治十八年(1505)由兵备道施槃用商税余银倡建,具体督修者为卫指挥同知贺勇、千户王玺、张升、徐辉等人。该署主要工程是建台门、仪门,在两庑建莅事之厅、退食之堂和藏器之室若干楹,并加建围墙,历时凡五个月。正德三年(1508),张天叙曾刻名于木,后易于石。

清军厅署:位于城之西北(今中营前大街神机库东),万历三十四年(1606)由清军同知陆君祥买谢镇抚私宅而建,先建后堂屋五间,厢房二间,继而建视事厅五间。因一时经费难筹,厨灶间和马厩均用草苫搭盖。

青州分司署:该盐署原设青州,后移入天津,具体地址不详(或云在城之西北武学之东)。天启三年(1623)由巡抚毕自严先拨官银三百两重建。计有前厅三间，退厅五间，吏舍六间，衙宇五间，廊房六间。东西横若干丈，南北纵若干丈。署内栽花种草，缭以棘榛，并建有围墙。虽不甚宏丽，然颇具规模。

至于学宫、武学的倡建将在下编中叙述，在此从略。

(2)寺庙的增修

寺庙是封建迷信的产物，所以说“宗教是人民的鸦片”①。然而，寺庙的修建又是封建城市发展的一个侧影。早在元代，天津已建有寺庙，前引的天妃宫(即娘娘宫)就是著名古刹之一。随着明初置卫以后，新建和重建的寺庙为数不少，其中享负盛名的有：

涌泉寺：位于城南门内，兴建的具体时间不详。旧寺虽有十二楹，但寺堂狭窄仅能容百人。弘治四年(1491)，兵备道刘福在修建阅武场和学宫以后，又募工重修涌泉寺。其主要工程为扩建前殿、正殿和伽蓝殿，并将寺内僧舍移筑于围墙之外，使之庄严肃穆。另外，在大直沽和小直沽亦有涌泉寺。前者只知其名，或云河东于家场的西方庵即为涌泉寺。后者的创建年代亦难于考查，但史载有宣宗朱瞻基曾赐两幢宝幡和正统十年(1445)漕运参将汤节重建该寺之事，特附录于此。

挂甲寺：位于大直沽迤南三里，原名庆国寺。相传因唐代时征辽奏捷驻师挂甲于此地而得名，后毁废多时。万历二十八年(1600)，游击将军张良相奉命征讨倭寇途经此地时，曾祝誓说：“余将凯旋而亦挂甲于此焉。”果然，倭寇不久被荡平。于是，天津廪生孙从先捐地十亩，由本营千总官袁应与等督建，不两月而成，“栋宇嵯峨，象设赫濯”，挂甲寺成为当时天津名刹之一，香火很旺。

① 《马克思恩格斯全集》(第1卷)，人民出版社1956年版，第453页。

镇仓关王庙:位于今北门里户部街,内供关羽之灵位。嘉靖四十四年(1545)由户部主事朱天成、阎光潜等倡建,卫指挥使贾九思等人协助。其时建有禅堂三间。隆庆四年(1570),复经卫指挥使雷以诚等修建,并立碑亭为志。

铃铛阁:亦名稽古寺。在城外西北一里许,明万历七年(1579)建(或传建自唐代)。据记载,该寺建造奇特,“重檐迴出,风铃远闻数里,人呼为铃铛阁”[①]。阁后有藏经阁,贮藏《大藏经》一部。铃铛阁于清光绪年间被焚毁,后改为稽古书院。原址即今市第三中学所在地。

除上述几座宝刹外,见于记载的尚属不少。为简明起见,兹列表如下(表 4-1)。

表 4-1 明代天津新建和重建寺庙统计表

名　称	方　位	备　考
药王庙	城外西北隅	
城隍庙	城西北	明永乐四年创建,成化十七年重修
关帝庙	北门、西门各一座	前者明永乐四年建,后者原在南门里
海会寺	城西北	元代建
净土院	河北窑洼	明代建,初为玄帝庙,后改
西方庵	河东于家场	亦名涌泉寺,明天启年间建
慈惠寺	城西姚家湾	明崇祯九年重建
育德庵	城西北瓜果店	明季建
地藏庵	河东大直沽	亦名前庵,明末建

① 《天津县新志》卷二十五。

续表

名　称	方　位	备　考
泰山行宫	河东。	明初建，崇祯七年重建
大　寺	城内蜂儿窝	亦名观音庵，桃花口亦有大寺，明隆庆二年建
红　寺	北门外	
白　寺	北门外红寺东	又名白衣寺、观音寺，明正统七年建
观音庵	城东姚家村	明代建，具体时间不详
善庆庵	西门外张官屯道北	清时移往道南，俗称黑和尚庙
古皇庵	城西姚家湾	元代建，旧名三皇庙
三皇庙	北门内大街西	亦名古皇庵
板桥寺	城外西北隅	又名天安寺。明季建
海潮庵	城西北	亦名南海行宫
福寿宫	小稍直口	
永明寺	西门外西北隅	明永乐年间重建
九天庙	西门外	明永乐年间建
药王庙	共四座： 一在北门西北隅 一在大直沽东北 一在城内大费家胡同 一在杨柳青	 明永乐年间建 明嘉靖年间建 明代建 明末建
马王庙	东门翁城内	明宣德十年建
东岳庙	大直沽河沿	明天顺年间建
太虚观	城外东北	明成化十二年太监郑山、都督陈逵奉敕创建

续表

名　称	方　位	备　考
三官庙	共两座： 一在南门外 一在东门外河东岸	明弘治年间建 明季建（三官即天官、地官、水官）
真武庙	北门外河北岸	明隆庆五年建
玉皇庙	城外东门河边	明代万历五年建，前有坊，后有阁
玄帝庙	西沽	明万历年间建。另一座在杨柳青
三元庵	城外东北隅河东小关	明万历四十三年建，崇祯十三年重建
武圣庙	马家口	明代建
镇海寺	大直沽	明崇祯二年重建
小圣庙	城外东南隅	明崇祯五年敕建
大佛寺	东门外河东	明崇祯二年重建
甘露寺	北门河北岸	明季建
弥勒庵	西门小伙巷	明季建
宏济院	三汊河北	明末建，原名法华园

以上是有明一代新建和重建的寺庙宫观，共四十余所。在这些寺观中，佛教寺庙占多数，但也有不少道教庙宇。另外，当时天津已建有伊斯兰教的礼拜场所，其中以明万历年间建的金家窑清真寺为最早。据民国十六年（1927）《天津金家窑清真寺碑记》说：

> 稽津郡创设清真寺，以金家窑为最古，前明万历二年间，皖省安庆回教运输皇粮船帮，沿运河由南向北蜿蜒数千里，所经都邑船泊时，咸造清真寺……每当抵津泊岸，恒以未有朝拜之处为憾。于是该穆民等，有变卖船产者，有凑措资财者，乃在津城东北隅金家

窑地方，滨河东岸购置屋数椽，权作朝拜之天房，此创设金家窑清真寺之所由来也。

至于穆庄子清真寺，虽传为永乐年间所建，但已不可考。这些佛寺、道观和清真寺多已毁废不存，有的尚留其名，如铃铛阁、九天庙、城隍庙等。其中坐落于今古文化街上的天妃宫是天津现存最古老的一座木式建筑结构。

第四节　吏　　治

吏治对于城市的发展虽不是决定的因素，但我国历来重视“人治”，故地方官吏的优劣贤愚与城市或地区的发展紧密相关。如前所计，在天津置卫至明朝覆亡的二百多年中，先后出任卫指挥使的凡 64 人，户部分司主事凡 169 人，兵备道凡 84 人，盐运都司使凡 146 人，巡抚凡 3 人，督饷部院兼巡抚凡 10 人等。这些较为重要的地方官吏，除由于史实短缺难于稽补者外，对天津城市发展曾做出较大贡献者有：

修护城池方面：总兵官陈瑄、兵备道副使刘福和清军同知陆敏捷等。

筑堤垦田方面：兵备道副使毛恺、天津巡抚汪应蛟和督饷部院兼天津巡抚李继贞等。

除暴安民方面：长芦盐政涂桢和兵备道副使胡文璧、吕盛、葛木等。

整顿军备方面：兵备道副使彭国光和督饷部院兼天津巡抚毕自严、李邦华等。

上述官员，大抵都以勤于公务和清廉正直见称。他们的所作所为，固然是从维护封建统治阶级的根本利益出发，但也曾给当时的百姓和城市发展带来一些好处。如涂桢在正德元年(1506)出任长芦盐政时，正值大宦官刘瑾当朝，其党人毕真等依仗权势，在天津贩运私盐牟取暴利，又劫掠商旅欺压百姓，无恶不作。人民为此有苦难诉，恨之入骨。涂桢到任后，秉公立正，迅速查明毕真等人迫害良民的罪行。他执法如山，处决了毕真等一伙歹徒。后来，他被刘瑾矫旨杖死，人们闻之奔走相告，哀怨之声不绝于道。又如毛恺在嘉靖三十三年(1554)出任天津整饬副使后的三年中，亲自督修海河，挖堤筑堰，稽查屯田。对于那些贪官污吏，他不徇私情，一一加以裁汰，并且不避豪强，敢于处置宦官亲属中违法乱纪者。因此，当毛恺去任之日，士民相送于道，并立《副使毛公恺德政碑》，以表彰其廉洁爱民的品德。再如毕自严在天启元年(1621)出任天津巡抚兼督饷部院期间，正是抗辽战争紧张进行之际，天津成为抗辽的后方基地。他一面积极筹备物资，准备重修天津卫城，又招募水陆军凡两万人，时加训练，打制刀枪，确保天津城的安全；另一方面又在天津惩治不法粮商和奸宄之徒，使筹粮运饷以支援前方的事务顺利进行。毕自严对天津城市的发展颇为关注，他的《督饷疏草》五卷凡十九万余言中，虽然多为督理运饷的奏疏，但疏中反复强调天津在军事、经济和交通方面的重要性。又在题为《修造城垣，议留班军疏》一折里，对于重修天津城一事更为关切，他说自万历十四年(1586)修城以后，经过四十年的风雨剥蚀，不少地方已损裂坍塌。时至今日，天津卫的军事地位更加重要，不仅“地居河海之冲，北拱神京，南则咽喉漕运”，同时由于“奴氛弗靖”，倭寇觊觎，各地运来天津的米豆“积贮如山”，因而凡“讲武之家，尤先需城守”。他接着指出，“环视城外，商贾辐辏，骑填偶侧”，很是热闹，可是“熟阅城中，屋瓦萧条，半为蒿莱！”其原因是由城里苦洼而多水，四个城角处均有水坑，“水多则容民蓄众之地寡”。为此，他提出一个重修天津的方案：先是疏浚城壕，复引海河水流入城内，继而将挖出的土用于培垫城内洼地，最后修复和加固毁损的墙垣。他指出，一旦城池修复，定使“思依城以为安者，必相率内徙”。随着卫城居民的增多，天津城就会发达繁荣起来。其言辞恳切可嘉，只是由于当时战事日紧，毕自严又与宦官魏忠贤党人政见不合，故重修天津城的奏疏竟被搁置不行。

此后二十年间，相继出任督饷部院兼天津巡抚者凡九人，其中值得称道的是李继贞。他在崇祯十二年(1639)来天津后，先在葛沽、白塘等地大兴屯田，又重新疏通南门引水河，使海河水复经水门流入城内。当他离任时，以俸银并所节省七千金捐入府库，因而深受天津士民爱戴，并立祠以祀。

以上是有明一代良吏中政绩斐然者，他们对天津人民和天津城市发展做出了贡献，因而受到天津人民的怀念。反之，诸如万历年间天津税监马堂贪赃枉法、蝇营狗苟之徒，人们就用抗税斗争去反对他们。是非曲直，人民自有公断。历史的真实毕竟如此。

第五节　明代晚期的天津城市

从明神宗(1573—1619年在位)统治的后期算起，至明思宗(1628—1644年在位)自缢身死为止，是明朝政治腐败的时期。在这六七十年间，朝廷内部出现了“晚明三大案”，被统治的人民大众爆发了市民斗争和大规模的农民起义，还有倭寇的骚扰和满洲贵族的南犯。明朝面临的这种颓势，在天津也有所反映，并对天津城市的发展带来了影响。总的说来，明代晚期的天津，军事上的重要性更加突出，政治上的地位也日益显著，但经济发展却显得迟缓。现将这一时期天津的军事、政治概况述之如下。

市民抗税斗争

市民是个含义广泛的阶层，泛指城市中除封建官僚、军队以外的非农业人口，其主要成员有手工业者、船工、盐工、码头工、小贩和商人等。明代中后期，伴随着手工业、商业和交通运输业的发展，天津市民阶层的人数亦迅速增加。据明李贤《大明一统志》载，在天顺初年至隆庆年间(1457—1572)，武清、宝坻、蓟州、静海四县(今均属天津市郊区)共有10010户，其中武清为3080户。清顾祖禹《读史方舆纪要》所载的武清户数亦同①。当时天津属武清县管辖，是一个人口聚会的卫城。如以量分计算，天津至少有1500户(军籍及其他人户如农户、过往客商等尚无法推算)。这个数字虽然不够准确，但也能说明一定事实。

明朝政府为了增加税收，派遣宦官为税监，来天津等地重征赋税。这些税监贪婪横行，终于激起了天津盐工、船工、手工业者和商人们的强烈反抗。万历二十六年(1598)，在商人张子和等人领导下，以反对马堂增加店租为由，联合了数千市民掀起了前所未有的抗税斗争。马堂先是以隐匿店租的罪名将张子和等32人逮捕入狱，后又将他们解送北京治罪。天津市民抗税斗争的消息传至临清(税监衙门所在地)，得到临清市民的积极支持。数千临清市民纷纷在税衙门前集合，反抗示威，火烧官署，杀掉参道34人。

天津市民的抗税斗争表明，经过大约两个世纪的发展，天津虽然还是一个军事区划，但城内的手工业和商业已经相当发达，原来以军卒为主体的居民结构，已被以市民为主体的居民结构代替。事实也正是如

① 梁方仲编:《中国历代户口、田地、田赋统计》，上海人民出版社1981年版，甲表73。

此，在明朝中后期，天津城里城外居住着各行各业的人群，其中有专门拉纤和搬运漕粮的码头工，有修补船只的船工，有打制各种器皿的手工业者，还有为数不少的盐工、小贩和商人等。市民阶层的形成和不断壮大，对于城市性质的变化无疑是一个重要因素。由于资料短缺，目前已难以累计出当时市民阶层的基本人数，也难以具体说明当时生产力所达到的水平。但是，参加这次斗争的市民动辄不下数千人，并得到临清数千市民的遥相支援，这就为天津居民身份的变化提供了极好的注脚。即是说，明朝中后期的天津，虽然难以与江南地区的苏州、松江、嘉兴和湖州四府的生产力水平相比，但是，天津市民抗税斗争的本身，却充分反映了市民阶层已成为一种新的力量这一事实。因此，这个阶级斗争的新动向，正是天津手工业、商业日益发展的折光。

御倭援朝基地

在天津城市发展过程中，御倭援朝的斗争也制约着城市性质的变化。原来一度骚扰我国东南沿海的倭寇，在被抗倭名将戚继光、俞大猷击溃后不久，又转而侵扰我山东、辽东和渤海湾地区。万历二十年（1592），日本关白（即丞相）丰臣秀吉发兵15万企图吞并朝鲜。为了解除“唇亡齿寒”的威胁和隐患，明政府决定进行一场御倭援朝斗争。天津位于渤海之滨，水路战船可以直接驶向朝鲜的仁川和牙山，包围封锁已经占据王城（即首尔）的日军；陆路兵车可以由天津输往辽东而过鸭绿江，奔赴为日军所觊觎的平壤。正是由于天津的地位十分重要，决定了它必然成为御倭援朝的军事基地。

下面是散见于《明神宗朝实录》的几个片段：

万历二十年五月二十一日（1592年6月30日），明神宗诏命原保定总兵官倪尚忠移驻天津，总管二镇兵马。不久，又调原山西副使梁梦龙出任天津兵备道，统管天津三卫，协助倪尚忠部署御倭援朝事宜。

同年六月初六日(7 月 14 日)，户部复议同意兵部右侍郎兼天津巡抚宋仕等人的建议，将漕粮六七万石截留支用，又留遮洋海船 400 余艘以充战守。

同年同月二十七日(8 月 4 日)，明廷派神机营指挥佥事宋大斌为天津海防游击，招募壮勇以防不测。于是，短短的时间里，防倭军卒激增至 23000 人。

同年九月十七日(10 月 21 日)，明廷接到浙江巡抚常居敬的奏折，奉旨随即调集战船 80 只、器械 3600 余件、药铅子 6000 余斤，并选派坐营都司关天赏，把总韩光、张良相等人，率领各船奔赴天津，听候调遣委用。

同年同月二十日(10 月 24 日)，明廷复接应天巡抚刘应琪的呈报，奉旨选得沙船、唬船 60 只，另有杂役 960 名、长枪 11000 杆，委派把总陈天泽等人管押，计日至天津听用。

同年十一月十九日(12 月 22 日)，明廷改任提督京城巡捕署都督佥事宋三省为防守天津等地副总兵官，以加强天津防务。

仅如上述，可知在短短的半年中，举凡有关抗倭援朝的军事部署，诸如官员的调用、军卒的扩充、战船的汇集和粮饷的输送等，莫不以天津为基地而紧张地进行着。

抗倭援朝的战事取得了决定性的胜利后，明政府继续加强天津地区的防务。如万历二十四年五月(1596 年 6 月)，都察院右佥御史杨镐奉诏移驻天津。转年，又先后调派原山东右布政使万世德、原易州兵备道汪应蛟、原浙江副总兵周于德等人来天津，以加强天津的海防。万历二十六年(1598),中朝联军趁着日本关白丰臣秀吉病死之机,发动了新的攻势,在海战中一举歼灭了 500 艘日舰,迫使日本陆军全部撤离朝鲜,从而赢得了战争的最后胜利。

明清战争中的天津

明清战争对于天津城市的发展也有很大影响。万历四十四年(1616),辽东女真族首领努尔哈赤建立"后金",自称汗。万历四十六年(1618),努尔哈赤誓师伐明,明清战争[①]正式开始了。在这场战争中,天津既是北京的门户,又是通往山海关和辽东地区的咽喉要道。因此,加强天津地区的军事防务,把天津作为抗清战争的后方基地,遂成为明政府亟为重视的一项战略部署。现摘引《明实录》神宗、熹宗、毅宗三朝间的有关史事加以说明:

万历四十七年(1619),明廷一面以杨镐为经略,由天津出镇辽东,加强辽东地区的军事防御力量;一面派户部右侍郎兼都察院右佥都御史李长庚到天津,出任督饷部院,筹集兵饷,修造战船。李长庚在天津,很快筹集了米 880 万石,豆 90 万石,草料 2100 万束,并到期运往辽东。

泰昌元年(1620),明廷先是以加衔游击刘毓俊为天津海防左营游击,后又以署都指挥佥事贺虎臣加都司佥书职衔为统领天津海防游击。

天启元年(1621)闰二月,明廷采纳巡按直隶屯田御史左光斗建议,委派天津兵备道贾之凤和河间府管河通判卢观象,兼管天津屯田事务,以补充抗清军饷之不足。四月,明廷复设天津巡抚,升太仆寺少卿毕自

① 努尔哈赤之子皇太极于 1636 年称帝,改国号为大清,1644 年入关定都北京后仍为清。为简便起见,在此统称明清战争。

严为都察院右佥都御史，巡抚天津，操练水师，修缮战船。七月，明廷委派游士任为天津、登莱监军御史，调派户部陕西分司主事丁魁楚来天津管理漕运和屯粮。当时储粮已多达100万石。

在这期间，毕自严等人在天津虽然做出了成绩，但由于明廷的腐败，抗清战争一再受挫。万历四十七年(1619)，“萨尔浒之战”[①]失利。天启二年(1622)，明军再次遭到惨败，辽阳、沈阳等大小70余城相继陷落。接着，努尔哈赤迁都辽阳，后又改迁至沈阳，兵锋直指山海关。顿时，天津不仅成为安置东北地区难民的场所，而且进一步成了“东南藩篱，京师羽翼”和“襟喉之重镇”[②]。

此后十多年中，战争仍在继续。崇祯八年(1635)，努尔哈赤之子皇太极改女真为“满洲”，第二年(1636)改后金为大清。明朝为挽回败局，曾相继委派翟凤翀(1630)、郑宗周(1631)、贺世寿(1633)、杜三策(1637)、李继贞(1639)等人巡抚天津，并调遣兵部右侍郎张国维、右佥都御史冯元飚、金之俊和蓟辽经略范志完等人来天津提督军务(1641)。然而，明朝这时已是江河日下，统治集团内部互相倾轧，陕西等地的农民起义风起云涌，明朝根本无法应付清军的强大攻势。见于记载的战事，除崇祯十六年(1643)五月总兵周遇吉曾在天津杨柳青镇附近以五百骑兵伏击清军获得小胜以外[③]，其他军事行动皆以明军的失败而告终。

上述情况表明，明代晚期的天津经历了一段较为特殊的历史时期。军事上的优越地位，固然有利于天津城市范围的扩大，天津的人口也得

---

① 萨尔浒山在今辽宁新宾西浑河南岸。

② 《明经世文编》卷一百七十五。

③ 《天津县志》卷二十四。

到了更大幅度的增加，但就经济发展而言，由于军事上的需要，举凡农业、渔业、盐业、手工业的商品化程度却有所减缓，即使是商业和交通运输业，也一时难以摆脱军事需要的羁绊。

崇祯十七年(1644)三月，形势急转直下，李自成农民军攻入北京，明毅宗(即崇祯帝)自缢，明朝覆亡。同年五月，清军在山海关总兵吴三桂引领下入关，旋即进占北京，建立起清朝在全国的统治。天津城市的发展，在新的历史条件下开始了新的变化。

结　　语

一、纵观明代天津城市的发展，可归纳为三个阶段：

其一，15 世纪初年的置卫与筑城，使天津由“海津镇”发展为一个略具城市规模的军事堡垒，其主要特征是民刑庶政仍归所属的府、州、县管辖，卫所的职能范围仍然相当有限。

其二，15 世纪末至 16 世纪初兵备道的建置，使天津卫城的管理体制初步得到统一。兵备道不只统辖三卫，职能范围亦开始兼及民政和财政，它表明天津不仅已成为一个军事重镇，同时手工业、商业也得到了发展。

其三，17 世纪初期巡抚一职由暂设改为略成定制以及巡抚例兼督饷部院，表明天津既是御倭防清的军事基地，同时也开始了向行政区划的过渡。

二、军事上的重要地位是天津城市发展的一个极大原因，而漕运和盐业的兴旺，则是天津城市发展的基本因素(详见下篇)。由于天津位于渤海之滨，与内地城市有所不同，当邻近的沧州、河间、淮安、临清、德州等城市，因河运衰歇而日趋式微之时，天津仍然以它特殊的地理位置在稳步地发展着。

三、天津居于南北水陆之会，元朝时居民“久居其地者仅有七姓”，至明朝时已“杂以闽、广、楚、齐、梁”之民，其中有从今安徽来津落户的回民，还有从山西洪洞县等地迁来的移民。天津人口的激增，一方面使天津开始成为“商贩所聚，有倍于往时”的颇具规模的城市，另一方面也是天津“风俗不甚纯一”的历史缘由。

四、在天津城内和城关人口不断增加的同时，天津卫城的四郊和滨海地区的村落和乡镇也在星罗棋布地迅速发展着。如城东的大直沽、三汊沽、军粮城，城南的咸水沽、小南河，城西的稍直口、曹家庄，城北的南仓、北仓等，都已是人烟稠密、鸡犬相闻的聚落。又如原沧州北路十四坊中的葛沽、中沽、东沽、西沽、邓善沽，原静海县属的杨青驿（今天津市杨柳青）和武清县的杨村驿（今天津市武清区政府所在地），以及今天津市塘沽一带的于家堡、北塘、新河等地，也相继成为房舍井然、交通繁忙的村镇。然而，天津城市的真正发展却是在清代。

第五章　城市的发展和演变

第一节　天津府的设置

清初政治形势

顺治元年(1644)九月，清朝在北京正式建立政权后，鉴于当时的政治形势，在对人民实行野蛮屠杀的高压政策同时，对汉族地主阶级则采用收买拉拢的怀柔政策。诸如为明崇祯帝发丧安葬，按原职录用明廷的官员，宣布只对李自成起义军作战，表示要为汉族地主阶级“雪君父之仇”等。清朝统治者的所作所为，旨在诱使明朝官吏倒戈。于是，驻守天津并曾“奉表迎降”李自成起义军的天津兵备道毓宗，马上叛变转而降清。天津巡抚骆养性和天津总兵副将娄光先，也因归顺清廷有功，仍被留任巡抚和升任总兵。这样，曾几何时还是明朝的官僚将佐们，转眼之间又变成了镇压人民抗清的马前卒。

事隔不久，清政府又委任杨维翰、李枝蕃和李效忠为天津三卫的掌印指挥，并升迁孙肇兴为天津兵备道，要他们“以原官总督天津等处军务”。清政府为了加强对天津地区的军事控制，还在天津添设了 26 个营，计有马兵和步兵共 5881 名，以备招抚各城、稽核天津粮储诸务。次年四月，清政府改派兵部右侍郎兼右副都御史张忻出任天津巡抚，并增派金砺、李率泰为正副都统前来天津驻防。经过一系列的安排布置，清政府初步稳定了对天津地区的统治。

但在另一方面，清政府对天津及其附近地区贫民百姓的掠夺，却是无所不用其极。清朝统治者除增收租赋和役使民夫外，还在天津及其附近地区"跑马圈地"，建立起一处又一处"旗地"。如天津附近的宝坻县(今天津市宝坻区)，原来民户共有私田 6896 顷，经过圈地后只余剩 57 顷。以百分比计算，被满洲贵族圈占的土地竟高达 99.2%，余剩的私有土地不足 1%。满洲贵族的野蛮行径进一步激发了天津地区人民的反抗，一场以反对民族压迫和阶级压迫的双重性质的斗争爆发了。

顺治元年(1644)二月，以李联芳和张承轩等人为首的一支农民起义军已在南皮一带进行反击清军骚扰的斗争。清军进占北京以后，这支农民起义军的活动范围进一步扩大：南起沧州、盐山、静海，北至天津、蓟州等地。他们"啸聚负隅，横戈逆战"，闹得"津南鼎沸，几至燎原"，成为天津地区第一支抗清武装。清政府为了镇压这支起义军，命令天津巡抚雷兴和天津总兵娄光先率领驻防军，协同保定方面的清军进行围歼，使起义军遭到重大伤亡。同年十月，李联芳和张承轩率领余部突围至天津大沽，准备出海转移。由于遭到雷兴率领的清军突然袭击，起义军"没水死者强半"，李联芳、张承轩等亦壮烈牺牲。

此后一段时期内，抗清武装斗争继续展开：以"土寇"莽寒(一作塞)、薛承所领导的抗清队伍，曾活跃在天津附近，并杀死了前去镇压起义军的天津镇标中军游击王应春。以"土贼"罗洪宇为首的抗清武装，也曾率众数千准备攻占天津，并打死了海防营游击赵成功。顺治三年(1646)，莽寒再次举起抗清义旗，在唐官屯(今属天津市静海区)消灭了天津左营游击周天命所统领的官军,周天命亦中箭身亡。顺治五年(1648),以杨四海为首的西沽起义军,活跃在天津四郊和庆云等地,扬言要攻打天津,并得到了以常允辅为首的东郊农民起义军的响应。三河县民张氏、王礼、张天保、任万金等人亦聚众响应①。这些起义军虽然相继被镇压,但它使清朝统治者进一步认识到,天津是拱卫京都北京安全的屏障,是保证漕粮的储存和转运的中心。为此,重修天津卫城和在天津添设机构,遂成为清初统治者亟待解决的事情。

天津由卫改州、由州升府

天津在有明一代是一个军事城堡,而且是由天津卫、天津左卫和天津右卫并置于一城。顺治九年(1652),清朝在大量裁并卫所时,将天津三卫合为一卫,统称天津卫。卫守备由兵部直接委任。雍正三年(1725)三月,鉴于天津地位日益重要,清廷决定将天津卫改为天津州,隶属于河间府。卫是军事单位,州是行政区划。因此,天津州的设置是天津城市性质开始转变的一个标志。

但是,当时天津州所管辖的土地,却仍分散在其他州县里。州城的西门外和南门外,属于静海县境,而州城的北门外和东门外,除南运河南岸和海河西南的一隅之地属于天津州外,两河的对岸即属武清县境。即是说,天津虽由卫改州,由军事区划改为行政区划,但在管理上仍然是错落纷乱的。为此,同年八月七日,长芦盐政莽鹄立在《奏为请正疆域以便吏事》中提出建议说:"将天津州改为直隶州,分武清、静海、青县三邑属之。至若天津旧辖之窎远屯民,即就近分隶于各该州县,其附近

① 《天津县新志》卷十八。

天津百里内村民，向为武清、静海所属者，查明丁户、地亩、钱银，相度地势俱为天津州管辖，如此则经界整齐……”①同年九月，清廷准其所奏，升直隶河间府所属天津州为直隶州，兼管武清、静海、青县三县。由于当时制度草创，诸多事宜一时难于落实，直至雍正八年（1730）才做了新的调整和贯彻，正式将武清县所属的143个村庄，静海县和沧州地区的113个村庄划归直隶州管辖。

雍正九年（1731）四月，经吏部复议，清廷批准直隶总督唐执玉的奏疏，又将天津直隶州升为天津府。奏疏中说：

> 天津直隶州系水陆通衢，五方杂处，事务繁多，办理不易，请升州为府，设知府一，粮捕通判一，经历一，教授一，训导一。附廓置天津县，设知县一，县丞二，典史一，改州学为教谕。此新设一县，同该州原辖青县、静海及沧州、南皮、盐山、庆云一州三县，统归新升之府辖。其旧设之河间府海防同知，应就近改属天津。天津旧设之州同吏目，应裁霸昌道属之。宝坻县广袤六百余里，其毗连之梁城所距宝邑甚近，一切公务该县不能兼顾，请将宝坻县之江洼口起西至西头庄南路一带割归梁城，并改所为县，设知县一，典史一，教谕一，训导一，旧设所千总一应裁从之。②

这份奏疏很快得到朝廷批复。于是，天津由州升府，管辖范围已扩大到六县一州，即天津、静海、青县、南皮、盐山、庆云和沧州。

同年，改梁城所为宁河县，将宝坻县的一部分改属宁河，归顺天府霸昌道管辖。

---

① 《续天津县志》卷十六。

② 《重修天津府志》卷一。

这里需要说明的是,清代天津府的管辖范围与现在天津市的管辖范围很不相同:东界于海,东南界武定府海丰县,南界武定府乐陵县,西界顺天府霸州,西南界河间府东光县,西北界顺天府东安县,北界顺天府宝坻县。很明显,当时的天津府是向南、东南、西南方向延伸,其东南界远达 320 里,西南界为 250 里,正南界为 260 里。而现在的天津市则是向北、东北、西北方面扩展,包括清代原属顺天府的蓟县、宝坻、武清、宁河,以及原属天津府的静海,一共是四郊五县。当时天津府管辖下的沧州、青县、南皮、盐山各县,现已改属河北省;庆云县亦于 1965 年划入山东省。

清初天津由卫改州、由州升府的大概情况,勾画出当时天津城市发展的基本轮廓,但需要说明的有三:

(1)从天津三卫裁并为天津卫算起,复由天津卫改为天津州,其时间长达 73 年,而由天津州改为天津直隶州,复升州为府则仅有 6 年。它表明天津经过顺治、康熙两朝的恢复和建设,至雍正时已走上蓬勃发展的阶段。天津由州升府,是天津已成为封建的工商业城市的重要标志。

(2)天津的行政机构的不断升级,不仅使得早在秦汉时期即已载诸史册的南皮、雍奴(今天津市武清区)诸县相形失色,而且也使唐宋以来亦已设县置州的静海、青县、沧州等城市,反而隶属于天津府管辖之下。显而易见,清朝初期的天津已经成为我国北方相当重要的城市之一。

(3)天津府管辖范围扩展的趋向还表明,它既不同于内地的封建城市,也与其他沿海的封建城市有所区别。它的特点在于:天津不仅是都城北京的门户,在拱卫京师安全上有着特殊的作用,也说明天津城市的发展是靠着漕运和盐业的兴旺而起家的。

那么，为什么天津在清朝初期发生了如此急剧的变化呢？

首先，就历史背景而言，明朝中后期和清朝前期，资本主义生产已在我国一些地区萌芽并发展着。天津虽然不及江南地区的苏州、杭州等丝织业和棉织业重镇，但也有优胜于这些江南城市的长处，即天津既是长芦盐的主要产销地，又是南粮北运的枢纽。因此，在明朝中后期和清朝前期，天津的制盐业、粮食加工业、造船业、渔业以及与此相关的其他手工业，都有了较大程度的发展（详见下编）。这种以漕运和盐业为主体的城市经济结构，为资本主义萌芽的产生提供了极为有利的条件。另外，清政府不仅从这里得到了包括盐税在内的大宗财政收入，而且还从这里得到大批漕粮和宫廷生活用品。天津由卫改州和由州升府，正是在这样的历史背景下出现的。

其次，就城市发展条件而言，马克思在《政治经济学批判》一文中对于城市发展的基本条件有精辟的论述。他说："真正的城市只是在特别适宜于对外贸易的地方才形成起来，或者只是在国家首脑及其他地方总督把自己的收入（剩余产品）同劳动相交换，把收入作为劳动基金来花费的地方才形成起来。"①天津濒临渤海之滨，水陆交通都十分便利，举凡江南、岭南和东北方面的农产品与手工业品，均可通过海运、河运和驿道云集于天津，然后再从这里转运至北京和中原内地。同样，中原内地的农副产品，也多取道天津，经海运、漕运而远销至东北和江南。天津城市在清代前期之所以连升三级，与当时天津正在逐渐成为我国北方的商业贸易中心有关。另外，自明季以来，欧洲一些国家的商人和使者愈来愈认识到天津优越的地理位置。他们纷纷从海路来到天津，

① 《马克思恩格斯全集》(第 46 卷)(上卷)，人民出版社 1979 年版，第 474 页。

或则推销洋货，或则经天津到北京去从事政治活动。正是这些得天独厚的条件，决定了天津不仅将日益发展为我国四方商贾荟萃之区，而且随着与海外诸国联系的加强，也必然成为国际贸易的重要港口。

再次，就军事价值的重要性而言，正如前面所提到的：天津是都城北京的襟喉要地，又是清朝皇帝谒拜故都盛京（今辽宁沈阳）和祭奠先祖陵墓的必经孔道。从天津出发，北可抵山海关，南可达淮南、江东。在海河入海处，有大沽口作为屏障，进则可以从海道去援助朝鲜，使我国邻邦免受倭寇的侵略，退则可以扼守炮台，随时抗击一切外来之敌。明朝后期抗倭援朝斗争的历史已做了充分的证明。清代中叶两次鸦片战争中天津军事地位的重要性，更是一个显明的例证。关于这一点，后文另加阐明，这里先不赘述。

总而言之，天津经过有明一代和清顺治、康熙两朝共三百多年的发展，至雍正年间已完成了由封建军事城堡向封建工商业城市的演变。天津城市性质的这种转化，将更有效地发挥它本身所潜藏的能量和活力，反过来又推动着天津城市的发展。

第二节　完善管理机构

府署、县署的建置

天津由三卫裁并为天津卫，以及由卫改州、由州升府，陆续建立起相应的管理机构。为节省篇幅，这里对卫署、州署不再赘述，只对设府、置县略做介绍。

天津府是天津地方最高一级行政管理机构，它的设置，把明代和清初的河间府分为河间府和天津府。天津府署设在天津城西（今城内西门里仍有府署大街)，管辖六县一州。据乾隆年间《天津府志》载，建置天津府之初，七州县原额人丁共 32773 丁，其中天津县 2497 丁，青县 1658 丁，静海 1143 丁，南皮 6644 丁，盐山 11480 丁，庆云 5965 丁，沧州 3391 丁。至雍正十二年(1734)时，天津府共有 33301 丁。按明旧制规定，民年十六至五十九为丁，十五以下为小，六十以上为老。如以一丁为一家、一家为五口计算，则雍正九年(1731)天津府共有百姓 163865 人，雍正十二年(1734)上升至 166505 人。待至嘉庆二十五年(1820)，天津府有 370152 户，人口为 1600822 人。当时天津府的土地面积为 12600 平方公里，折合每平方公里的人口密度为 127 人。又以直隶所属 17 个州府的 19164733 人的人口总数做比较，天津府人口占 8.35%。而在当时 8 个高达 100 万人口以上的州府中，天津府低于顺天府、保定府、河间府、大名府而居第五位①。

天津府署设知府一人，为府一级行政长官，总管全府的政治、经济和军事等事务。知府下设河防同知(由河间府移入天津)和海防同知各一人，分掌五河、海口的军事防卫和漕运；又设教授、训导和经历各一人，前两者职掌文化教育，后者兼管司法刑狱。另设粮捕通判一人，职掌地方治安。据《天津府志》载，仅雍正、乾隆两朝 70 年间，出任天津知府的计有李梅宾、程凤文、那亲阿和额尔登额等 25 人。

天津县是天津府下的"附郭县"(一称"首县")，随着天津由州升府的建置，专门管辖天津城及其县境。天津县署设在天津城东(今道署东箭道)，设知县一人，为县一级行政长官。下设管河县丞、教谕、训导、减

---

① 转引自梁方仲编《中国历代户口、田地、田赋统计》，上海人民出版社 1981 年版，甲表 88。

河主簿各一人。又下设北仓大使、葛中巡检、典史、杨青驿丞等人员。其中北仓大使兼西沽巡检，管理北仓48座仓廒，缉捕西沽盗贼和维护治安诸事宜①。杨青驿原属静海县，雍正十一年(1733)改属天津县，其驿丞亦兼地方巡检。据记载，在雍正、乾隆两朝间，出任知县的计有徐而发、张志奇、朱奎扬等19人。②

随着天津设府置县，天津县人口发展速度大大加快。雍正九年(1731)天津置县时，全县编审原额为2497丁，只占天津府32778丁中的7.6%。雍正十二年(1734)，天津县为2905丁，亦只占天津府33301丁中的8.7%。如果仍以一丁为一家、一家为五口折算，则编户人口为15000人左右。经过乾隆、嘉庆、道光三朝的一百一十多年，天津人口猛增。据道光二十六年(1846)《津门保甲图说》统计，当时天津县已有84556户，442343人。其中城内和城关一带有32761户，198716人，占全县人口的44.9%。这个人口数字表明，在第一次鸦片战争前后天津已是一个熙熙攘攘的城市了。

河道总督的设立

河道总督原名总河，或名河台、河道水利总督，有明一代多以都御史而兼巡河，并非常设。清时始置河道总督专官，顺治元年(1644)创设于济宁州(今山东济宁)，设置目的在于保证运河的畅通。随着天津地位日高，河道总督署亦于开府的同年移驻天津，设正副总督各一人，总管天津、河间二府十八县的河务和漕粮。在河道总督之下，文职有河库

---

① 今天津市历史博物馆藏存乾隆三十年时清政府铸造的“天津北仓大使兼西沽巡检印”一枚。

② 《重修天津府志》卷十。

道、河道、管河同知、通判四道厅员，武职则有催护粮船的副将等。河道总督与明代的巡河御史不同，它不再是临时的加衔而是常设之官，管辖的范围也不局限于天津地段的运河，而是包括山东、河南、直隶的河务。雍正年间和乾隆初年，出任河务总督的计有刘于义、沈廷正和徐湛等8人。乾隆元年(1736)，清政府裁撤副河道总督。乾隆十四年(1749)，复裁汰河道总督，统归为直隶总督掌理[①]。

盐运使、盐政和钞关

盐运使亦名长芦盐运使，明初时置，使司驻地原在沧州，康熙十六年(1677)移入天津，受盐政管辖。其职责为督察和审理一切盐务事项。盐运使司下设有天津、蓟永、青州、沧州等分司，以及小直沽、长芦等批验所。康熙、雍正、乾隆三朝出任此职的计有周卜昌、葛斗南和蒋林等46人。

盐政原名长芦巡盐御史，亦称长芦盐政，明时为兼职，驻地在北京。清初承明制，由政府不定期派员巡视长芦盐课。随着盐业的兴旺发达，盐税成为清廷的一项重要收入，便于康熙八年(1669)将盐政改为专职，并于同年从北京移驻天津，成为一个常设机构。康熙、雍正、乾隆三朝出任此职者计有高而明、莽鹄立和三保等93人。

钞关为收取关税的衙署，始设于明宣德四年(1429)。由御史、户部、锦衣卫、兵马司各派出一名官员组成，于城门、码头等处察收税课。钞关原设于河西务，后于康熙元年(1662)移入天津城关，并更名为天津钞关，成为常设机构。稍后，清政府又在海口添设海关，亦隶属于钞关。

---

① 《重修天津府志》卷十二。

总兵与所辖各营

总兵或称总兵官、总镇、镇台，始设于明初。但当时本为差遣之职称，无品级，无定员，遇有战事时由朝廷临时委任并佩将印出兵，事毕缴还将印仍任本官。清代总兵改为专职，总兵衙署亦为常设机构。天津总兵统辖顺天、永平、河间、天津四府所属州县的军务，总署设于天津府。总兵之下设副将，协助掌理各镇军务，故或称为协镇。康熙、雍正、乾隆三朝出任天津总兵者计有佟辅圣、赵良栋、袁立相和黄廷桂等46人。

总兵上受提督节制，下辖镇标营、城守营和水师营等。

镇标营或称绿营，分左右两营。左营设中军游击一员，驻扎天津府城；右营设游击一员，驻扎沧州。游击下设守备多人，分镇各地军务和维护地方治安。

城守营在清代职掌天津守战事宜，康熙十七年(1678)建，地点在今府署街西箭道东。城守营置都司一人，下辖千总一员，把总二员，另辖北码头和杨柳青汛把总各一员。

水师营始设于雍正三年(1725)，职责为防守海口以护卫京师的安全。因海口为咽喉重地，开始时只由满洲八旗军驻防，计有兵丁两千名。后又增添蒙古八旗军兵丁一千名。水师营创设之初，设有副都统一员，后又增添都统一员。都统之下设骁骑校尉和协领等职。水师营的责任重大，故兵丁除操演和练习火器外，还要掌握驾船掌舵等航海技术，以防鲸涛不测之变。

清朝前期天津的开府设县，以及河道总督、盐政、总兵等各级机构的建置，使城市管理体制较之明代更趋系统和完备，管辖的地区和范围也进一步扩大，对于天津城市本身的发展带来了极为有利的条件。

第三节　建设工程

重修天津城

天津卫城自明万历十四年(1586)重修以后，天启二年(1622)和崇祯十年(1637)曾两次议修，但皆因战事纷繁而罢举。明末清初之际，天津卫城破坏严重，断壁残垣之处比比皆是。顺治十年和十一年(1653、1654)，天津卫城又连续遭到洪水的冲击，淹及城墙十八层。因为年久失修，洪水曾一度倒灌入城，城内低洼处甚至可以行船。鉴此，清政府曾命镇守天津的总兵官甘应祥和副使梁应元督修天津城，其情况惜今已难得其详。

康熙十三年(1674)，清廷再次重修天津城。当时负责督建的是总兵官赵良栋。他以城楼内藏有火药怕发生危险为理由，下令将靠近旧城墙周围的民房尽行拆除，并在离城三丈外的地方另筑城墙。在筑建新墙的同时，赵良栋又将原城壕加深加宽，还在新城的东南隅筑建了一座石闸，引海河水以周城四面，使城内居民的用水问题得以改善。在城南的水门上，当时书有“引汲受福”四个斗方大字。天津城经过这次扩建，大大增强了抗洪的能力。此后四五十年中，海河虽多次泛滥成灾，淹没了不少良田农舍，但城内所受的损失比较轻微。

雍正三年(1725)，天津由卫改州。同年八月，洪水又淹城砖十三层，一时“城壕皆坏”，于是又有重修城垣之举。当时出任巡盐御史的莽鹄立，上书雍正帝，建议敦请盐商安尚义、安岐父子出资捐修。雍正帝准其所奏，并诏令全城官民要实心帮助，以襄其成。这次修城的目的明确，主要是为了防洪、抗洪，因而在施工时一改过去加高城墙的做法，而是着力巩固城基和注意加厚城墙。经过这次重修，城垣高度削减为一丈九尺八寸，墙垛高四尺二寸，通高为二丈四尺。城基呈梯形，下广上狭，由三丈二尺递减至一丈九尺。城的平面仍为矩形，东西长为五百零四丈，计二里八分；南北宽为三百二十四丈，计一里八分五厘。城墙周长共计九里二分，墙垛共计一千四百五十四个。此外，又疏浚了周长达一千六百二十六丈六尺的城壕。由于工程浩大，费时将近一年。工程完竣后，更易了四个城门的名字：东为镇海门，南为归极门，北为带河门，西门的称谓，则由雍正帝赐定为卫安门。或许其中蕴含有褒奖安家父子之意吧。

乾隆在位六十年间(1736—1795)，先后修城凡九次(1737、1746、1752、1759、1764、1766、1774、1784、1790)，嘉庆六年(1801)亦曾再修。但这几次修城的工程较小，亦无甚特色。堪为补叙一笔的，只有由天津知府程凤文奉诏督修的工程(1737)。这次修城时，曾在城之四角加建城楼(东南角城楼名魁星楼，其他不详)。工程完竣以后，乾隆帝曾为四个城门御书了十六个大字——“东连沧海”“南达江淮”“西引太行”和“北拱神京”。可见这次修城得到了清朝最高统治者的重视。

这座历时近五百年之久的天津城，在光绪二十六年(1900)时曾一度被八国联军占领。帝国主义列强为了更直接地控制天津，拆毁了城墙，填平了护城河，改筑为环绕天津旧城的跑马道，这就是现在的东马路、南马路、西马路和北马路。人们通常说的天津旧城以及四个城门、城角也已荡然无存而空留其名了。

陆路交通

(1)驿道

驿道可分为御道、官道、大路和小路四类。

御道是供皇帝祭祖谒陵和外出巡幸时车驾所经之路。由于清朝故都在盛京(今辽宁沈阳),历代皇帝的坟墓亦多在东陵(今河北遵化西北马兰峪)。从北京至盛京和东陵均需经过天津,为了保证道路的畅通,政府每年都要调拨军民进行整治维修,工程任务颇为艰巨。但在客观上,这为天津的经济贸易发展带来了便利。

官道亦称官马大道,为京都通往各省的要道。当时通过天津的官道主要有二:一为北京—盛京线,一为北京—济南线。前者与御道重合,后者的前段亦为御道,后段则自天津经沧州而至济南,使之与江南各省的驿道沟通。

大路亦名通衢大道,是指省府通往各府、州的驿道。当时直隶省的治所为保定府,1862 年始移至天津,因而有一条天津—保定线(途经文安、霸州、雄县、安新)。以天津为起点,向东北行可接上盛京御道,向西北行则与京津御道相连。

小路亦称州县大道。这里指由天津府城向四方辐射以通达各州县的陆路交通线。计有:

天津—宁河线:从天津至宁河县界 40 里,至县治 140 里。

天津—静海线:分两条支线。西线从天津至县界 35 里,至县治 75 里;南线从天津至县界 45 里,至县治 75 里。

天津—武清线:从天津至武清县界 45 里,至杨村驿 60 里,至县治 125 里。

天津—大沽线：从天津城区沿海河南岸经马家口（今天津广场对岸）、梁家园、土城、灰堆、双港、洋码头、咸水沽、葛沽至东大沽，全长约70里。它原为海河叠道，乾隆初年由兵备道陈宏谋督修，具有重要的军事、经济价值。

另有天津—香河线、天津—蓟州线、天津—沧州线、天津—河间线以及天津—塘沽线等。

上述四种类型的陆路交通线表明，清代前期天津已形成了一个较之明代更为完备的交通网，这对天津城市的发展是极为有利的。

(2)驿站和驿铺

为了飞报军情和转运军需物资，在驿道上设有驿站和驿铺。按当时制度，各驿站间相隔为60～80里，每一驿站又下设为数不等的驿铺。当时在天津附近的驿站、驿铺有如下表（表5-1）。

(3)交通工具

清朝前期，天津地区的交通工具与有明一代大体相同，仍是牛、马、车、轿。其所异者只是形状、种类的改进和增多而已。

据《清史稿》第十一册《志七十七·舆服》载，专供皇帝巡幸时乘坐的车有五辂、二辇、三舆。五辂为金辂（即大辂）、玉辂、象辂（即大马辇）、革辂（即小马辇）和木辂（即香步辇）；二辇为玉辇、金辇（即凉步辇）；三舆为礼舆（即大仪轿）、轻步舆（折合明轿）、步舆（大轿）。乾隆、嘉庆诸帝多次出巡天津和祭祖谒陵时，乘坐的便是这些车驾。其他如皇后、贵妃、亲王及高官显贵等所用的车舆，也各有定制。

驿站和驿铺所准备的交通工具，主要是供急递用的驿马，辅之以车、轿和船，还有专供奔走的驿皂（差役）。仅天津附近的杨村驿（今天津市武清杨村），便备有24匹驿马，16名马夫、28名轿夫、1名驿书、1

名兽医、8名驿皂，另有99名水驿夫①。

表5-1 天津驿站、驿铺统计表

驿站	驿铺	所属县别	附注
河西驿	总铺河西务、蔡村	今天津武清县	河西驿在县城东北30里河西务
杨村驿	杨村、马孤屯等(共5铺)	今天津武清县	杨村驿在县城南50里杨村
渔阳驿	总铺、黄土坡、壕门、淋河、八里、丰家桥、二十里、别山、都赛营、田各庄、十里、帮均、白涧、马伸桥(共14铺)	今天津市蓟县	在县城内
杨青驿	总铺、桃花口、炒米店、稍直口(共4铺)	今天津市西郊区	杨青驿在杨柳青，原属静海，雍正十一年改属天津县
奉新驿	总铺、双塘、钓台、良王庄(共4铺)	今天津市静海县	在县城南
	芦台铺(共1铺)	今天津市宁河县	驿站名不详
	总铺、朱家庄、崔家庄(共3铺)	今天津市宝坻县	驿站名不详

民间的运输工具构造比较简单，制作也不够华美，但使用价值较大。其中有用马、骡等牲畜驮运货物的驮子，手推或兽拉人推的独轮车(亦称小车)，人驾、人拉的双轮地扒车(亦称大车)，在车轮外壳包上铁箍的花轱辘车。此外，在迎亲送嫁之时，民间也用马拉的轿车和人抬的轿子。轿车和轿子虽在交通运输方面的作用不大，但经常为繁忙的驿道增添了异彩。

① (清)黄彭年等:《畿辅通志》卷一百三十二。

水利事业与筑建堤闸津梁

(1)海河水系的治理与管制

清朝统治者十分重视海河水系的整治工程。康熙三十一年(1692),为了控制无定河泛滥,确保天津的安全,政府曾自永清、霸州、固安、文安等处加固河岸,逼使无定河水流入津西和霸州之间的三角淀,再流经西沽而注入海河。康熙帝亲自巡幸视察,并改无定河为永定河。康熙三十三年(1694),政府又招募民夫,修筑加固了自通州至天津西沽的北运河堤岸。

雍正初年设立了四个水利局,其中南运河和自臧家口桥以下的子牙河以及范家口以东的淀河为一局,由天津道(即河道)管理;北运河为一局,由通永道管理;永定河为一局,由永定道管理;范家口以西各淀河和京畿南郊各河为一局,由清河道管理。海河水系管理体制的确定,给天津城市的安全带来了好处。为减除南运河洪水涨溢成患,水利营田府总理允祥又征发民夫疏浚了沧州的砖河和青县的兴济河,使之导流至天津白塘口,再在白塘口开凿一条直河,让洪水直接流入渤海。雍正九年(1731),清政府在天津设府置县的同时,增设直隶河道总督一员,驻扎于天津,以统管四道水利局。不久,又将天津道改为天津巡道,兼管天津、河间二府十八县。这样,海河水系管理体系更趋完善。

(2)筑建堤闸和叠道

据《重修天津府志》卷二十一所记,康熙、雍正、乾隆三朝的堤闸和叠道工程主要有:

①北运河支系:筐儿港减河堤,瞿黄口堤,塌河淀堤,贾家沽口引河堤等;

②永定河支系：凤河埝堤，韩家墅横埝，格淀大堤，广福楼横堤，滹沱河别堤等；

③子牙河支系：子牙河故道东堤，贾口横堤，东支黑龙港堤，独流叠道，王二庄叠道，广福楼堤涵洞等；

④南运河支系和海河干流：南运河堤，海河叠道，西沽叠道，还有天津城郊各堤闸等。

以上为海河水系水利工程的大概情形。在这些水利工程中，南运河、海河与天津城的关系尤为密切，故历来最受政府重视。其中：

南运河堤：分南岸寒字号堤和北岸来字号堤。前者自碾坨咀接王良庄至教场东头又接海河南岸，后者自碾坨咀接王良庄至狮子林。康熙、雍正、乾隆三朝间均曾多次整修。

海河叠道：即塘河东堤和西堤。西堤自城东南马家口经靳家园、土城、陈塘庄、灰堆、双港至咸水沽；东堤的走向与西堤相同，其中咸水沽地段有旧土埝，因多处坍塌致使海水漫入。乾隆四年(1739)时，天津道陈弘谋弃旧土埝而另筑叠道。乾隆二十七年(1762)、二十九年(1764)和三十六年(1771)时又加培巩固。

西沽叠道：自西沽北迤至桃花口，乾隆三年(1738)、十年(1745)、十三年(1748)、十六年(1751)、二十五年(1760)、二十六年(1761)和二十七年(1762)均曾加培巩固。

天津县堤闸包括：

大闸：位于城东南隅，明时筑建。清顺治时闸口淤塞。康熙十三年(1674)，总兵赵良栋曾在大闸的西北开有两个小闸。雍正十三年(1735)和乾隆元年(1736)，知府李梅宾、程凤文曾先后重修大闸，使海河水复由城南水门流入城南。

马家口新闸：位于城东南里许，明初开筑，明末淤塞。乾隆十六年(1751)时由天津道乔人杰改修。新闸计两处，一在旧址，一在旧址迤东的叠道头。

海河叠道四闸：即离大闸10里的贺家口闸，离贺家口东南10里的何家圈闸，离何家圈东南12里的双港闸，以及双港东南20里的白塘口闸。四闸均建于乾隆二十八年(1763)，嘉庆十一年(1806)时重修。

冯家口引河闸：位于吴家咀，雍正五年(1727)时筑建。

大沽引河闸：位于咸水沽东50里，筑建时间不详。

(3)兴修桥梁和津渡

据《天津县志》所记，清代天津城关和四郊新建与重修的桥梁共有53座。兹列表如下：

表5-2　清代天津城关和四郊新建与重修桥梁统计表

名　称	地　点	修建时间	附　注
锦衣卫桥	小关东北	乾隆十一年(1746)	在明锦衣卫指挥署外
袜子胡同桥	东门外十余步		
阳阴桥	城内		
贾家桥	河东北贾家口支河	乾隆三十六年(1771)	原为邑人杨守魁建，后由王起凤等重修
王孝子桥	河北崇禧观西北		原王孝子家附近
慈惠桥	西门外里许		光绪年间废
石　桥	东门内大街口		

续表

名　称	地　　点	修建时间	附　　注
仙　桥	北门外河北三里许	顺治十一年(1654)	亦名石桥
金吾桥	香林院北数里		传闻即锦衣卫桥
西沽桥	西沽	康熙五十四年(1715)	
咸水沽桥	咸水沽		
院属浮桥	三岔口西跨南运河上		光绪年间改为轮机开合的铁桥
钞关浮桥	北门外距城半里许	康熙五十五年(1716)	原北码头渡口,由盐政宋师曾建
盐关浮桥	东门外半里许	雍正八年(1730)	
登瀛桥	东门内卫学棂星门外	康熙十二年(1673)	实为泮池的一部分,象征性桥
带河门桥	北门		
归极门桥	南门		
镇海门直桥	东门		
南斜街桥	南斜街		
八里台引河内桥	八里台	乾隆三十六年(1771)	重修
李七庄前桥	李七庄	乾隆三十六年(1771)	重修
张家道口桥		乾隆三十六年(1771)	重修

续表

名　称	地　　点	修建时间	附　　注
大寺村前桥	大寺村	乾隆三十六年(1771)	重修
芦北口村后桥		乾隆三十六年(1771)	重修
大石桥	天庆寺南	乾隆三十八年(1773)	天庆寺后改天清观
板　桥	大石桥南	乾隆三十八年(1773)	
天庆桥	大石桥北	乾隆三十八年(1773)	
惠利桥	天庆桥北	乾隆三十八年(1773)	
红　桥	惠利桥北百步,跨子牙河上		光绪年间改建为铁桥
巩堤桥	红桥北百余步	乾隆三十八年(1773)	原名格淀堤头桥
大红桥	西沽浮桥上,南距巩堤桥一里		
直沽桥	丁字沽南,距大红桥半里	乾隆三十八年(1773)	
汛安桥	直沽桥北五里唐家湾西	乾隆三十八年(1773)	
玉　桥	汛安桥北六里王家庄	乾隆三十八年(1773)	
福祐桥	玉桥北五里桃花寺南	乾隆三十八年(1773)	

续表

名　称	地　点	修建时间	附　注
桃渡桥	福祐桥北桃花口南	乾隆三十八年(1773)	
于家河桥	格淀堤上	乾隆三十年(1765)	
王家河桥	于家河桥西	乾隆三十年(1765)	
南仓木桥	三堤头新庄贾家咀南仓	乾隆三十年(1765)	
金钟石桥	城东南西堤头津宁交界处	乾隆十一年(1746)	
四平桥	海光寺北距河半里	乾隆二十九年(1764)	乾隆三十二年加宽，旧有平桥积雪胜景
南平桥	海光寺南	乾隆二十九年(1764)	乾隆三十二年加宽
欢喜桥	海光寺西北	乾隆二十九年(1764)	乾隆三十二年加宽
无碍桥	海光寺环渠上	乾隆二十九年(1764)	乾隆三十二年加宽
蘑菇桥	河东水关	乾隆二十九年(1764)	乾隆三十二年加宽
八里桥	大沽西北八里	乾隆二十九年(1764)	乾隆三十二年加宽
双口淀木桥	双口淀河分统处	乾隆二十九年(1764)	乾隆三十二年加宽

续表

名　称	地　　点	修建时间	附　　注
城东南闸桥	城东南	乾隆二十九年(1764)	乾隆三十二年加宽
马家口闸桥	城东南里许马家口	乾隆二十九年(1764)	乾隆三十二年加宽
贺家口闸桥	大闸南十里贺家口	乾隆二十九年(1764)	乾隆三十二年加宽
何家圈闸桥	贺家口东南十里何家圈	乾隆二十九年(1764)	乾隆三十二年加宽
双港闸桥	何家圈东南二十里双港	乾隆二十九年(1764)	乾隆三十二年加宽
白塘口闸桥	双港东南二十里白塘口	乾隆二十九年(1764)	乾隆三十二年加宽

由于天津城周遭河渠密布，许多地方又一时无法筑建桥梁，故多辟渡口，配合船艇以利交通。按《天津县志》等书所载，当时天津附近有渡口 73 个。兹列表如下：

表 5-3　天津附近渡口统计表

区　　划	津渡名称	附　　注
北运河支系	三取书院渡、狮子林渡、金家窑渡、东窑义渡、西窑义渡、堤头渡、新庄渡、西沽火神庙渡、丁王庄渡、席厂渡、霍家咀渡、柳台渡、南仓渡、王家庄渡、鱼化桥渡、北仓上义渡、北仓下义渡、桃花寺渡、李家咀渡、上浦口渡、下浦口渡、浑口渡	另有明设立的西沽渡、晏公庙渡

续表

区　划	津渡名称	附　注
南运河支系	王白石门前渡、盐店署东渡、盐店西渡、大王庙渡、北马头渡、茶叶店义渡、肉口市渡、赵家场渡、莲堤庵渡、梁家咀渡、杨柳青上渡、杨柳青下渡、碾砣咀渡	盐店署东渡后改为浮桥，复改为铁桥 北马头渡在康熙时改为浮桥
淀河支系	西沽义渡 韩家树渡 三河头渡	西沽义渡在康熙时改为浮桥
子牙河支系	新河渡 杨柳青后渡 地里阜渡	
海河干流	玉皇阁义渡、天后宫义渡、盐关渡、龙王庙义渡、小圣庙渡、马家口渡、火神庙渡、行宫渡、田家庄渡、土城渡、陈唐庄渡、何家圈渡、灰堆渡、冯家口义渡、双港渡、白塘口渡、后辛庄渡、郭家庄渡、南洋码头渡、于家庄渡、咸水沽渡、西泥沽渡、盘沽渡、葛沽渡、羊回庄渡、蛮子营渡、邓善沽渡、大沽渡	行宫渡即宝船口渡 田家庄渡即贺家口渡 另有明时设立的寇家口渡、大直沽渡

修建寺庙

如前所述，明代时天津已是庙宇林立。清顺治十三年(1656)，荷兰使节哥贝来天津时也曾慨叹："这个地方到处为庙宇点缀。"到第一次鸦片战争爆发(道光二十年，1840)前后，天津的庙宇更是星罗棋布。据道光二十六年(1846)编制的《津门保甲图》所载，当时天津城关和四郊的寺庙已多达 523 座。据《天津县新志》卷二十五所记，将庙宇分布情况列表如下(表 5-4)。

表 5-4　天津明清时庙宇分布情况

方　　位	数字	百分比(%)	附　　注
天津县城	34	6.50	全县总数为 253
城　　东	6	1.15	
城　　西	4	0.76	最　　疏
城　　南	52	9.94	
城北并东北	9	1.72	
东北城角	26	4.97	
西北城角	14	2.68	
东 门 外	37	7.07	
西 门 外	21	4.02	
南 门 外	6	1.15	
北 门 外	36	6.88	
东　　南	140	26.77	最　　密
西　　南	68	13.00	次　　密
西　　北	60	11.47	
其　　他	10	1.91	

表 5-4 列举的庙宇除元代 3 座、明代数 10 座外，其余庙宇大抵皆为清代所建。按表 5-4 而言，东南最密，计有 140 座，占 15 个区划总数 523 座的 26.77%；城西最疏，计 4 座，占总数的 0.76%。它表明天津城市的发展趋势是朝着沿海河两岸至海口方向发展的。

清代天津庙宇的类型，除元、明两代已有的“寺”“庙”“宇”“宫”“庵”“院”“阁”以外，尚有“堂”“林”“观”“祠”等不同的名称。即使是“庙”这一名目下，又有财神庙、吕祖庙、河神庙、七圣庙、九天庙等 52 种之多。在 354 座“庙”中，最多的是土地庙，计 93 座，占“庙”总数的 26.3%；其次是关帝庙(包括1座小关帝庙),计64座,占“庙”总数的18.1%。这些不同类型、名目的寺庙,反映了天津城市经济发展、建筑水平和宗教信仰的基本情况,也是天津城关人口疏密程度的一个表征。

第四节　吏治与防务

检查官员政绩

鉴于天津的地位日益重要,清朝统治者对天津吏治格外重视,多次诏谕驻天津官员,要树立忠于职守和清廉爱民的淳正之风,并以此作为奖惩的依据。顺治帝在复奏工部关于修护天津地区运河决口工程时就指出:“畿辅之地,乃天下根本,必加意安养,使民生乐业,方能自近及远,渐至太平。”①康熙帝也一再说:“念直隶畿辅重地,天下根本。”雍正四年(1726),雍正帝在敕令中进一步强调:“畿辅之地,为四方观瞻,岂可听宵小之潜藏,任有司之疏忽!”②乾隆二十七年(1762),乾隆帝在惩处治河不力的天津道那亲阿时也说:“若不重治其罪,何以治各省府道之戒!”“夫以直隶近在畿辅,而道府之承顺总督,畏首畏尾,情状若此,又何论于各省乎!”③这些诏谕一再表明,天津吏治的好坏,不仅对畿辅地区的安定和巩固有着直接关系,就是对全国各地的官僚将佐也起着启迪和示范的表率作用。

正因为如此,清廷对天津各级官吏多次下达旨令。如康熙二十五年(1686)九月,康熙帝在蠲免直隶顺、永、保、河四府等地应征钱粮时明

---

① 《重修天津府志》卷一。
② 《重修天津府志》卷一。
③ 《重修天津府志》卷一。

令:“如有不肖有司官役,借端蒙混及私行重征者,该督抚指名题参,以重治罪。如该督抚徇隐不行纠举,或经参奏,或被告发,定行一并从重治罪。”①

雍正四年(1726)七八月间,鄂尔奇和缪源参奏直隶仓谷弊端时,雍正帝两次下令进行追查,对前任总督李维钧责斥为“不实心任事”,对现任总督李绂指责其身为“职司表率,安可漠不关心”,并警告“若仍前疏忽,定将李绂治于重罪”。对于那些与仓谷一案有直接牵连的官员,雍正帝严令:“凡此等州县官员,若仍留原任,将来假公济私,挪新掩旧,必至刻剥小民,亏欠正项,而地方仓廒始终不得清楚,可将巧称仓谷出借各官悉行解任。”②

乾隆二十八年(1763),因修复天津地区运河决口一案,乾隆帝严斥总督方观承、布政使观音保“不惜旷时玩事”“盐政达巴亦仅圆其辞”;对迅速疏通河道沟闸的特派大员兆惠则明令嘉奖。为了严肃纲纪以整顿吏治,乾隆帝诏令将方观承、观音保交由吏部察议,“以为玩视民瘼者戒”。对于满洲贵族天津道那亲阿、霸昌道额尔登布、天津知府额尔登额等人,乾隆帝亦因他们“湔染外吏恶习,一味仰承奉旨,于地方重务视同膜外”的罪名,将他们革职查办,并发往巴里坤自备资斧,效力赎罪③。

当然,这些皇帝的言行,旨在巩固清朝的统治,但对天津的各级官吏也起了警戒作用。据史志记载,在康熙至乾隆期间,天津吏治比较清明,出现了一批能以“清廉”“秉忠”和“爱民”见称的官吏④。如巡盐御

---

① 《重修天津府志》卷一。

② 《天津县志》卷一。

③ 《重修天津府志》卷一。

④ 见《天津县志》《天津县新志》有关记载。

史余缙，“著有善政，商民戴之”。他在《天津盐坨厅碑记》一文中说：“夫吏无欲则清，衡无心乃平，克己奉公，以御不恪。”又说：为官者要谨防“开宴歌舞”和“膏其归橐”。其他如天津清军同知高必大、天津总兵赵良栋、长芦盐运使司经历张可立等，也“清廉律己，著有政声”①。在天津知府中，李梅宾、刘君成、胡文柏、熊绎祖、灵毓（满族）、金文淳、李绍元等人，政绩较好。在天津知县中，足以列入名宦者亦不乏其人，如张志奇、朱奎扬、熊恩绎等，亦皆“诚朴正直，百姓感之”②。这些人虽然都是封建统治阶级中的一员，但他们多少也为天津做过一些好事，应给予肯定。

强化社会治安

如前所述，天津地区是冲积平原，素有“九河下梢”之称。正由于地质构造和地理条件等原因，天津在发展经济与交通运输业等方面有着极为便利的条件，但同时也经常发生严重的自然灾害，给天津带来不稳定的因素。仅在康、雍、乾三朝，便有震灾、旱灾、水灾、飓风和蝗灾共23次。其中以水灾最多，计12次。

这些著于史册的严重的自然灾害，使得本来就已贫困不堪的劳苦大众的生活更加悲惨。他们为了生存下去，要不颠沛流离逃亡他乡，要不就得铤而走险。康熙帝即位之初，天津原有上、中、下三等九则人丁共6041丁。经过几次严重的自然灾害，已有3273丁逃亡，占当时编户人丁的54%。康熙五十五年（1716）以后，虽然滋生的人丁已不再加

① 《天津县志》卷十六。

② 《天津县志》卷十八。

赋，使人口总数有了较大程度的增加，但由于自然灾害所引起的种种社会危机，仍然是险象环生而难于克服[①]。为此，清政府从巩固清朝统治出发，往往以“布德行仁”和“与海内元元共图荣利”等名义，用“弛征减赋”等办法借以笼络民心。例如，雍正九年(1731)和十三年(1735)，朝廷先后颁发了《办粮官吏不得强催渔船告示》和《严禁员役勒索渔户告示》两份诏书[②]。这些诏令，尽管由于地方官员的阳奉阴违，难于做到“欲使群生乐利”和“庶万姓得沾实惠”[③]，但对平民百姓总多少有些好处。

在实行“王化”政策的同时，当朝皇帝还格外重视京畿一带的治安。如雍正帝认为：“况辇毂之下，首善之区，尤当整饬化守，以为万邦之式。”[④]于是他接连下达了用暴力镇压地方动乱的命令。雍正五年(1727)命令说：以这年为始，“凡直隶盗案仍照旧例，不分首从皆斩，不准宽贷”[⑤]。同年十月的命令又说：“倘有不安本分、凌虐良民不畏官吏恣行暴悍者，或即行惩治，或具本参奏。”[⑥]并派满汉御史各一人巡视天津等地。雍正六年(1728)正月，雍正帝再次颁布告示强调指出：“天津新设营兵，岂容在地方生事？此风断不可长者。著内大臣侯陈泰、刑部尚书德明前往天津，将一干人犯严加审讯，务将实情究出，分别定拟具奏。”凡此种种命令和告示都是以强力压制百姓的反抗和不满，以达到强化治安的目的。再有直隶沧州等地偷铸私钱一案，雍正帝多次诏令

---

① 《天津县志》卷十二。
② 《天津县新志》卷二十四。
③ 《天津县志》卷一。
④ 《天津县志》卷一。
⑤ 《天津县志》卷一。
⑥ 《天津县志》卷一。

要严拿歹徒，绳以国法，并派步军统领阿齐图等人前往沧州各地查缉。结果，终于缴获铸钱的器具多件，并将偷铸私钱的刘七等若干人问罪。

由于天津为畿辅重地，受到清政府的严密控制，表现在反清斗争方面便与其他地方有所不同。在康熙、雍正、乾隆三朝中，全国各地爆发了反清起义，如台湾地区爆发了朱一贵起义（1721）和林爽文起义（1786），西南地区爆发了苗族人民起义（1795）等。而在天津，天理教（即八卦教，白莲教的一支）直至嘉庆年间（1796—1820）才稍成反清势力。至于公开的抗清斗争，从康熙至嘉庆的160年间（1662—1820），尚未有过这方面的记载。

兴办慈善事业

在清中叶以前，出任天津的一些官员为了缓和社会矛盾，协同地方上的贤达之士，做了不少的“善举”。举例如下：

天津孤贫院：在河东，具体地点不详。额养孤贫60名，由政府拨款。

天津县养济院：在府城外东南隅龙王庙后，额养孤贫44名，由政府拨款。

育黎堂：在城西门外三官庙东，康熙年间由兵备道石天枢创建，兵备道朱士杰撰文并立碑。收养名额不详，由政府拨款。

育婴堂：在城东门外，具体地点不详。乾隆年间由兵备道陈宏谋创建，收养遗婴，后增至二三百名，由政府酌拨银五千至七千两。

天津县留养局：城内有六所，城外有柴厂、葛沽和杨柳青等局，乾隆年间建。

施棺局：在西门内白衣寺，为暴尸施舍棺木。康熙年间建置。

捞埋浮尸局：在盐关海神庙，乾隆年间由天津知县熊思绂设立。嘉庆年间，天津知县任衔蕙准无量庵僧觉彬等呈请，于挂甲寺东北里许置地十亩为埋葬之所。

施粥厂：乾隆年间设立。初有邑人张宏镇煮粥以待饿者，后由邑绅周自邠、朱光觐等正式设粥厂，僧悟玉、邑人王锡朋、柴溶、王璋、阎致德以及湖北监生熊观等人亦襄助之。

救火会：以清初长芦盐商武廷豫创立的同善救火会和查日乾创立的上善会为最早。后相继增至四五十所。乾隆五十七年（1792），盐政穆腾额、天津道乔人杰等人在城西北武庙之南曾架有一座三层高的楼阁，作为瞭望报警之用。救火会的费用多由盐商捐助。

以上这些慈善组织，不可能从根本上解决人民大众的困境。但对那些哀苦无告或死无葬身之地的人说来，或许是一种安慰和归宿。

加强军事防务

从清朝建都北京起，天津作为防御满族贵族南犯的军事重镇地位已经消失。在新的形势下，天津作为拱卫京师安全的重镇的地位却未有丝毫削弱。具体内容：一是顺治年间防御郑成功抗清武装力量的北伐，二为警惕和防范欧洲殖民者对我国的觊觎活动。

清初，东南地区的抗清斗争十分激烈。在浙江、福建沿海坚持抗清的郑成功和张煌言，曾拟议由海道进行北伐。而地处渤海之滨的天津，就转而成为防御郑成功北伐军登陆的重地。至于相继而来的欧洲人，如顺治十二年（1655）的荷兰使臣哥贝和开泽、雍正八年（1730）的沙俄大臣萨瓦·务拉迪维奇、乾隆五十八年（1793）的英国使臣马戛尔尼和司当东等人，都把天津看成是中国著名海港，是直达北京的咽喉。马戛尔尼还请求清政府，要在天津等处通商[①]。嘉庆二十一年(1816)，英国使臣阿美士德途经天津到达北京，向清政府再次提出开天津为通商口岸。天津在经济、军事上的重要性愈益增强。正因为如此，清政府十分注意加强天津的军事防务。皇帝多次到天津巡幸就成为势所必然的了。

据史书所载，康熙帝来天津凡五次(1669、1685、1694、1698、1705)，乾隆帝凡十次(1752、1762、1767、1770、1771、1773、1776、1788、1790、1794)来天津，嘉庆帝亦曾视察天津一次(1808)。这些巡幸活动，主要是出于政治、军事的需要。这里仅举数例予以说明：康熙帝第三次来天津，目的是巡视海疆。他沿着海大道(今津沽公路)途经咸水沽、葛沽去东大沽"观海"，并命在海口建海神庙，同时强调充实军事实力，以防鲸涛之变。康熙帝第四次巡幸天津时，"命总兵官潘育龙阅兵演武场"。乾隆帝第三次来天津的目的，是要"周览淀河堤闸"以及检阅新城水师和海光寺绿营兵。其第四次来天津后，即"阅驻防兵"。其第五次为途经天津，仍"相度芥园运河形势"，然后去山东安抚灾民。乾隆帝在天津所写诗中有"斯行为巡齐，匪为津风采"[②]之句，道出了来津门的真正目的。嘉庆帝来天津，除"巡阅天津长堤"外，也是"阅天津镇兵"。

为了加强天津的防御能力，清廷在天津设置了一套较为完整的军事防御系统：以军事组织而言，天津总兵由暂设改为常设，天津三卫合并为天津卫，并设指挥守备，海口置水师营，西沽设水师总哨，杨柳青置巡检司，唐官屯设千总，河西务设管河同知，大沽设镇协副将同知，杨

① 《清乾隆朝实录》卷一千四百三十五。

② 《望海寺乾隆诗碑》，1985 年修中环线工程时在八里台工地发现。

村、芦台设河捕通判等。以军事设施而言，除城楼四角有炮楼外，康熙年间还在城外修了七座炮台。按《新校天津卫志 · 天津卫城图》所示，这七座炮台分别在海光寺西、冯家口、三岔河北、窑洼南岸、西沽、邵公庄东和城西双忠庙南，由总兵赵良栋每日各拨十名卫卒昼夜防守。乾隆、嘉庆年间，又在大沽陆续修建炮台。道光、咸丰年间，在海口的东沽、于家堡、草头沽等地，已布置了六十四尊大炮和二十五尊次炮。以配备兵力而言，在第一次鸦片战争爆发之前，清政府原有为专防本国"海盗窃发而设"的奉天、直隶、山东三省巡船会哨的规定；《南京条约》签订以后，清政府为加强天津和渤海的防务，将三省会哨的目的改为提防外国武装侵略，把会哨的重点移到天津。据直隶《司道洋三省会哨章程》说："惟既议三省会哨，似应遵照旧章，酌量办理。拟请现购巡船二十只内，以十三只分天津镇领驾，巡至庙岛，与山东会哨；以七只分通永镇领驾，巡至天桥厂，与奉天会哨。如此则悉臻周密矣。"①在军队数量方面，在第一次鸦片战争期间，仅守护海口炮台的兵员亦曾一度增至6790名。到了第二次鸦片战争期间，兵员一度猛增至数万之众。而在英法舰队北上之前，即咸丰八年二月初七日（1858年3月21日），咸丰帝又诏命直隶总督谭廷襄说："天津系畿辅重地，商贾辐辏，亟应为之备，以免疏虞。著谭廷襄传谕乌勒洪额，并督饬天津镇道……严密防范。如果夷船驶到，须先严禁沿海居民，毋得接济食物，私通贸易，使其不能久留。"②及至《天津条约》签订（1858年6月）以后，英、法、美、俄船舰退出南下，咸丰帝仍然命僧格林沁和直隶总督瑞麟加强天津防务，

---

① （道光）《津门保甲图说》卷首。

② 齐思和等编：《中国近代史资料丛刊 · 第二次鸦片战争》（第三册），上海人民出版社1978年版，第187页。

说:“夷船有仍欲来津之说……惟有备无患,自应预为筹划,所需兵丁炮位,著僧格林沁酌量调拨应用。至炮台营垒,均应次第修筑,双港地方既为扼要,即著先行办理。其余各工,亦可陆续兴办,毋稍迟缓。”①

另外,清政府在加强军事防务的同时,还继承了明代驻军而兼屯田的制度,以解决日益增加的军饷需要。在天津地区,早在康熙帝即位之初,就已在推行民屯的同时也实行驻军屯田。关于这方面的具体情形,后文另作交代,此处从略。

第五节 第二次鸦片战争对天津城市的影响

北方最大的鸦片、洋货市场

由于清政府在第一次鸦片战争(1840)中失败,中国开始陷入半殖民地半封建社会的深渊。这次战争虽对天津城市有一些影响,但并未改变其封建城市的性质。天津由封建城市沦为半殖民地城市,是在第二次鸦片战争(1856—1860)之后。

历时四年之久的第二次鸦片战争,最后仍以清政府的失败而告终。清廷被迫与英、法、美、俄等国签订了《天津条约》(1858)和《北京条约》(1860)。后者除确认《天津条约》仍属有效外,更增加了“开天津为商埠”等内容。开埠后的天津,不仅社会性质发生了根本变化,其经济结构也发生了巨大变化,即由封闭型的封建城市变成了向所有国家开放的市场。

① 齐思和等编:《中国近代史资料丛刊·第二次鸦片战争》(第三册),上海人民出版社1978年版,第479页。

天津在康熙、雍正、乾隆三朝时已成为北方的一个重要城市，至嘉庆、道光两朝(1796—1850)更成为我国北方最大的港口。据道光二十六年(1846)编撰的《津门保甲图说》所载，当时天津全县有 84556 户，442343 人。在全县人口总数中，城关地区共有 32761 户，198716 人。其中，天津城里的民户为 9914 户，95351 人。若按居民职业的分类，则有如下两个表(表 5-5、表 5-6)。

表 5-5　天津全县居民职业计数表

职　业	户　数	占总户数百分比	附　注
烟　户	38749	45.8	全县共 84556 户
铺　户	15561	18.4	
负　贩	10388	12.3	
佣　作	7115	8.4	
船　户	5465	6.5	
绅　衿	1151	1.4	
盐　商	389	0.6	
船　火	521	0.6	
捕　鱼	308	0.4	
其　他	4908	5.8	包括僧道、医卜、窑户、乞丐等

表 5-6　天津城内居民职业计数表

职　业	户　数	占总户数百分比	附　注
铺　户	3132	31.6	城内总户数为 9914
烟　户	2887	29.1	

续表

职　业	户　数	占总户数百分比	附　注
负　贩	1935	19.5	
应　役	1139	11.5	
绅　衿	288	2.9	
盐　商	159	1.6	
其　他	374	3.8	包括土著、僧道、船户、医、乞丐等

从表 5-5 所计情况看，全县以烟户为最多，将近占全县总户数的一半，铺户次之，占总户数的五分之一弱。此外，还有一定数量的盐商和负贩。这表明当时天津全县的工商业已有较大程度的发展。从表5-6所计情况看，城里以铺户为最多，占全城总户数的三分之一弱，烟户次之，约为总户数的四分之一强。它表明城里经营手工业、商业的居民已占了多数。《津门保甲图说》虽是道光二十六年(1846)所编，但多是鸦片战争前的情况。由此证明，当时的天津是一个以国内工商业为主要经济结构的封建城市。

1860 年后，天津被辟为对外开放的通商口岸，使其也和广州、上海、福州等地一样，成了西方列强推销洋货的市场。过去一向被视为非法的鸦片贸易，如今则披上“洋药”的美名而大量进口。在第二次鸦片战争结束后的第三年(1863)，西方列强仅在天津一地便销售了5998400 两鸦片。到了第六年(1866)，鸦片销售额竟激增至 14659200 两，为三年前的 1.5 倍以上，占当时天津进口总值的 33.4%。这个数字表明，第二次鸦片战争以后的天津，已变为那些贩运鸦片的魑魅魍魉麇集之地，成了我国北方最大的鸦片贸易市场。

除鸦片贸易以外，其他洋货亦源源不断地涌入天津：大的如机器全套设备、机器部件、皮革、羊毛、呢绒、驼绒、粮食、烟酒、制糖、猪鬃、油漆、染料、药品；小的如洋针、洋钉、轴线、化妆品、钟表、眼镜、西洋镜等，真是无所不包，门类齐全，充斥着天津市场。按《天津条约》附加税则的规定，凡进口洋货一律按时价值百抽五征税，洋货运销至内地，免缴厘金和常关税，只以时价抽 2.5％子口税。而由三口通商大臣崇厚筹建的天津海关（1861），其税务司一职后由英国雇用的德国人德璀琳所窃据，并控制海关长达二十多年。天津海关主权的丧失和这种不平等的税则，使西方列强的资本金额在迅速地膨胀着，并逐渐控制了天津地区的生产原料。如原来一贯由我国商人经营的猪鬃、皮革、制糖、油漆等行业，便由于竞争不力而转入外国商人之手。其他如棉布业和粮食加工业，也因为生产效率低而日益受到外国机器生产的排挤。于是，在外国资本势力的冲击下，天津旧有的手工业和商业都面临着难于自拔的困境，从而出现了半封建经济的滑坡。

外国租界与天津城市的半殖民地化

租界是殖民地的一种形式，是资本主义列强逼迫半殖民地国家在通商城市内“租借”相当地域给他们作为进一步侵略的地区。在《北京条约》签订后的第二个月（1860 年 12 月），英国公使普鲁斯首先提出要在天津城关建立租界。他在致清政府的照会中说：“欲永租津地一区，为造领事官署及英商住屋栈房之用。现勘得津地迤南二三里许，坐落紫竹林至下园地方，约四顷有余，请……立契永租……并请转咨直隶总督，饬地方官办理。”[①]其实，在《北京条约》尚未正式签署之前，英法侵略者已经开始了强占土地的活动。郝福森在《辛酉英法屯津记》咸丰十年九月中，有这样的一段文字记载：“英国将上下园、紫竹林庙以(一)[②]下八村地面共一百二十六家，尽行皆占。紫竹林以上至炮台，法国亦预为占定。九月八日，发洋钱，限三日内一齐搬出。其所占庄名：段家庄、小土地坨庙、碾盘庄，王家庄、崔家庄、转角房、大井庄、花园，内有王氏故茔，系万历己卯立。”英法列强的这种强盗行径，首先给天津人民带来了前所未有的灾难。腐朽的清政府经受不了英国公使的恫吓威胁，只好承认这一既成事实，并以每亩地年纳 1500 文“地租”的代价租给英国。这就是天津最早的“英租界”。其后不久，美、法两国亦分别开辟了“美租界”和“法租界”。以现今的地域而言，英租界北起营口道，南讫彰德道；美租界北接彰德道，南临开封道；法租界南邻营口道，北抵马家口。三国租界以英租界为中心，英租界以“紫竹林”为据点。因此，人们又泛称最早的三国租界为“紫竹林租界”。

其后不久，英国殖民者曾三次扩展租界的范围(包括美租界转让给英国)，面积增至 6176 亩。它东濒海河，西抵今西康路，南临今马场道和佟楼，北达今营口道，成为资本主义列强在天津强租的租界中最大的一个。法国殖民者亦两次扩展租界的范围，面积增至 2800 亩，其东和东北两面均临海河，南至营口道，与英租界相连，西依墙子河和今新兴路，北抵今锦州道。

在这些租界里，资本主义列强除相继设置领事馆外，还建立起一套

① 《筹办夷务始末·咸丰朝》。

② “以一下”之“一”字为衍字。

相当完整的统治机构。在英、法租界里，"董事会"是最高执行机构，董事会长和董事均由外国人担任。如英租界的第一任董事长是摩尔洋行的经理瓦勒，法租界的第一任董事长则由法国驻天津总领事担任。此后三四十年间，步英、法、美殖民者之后尘，德、日、俄、意、奥、比等国也陆续在天津划定了租界。

另外，按《天津条约》规定，基督教徒和天主教徒可以在中国内地自由传教。在《北京条约》里，除答应要交还教堂所占"教产"外，还承认了当时担任翻译的法国德拉马私增"传教士在各省租赁田地建造自便"的条文。于是，外国传教士的一切活动均被视为合法。在天津，当《北京条约》签订后的次年(1861)，美国公理会传教士柏亨利便在今南门外建立起天津市第一所基督教堂。接着，英国循道公会在今天后宫(即娘娘宫)附近开设礼拜堂。转年，法国仁爱会传教士马尔泰建立了修女院。此后几年间，英国"中华基督教会"和法国河楼教堂等相继建立。传教士们的活动，对于天津城市的半殖民地化起着特殊的作用。

与此同时，西方殖民者还创设了一些学校和医院。如英国殷德森夫妇创办中国女童学校(1862)，艾约瑟兴建养正书房(1864 年改名新学书院，今十七中学校址)，法国天主教会设置仁慈堂和仁慈书院(1864，今东门外东浮桥畔)。不久，英国传教士马振济又兴建伦敦基督教会医院(1868 年建立，1924 年时改名马大夫纪念医院，旧址即今人民医院)等。这些学校和医院，对于传播西方文化和科学技术虽发挥了一定作用，但必须指出，它们还是宗教宣传和文化侵略的辅助工具。

总之，在第二次鸦片战争以后，由于天津被辟为通商口岸，以及在天津城建立租界，天津城市走向了畸形发展的道路。在西方殖民者控制下的租界里，中国封建官员再也不能行使职权。即使在天津租界外的其他地区，西方殖民者也同样可以胡作非为，如擅自拆毁城墙，在城隍庙里驻兵，以及用砖头、木棍砍打天津封建官员的坐轿等。诚如郝福森《津门闻见录》卷二《东园实记》中所说："'改透了'亦系天津俗语。在咸丰末年，夷人在津邑横行，棍打官长，下及士民，真可谓之'改透了'。"从此，天津成为一个半殖民地半封建性质的城市。

结　语

一、天津由卫改州和由州升府，是天津由军事城堡发展为封建城市的重要标志。在这个转变过程中，有不少管理机构相继由外地移入天津，如长芦盐政署由北京迁来，长芦盐运使司署由沧州迁来，钞关由河西务徙来，河道总督署由山东济宁府徙来，以及杨青驿由静海县改属天津县等。它反映出这样的一个事实，即在清朝雍正、乾隆年间，天津的地位已凌驾于邻近的顺天、河间、济宁诸府之上，天津成为京畿地区最为瞩目的封建城市。

二、天津封建城市的形成和发展，固然与其军事、政治地位的重要紧密相关，但经济基础仍是主要的因素。关于漕运、盐业、渔业和其他工商业的发展情况，下编当详加说明。而在另一方面，由于西方殖民者的东来，以及两次鸦片战争尤其是第二次鸦片战争，天津走上了一个半殖民地半封建城市的发展道路。

三、1860 年天津开埠后，不仅导致社会性质的变化，也使天津城市经济迅速由独立的封建经济转变为半殖民地经济。这种变化，产生了极大的影响。就是说，天津自此以后再不是封建的封闭型城市(相对于对外开放而言)了。我们认为，就天津史而言，古代史与近代史的分界线，应为 1860 年。

下　编

明清时期天津城市的经济与文化

第六章 屯田的兴起

第一节 明代前期天津的屯田

天津城市的形成与演变，是与其经济的发展分不开的。可以说，没有后者便没有前者，后者是前者赖以存在的条件。反过来说，前者对后者的发展也起了推动作用。二者相辅相成，互为因果。那么，天津城市经济尤其是明清时期的经济状况究竟如何呢？首先从明清时的农业经济说起。

天津农业经济出现生机，与明初统治者倡导屯田有直接关系。为了说明这一点，有必要对明代初期推行的屯田政策做一回顾。

明代初期屯田的兴起

明朝统一中国后，面临着一片凄凉萧条的景象。长期战争的结果使全国普遍出现了田地荒芜、居民鲜少的凋敝局面。由于明政权初建，军费浩繁，更使财政严重匮乏。很显然，明朝的处境十分困难，如果不能尽快摆脱困境，就有垮台的危险，于是明朝采取了积极措施，力图尽快地扭转濒于崩溃的社会经济。

战争尚未结束，朱元璋和他的实力集团便着手致力于恢复社会生产。待全国统一后，几乎把所有力量转向了经济恢复，并且制定了一系列措施，例如：一、减轻赋税，二、移民开垦，三、兴修水利，四、屯田。上述四项办法，反映了明初统治者视农业为社会经济的主要内容，因而首先抓住了农业的恢复与发展这一环节。

在封建社会中，农业是其主要生产部门。换句话说，封建社会之所以存在，其原因即在于农业生产的支持。朱元璋清楚地意识到，恢复农业生产对于其能否巩固统治具有重要意义。因而，开垦荒地与屯田便成了明初政府的重要施政方针。洪武三年(1370)，明朝统治者即令"徙苏、松、嘉、湖、杭民之无田者四千余户，往耕临濠"，并声明"三年不征其税"。第二年(1371)，又将"沙漠遗民"(蒙古族人民)32800余户迁徙到北平附近各州县屯田①。接着又"徙江南民十四万于凤阳"，再"迁山西泽、潞民于河北"，浙江、山西民迁往北平、山东、河南等地。同时宣布："垦荒即为久业"，开垦田地"永不起科"，号召和激励民人开垦荒田。这些规模浩大的移民措施，使各地荒芜的土地得到了开垦。例如，洪武七年(1374)十二月，开垦荒田计达921124顷之多②。

屯田也是明初政府为恢复农业生产，进而推动城市发展而采取的重要国策，其实，在朱元璋尚未统一全国之前，已在其所占地区推行屯田，并取得了一定成绩。这也为他在统一全国后实行屯田政策积累了经验。

明朝政府的屯田采用了三种形式：

其一，军屯。即边境及内地驻军屯垦的田地，体现了明朝统治者

① 《明史》卷七十七《食货志》。
② 《明太祖实录》卷九十五。

"寓兵于农"的方针。"太祖初立民兵为万户府,寓兵于农,其法最善,又令诸将屯兵龙江诸处,惟康茂才绩最,乃下令褒之。"①由此记载可知,这一方针政策确实存在,并有官员屯田得法,成绩卓著,而受到最高统治者的表彰。

为了把军屯制度固定并推广开来,明朝最高统治者令天下驻军进行屯垦。并规定,内地驻军二分守城,八分屯种;边防驻军,三分守城,七分屯种。"每军受田五十亩为一分","军田一分正粮十二石贮屯仓,听本军自支"。余粮为本卫所"官军俸粮"。永乐年间改为"临边险要,守多于屯。地僻处及输粮艰者,屯多于守"。同时制定了"屯兵百名委百户,三百名委千户,五百名以上指挥督之。屯设红牌,列则例于上"的制度。于是在当政者的命令和鼓励下,军屯大兴,在一定程度上起到了"置卫屯田,兵仓俱足"的重大作用。

其二,民屯。多系招徕流民或罪犯屯种。民屯不受卫所的管制,而隶属于所"设司农司",即"移民就宽乡或召募或罪徙者为民屯,皆领之有司"②。

其三,商屯。明朝政府为了补充边粮不足,采取了让商人输粮济边的办法。明朝政府规定,商人凡运粮一石三斗到边防军仓者,便发给淮盐一引(二百斤)的行商证明,使其能以贩盐得利。显然,明朝当局是利用盐的专卖权,诱使商人运粮备边。这样,运粮的商人纷至沓来,缓和了边疆粮米不足的矛盾。后来,商人发现招募无地农民到边陲屯田耕种,将其收获就地纳入军仓,换取盐引,更为方便有利。这种屯田,便是

① 《明史》卷七十七《食货志》。
② 《明史》卷七十七《食货志》。

书上所记载的“明初募盐商于各边开中,谓之商屯”[①]。商屯既非军屯,又不同于一般民屯,原因即在于它是军队屯田的补充。

以上三种屯田形式,均产生了一定效果。洪武年间,屯田数计为九十万三千三百十三顷九十五亩[②]。由此可知,屯田政策的推行加快了明初农业恢复与发展的步伐,进而推动了社会经济的复苏,也有利于城镇建设的发展。朱元璋推行的屯田政策,为其子孙所继承。成祖朱棣于永乐元年(1403)即有发流罪以下垦田北京的指令。当时在京师驻防的官兵二十三万人,专门从事屯田耕种者就有四万人,可见其对屯田的重视。明代的天津屯田,也始于永乐初年。

天津的屯田

永乐二年(1404)天津建卫,三年(1405)调官兵驻守。与此同时,明政府即下达了要沿海“诸军士屯守”的命令。自此以后天津开始了屯田。明政府在天津屯田的目的有三:1. 以足军饷;2. 以节漕运;3. 以加强京师门户——天津的实力地位。天津屯田的出现,推动了天津城市的发展。永乐皇帝朱棣迁都北京后,天津的地位发生重大变化,它已不仅是漕运的码头,还成为京师的门户。明朝政府理所当然对天津要另眼看待。采取的重要措施之一,便是增派重兵驻守。有军必须有粮。军粮的供应与运输,既迫切又繁重,为了减轻军队用粮造成的压力,遂开始在天津屯田。

这期间开始的天津屯田,规模并不算大。三卫的兵力有两卫屯驻

---

① 《明史》卷七十七《食货志》。
② 《明书》卷六十七《土田志》。

沧州、静海、兴济、南皮等县，并各有屯堡。天津仅有一卫官兵驻扎，所以屯田规模不可能太大。参加屯田者为卫所官兵及其家属，收获全归三卫自身食用。这一时期的屯田，虽然规模不大，却取得了一定成绩。据记载，天津卫三所屯田计九千二百顷四十三亩①。这不仅有利于解决军粮，而且对天津城市的发展也有裨益。

永乐以后，天津的屯田虽然并未间断，但起色不大。这可从明仁宗朱高炽的“上谕”中得到证实。洪熙元年(1425)，朱高炽谕户部尚书夏原吉说:“先帝立屯种，用心甚至，迨后所司多征徭之，既违农时，遂鲜收获，以致储蓄不充”，“今天下卫所自今有擅差军士妨农务者，处以重法”②。这里所指“天下卫所”，当然也包括天津在内。可见，这一时期的天津屯田也与其他地方一样，由于名目繁多的差徭，屯兵负担过重，屯田得不到发展。又由于土地兼并，军屯土地逐渐转为军官私人占有或落入庄田主的手中，边境军粮供应日少，商屯则由于改变了“开中法”，即盐商径至户部纳银便可取得盐引，故商民不再经营商屯和运粮济边。边境军粮日窘，出现了士兵逃亡、土地抛荒的严重局面。天津屯田也随之衰落。

明朝中叶以后，社会经济日趋衰败。为了维护统治，一些明智的官僚遂致力于整饬屯政，以发展农业生产，促进社会经济的好转。当然，明朝中叶社会经济衰落的根本原因，在于明朝腐败的专制制度。但是，提倡屯田和发展农业生产，对稳定社会局面与发展城市建设都有好处。

作为京畿要地的天津，为一些有识之士所看重，认为是推行屯田的

---

① 《新校天津卫志》卷二。

② 《续文献通考》卷五《田赋》。

好地方。他们提出，天津发展的好坏，对京师都有重大影响。因而，一时出现了天津屯田只能兴而不能废的议论。弘治(1488—1505)时期的礼部尚书邱浚、都御史林俊，嘉靖(1522—1566)朝的兵部尚书李承勋和隆庆(1567—1572)朝的巡按御史杨家相等人，都提出了在天津卫屯田和治水的建议。例如，邱浚在给孝宗朱祐樘的奏疏中说，“国家都于燕，京师之东，皆濒大海”，只要“循行沿海一带”，“招集丁夫”，“筑堤岸以拦咸水之入，疏沟渠以导淡水之来，然后田可耕矣”①。为了得到第一手的资料，邱浚亲赴天津，巡视各个卫所，目睹天津屯田情况后，更加坚定了开河修渠推行屯政的信念。他在给友人的诗中歌颂了天津屯田：“孤城近水舟多泊，列戍分耕野尽屯。”②邱浚建议政府委派“有心计大臣”“专任其事”，责其召集当地“士民之知田事者前来从行，相视可否讲究利害。处置既定，然后招集丁夫，随宜相势，分疆定畔。因此多少，授以官职”。十分明显，邱浚是要以官爵诱导人们来开发水田。他还建议采取“禹贡逆河法，截断河流，横开长河一带，收其流，分其水，然后于沮洳尽处，筑为长堤，随处可为水门，以司启闭。外以截咸水，俾其不得入，内以泄淡水，俾其不得漫，如此则田可成也”③。邱浚的主张，得到了一些同僚的支持。都御史林俊也主张修水治田，并进一步提出发动沿海居民成其事业。“可以水耕者，则分疆定界，募陆种者种之，贫民则给以食力之值，田成之后，依官田以起科，富民则计以庸食之费，成田之后，依民田以出税。务使人各归农，农各力田。”如若采取这种做法，便会“赋如故”，利当兴。濒海之地，筑地募耕，十年之后，“可省海运数百

① 《明经世文编》卷七十二。

② 《新校天津卫志》卷四《艺文》。

③ 《新校天津卫志》卷四《艺文》。

万”，而“直沽一带濒海之地，悉可耕地”[①]。邱、林二人的意见本是可行的，但这些好建议却未被最高统治者采纳。至于李承勋、杨家相等人关于修筑堤堰，以兴水田之利的主张，也由于各种原因而未能实现。直到万历（1573—1620）以后，天津屯政才又出现了新的局面。

第二节　万历年间天津屯政的勃兴

徐贞明的“开渠灌田”策

明代自中叶始，社会经济明显地趋于衰败。明朝政府的腐败、外患不断、社会动乱、生产凋敝、帑藏匮竭等，使明朝统治者处于十分难堪的境地。嘉靖末年，太仓（即国库）有银不及十万两，岁出常超支一百四十多万两。当时有人指出，“嘉靖之季，太仓所储无一年之蓄”[②]，是真实的。这就是说，明朝的财政已濒临绝境。面对这一严峻的现实，统治阶级中一些有头脑的官僚，出于维护封建统治的目的，便要求剔除弊端，实行新法。张居正便是其中主要人物之一。

张居正（字叔大，江陵人，1525—1582），隆庆元年（1567）入阁，万历元年（1573）为内阁首辅。有名的“一条鞭法”就是他提出的。其新法的主要内容是“积钱谷，修险隘，练兵马，整器械，开屯田，理盐法”[③]等，以达到民富国强的目的。张居正的新法，在当时条件下是不可能真正全部实行的，即使是部分地推行，其最后命运也将是被守旧派扼杀或扭曲得面目全非，改革者本身也会遭到厄运。但是，新法的出现宛如在死水

① 《明经世文编》卷八十六。
② 《张文忠公全集·书牍六》。
③ 《明史》卷二百一十二《戚继光传》。

潭中投下一块石子，虽不能掀起大波，把死水变成活水，却也泛起了一层涟漪，得到了一些支持者的响应。在这一政治背景下，主张继续发展京畿要地天津屯田的是给事中徐贞明。

徐贞明于万历三年(1575)上任不久，即向万历帝提出“开渠灌田”之策。他说，疏渠浚沟，引水灌田，为必行之事。他论证称：“神京雄据上游，兵食宜取之畿，今皆仰给东南，军船夫役之费，常以数石致一石，东南之力竭矣。”加之“河流多变，运道多梗，窃有隐忧”，陕西、河南的河渠故道已有很多毁废，这就给漕运带来了极大困难。然而，“山东诸泉引之率可成田，而畿辅诸郡，或支河所经，或涧泉自出，皆足以资灌溉”。徐贞明进一步指出，由于北方常遭水灾，往往使人们只看到水害，却忽视了水利。其实，“水害未除，正由水利未兴”之故。他认为，“水聚则为害，散之则为利”。并举例道：“顺天、真定、河间诸郡，桑麻之区，半为沮洳，由上流十五河之水，惟泄于猫儿一湾，欲其不汛滥而壅塞势不能也。今诚于上流疏渠浚沟，引之灌田，以杀水势”，就不会泛滥成灾。徐贞明建议，在“下流多开支河，以泄横流，其淀之最下者，留以潴水，稍高者皆如南人筑圩之制，则水利兴，水患亦除矣”[①]。徐贞明还说，永平、滦州抵沧州、庆云等地，“皆萑苇，土实膏肥，如在京东滨海地筑塘捍水”，可使其成为稻田。并主张“招徕南人，俾之耕艺”。这样一来，“北起辽海，南滨青齐皆良田”。如果成功，还可推广到“河南、山东、陕西，庶东南转漕可减，西北储蓄常充，国计永无绌矣”[②]。

徐贞明的思想和论点是高明的。如若按他的主张去做，便可得到

① 《续文献通考》卷三《田赋考》。
② 《续文献通考》卷三《田赋考》。

五大好处：一、减少水灾，二、开发了水田，三、减轻漕运负担，四、当地百姓受益，五、增加明政府的财政收入。可惜这一有益于社会经济的建议和主张，不仅被明廷以“水田劳民”为由而拒绝，徐贞明也被谪官到了潞河。

徐贞明在潞河，仍坚持研究开渠灌田的理论，并编写了《潞水客谈》一书。他在书中详细论述了自己的观点，并提出十四条水利当兴的建议。顺天巡抚张国彦、副使顾养谦采纳了徐的意见，在蓟州、永平、丰润、玉田等地推行，并且收到了不同程度的效果。兵部尚书谭纶与给事中王敬民也极力推荐徐贞明。

万历十三年(1585)春，徐贞明以尚宝司少卿的头衔督治包括天津在内的京畿水利。他在任期间，全力推行早已拟定的治水开田计划。为了使他的理论付诸实现，先采取了五项措施①：

(1)考察郡县有司的勤惰，是否在适宜种稻的土地上积极带头垦田种稻。

(2)因地制宜，根据土质的差别，分种不同的谷物。如宜种稻则种稻，宜种黍、粟则种黍、粟，不强求一律。

(3)聘请南方人为师，发给衣食农具，除他们自己种稻外，并教当地农民种稻技术，起到“以一教十”的作用。同时还提出，凡“能垦田百亩以上，即为世业”，其“子弟得以寄籍入学”。如确“卓有明效者，仿古孝弟力田科，量授乡遂都鄙之长”。

(4)对“垦荒无力者，贷以谷，秋成还官，旱潦则免。郡县民壮役止三月，使疏河芟草”。

---

① 《明史》卷二百二十三《徐贞明传》。

(5)垦田则招募专工。

上述含有朴素唯物主义思想的措施,激发了人们开发稻田的热情。这时的徐贞明不仅受命治理京东州邑,并受命兼监察御史领垦田使,手握一定实权,因而,凡有司敢阻挠者,皆被劾治。由于徐贞明采取了比较可行的办法,收到了明显的效果。自万历十三年(1585)三月至十四年(1586)二月不到一年的时间,便垦田三万九千余亩。

徐贞明的所作所为,有益于百姓,更有利于统治阶级。即使如此,也为自私保守的"阉人勋戚"所不容。这些利己者认为,徐贞明的作为,损害了自己的利益,于是各种"蜚语闻于帝"①,即各种造谣中伤,飞进昏庸的皇帝耳中。畿辅人王之栋(御史)公然向万历皇帝告状说,"水田必不可行","开滹沱不便"。不仅如此,王之栋还写了多达十二条的反对理由。"帝入其言,欲罪诸建议者"。腐朽无能的万历皇帝听信谗言,要将徐贞明治罪。多亏大学士申时行说了几句公道话:"言垦田兴利而反谓害民,为此说或其故有二:北方民游惰好闲,惮于力作,水田有耕耨之劳、胼胝之苦,不便一也。贵势有力家,侵占甚多,不待耕作,坐收芦苇薪刍之利,若开垦成田,归于业户,隶于有司,则己利尽失,不便二也。"②第一不便,纯属对北方劳动人民的诬蔑,不便之二,却也指出了权贵们反对水利屯田的要害所在。同时,他还提出了折中方案,这就是:"国家大计较之不便者小,而便者大,惟有斟酌地势,体察人情。沙碱不尽开,黍麦无烦改作,应用夫役必官募之,不拂民情,不失地利,乃谋国长策耳。"③大学士的话,虽然说得很圆滑,却使徐贞明幸免了"追

① 《续文献通考》卷三《水利田》。
② 《续文献通考》卷三《水利田》。
③ 《续文献通考》卷三《水利田》。

罪”的危险，落了个“寻乞假归”[1]的结局。自然，“水田事终罢”。

汪应蛟的治水垦田

徐贞明的计划失败后，天津等地的屯政几乎处于停滞状态。万历二十三年(1595)，又有给事中戴士衡提出屯田建议。其建议内容为：一、“量留天津新设水陆兵”，令其“开屯自食”。如果督兵开屯，每人垦田五十亩，供给牛种农具，并令其“浚古渠以盛水势，开小渠以通支流”，河道建闸以备蓄泄。这样，“一年而饷可住支，三年而田可尽辟”。二、鼓励富商和附近居民自行开垦。三、动员灶户开荒[2]。这些建议无疑有益于发展天津的农田生产。

这时正值明朝政府对朝鲜用兵，军饷匮乏，很需要进财之法。因此，戴士衡的建议被政府采纳，并责令当时的天津巡抚万世德负起此责。于是，天津卫驻军便在静海、直沽、永平等地屯垦。

特别值得注意的是，当局还动员天津远近民人，自备工本种植，官发印照，世为己业，三年之内不收税赋。另外又根据土质情况，分上地、中地、下地三等。上地纳谷一斗，中地纳谷六升，下地三升，“专备津防饷费”[3]。这便是天津民屯的开始。自此以后，天津不仅有军屯，也有民屯。可以说，军、民屯共存，是这一时期天津屯垦的特征。不久，万世德被派往朝鲜参战。天津巡抚一职由汪应蛟继任。

汪应蛟(字潜夫，婺源人)在任保定巡抚时就极力提倡水利营田，并且取得了一定成绩。这就为他在天津治水屯田积累了经验。

---

① 《明史》卷二百二十三《徐贞明传》。

② 《明神宗实录》卷二百八十八。

③ 《明神宗实录》卷三百一十七。

汪应蛟到天津后，即深入实际，进行调查研究。他曾见到“葛沽、白塘诸田尽为汙莱，询之土人，咸言斥卤不可耕”而荒芜，汪便根据以往的经验和实地考察，认为“地无水则碱，得水则润，若营作水田，当必有利”[①]。根据这一见解，汪应蛟提出了兴修水利、开垦荒田的计划。

同时，为了击退一些只知盘剥百姓的守旧官僚的反对，汪应蛟又上书明廷，力陈治水垦田的重要意义。“天津当河海咽喉，为神京牖户。自倭警镇邻，开府设镇，署将增兵，而其地益重。今鲸波虽息，内备未忘，矧中原多事之秋，尤未雨彻桑之日。见在水陆两营，兵尚存四千人，岁费饷六万余两，原无请给内帑，俱加派民间。欲留兵，不免病民，欲恤民，无以给兵。”[②]这确实是当时的尖锐矛盾。关于如何解决这一矛盾，他认为“惟有屯田可成，斯得足食长策”[③]。接着汪应蛟分析天津屯田的可能性时道：虽然“天津葛沽一带，地广人稀”[④]，而且地土碱大，不好耕种，可是，这些地土又由于近河而滋润。所种的庄稼，如豆类，每亩可收一二斗。说明这些地方只要有水就能够生长庄稼。再以“闽浙濒海治地之法行之，穿渠灌水，未必不可为稻田”[⑤]。换言之，只要方法得当，盐碱地也可以改造成为良田，种植水稻。汪应蛟进而提出，通渠筑防，适当调剂军夫，运用南方水田之法，天津地区定可得田数万顷，“岁益谷千万石，畿民从此饶给，无旱潦之患”[⑥]。

汪应蛟的论证充足，无懈可击，明政府批准了他开渠垦田的请求，

① 《明史》卷二百四一《汪应蛟传》。
② 《天津县志》卷十二。
③ 《天津县志》卷十二。
④ 《明神宗实录》卷三百六十五。
⑤ 《天津县志》卷十二。
⑥ 《明史》卷二百四十一《汪应蛟传》。

汪即自行捐资募民试垦,以行动推进屯垦的开展。开渠筑堤一时并兴。据记载,葛沽、白塘二处,耕种共五千多亩,内植稻两千亩。由于粪多人勤,亩收四五石有余。三千亩种薯豆旱稻等,凡得水灌溉粪多者,亦亩收一二石。总的情况是,水稻可收六千余石,薯豆可收四五千石。实践证明了天津土质宜种稻,从而使一些认为天津不宜种稻的人改变了看法。在汪应蛟的倡导下,天津治水营田大兴。

汪应蛟于万历二十九年(1601)十月调离天津,但是,他依然主张天津应该大力推行水利屯田。同年十一月,他以"复奏天津屯田事宜"为题上疏明廷。在奏疏中,他全面阐述了天津屯田的重要意义以及施行的办法。第二年(万历三十年,1602)二月,他又上疏请求广修水利。他在奏疏中提出了以下办法:

(1)开渠引水灌田。天津的优势是水利,汪应蛟主张充分发挥这一优势。例如,开渠引河水溉田冲卤,筑堤防涝,即"如地方千里,为田五百四十顷,一面滨河,三面开渠。与河水通,深广各一丈五尺,四面筑堤,以防水涝。高原各七尺,又中间沟渠之制,条分缕析"①,从而保证了种植和收成。他举例说,一个劳动力耕地四五亩,每亩收获总计也不过六七石。但是,如果修渠防涝,"每千顷,可各致谷三十万石。以七千顷计,计可得谷二百万余石"②。丰收的谷物,不仅可供"天津六万金之饷",而且可以"充近镇之年例,省司农之较转馈"③。开渠引水灌田,于国家、于军队、于百姓、于天津城市发展都是有益的好事。

(2)以军田分民,即用军队所垦之田,分给百姓种植。汪应蛟分析

---

① 《天津县志》卷十二。
② 《续文献通考》卷五《田赋五》。
③ 《重修天津府志》卷二十八《屯田》。

说:“军能垦而不能尽种,民能种不必自垦。军有月粮,而无雇值之费,民无劳役,而享可耕之田。然后趋之若流水,应之如赴声。”[①]这确是发展天津屯田的好办法。为了付诸实现,除原有的水陆两营兵丁约四千人外,汪应蛟建议抽调天津左右两卫驻蓟之军六千人,合为一万人,专事开渠修堤、平整土地,年可完成数百顷。之后,“召募边地殷实居民及南人有资本者,听其分领承种”。系采用南方取水种稻的办法耕种,但承种者最多不得超过一至二顷。并规定第一年免交税,“以偿其稻种器具之费”。第二年开始每亩“定收稻米五斗,以后永为世业”[②]。

(3)保持军屯。除招募民人耕种外,仍鼓励驻军官兵,及“其子弟童仆”领种,但不能超过二顷[③]。

汪应蛟的这些建议,既可取也可行,却不为明朝廷所采纳。然而,汪应蛟在天津屯田的许多做法,以及他的一些设想影响颇大,不仅为下任官员所接受,而且为后人所效法。太常卿孙玮于万历三十年(1602)以右副都御史巡抚保定期间,便“踵行”汪应蛟之法,“田益垦,遂免加派”[④]。

万历三十八年(1610)十一月,巡抚直隶监察御史毕懋康的《请修保定清河闸座疏》,当也是汪应蛟治水垦田的继续和发展。事情是这样的:“保定清河源发于满城,抵府而南十里,刱汤家口为上闸,又十里许刱青杨为下闸。顺流而东,直抵天津。细溯长流一带,舟楫由玉河而北亦入天津。”又迎水而西三百里至紫淀三岔口,其一流通定兴、易州等

① 《天津县志》卷十二。
② 《天津县志》卷十二。
③ 《重修天津府志》卷二十八《屯田》。
④ 《明史》卷二百四十五《孙玮传》。

处,一流通新安、雄县、安州等处,中流至清苑、完县、唐县等处,"此皆舟楫所到之地,小民获利之所"。可是,由于日久颓圮,曾于万历三十二年(1604)要求兴修,却以"物力殚耗"而未成。毕懋康以调查"彼中土民"实情为名,写了一份报告给万历皇帝。在报告中,他以大量实例说明兴修水利的好处:"陆地转输,一牛车运米粟不过十石","今以浅船装载,二人撑之,可运七八十石","力半功倍,其利一"。满城等县"所出类多木石柴炭",天津等处"又饶芦苇盐米南货种种。若河道流通,商贩往来,农末相资,有无相济。地方即不幸而遭水旱之灾,犹可仰给邻封,不致束手待毙,其利二"。"今岁自春徂夏不雨,闸坝决裂,蓄泄无资,若此闸诚修刖,滨水斥卤可为沃壤,其利三。""今若比列通州挖运之例,自清河闸抵河间一带,多设闸座,广造剥船,总其事于天津部属,岁于临德两仓粟米内漕二十万石,以给保定易州紫荆各关军士,即有水旱之灾可以不苦,军国用饶,士马腾饱,其利四。"①毕懋康把兴修水利与交通运输及商业的繁荣和农业的发展联系起来的思想,是值得肯定的,这对天津城市的发展十分有益。

徐光启的南稻北植

万历年间,在天津开发水田并取得一定成绩的,还有著名的农学家徐光启(1562—1633,字子先,上海徐家汇人)。任职于翰林院的徐光启,因与在朝的保守派不合,告病到天津屯垦。其时约在万历四十一年(1613)秋至四十六年(1618)闰四月间②。在这三年多的时间里,他把

① 《明神宗实录》卷四百七十七。

② 其间在万历四十四年夏至四十五年夏,徐光启曾一度离开天津,天启元年(1621)来津短期逗留。

主要精力倾注于在天津实行南稻北植。

徐光启来天津屯田，首先做了了解和分析，认为这是切实可行的。第一，天津自身条件好，于水田有利。第二，汪应蛟等前任官员推行洗盐垦种，虽然由于各种原因未能得到巩固和推广，但证明这是可行的，并取得了成功的经验，这就为天津继续开展引水灌田打下了基础。第三，天津荒田较多，价钱便宜，钱粮也较轻。这些条件是其他地区所没有的，因此，天津是开垦屯田，尤其是种植水田的十分理想的地方。正如徐光启自己所说，多年讲治田，而不可得其地，“今近乃得之”，这便是天津。这里“荒田无数，至贵者不过六七分一亩，贱者不过二三厘，钱粮又轻，中有一半可作水田者。虽低而近大江，可作岸备涝、车水备旱者也。有一大半在内地，开河即可种稻，不然亦可种麦种秫也。但亦要筑岸备水耳。其余尚有无主无粮之荒田，一望八九十里无数，任人开种，任人牧牛羊也”①。天津所具备的有利条件，增加了徐光启在天津开发水田的信心。虽然在开始时“苦无人手”，困难很多，但他仍决定把南方的水稻引植天津。

为了达到“南种北引”的美好愿望，徐光启一方面在近郊垦田，试植水稻；另一方面，则在他的住处开辟小块土地，亲自试种，以掌握第一手的资料和摸索南稻北植的经验。通过直接和间接的实践，农学家徐光启在培植技术以及管理等方面，都取得了很好的经验。他在《壅粪规则》中就记载了自己及他人的经验说，他在丙辰(1616)初到天津用南稻种田，操作者师孙彪用了干大粪，“是年稻科大如碗，根大如斗，而含胎不秀，竟不收。不知是粪多力峻耶？抑为新地不能当粪为力耶？抑为

① 《徐光启集》卷十一《书牍·家书七》。

南种土性不宜耶?”又记载道:“北天津壅稻,丁巳每亩用麻糁四斗。是年,每亩收米一石五斗,科大如酒杯口。”“天津屯田”证实:“碱地不害稻,得水即去。其田壮,亦与新田同。”

徐光启对于别人的经验,并不盲目接受或否定,而是“亲身再三试之”。例如,他听人说,“灰上亩惹碱”。起初他并不相信。经他亲自试验,确实如此,“乃可信耳”。可见徐光启不仅珍惜成功的经验,也重视失败的教训。他尊重别人的经验,但并不盲从,而是通过自己的实践来验证其准确程度。这也说明,作为农学家的徐光启,是以实事求是的科学态度对待水田种植的。作为一个封建官僚,确实难能可贵。

辛勤的耕耘获得了应有的成果。徐光启在天津垦田和推行的南稻北植,在一定程度上取得了成功。这可从他的家信中得到证明:“天津大旱,近稍得雨。有麦八百亩,若每亩收到五斗,便分得二斗,有一百五六十石麦,便不赔粮,亦留得些做种也。”[①]在大旱之年尚不赔粮,便算取得了大成绩。此外,万历四十四年(1616)八九月间的开荒所获,也十分可观:“天津早收得三百石,豆约有五百石。”这仅仅是报上来的部分数字,“尚未见报数来,不知如何耳”[②]。报上来的数字与尚未报上来的数字相加,定然更令时人惊叹。

徐光启还在其寓所的小植物园里培养了许多药用植物,并利用培育的药草配制成药。总之,徐光启所推行的南稻北植,对天津城市经济的发展起了有益的作用。

---

① 《徐光启集》卷十一《书牍·家书八》。

② 《徐光启集》卷十一《书牍·家书十二》。

第三节　明末天津的屯政

天启年间的屯田

万历朝以后，明朝的政治经济更加衰败。上下官僚无不“背公植党，逐嗜乞怜”[①]，“人务奔竞，苞苴恣行”[②]。明朝统治者为了满足穷奢极欲的腐朽生活，加紧对全国人民疯狂掠夺。矿、盐税使，到处横行，任意指地为矿，指人纳税。由于统治者的掠夺，造成“三家之村，鸡犬悉尽，五都之市，丝粟皆空”[③]的局面。天启、崇祯年间，开始加派“三饷”，进一步把人民推向灾难的深渊。走投无路的人民为了生存，只得揭竿而起。早在正德五年(1510)，霸州爆发了刘六、刘七、齐彦明领导的农民大起义。起义军所向披靡，震撼了明朝廷。起义军一部在齐彦明的领导下，于明嘉靖三十年(1551)打到天津附近。天津地区的贫苦农民起而响应，昏庸无能的天津守备陈天祥被吓跑。崇祯时，人民的反抗斗争接连出现。在李自成起义军的影响下，天津广大人民纷纷起而斗争。与此同时，明清之战从未间断。明朝政府为了应付各种战事，其耗资惊人，而国库空虚。在这一背景下，屯垦之声再起。天津既是“神京”的门户，又是通向辽东的要道，如若它在经济上能有所改进，不仅对京师有利，对辽东战场也有重大意义。于是天津再度出现了治水屯田热。天启初年，有张慎言、董应举等人的天津屯田之举。

天启二年(1622)，巡按御史张慎言向熹宗提出天津屯田奏议，认为

① (清)计六奇:《明季北略》卷二百三十三《陈登云传》。

② (清)计六奇:《明季北略》卷二百三十二《赵南星传》。

③ 《明史》卷二百二十三《王宗沐传》。

枝河而西静海、兴齐之间，“万顷沃壤，惜荒为黄茅白苇之区”，河之东咸水沽等处，也有“膏腴之田，不知凡几”。这些良田抛荒，实在可惜。他提出应继续推行屯垦措施。张慎言把过去的屯田经验总结归纳为五种方式，并肯定这些方式应继续推行。

(1)官种。牛种、器具、耕作雇募，都出自官，田地的收获也全部归官所有。

(2)佃种。一些民人愿意开垦而无力者，其牛种器具，由官方供给，收获后，“官十而取四”。

(3)民种。民人有能力者，自认开垦若干土地，“迨开荒既熟”，交一定租税。

(4)军种。由海防营军负责种植葛沽地区的田地，“人耕四亩收二石”。由于这些军丁有行月粮，所以“收稍重”些。

(5)屯种。“卫军有屯田或五十亩或百亩”者，将“岁入十七于官”，即以“所入为官军岁支之用”①。

除这几种办法外，还允许一些尚有余力的人耕种附近旱田。鼓励他们“以余力耕附近旱田，相土宜而播黍稷，宽其力而不税其亩”②。

此时，由于“广宁失守，辽人转徙入关者不下百万”，张慎言力主将这些人招集于“津门”，“以无家之众，垦不耕之田”③。张慎言认为，如果这些办法得以推行，就会出现“人乐于耕，积而十倍百倍”④的局面，天津卫的经济状况便会改观。

---

① 《明熹宗实录》卷二十一。
② 《明熹宗实录》卷二十一。
③ 《明史》卷二百七十五《张慎言传》。
④ 《明熹宗实录》卷二十一。

张慎言的同僚董应举也于天启二年(1622)上疏朝廷,提出“保卫神京在设险营屯”。明廷采纳了他的意见,并令他以太仆卿兼河南道御史的头衔,经理天津至山海关屯务。

董应举对天津进行了认真的分析,并根据具体情况,划分为三种不同的类型。如曾经开发为水田,而又“荒废不久,开之甚易”的何家圈、白塘口、双港、辛庄、羊马头、大人庄、咸水沽、泥沽、葛沽等地为一类。这类屯田区,“一亩农工,止用八钱”,而“可得粟三石三斗”。第二类,虽也已开发为田,但荒废较久,便规定“亩用农工一两”。第三类,则是“挑浚旧河”,“为力不多,只须挑浚数尺”,第二年便可“获万石之粮”①。

在分析研究的基础上,董应举首先将“辽人万三千余户于顺天、永平、河间、保定”等处屯垦。又用公款六千于天津地区“买民田四十二万余亩,合闲田凡十八万亩”。随即“募耕者,畀工廪、田器、牛种,浚渠筑防,教之艺稻,农舍、仓廨、场圃、舟车毕具”,仅费资“二万六千”两,所获“黍麦谷五万五千余石”,超过了支出。董应举对军屯也十分重视。他责令驻扎在天津葛沽的水陆兵丁两千人,就地屯种,“以所入充岁饷”。一时“屯利益兴”②。

董应举也主张召募“辽民”屯田。由于辽东战争,当地人纷纷逃入关内。这些入关的百姓被称为“辽民”。董应举认为,安插“辽民”的最好办法是让其屯田,亦即“藉其力以屯,是以赈救当召募,不空费其银于赈救也”。组织办法是:以十家为一保,保有保长;十保为一聚,聚有聚长;一聚为连,连有连长;四连为师,师有师长,“而后统以屯田”。董应

① (清)顾炎武:《天下郡国利病书》原编第一册,第51页。

② 均见《明史》卷二百四十二《董应举传》。

举的办法有明显的政治目的，他把逃入关内的灾民视为流民、乱民。董应举说，名为“安插”，实为“制约”[①]。这些辽民在强制下也进行了屯垦，并收到了一定效果。

董应举由于屯田有功，受到了明廷的褒彰，被擢升为右副都御史。

天启四年(1624)，天津巡抚毕自严对汪应蛟等人的屯田措施提出异议。他认为，让水陆兵屯田，使其“操练尽废，船楫器械皆不存”。这样“一柄两持”之法的结果，则是“屯操俱废”。毕自严建议“不若水兵隶臣，增足二千，陆兵千人，分隶屯臣”[②]。他的意见得到了兵部尚书的支持。

总之，这一时期，天津屯田有了新的发展，呈现出“向之一望青草，今为满目黄云”[③]的局面。

左光斗论屯田与屯学的建立

天启年间，有功于天津屯田的人当中，还有左光斗(1575—1625)。

安庆桐城人左光斗，为万历三十五年(1607)进士，天启初年以御史的头衔出理京畿屯田[④]，并取得了一定成绩，尤其有功于天津的水利建设和屯学的建立。

左光斗首先从理论上阐述了治水与开垦的重要意义。他说：“京以东，畿以南，山以东，两河以北荒原一望率数十里。高者为茂草，洼者为沮洳，岂尽无其地哉。”又分析道：“不垦者”是由于“苦旱兼苦涝也，其苦

① 《明熹宗实录》卷二十一。
② 《明熹宗实录》卷四十(梁本)。
③ 《重修天津府志》卷二十八《屯田》。
④ 《明史》卷二百四十四《左光斗传》。

旱与涝者，惟知听命于天，而不知有水利也”[①]。于是出现了“一年而地荒，二年而徙，三年而地与民尽”的悲惨景象。左光斗指出，要改变这种被动局面，只有兴修水利一法，即“今欲使旱不为灾，涝不为害，惟有兴水利一法”[②]。只要“水源一开，溉旱田之利，胜水田之利一倍，每田之值亦增价三倍，渐渐由而不知，通而不倦，而焦原尽泽国矣”[③]。为了使理论付诸实现，左光斗上疏熹宗，“条上三因十四议”，内容如下：“曰因天之时，因地之利，因人之情；曰议浚川，议疏渠，议引流，议设坝，议建闸，议设陂，议相地，议筑塘，议招来，议择人，议择将，议兵屯，议力田设科，议富民拜爵。”[④]左光斗的“三因十四议”说，确实“其法犁然具备”，无可挑剔，因明朝最高统治者的“允行”，而出现了“水利大兴，北人始知艺稻”的新形势。邹元标颂扬说：“三十年前，都人不知稻草何物，今所在皆稻，种水田利也。”[⑤]这一评价，虽有些过分，但也有一定道理。

左光斗还力主开垦土地，以使“民饶”。他论证道：“今庶几小垦小利，大垦大利。小利在地辟而民聚，民聚则垦愈多。大利在粟贱而民饶，民饶则垦者愈易，生聚渐繁，籴粜转便，即不必东南之漕，而亦不专靠东南之运矣。”左光斗坚信，如果“能行之三年十年而不少见富足之效”。作为封建专制制度下的封建官僚，能够提出这样的见解和办法，也是难能可贵的。

不仅如此，左光斗还提出了开办屯学的好建议。他在《请开屯学

① 《重修天津府志》卷二十八《屯田》。
② 《续文献通考》卷三《田赋考》。
③ 《重修天津府志》卷二十八《屯田》。
④ 《明史》卷二百四十四《左光斗传》。
⑤ 《明史》卷二百四十四《左光斗传》。

疏》中指出："今国家日日养士而不得士之报，则教非而养亦非；日日养兵而不得兵之用，则兵非而农亦非。"左光斗认为，要"求目前之急"，莫如建立"屯学"①。他还提出，开屯学的宗旨是"储材积粟，以广文教，以训武备"②。至于办屯学的地点和主持人，左光斗确认天津最为适宜，而由军厅同知卢观象主持，更可以说是"得其人"了。

当时天津已有卫学和运学。前者主要为当地军人子弟而设，后者是盐商灶籍子弟就学之所。左光斗要建立的屯学，则是屯农子弟就读的地方。其实，左光斗所谓建立屯学，并不是"另建学宫"，而是"照卫学、运学，一体举行"，即"有立学之名，无添学之实"。左光斗本人说得十分清楚，"今日屯学之议，断当照卫学运学一体举行者也"。"学宫不必另建也，学馆不必另设也，廪饩不必出之宫也。有立学之名，无添学之实，不过增博士弟子员数名而已。"这样做所得到的结果是，"举一名"博士弟子员，"则增谷已数十万石矣"③。很明显，左光斗创办屯学的用心，是要以功名诱使更多的屯户从事开垦，增加明政府的财政收入，弥补军饷的不足，以达到维护和巩固统治的目的。

为了体现这一宗旨，左光斗进一步阐述建立屯学的七大好处：

(1)田必在天津，每田百亩入籍一名。这样，便不会有人肯"为他人入籍"而"捐重资辟草莱"。"田既为清楚之田，人亦为实在之人"，就可杜绝"有人无田，开他日冒滥之路"。

(2)过去海防营田每亩收租二石，"士与兵宜有异，恐其多而难继"。创办屯学，即规定"每田一亩入租一石，每试百人得租万石，试千人则十

---

① 《重修天津府志》卷二十八《屯田》。

② 《左忠毅公文集》卷二《地方兴化有机疏》。

③ 《左忠毅公文集》卷二《地方兴化有机疏》。

万石”。虽然会出现“日计不足”,而定会“岁计有余”。就是说,从结果看,办屯学对统治者将有大利。

(3)“且既以屯占籍”,当然是“世其学”也要“世其田”。但是,必须规定:“田芜者,黜;负租者,黜,告改学者,黜。”这样,就迫使那些已入或想入屯学的人家,必须“世世守其业”,而明朝统治者“亦世世收其利”。

(4)天津初立官庄六百亩,“秋获三千石,以示民榜样耳。然牛力、子种、车梁、庐舍工作雇觅,为费不赀。有其人则田存,无其人则田废”,实为得不偿失。屯学成立,就可消除这种情况。这是因为“屯学行而听人自耕,不见金钱之出,但见籽粒之入,所谓稍稍许,亦胜多多许”。

(5)在正常的时候(无战事),“天津一钟足敌五钟”,而今“庚癸之呼既迫山海,咽喉之断又虞东南,以附近之田养附近之兵,一钟足敌十钟”。

(6)“顷妖贼[①]为梗”,“白粮不时至”,朝廷百官的俸禄都无法发放,几乎断炊。“若岁益米数万斛,即不敢作尚方之贡,亦可望果朝官之腹。”

(7)这些“力田者,大率殷实而俊秀者也,行之而三年后,耰锄之众,即为干城,横槊之儒,即为露布”[②]。

这七条的中心思想,是用科举官爵为诱饵,刺激屯田的发展,以缓和明朝政府的财政危机。左光斗认为,如果屯学建立,七条实现,就可以达到以下效果:①增加税收;②保证京师百官俸禄不致中断;③所收米谷,可佐军饷。这也就是左光斗提倡建立屯学的根本目的。

---

① 妖贼,即对起义农民的诬称。

② 《重修天津府志》卷二十八《屯田》。

在上述思想指导下，由卢观象主持，屯学正式在天津开办。规定凡“入籍屯童，俱赴天津开垦”。原来各州县的“旧垦者不准算”。消息传出，“人争如流水”[①]。屯学的学习内容并非农艺技术而是以读经应策为主要内容。这再次说明，天津屯学的出现，绝非为屯农培养农业技术人才，实际是因统治阶级财政匮乏而寻找的补救手段之一。但是，在客观上，屯田和屯学对天津的农田水利建设，对天津城市经济的发展，都起了某种程度的作用。“屯童且耕且射者，实有其地，有其数，有其人矣。昨岁六百亩，今为四千亩。”把昔日荒草丛生满目荒凉的土地，变成了“风景依稀绝似江南”。这虽是美化夸张之词，但也反映出建立屯学对屯垦政策的发展起了好作用。左光斗所说，“天津屯事”不过“小试之耳，遂小小见效”[②]，还是比较客观的。

左光斗十分推崇卢观象，并推荐其主持屯学，是有原因的。卢观象是坚定的屯垦派。在天津任职期间，他不仅倡议“复兴屯田，劝助开河”，而且“自捐囊资”。尤其值得提及的是，卢观象“身在荒田中数载”[③]，躬身实践，取得了第一手资料并积累了经验。所以，他开发冠家口南田三千余亩“皆得米万石”[④]。因此说，卢观象有功于天津。

总之，自永乐年间开始的天津屯田，虽然时兴时衰，然而，多少也取得了一些成绩。据《续文献通考》记载：“北直隶[⑤]。卫所原额屯田共一万六十四顷二十五亩零。嘉靖中额四万三千六百七十八顷零，粮二十

---

① 《重修天津府志》卷二十八《屯田》。

② 《左忠毅公文集·尺牍·回天津道某书》。

③ 《新校天津卫志》卷二《屯田》。

④ 《天下郡国利病书》原编第一册，第51页。

⑤ 明初称直隶于京师的地区为直隶。自永乐初建都北京后又称直隶北京的地区为北直隶，也简称北直，相当今北京、天津两市、河北省大部和河南、山东的小部地区。

一万九千七百八十一石。万历中额新增，并勘出首地银四万四百六十二两七钱零，秋青草二十二万一千四百五十三束，谷草一百八十七束。”[①]这些数字的变化也说明，明代天津屯田的发展虽然缓慢，也有时停滞，但总的来说还有一定发展。

随着明代的历史步入晚期，政治经济趋于崩溃，天津的水利屯田事业也就一蹶不振了。在崇祯年间，虽然也有兵部右侍郎兼右佥都御史、巡抚天津的李继贞，为督蓟辽饷，而大兴屯田，并提出“经地、招佃、用水、任人、薄赋”五条办法。他本人也能做到“躬巡相视白塘、葛沽数十里间”。由于他“锐意兴屯田”，得到了“黍禾弥望”的较好结果[②]，但这宛如昙花一现，随即消失。正如史书上评论所说，李继贞虽“亦力于屯务，然仍岁旱、蝗，弗克底成效也”[③]。他本人的最后结局也是“罢归”。天津屯政和明末王朝的命运一样，也已是奄奄一息了。

第四节 皇　　庄

必须指出，屯务“弗克底成效”的根本原因不是“旱、蝗”，而是统治阶级反动腐朽和对人民敲骨吸髓的剥削，逼使整个社会经济走向总崩溃。皇庄就是祸害之一。“明时，草场颇多，占夺民业，而为民厉者，莫如皇庄及诸王、勋戚、中官庄田为甚。”皇庄的出现，自宪宗（1465—1487）始，“以没入曹吉祥地为宫中庄田，皇庄之名由此始。其后庄田遍郡县”[④]。皇亲、功臣各项庄田，所占各府州县地方，在正德十一年

① 《续文献通考》卷五《田赋》。
② 《重修天津府志》卷三十九《宦绩》。
③ 《续文献通考》卷五《田赋》。
④ 《明史》卷七十七《食货》。

(1516)以前已有三百八十余处。每处地土“动计数千百顷”[①]。林浚揭露说:“正德元年以来,奸滑无籍之徒,多将畿内逋逃民田,投献左右近幸之人,奏为皇庄。况管庄内臣,又凭城狐社鼠之势,而收租官校,即系设谋投献之人。出入往来,肆行无禁,千方百计,巧取横征。小民无所措手,有司莫敢谁何。”[②]因此,京畿地区皇庄遍及各个角落。此外,皇亲、驸马、功臣人等的庄田,亦皆散布其间,“乘机侵夺,借势混赖”。据查勘,顺天等府地方就有庄田地计二十万九百一十九顷二十八亩。弘治二年(1489)至正德九年(1514),北直隶皇庄就有三十多个(见表6-1)。

二十余年间设立皇庄如此之多,速度可谓惊人。这些皇庄共占地三万七千五百九十五顷四十六亩。正如时人曾作诗指出:“惟余芳草王孙路,不入朱门帝王家。”[③]常言道:“农桑者,天下之本,土地者,民食之源。”[④]皇庄或官田的增多,意味着更多的农民失去土地。即皇亲贵戚一朝所得,则使数千里农民遭受流离困踣之苦。而皇庄本身,却因其占有者的身份和地位的显赫而特殊。在畿辅地区,不仅是一般人民,就连当地属官和驻军,也受其害。例如,皇庄不仅有管理太监,有奏讨旗校,有跟随侍从等,还有催租打手。每座皇庄一般都有三四十人充当打手。这些人助纣为虐,占土地、敛财物、污妇女,无恶不作。每座皇庄又像一个独立王国,它“擅作福威,肆行武断,其甚不靖者,则起盖房屋,架搭桥梁,擅立关隘,出给票帖,私刻官防。凡民间撑驾舟车、牧放牛马、采捕

① 《明经世文编》卷八十七。
② 《明经世文编》卷八十八。
③ (清)汪介人:《中州杂俎》卷一。
④ 《林贞肃公集》卷三。

鱼虾、螺蚌莞蒲之利，靡不括取。而邻近地土，则展转移筑封堆包打地界址，见亩征银”[①]，敲诈勒索，强取豪夺。地方官府无法也不敢过问。皇庄的存在及所作所为，加速了社会经济的崩溃。有人说：“庄田侵夺民业，与国相终”[②]，其实并不过分。

表 6-1　弘治二年至正德九年北直隶皇庄数量统计

时　间	名　称
弘治二年	畿内皇庄五处。
弘治十八年	大兴县十里铺皇庄、大王庄皇庄、深沟儿皇庄、高密店皇庄、石婆营皇庄、六里屯皇庄、土城皇庄。
正德元年	昌平州有苏家口皇庄。三河县有白塔皇庄。真定府宁晋县有铺头村皇庄、大刘村皇庄。平隆县有大灰窖皇庄。新河县有仙汪庄皇庄。南宫县有南庄村皇庄。
正德二年	东安县有南葛里皇庄。宝坻县有李子法皇庄。通州有神皇庄。 武清县有灰蜗口皇庄、王庆陀皇庄。 静海县有四党口皇庄。
正德四年	大兴县三里河皇庄二处。
正德五年	立六里屯皇庄。
正德七年	武清县尹八湾、大直沽皇庄二处。
正德八年	立昌平州楼子村皇庄。静海县卫河两岸皇庄。青县孙八庄皇庄。保定府安州骟马庙皇庄。清苑县阎庄社皇庄。
正德九年	安肃县龙化社皇庄。

具体谈到天津地区，皇亲国戚及地方豪绅认为，屯政的推行与屯田

① 《续文献通考》卷六《田赋》。
② 《明史》卷七十七《食货》。

的发展,损害了他们的利益,便全力进行反对,甚至不惜诬蔑陷害。如前所述,徐贞明的遭遇就是最好的证明。汪应蛟呕心沥血所开垦的水田数千亩,初设兵两千,不久即“援辽千名”,被抽走了一半。一些自私保守的官宦也攻击中伤,说什么“种稻不如取苇”等,结果所开垦的八千亩良田大都荒芜。左光斗感叹:“废兴由人,良可浩叹。”左光斗本人所开辟的水田,最终也都抛荒。他所提倡创办并轰动一时的屯学,也由于“屯政废弛,学籍亦罢”,甚至“后人无知者”①。

结　　语

纵观明代在天津的屯田,时兴时废,成效不大,其原因在于:

一、明朝政府出于政治的需要,在天津建卫、筑城,派兵驻守,从而出现了天津城市。屯田则是为了资助军饷,天津却因此而得以继续存在和巩固。就是说,天津卫的建立,促使屯田业的出现,而屯田所取得的任何成就,反过来又支持了天津城市的发展。由此可知,屯田确实有很大意义。然而,因为明朝政府在天津屯田的主要目的毕竟是为了资助军饷,不是为了发展天津的农业经济,进而改善天津农民的生活状况,所以,也就不可能调动起农民的生产积极性,这是天津屯田成效不大的主要原因。

二、在封建社会中,人存政兴,人亡政废,所以,天津屯田的兴衰也决定于某些主持天津政事或经理屯田事务的官员,因此,天津的屯田没有也不可能有真正的发展,从时间上看,其往往是短命的。

三、苛重的赋税。明朝中期以后的赋税日趋苛重。天津三卫征税

① 高凌雯:《志余随笔》卷六。

的情况是:三卫所原额屯田地九千二百二顷四十三亩有余。其中,中卫所原额屯田地二千九百七十六顷九十七亩有余。实在征粮地六百六十三顷二十四亩多,征正项银计七百三十一两多。左卫所原额屯地三千六百三顷一十九亩多,共征正项银六百二十五两有余。右卫所原额屯田二千六百二十二顷二十七亩有余,共征正项银六百三十三两①。实际上的搜刮,远比上述数字为多。这些捐税,全部转嫁给了屯民,即屯民不仅承担正税,还要承担各种杂税和摊派。显然,以极端落后的生产手段从事个体小农经济的农民,承受不了如此苛重的剥削,因此,许多农民被迫抛弃土地,改行他业或逃亡他乡。农村生产力遭到严重破坏,农业——无论是水田或旱田的生产,也就不可能有所发展和提高。

四、明代中期以后,社会经济开始衰败,统治者荒淫无度,挥霍浪费,达到了顶峰。财政拮据,国库空虚。如崇祯末年,明政府的老库新库存银不到四千两。在社会经济趋于全面崩溃的情况下,即使统治者企图采用水利屯田之法以增加财政收入,也已无力投资。

五、在明朝即将灭亡的前夕,社会动荡,战事频起,统治者却借战事大肆搜刮。例如,害民最烈的"三饷",即"辽饷""剿饷""练饷",其加派总额为银一千万两左右,超过了正赋的数倍。劳动人民被剥削得一无所有,连一般的劳动生产都无法正常进行,更谈不上扩大再生产了。天津也和全国各地一样,由于明朝政府的无能和腐朽,使地方的政治混乱,经济崩溃,水利屯垦没有也不可能得到发展,即使个别官吏有所作为,也于事无补,最终仍难免失败。

六、不言而喻,明代天津屯田未获成功,上述几点是主要原因。而

① 《新校天津卫志》卷二《赋役》。

天津的地理条件——滨海斥卤之地，也是影响农业发展的不可忽视的因素。这在科学技术尚未发展到一定水平的当时，乃是人力所不能及的。因此，天津始终没有成为以农业经济为主体的自给自足的传统封建城市，清代天津农业的兴衰过程，则进一步说明了这一事实。

第七章 农业的经营与渔业概况

第一节 清代发展农业的措施

治水灌田

清朝取代明朝建都北京后,天津作为京师门户的地位丝毫没有削弱。清统治者对天津的重视不亚于明代,十分关注其经济恢复,对天津农业的经营即是重要内容之一。清统治者很清楚,“农事伤则饥之原”,深知“民生以食为天”的真正含义,其定都北京后即抓住了农业生产这一关键部门,为恢复和发展农业生产采取了积极措施。例如,提出了“农田人生之根本”的理论,进而制定了“休养生息”的政策,大力鼓励农民投入生产劳动,并为此而采取了一系列措施。修治水利、引水灌田,即是其中之一。对于地处畿辅要地的天津,清朝廷更是倾注全力经营。为了促进其农业经济的恢复与发展,清朝廷首先对天津的水利进行了治理。

地处“九河下游”的天津,更是水患之区,社会生产尤其农业生产遭到极大破坏。正如时人慕天颜所说:“百姓之苦,为灾患洊臻。”“小民之输赋者在农田，而田功之失收者因水旱。”[①]天津地方史籍中常有这样的记载：

直隶、顺天、河间等四府所属地方，“今岁水潦，伤稼，三农歉收”。

“直隶州县被水，小民乏食。”

“直隶夏雨成涝，滨水洼地，田禾不无淹损。”

“淀水长发，地亩民居无不淹浸。”

“天津静海一带，河道淤垫，连年被水，居民田庐未能固出，有妨耕作。”[②]

陈宏谋在《天津运河疏》中指出，“畿辅地方，南北运河及西南诸淀泊千流万派之水，均于天津出海”，加之河道失修，促成了水患的严重。在康熙三十七年（1698）前，“渺然巨浸，周二三百里，泓澄澈中，港汊纵横，周流贯注”，“田亩被淹”，“谷耗不登，米价翔贵”，穷苦人民被迫“流离道路”[③]，“国赋日逋”。清政府十分清楚，要改变这种情况，唯有推行“修明水利之法”[④]。

康熙三十四年（1695），清政府决定实行“天津开河工程”，并责令附近州县雇民，限期挑浚。于是，位居九河汇统之处的天津，不时出现筑堤浚河、多方修防[⑤]的局面。康熙三十八年（1699），于成龙便主持开筑了永定河。

雍正元年（1723），由于杨村至通河河道多有淤浅，清朝当局组织人

① 《皇朝经世文编》卷二十六。
② 《重修天津府志》卷一《诏谕》。
③ 《重修天津府志》卷一《诏谕》。
④ 《皇朝经世文编》卷二十六。
⑤ 《重修天津府志》卷一《诏谕》。

力疏浚，使漕船商贾往来无阻。乾隆十一年(1746)，直隶河道总督高斌提出了修竣天津等地区河道的意见，并被清政府采纳。

宁晋之黄儿营一带，与津水合流经天津入海，但是，由于黄儿营一带滹水泛涨，日久淤高，难以挑浚，清朝廷便在嘉庆十三年(1808)三月，另在耿家庄等处，分段挑挖成河，于是商艘民船畅通。道光二年(1822)，清朝廷用工银二万三千多两修竣了减河坝工程。道光十年(1830)，从水利本款内拨"银三万六千八百余两"，责令天津道李振翥、永定河道张泰运分别购料集夫督办，并强令在当年"端午节以前一律全完工竣，核实验收"①。

清朝修治水利，取得了一定成绩，对缓和天津水患，促进农业生产，起了积极作用。

上述事实说明，清朝统治者对天津水利建设还是重视的。当然，其主要目的，乃是为了自身的统治。在修河筑堤的过程中，一些贪官污吏趁机横索民财，比比皆是。例如，嘉庆末年的天津知县即以兴修水利为名，查勘各处已熟水田，借此敲诈勒索。然而，从整体上讲，对于修治水利一事仍应给予肯定。治水既在一定程度上保护了民田庐舍免遭水害，又可以引水灌田，并使南北航运畅通。与此同时，清政府还采取了减免赋税鼓励生产的办法，以缓和矛盾。

调整赋税

为了加快恢复农业生产的速度，进一步缓和与农民之间的矛盾，清朝政府采取了调整和减免赋税的办法。作为京师门户的天津，当然也

① 《重修天津府志》卷一《诏谕》。

从这一政策中得到好处。顺治八年(1651),清廷颁诏于天下,宣布各省自明万历年间加派的地亩钱粮于顺治八年免三分之一。"畿辅地方"原来派有"万历年间加增地亩钱粮,其人丁徭银,各州县派征等则不一",规定自"顺治八年分上三则,免四分之一,中三则免三分之一,下三则全免"[①]。天津当然也包括在"畿辅地方"的范围之内。

顺治之子康熙皇帝,于康熙八年(1669)正式下达了停止圈地的命令。圈地始于顺治元年(1644)二月,当时清廷强行圈占民田,"分给东来诸王兵丁等"[②]。大批良田被跑马圈占,有的良田被改为牧场,缩小了耕地面积。天津也不例外,被圈占而成为旗地的田地,就达429顷有余[③]。康熙停止圈地,并责令将当年"所圈房地,悉令还给民间"[④],这无疑有利于农业生产的恢复和发展。

第二年(康熙九年,1670),康熙又宣布,将那些原来为明朝藩王地主所有的土地,以"更名地"的名义,"免予变价",归耕种者所有。这一方面对于原明藩王地主是一个沉重打击,另一方面,则极大地鼓励了农民的生产积极性。包括天津在内的直隶,也是推行这个政策的地区之一。"直隶各省藩王田,奉旨免其易价,改入民户,名为更名地。""更名地内,自置土田,百姓既纳正赋,又征租银,实为累重。著与民一例输粮,免其纳租。"[⑤]这样一来,作为佃农的农民就变成了自耕农,对农民是有利的。

① 《清顺治朝实录》卷五十二。
② 《八旗通志》卷六十二《土田志》。
③ (光绪)《畿辅通志》卷九十五。
④ 《皇朝政典类纂》卷十二《田赋》。
⑤ 《清康熙朝实录》卷三十二。

直隶省乐亭县知县于成龙鉴于赋役摊派不均所造成的恶果,即“富豪之家,田连阡陌,不应差徭”[①],而一贫如洗的穷苦农民反而多有徭役的实际情况,提出了“田与丁分”的“均田均丁”法[②]。这便是“地丁合一”制度的雏形。康熙年间,这一办法除在广东一些地方试行外,并未能推广。至雍正年间,除西南少数民族地区外,则大都实行了这一制度。直隶于雍正元年(1723)即开始推行了“摊丁入亩”政策。据《天津府志·户口》记载,天津府“直属贫民寸土全无,编有丁银”,造成“苦乐不均”,民怨四起。为解决这一问题,总督李卫宣布天津所属地方,自雍正二年(1724)开始实行摊丁入亩。

所谓“摊丁入亩”,即按照各地原征丁银的不同比数,平均摊入各该地的田赋银中,统一征收,也就是“有地有丁,地多者丁多,地少者丁少”[③]。这样,无地的农民原则上不再交纳丁银。对于广大农民来说,负担是相对减轻了。对于清政府来说,则保证了税收。

清廷调整赋税的另一办法便是蠲免。最高统治者康熙帝曾说:“政在养民,蠲租为急。”[④]清廷建都北京后,曾不断下达豁免令。天津是畿辅重地,清朝统治者尤为重视对它的经营,关注其民情与社会生产。因此,天津地区被蠲免赋税的次数也比较多。顺治十一年(1654)二月,清廷以“畿辅重地,房屋田土多经圈占,加以去年水荒特甚,尤为困苦”,特拨库贮银十六万两支援。第二年(1655),顺治帝又以“畿辅之地乃天下根本,必加意安养,使民乐业,方能自近及远,渐致太平”,宣布豁免直隶

---

① 《清康熙朝实录》卷一百四十六。
② (嘉庆)《乐亭县志》卷四《田赋》。
③ 《济宁直隶州志》卷一《舆地》。
④ 《东华录》,康熙四十九年冬十月。

八府州县顺治八年(1651)至十一年(1654)未完钱粮，来表达他“加厚近畿，笃厚根本之意”①。当然，其真正用心在于缓和阶级矛盾，以巩固清朝的封建统治。

清朝的豁免赋税钱粮，以康熙朝为最著。康熙帝认为，“欲使民生乐业，比屋丰盈，惟当已责蠲租”②，让“万姓得沾实惠”，强调了“蠲租为布德行仁之要务”③。他的目的是为维护统治阶级的利益，而采取欲取之而先予之的手段，但是，作为封建统治者而豁免赋税，相对减轻人民的负担，则仍然应予适当肯定。包括天津在内的直隶等府县的豁免次数，与其他地方相比是较多的地区之一。例如：

康熙二十三年(1684)豁免了直隶八府未完地丁钱粮。

康熙二十四年(1685)应征地丁各项正赋全部蠲免。

康熙三十四年(1695)，以直隶顺天、保定、河间、永平四府所属地方发生水灾为由，清政府宣布豁免这些地区康熙三十五年(1696)地丁银米。

康熙五十六年(1717)十月，再次宣布免直隶顺天、保定、河间、宣化等五府州县的康熙五十五年(1716)地丁银 855800 两，粮米豆各 115500 石，草 94900 束④。

雍正以后，清廷继续推行豁免措施，以减缓统治阶级与广大人民之间的矛盾。雍正帝即位不久便宣布全部蠲免直隶七十四州县被水田亩钱粮。乾隆二十七年(1762)，天津、武清、宝坻、霸州、青县、静海、沧州

① 《重修天津府志》卷一《诏谕》。
② 《东华录》，康熙二十四年四月。
③ 《重修天津府志》卷一《诏谕》。
④ 《重修天津府志》卷一《诏谕》。

等十七州县大水成灾，清廷即免除这些地方应征银 82400 两，谷、豆、高粱 5400 石。乾隆三十二年(1767)，蠲免天津等地本年应征钱粮十分之三，缓征银 73200 余两，屯谷 3400 余石。嘉庆十三年(1808)豁免天津府属嘉庆十一年以前积欠地粮正耗银 74000 余两，粮 9300 余石(豁免情况见表 7-1)。

表 7-1　顺治至道光年间对天津等地豁免表

时　间	豁　免　内　容
顺治元年	免河北州府县卫租三分之一。
顺治八年	免顺治五年以前旧欠钱粮。
顺治十一年	免本年直隶八府田租，并免六、七两年直省积欠在民之地丁本折钱粮。
顺治十三年	免八、九两年直省积欠在民之地丁折钱粮。
康熙四年	免直省顺治十六、十七、十八年各项民欠钱粮。 是年直隶水旱雹灾，免赋有差。
康熙二十八年	畿辅旱，免田租，发帑金三十万两赈济。
康熙三十年	直隶七十七州县旱，各按灾分免租。
康熙三十三年	诏发霸州与天津卫所贮半谷赈给，并以余米平粜。
康熙四十四年	免直隶被水州县灾田本年租税有差。是年免直隶全省一年额赋。
康熙四十五年	免直隶各府自康熙四十一年至四十三年民欠未完银米，其已纳在官者，即抵本年正赋。
康熙四十九年	天下钱粮自五十年始，三年内通免一周。其直隶奉天等省五十年所征地丁银并历年旧欠俱于五十年蠲免。 是年豁免直隶等省所属应征地银七百二十二万六千一百两，其旧欠共一百一十有八万五千四百两有奇，亦著免征。

续表

时　　间	豁　免　内　容
康熙五十一年	蠲免直隶五十年、五十一年额赋，其累年旧欠一并免征。
康熙五十六年	免直隶、江南等省带征地丁，并免漕项银两。
雍正元年	直隶钱粮被灾分数已经停征，仍将两年旧欠分作三年带征。
雍正三年	免各省钱粮自康熙十八年至四十五年止，其五十年以前旧欠银米等项均豁免。免天津本年钱粮。
雍正四年	诏发通仓十万石运至天津赈济。
雍正六年	豁免直隶通省九年钱粮四十万两。
乾隆元年	蠲免府属州县康熙六十一年至雍正十三年止，民欠钱粮共三万六千四百两。
乾隆三年	以畿辅歉收为由，特旨截留粮赈济天津、青县、静海、沧州饥民二十六万二千五百六十九口，计米一十二万四千余石。 免临清、天津关米豆船税。
乾隆四年	豁免直隶本年钱粮九十万两，并将所蠲正赋三耗羡一概免征。
乾隆五年	天津所属带征之项，自本年为始可分五年征收。
乾隆八年	赈天津、河间、深州属二十八县饥民。
乾隆九年	免天津、河间、霸州三十一州县灾民所贷种食。拨豫东二省谷石运津以资赈粜。
乾隆十年	普免天下钱粮，直隶轮于十一年全行蠲免。
乾隆十二年	天津灾赈如例。是年免天津苇渔课。
乾隆三十年	免直隶各属自乾隆十九年至二十五年旧欠及二十六年未完缓征银两米石。
乾隆三十二年	巡幸天津免经过地方及天津府属本年额赋十之三。 又普免天津府属节年尾欠及上年缓征银七万三千两。 屯谷三千四百余石。

续表

时　间	豁　免　内　容
乾隆三十四年	蠲免经过地方及天津府属次年应征地丁钱粮十分之三。
乾隆三十六年	因天津等处被灾较重，免沧州等五州县借欠三万八千余石及天津县常借未完谷三千六百余石。
乾隆三十七年	赈上年被水天津等二十四州县极次贫一月口粮，并粜借籽种。
乾隆五十三年	蠲免天津府属本年应征钱粮十分之三，并免天津府属未定缓带银谷。
乾隆五十九年	天津府属节年缓带银粮悉行蠲免。
嘉庆元年	应征钱粮通行蠲免。
嘉庆二年	天津、静海、青县、沧州四州县被水应征民地钱粮，并旗租仓谷等项缓至次年麦熟后征收。
嘉庆十三年	免直隶通省嘉庆十一年以前积欠地粮正耗等项十分之二。
道光元年	蠲缓天津、青县、沧州、南皮等州县被水雹村庄新旧额赋。
道光二年	缓征天津等州县新旧额赋。
道光三年	缓征天津等州县本年钱粮。 豁免天津被水三百零一村庄钱粮，赈济贫民三月银米。
道光四年	缓征天津等县本年额赋。 缓征天津、青县、静海等县节年出借籽种、口粮。 缓征天津被水各村庄钱粮。分别赈济极次贫民两月银米。
道光十一年	免天津等州县被灾新旧额赋仓谷。
道光十二年	缓征天津被水三百二十五村庄钱粮，分别赈济极次贫民三月银米。
道光十四年	免天津县积水地亩额赋。
道光十五年	豁免各省民欠钱粮。缓征带征银谷籽种。

续表

时　间	豁　免　内　容
道光十七年	缓征天津等州县旧欠银粮。
道光十八年	缓征天津等州县被灾新旧额赋。
道光十九年	缓征天津等州县上年歉收村庄新旧额赋。
道光二十年	蠲免十分之二天津等地粮正赋，赈济银米两月。次春赈一月，并借籽种。
道光二十一年	减免天津县洼地额赋。

资料来源：此表据（光绪）《重修天津府志》卷五制。

应当指出，豁免也和摊丁入亩一样，真正从中得到利益的是地主。因为广大农民没有或只有很少土地，豁免钱粮对无地农民就成了一句空话。然而，从另一个角度来说，清政府减免赋税，总要比加紧搜刮有利于安定人心，有利于社会安定，也有利于社会生产。

鼓励生产

作为京师门户的天津，由于政治和经济地位的重要，清朝统治者对它表现出非同一般的重视与关心。而一些满族贵族与绅衿、势要、土棍、豪强，以及他们的家人、奴仆、庄头等，却在天津一带“纵恶恣行，武断乡曲，有司畏威而不敢问，大吏徇隐而不能行”①。清廷十分清楚，这些人横行霸道无恶不作的结果，必然要引起人民的愤怒和反抗。为了安定民心，清朝最高统治者不得不实行必要的制裁。康熙帝曾说：“直隶为畿辅重地”，尤应澄清治安。他亲自委派“大臣巡察”，以惩办不法

① 《畿辅通志》卷一。

分子,试图达到“祛除积弊”的目的①。

康熙之子雍正帝也一再下达“谕旨”,斥责地方官吏、豪绅和旗人的横暴。例如,雍正六年(1728)六月,他在“上谕”中尖锐指出,“畿甸之内,旗民杂处,向日所在旗人暴横,小民受累。地方官知之,莫敢谁何”②。如果任凭其发展下去,必然“致风俗日渐浇漓,难以整理”。于是,清廷于雍正七年(1729)八月,在“旗员及司官内,遴选贤能者八员”,派往各府州县地方整饬吏治。

与此同时,为了动员官民投入垦田,清朝廷大力宣传“国家生财之道,垦荒为要”③,并颁布了奖惩条例。譬如,规定凡“无主荒田,州县官给以印信执照”,便可开垦耕种,并“永准为业”。同时规定,“六年后”方可“议征收钱粮”。六年之内不许开征,“不允分毫佥派差徭”④。为了促进农业的恢复和发展,清政府又以官爵为诱饵,鼓励对荒田的开发。所颁条例称:凡“督、抚按一年内垦至二千顷以上者,纪录;六千顷以上者加升一级。道、府垦至一千顷以上者,纪录;二千顷以上者,加升一级。州、县垦至一百顷以上者,纪录;三百顷以上者,加升一级。卫所官员,垦至五十顷以上者,纪录;一百顷以上者,加升一级。文武乡绅垦五十顷以上者,现任者纪录;致仕者给匾旌奖”⑤。不仅如此,清朝廷每年还从每乡中推选开垦优胜的一二名老农,给予“八品顶带”的嘉奖。清朝廷又在京师之东的滦蓟、天津;京师之南的文霸、任邱、新雄等处,各

① 《畿辅通志》卷一。
② 《畿辅通志》卷一。
③ 《清康熙朝实录》卷二十三。
④ 《清顺治朝实录》卷四十三。
⑤ 《清顺治朝实录》卷一百〇九。

设"专官经画疆理",并招募有经验的农民"课导耕种"。农民无力者,可动支正项钱粮,代为经理。以田熟岁收的十分之一补偿库帑。为了农耕,还规定,凡营田一顷以上者,分别给予奖赏。若有"新出资代营者,民则优旌,官则议叙"[①]。

在清朝政府的政策鼓励下,全国各地农业生产的恢复与发展十分迅速,这就大大加快了社会经济复苏的步伐。作为京师门户与近邻的天津,和其他卫所府县一样,农业也得到一定程度的发展。康熙时期天津蓝田的出现,便是证明。

第二节　清政府对农业的经营

蓝田

康熙时期的吏部尚书李光地曾建议在直隶地方开垦水田,但是,见诸行动并收到一定成效的则是蓝理所经营的"蓝田"。

蓝理,字义甫,福建漳浦人,康熙四十二年(1703)调任天津总兵。第二年(1704),蓝理上疏康熙帝,要求在天津及所属地区进行水田开垦。他分析说,由于直隶沿海旷地,丰润、宝坻等地方多有洼地,完全可以仿效南方,开为水田,栽种稻谷,"一二年后",定可变成"肥沃"的土地[②]。蓝理提出的具体办法是:一、招募福建有经验的农民二百多人开垦土地一万余亩。二、招募江南等地被迫离开土地而又无他业的农民,"安插到天津,给与牛种,将沿海弃地尽行开垦"[③],并规定起课年限。

---

① 《重修天津府志》卷一《诏谕》。
② 《清康熙朝实录》卷二百一十八。
③ 《清康熙朝实录》卷二百一十八。

蓝理所提出的两点办法，是有远见而又可行的，有益于当时天津农业的恢复与发展。正如户部议复中所说，若将“荒田及下洼地开垦为水田，实万世无穷之利”①。康熙起初对蓝理的意见有些疑虑，他认为“水田不可轻举”，“北方水田，难于积蓄”②。并以山西太原为例，说“太原以南引水自高处灌入田中，甚为得法。陕西、宁夏、哈密等处，亦皆如山西种水田，此皆按地方之形，随水土之性而作者也”③。

康熙的意见也并非空谈，而是根据西巡时观察所得，所以提出了“天津沿海斥卤地方，又非民田”，怀疑其可能性。不过康熙并未武断否定，而是做出了“今蓝理请于水田，著交部议奏”④的批示。经过户部的讨论，终于得出了“应如所请”的结论。康熙也接受户部讨论的意见，批准了蓝理的请求。

接着，在康熙四十五年(1706)三月，蓝理又与直隶巡抚赵宏燮再次上疏康熙帝，要求“于直隶所属荒洼田地开垦水田”⑤。蓝、赵二人还制定了具体办法，即规定不分旗民、南北之人，凡有情愿开垦者，“均照丁给田，如有用官捐助牛种耕种者，三年后升科；如自备牛种耕种者，六年后起科，其田给与开垦之人为业”。同时，他们还提出，让“江南等省军徒人犯，安插天津，照丁给田，令其开垦”⑥。

其实，蓝理在报告康熙帝的过程中，已经开渠灌田，开始“试垦”。他在城南河渠圩岸周围数十里垦田二百余顷，这便是颇有名气的“城南

---

① 《清康熙朝实录》卷二百二十四。
② 《清康熙朝实录》卷二百一十八。
③ 《清康熙朝实录》卷二百一十八。
④ 《清康熙朝实录》卷二百一十八。
⑤ 《清史列传》卷十一《蓝理》。
⑥ 《清康熙王朝实录》卷二百二十四。

蓝田”及贺家口田[①]。为了开发稻田，蓝理首先“开围田引用海河潮水，仍泄水于本河以灌田”[②]。同时，招来浙江、福建“农人数十家，分课耕种。每田一顷，用水车四部”。每到“插莳之候，沿途遍野，车戽之声相闻”，生产劳动的热情十分高涨。由于蓝理所采取的措施比较得当，使稻田茁壮成长。有人称颂说：“雨后新凉，水田漠漠”，宛如“小江南”[③]。后人也多有记载说，“天津城南五里，有水田二百余顷，号曰‘蓝田’，因为康熙间总兵蓝理所开浚也。河渠圩岸，周数十里。蓝尝召闽、浙农人督课其间，土人称为小江南”[④]。关于蓝理在天津开发水田的经过，《天津府志》是这样写的：“蓝公立水田于城南，并请建海光寺，延僧湘南为住持。寺外多湘南垦土，故湘南著寺志言城南开垦甚详。尔时水田分为东西两圈，内又各以垦种为圈，名如华家圈、徐家圈是也。又地名东棚、西棚者，为推水车畜马所也。”这些记载都说明，蓝理对天津水田的建设出了力，并收到了一定效果。

蓝理于康熙四十五年(1706)擢福建提督之职离开天津后，其所营建的水田因无人经理，竟至“圩坍河淤，数载废为荒壤”。康熙四十九年(1710)后，虽有天津参将“蓝珠料理接种”[⑤]，以及康熙亲令在开垦之田“泄水之处，挑浚设闸”，以使蓝理所开水田“尽全种稻”[⑥]，但已远不及蓝理时的兴盛。上述事实可说明：一、清朝对天津农业比较重视。二、正处于经济恢复时期的天津，通过采取一些有效措施，使农业生产

① 《天津县志》卷十一《营田》。
② 《重修天津府志》卷二十八《屯田》。
③ 《天津县志》卷十一《营田》。
④ 徐珂：《清稗类钞》第5册《农商类》。
⑤ 《重修天津府志》卷二十八《屯田》。
⑥ 《重修天津府志》卷二十八《屯田》。

得到了某些发展。三、农业状况一定程度的好转，对其他经济部门的复苏起了一些促进作用。四、农业和其他经济部门生产情况好转，又为清前期天津城市的建设奠定了物质基础。

雍正年间的农田建设

继康熙之后的雍正帝，仍然重视垦荒辟土和农田水利的建设。他一再强调，“惟开垦一事，于百姓最有裨益”，指出“各省皆有可垦之田土，而所以任其荒废者”，其故有二：一是“民俗好争竞。当其未垦之时，则置不问，及至既垦之后，则群起相争，是以将可耕之壤，抛为旷土”。二是“垦田必须工本，而寒苦之民，不能措办，以至委诸墓莽”[①]。为改变这种局面，雍正下令各省，凡是可开垦之处，听民相度地宜，自垦自报，地方官员不得勒索，胥吏也不得阻挠。并规定纳税年限：水田六年起科，旱田十年起科。如各级官吏能动员百姓开垦地亩多者，可得到升迁的奖励。清廷以官爵诱使各级官吏设法鼓励百姓开垦，从而加快了农业发展的步伐。天津的农业也受到这一政策的影响，而得到了发展。

雍正三年(1725)，清廷令怡贤亲王允祥偕大学士朱轼，治理畿辅水利农田。第二年(1726)，决定增设营田水利府，由怡贤亲王“董其事”，开始了治水营田。他们根据地势，自滦州、玉田诸县浚流筑圩、建闸开渠。与此同时，招募南方有经验的老农民“教耕”，聘请工匠打造农具，抢耕抢种，弥补因水灾造成的损失。由于抢种及时，当年“秋田之熟者”便有一百五十顷。又动员文安、保定、新城、任邱等地的农民自耕自种

① 《东华录》，雍正六年二月。

者七百余顷，结果也收到了“比岁皆登”的成绩[①]。

雍正五年(1727)，又“分京东、京西、京南、天津为四局，局设长副司之”[②]。《天津府志》也记述了此事，称：“五年，奏设水利营四府，分立四局，设营田观察使等官。”其中天津局统辖天津、静海、沧州及兴国、富国二场。陈仪受命“领天津局”水利营田。

陈仪，字子翙，顺天文安人，康熙五十四年(1715)进士。陈仪对治水营田颇有见解，提出了一整套办法。如他认为，天津“欲治河莫如先扩达海之口。欲扩海之口，莫如先减入口之水。入口之水减，则达海之口宽”，从而使“北之永定，南之子牙，中之七十二清河，乃得沛然入三岔口而东注”。同时，他还仿效明代汪应蛟的做法，“筑十字围，三面开渠与海河通。潮来渠满则闭之，以供灌溉”。这种办法十分有效，使“白塘、葛沽之间斥卤尽变膏腴”[③]。雍正七年(1729)，便速成水田七千顷。雍正九年(1731)，大学士朱轼、河道总督刘于义请求“遣太仆卿颜琮稽查核议，设观察使两员，并以宪职副使二员，分辖守东西，督率州县开营修治”[④]。机构的设立，无疑加强了管理，因而也加快了营田的步伐。所设置的官员即使为了自身的利益(如为了取得最高统治者的欢心，从而得到擢升)也会全力营田。雍正六年(1728)，营田观察使黄世发自营五顷，“耕耨得宜，亩收五六石，刈获之际传集各围地户共观之”[⑤]，以其为榜样，来激发围地户营田的热情。

---

① (清)王庆云:《石渠余记》卷六。
② (清)王庆云:《石渠余记》卷六。
③ 均见《清史列传》卷七十一《陈仪传》。
④ 《重修天津府志》卷二十八《屯田》。
⑤ 《天津县志》卷十一《营田》。

雍正年间的营田十围是指：

贺家围：这里东濒海河，因桥建闸，周围筑埝，围内开渠，纵横均可得到灌注。此处共营田三十八顷九十三亩。官民自营九顷。

何家圈围：地势平坦，土性滋润，为天然粳稻之乡。雍正五年(1727)，在明汪应蛟屯田的旧址，开筑营八十三顷十六亩。民间自营田二十三顷四十亩。

吴家嘴围：三面临河，雍正五年(1727)于冯家口建闸引水，并设涵洞三座，分渠灌溉，营田二十七顷九十二亩。民间自营田十四顷四十一亩。

双港围：也是汪应蛟屯田旧址。在其原有沟渠的基础上，修筑了东与何家围沟渠相通的渠道，可互为蓄泄。营田计三十八顷二十五亩五分。民间自营田三十八顷七十三亩。

白塘口围：利用原明旧有闸基石，添砌建造，又设涵洞两座。营田六十四顷六十七亩。民间自营田四顷七十二亩。直至道光、咸丰年间仍有“白塘口稻田六万三千亩”之说。[①]

辛家围：汪应蛟屯田旧址。村东西各有沽河一道，西河为屯田旧渠，东河为天津一郑姓所开稻田。雍正初年疏浚二河，各置闸一座，使围内沟渠交注，起到引新泄故、留沃去碱的作用。此地营田六十一顷六十二亩。民间自营田五十九亩。

葛沽、盘沽二围：当地人民善种稻米。清政府于雍正五年(1727)分建围圩，开渠置闸。营田五十九亩。民间营田九十一顷。

东西泥沽二围：清政府在此二围各建进水闸一座、泄水涵洞两口，

---

① (清)姚承丰：《稔斋诗草》。

并营田三十五顷二十七亩。民间自营田六顷二十八亩[①]。

雍正时期天津农业建设的特点是以水田为主,并且大都利用原明屯田的旧址。然而,即使在旧有基础上重新开发,也并非易事。因此可以说,清廷对天津的农业建设,确实下了一定功夫,也收到了一定效果。应当说明,像何家围、吴家嘴围、双港围,以及葛沽、盘沽、东西泥沽等地,当时虽在静海、沧州县境内,但在更定"幅员"时,均先后归属天津县管辖。

值得提及的是,雍正年间,确有从南方来天津买田种稻的殷实人家。据乾隆朝《天津县志》记载,浙江绍兴徐某来天津,买土地两块。其地一在天津南,为了讨好当局,献给清军作牧马之用。另一块地在葛沽,用为种稻,并以江南先进的大轮水车灌田。明、清两朝招募南方人来津耕种,不仅有利于天津水田的开发,也把南方的生产技术传到了北方。另外,由于雍正年间"正疆域"的工作,天津的土地面积也发生了一些变化。见下表7-2:

① 《重修天津府志》卷二十八《屯田》。

表 7-2 雍正年间天津土地变动情况表

并入土地数	除出土地数
雍正八年 沧州并入土地十四顷八十九亩九分八厘。 静海县并入土地一千三百七十五顷三十九亩三分八厘。 武清县并入土地一千九百零九顷六十三亩六分二厘。	雍正八年 归并南皮县除地五百二十顷三十二亩四分一厘。 归并静海县除地五百一十六顷四十四亩三分四厘。 归并青县除地九百八十九顷三十五亩。 归并沧州除地二千三百四十四顷四十一亩八厘。 归并武清县除地一百三十一顷七十二亩七分三厘。
雍正十二年 武清县续并入地一百五十八顷四十三亩九分五厘。	雍正九年 圈出地一顷九十八亩。 归并青县报垦地三顷五亩。

资料来源：据（乾隆）《天津县志》十二卷及《天津政俗沿革记》卷六十。

注：①雍正八年以前实在地数为四千七百五十三顷四十五亩三分二厘。

②私人退出土地未计算在内。

垦荒

伴随着天津社会经济的恢复，城市手工业和商业日益发展，城市经济愈加繁荣，城市人口也大幅度增加。例如，顺治十八年（1661）至雍正四年（1726），天津卫人丁为一千零五十三丁（内除补剩免赋人丁二百一十二丁）。到了雍正九年（1731），编审实在行差人丁为二千四百九十七丁，约增加一倍。[①] 天津人口的增长速度，与全国人口的增长速度成正

① 关于天津人口问题，上编已引用《津门保甲图说》加以说明。

比。据高王凌推算,康熙二十一年(1682 年),全国人口为七千多万人,到了雍正十二年(1734 年),全国人口发展到一亿四千多万[①]。这说明,天津城市的发展变化,也受全国经济形势的影响。天津也和全国情况一样,由于人口的增加,尤其是城市人口的增加,首先所需要的便是口粮。因此,进一步促进农业的发展,便成为首要的任务。乾隆帝一再强调"垦田务农为政之本","五谷者乃命之所关"[②]。他把是否劝课农桑,作为衡量地方官吏优劣的尺度。至嘉庆、道光年间,依然奉行以农为本的方针。以嘉庆为例,他曾一再表白,"朕惟农桑为政之原"[③]。每到春耕之时,嘉庆帝也率臣属前往现场,举行"亲耕"。这虽纯属形式,却也产生某些积极影响,即各地出现了例行的"春耕盛典"。天津也不例外,在每年清明节后,"亥日举行",地点在紫竹林上园的先农坛(一名天坛)。这一天,"有司官自道府以次咸集",个个身着朝服,文东武西,三跪九叩致祭。祭毕,即脱去朝服,换上农民装束,"按例而行,扶犁驱犊"进行播种,来回数次[④]。

"春耕盛典",虽是表面文章,却也多少起到一些号召作用。但随着时间的推移,连这点作用也消失殆尽,而完全变成滑稽可笑的蠢举了。

清代乾隆、嘉庆朝以后,与其他北方城市相比,天津的农业建设虽然显得迟缓,但在当政者"重农"的总政策下,还是在缓慢地发展着。例如,乾隆中叶,由于气候变化、雨水充足,水田又出现了增长之势。尤其葛沽一带稻田长势最好,有"葛沽围绕水田多,更喜街心走泻河。买得

---

① 郭蕴静:《清代经济史简编》,河南人民出版社 1984 年版,第 290 页。

② 《清乾隆朝圣训》卷二百〇九。

③ 《清嘉庆朝圣训》卷九十七。

④ (清)张焘:《津门杂记》卷上。

乡间车子地，稻花风里插秧歌”[①]的佳句。有时干旱十分严重，水田无法种植，清政府又及时下达凡不宜水田之地，可改为旱田的指令。灵活的措施，有利于农业生产。与此同时，清朝大力提倡开垦一切可以开垦的土地。一些曾经开垦而又报荒的土地，也令重新开垦。下表为乾隆、嘉庆年间直隶所属地区垦地情况：

表 7-3 乾嘉年间直隶属区开垦荒地情况表

年 份	地区名称	总督姓名	垦荒亩数
乾隆十三年(1748)	霸昌、热河二道，天津、正定二府及遵化州属。	那苏图	水、旱、荒田二百二十八顷一十亩。
乾隆十九年(1754)	天津、顺天、保定、宣化、霸昌、通永、热河、易州等府道、州属。	方观承	首垦地一百八十六顷。
乾隆三十年(1765)	天津、顺天、保定、宣化四府、热河道属。	方观承	垦地二百五十六顷二十亩。
乾隆三十三年(1768)	天津、顺天、永平、保定、宣化、遵化六府，并热河道。	方观承	垦田三百五二顷八十一亩。
乾隆三十五年(1770)	天津、顺天、永平、河间、宣化、遵化、易州等府州。	杨廷璋	新垦荒地一百四十顷。
乾隆四十年(1775)	天津、顺天、保定、宣化、永平、正定、遵化、易州八府州县及热河道属。	周元理	生熟地共四百顷。

① 康尧衢：《春及生诗钞》，《天津历史博物增馆刊》1987 年创刊号。

续表

年　份	地区名称	总督姓名	垦荒亩数
乾隆四十五年(1780)	天津、顺天、保定、承德四府属。	袁守侗	开垦熟地五十八顷九十二亩。
乾隆五十九年(1794)	天津、宣化、东安、香河、宛平等十县。	梁肯堂	垦地二百十六顷二十亩。
嘉庆十年(1805)	天津、宝坻、香河等六县。	颜　检	垦田一百顷五十二亩。

资料来源：据《清乾隆朝实录》卷三百三十九、四百八十七、七百八十九、八百〇八、八百五十五、一千〇五，及《清嘉庆朝实录》卷一百八十一、一百四十五记载。

上述数字虽然并非天津一处所垦田土，其中也可能有为邀功而虚报的数字，但由此也可窥见乾隆朝以后天津的土地被继续开发，其收获量当也有所增加。

清朝所推行的“屯田济运”制度，对天津城市的发展，同样也起了有益的作用。所谓“屯田济运”，即漕运屯田。清朝为了节省开支、扩大财源，在顺治年间即下令运丁屯田。当局规定，各省卫所屯田，按漕船额数照亩编派耕种，由政府发给资金，屯田所获为漕者津贴。同时设置屯田官员监督管理。但是，各地漕屯的多少，并无统一的规定。天津屯地每丁派给五十亩，“每亩原额新征租银，自二分至一钱不等，交与地方官按年征收，关解该帮[①]所散给各丁；按该丁原领屯田租数，按名散给”[②]。

① 系指地方帮，如东昌卫之东昌帮、濮州帮，东平所之东平帮等。参见(嘉庆)《大清会典事例》卷一百六十九。

② (嘉庆)《大清会典事例》卷一百六十九。

“屯田济运”政策，对天津经济所起的作用虽然不能估计过高，但是，多少还是有作用的。

天津农作物的品种多样，除水稻外，还有黍（即黄米、黄糯）、稷（高粱）、粱（小米）、豌豆、蚕豆、豇豆、绿豆、穞豆、龙眼豆、羊角豆、兔眼豆、茶豆等。此外，作为农副业的蔬菜也有很多品种，如韭菜、葱、白菜、芥菜、菠菜等。尤其白菜，很有些名气。总之，农业经济虽然在天津社会经济中不占主导地位，但是，农业生产出现一定程度的好转，必然促进天津城市的建设和其他经济部门（如手工业）的发展，对活跃天津城镇商业也有裨益。

第三节　农业生产的衰落

天津的农业生产也和天津的其他生产部门一样，虽经清代前期得到恢复和发展，但到中期以后，由于清朝统治者日趋腐败和反动而走向衰落。最能反映这一点的是劳动人民日益贫困。

处于封建专制主义下的天津农民，也和其他地区的农民一样，在地主占有制的形式下，在小块的土地上，使用极其简陋的工具进行着笨重的劳动，收获所得不能或勉强维持温饱，根本无法进行扩大再生产和改进生产技术。由于生产条件与生产手段十分落后，以及当时无法抗拒的水旱灾害和恶劣的地质条件，收获量也不可能提高。农民的这点微薄收入，还不可能全部归己，而是被迫把其中的七成甚至八成忍痛交给地主或官府，即使“终岁勤动”，也依然过着艰难贫困的生活。孙嘉淦曾揭露说，直隶所属州县的“小民欲治良田，必积二三年之苦工，深耕易耨，加以粪治。田甫就熟，而地棍生心，遂添租控种矣；稍有争执，即以民霸旗地告官”[①]。不仅如此，还往往是“今年索取明年之租，若不预完，则夺地另佃矣；另佃必添租，租银既重，逋负必多，一遇歉收，弃地而逃”[②]。这充分说明，农村生产力遭到破坏，农业生产水平必然下降。

天津又与京师为邻，在政治、军事上有着特殊重要的地位，受到当政者的重视。同时，也正因为与京师为邻而倍受剥削和欺凌。包括天津在内的“近畿各府”，不仅有“八旗庄屯杂处”，更有“太监亲戚散处州县”，兼有其他“庄屯全在其间”[③]。他们纵恶恣行，武断乡曲，放债牟利，强取豪夺，是摧残农村生产力的大患之一。当地的地主绅衿对农民的剥削同样苛重。“绅士田产，率皆佃户分种，岁取其半。”佃户见田主要行“主仆礼仪”[④]。从字面上看，虽是“岁取其半”，但实际上地主对农民的剥削要比这更多。从“主仆”关系也可得知，地主可以用各种借口，对农民实行物质的和精神的剥夺。

农民不仅向地主交租，向豪强纳赋，而且要向清政府交税。例如，乾隆二年(1737)天津土地数为三千七百九十三顷二十四亩九分四厘(每亩征银没有固定数字)，计征银九千六百五十一两四钱六分。遇闰加征银三百一十二两一钱五分[⑤]。除正税以外，尚有名目繁多的杂税。这些苛赋杂捐的绝大部分，都摊派在农民身上。

与此同时，土地兼并也十分猖獗，农民土地被地主抢夺。道光年

① 《清朝经世文编》卷三十五，孙嘉淦《八旗公产疏》。
② 《清朝经世文稿》卷三十五，孙嘉淦《八旗公产疏》。
③ 《畿辅通志》卷二。
④ 《畿辅通志》卷七十一。
⑤ 王守恂：《天津政俗沿革记》卷六。

间，天津属地就出现了拥有土地四十余顷的大地主[①]。在繁重的租税重压下，农民既无力也无心思考虑改进生产管理和提高技术，再加上仅有的一点土地被抢夺，农民在农村就更加无法生活，不得不背井离乡，远走他乡，过着流浪乞讨的生活。由于农民逃亡，农村人口锐减，土地荒芜。如蓝理所开水田，到了乾隆四十年(1775)时，便尽成废土。雍正初年的营田小围，逐渐荒芜，至乾隆年间也仅存贺家口、葛沽两围了。由此可以想见，在清代中叶以后，农业生产确实遭到一定程度的破坏。还应当指出，天津农业生产的不景气，同样与滨海荒旷、斥卤之地和气候多变等自然条件有很大关系。然而，河海交汇处的天津，却极利于鱼、虾等水生动物的繁衍生长。

第四节　天津渔业概况

渔业的兴旺

渔业的发展是天津的特征之一。然而，由于文献记载不详，现仅能简述其概貌。

如前所说，天津靠近渤海，又有众多的河流从这里入海，也就带来了大量有机物，这便为水产物的繁殖、生长提供了有利条件。每年春暖花开时，种类繁多的鱼虾等水生动物便汇集到海口寻食、产子。这些水中生物，成为渔业出现的先决条件。天津号称七十二沽(实为二十一沽)，另外还有宁河及东西二淀等，正是淡水养鱼的最好场所。因天津

---

① 李文治编:《中国近代农业史资料》(第1辑)，生活·读书·新知三联书店1957年版。

具有得天独厚的自然环境——水，便为水生动物的生存提供了绝好的条件。而最早的天津人之所以能够生息和繁衍，也当与水生动物有着密切的关系，也就是说，水和水中的能食生物，为天津人的生存提供了必需的“食粮”。

由此可以推论，最初的天津人是近水而居，并且生食鱼、虾、蟹、蛤之类，随着时间的推移，便出现了专门以渔猎为生的居民，也就出现了渔业。

伴随着渔业的出现，聪明的天津人又发现了海边泥土咸而可食，于是晒盐、淋盐也随之出现了。这样，水、盐、鱼虾等便成了天津人得以维持生命的三大要素。由此似可推知，水道两岸乃是天津人生存的摇篮。所以，“饶鱼盐之利”，“鱼利与盐同”[①]，便成为天津经济生活中的突出特征了。直至明清两朝，仍以水道两岸的人口最为密集，也可算是佐证。此外，明朝中叶的天津兵备副使汪来亦有万灶沿河而居之说[②]。清人诗中有“放溜下丁沽，人家半水居”[③]之句。这些都说明，天津人是在水道两岸凭借鱼盐之利繁衍发展起来的。

由于明清两代天津渔业有了明显的发展，沿海村庄渔户日见增多，有的村庄渔户占当地居民数的一半或更多。如大沽地区九十余户居民中，渔户就有五十户。《天津新志》记载“渔人驾舟出海约三百号”，都说明了天津渔业的繁荣盛况。而这种繁荣盛况，在明清两代的诗词及传说中也多有反映。如明人宋纳的《直沽舟中》诗写道：“旅思摇摇嗜昼

---

① 《天津县志》卷二十一、十三。

② 《新校天津卫志》卷四。

③ 《天津县志》卷二十一。

眠，舟人报是直沽前。夕阳野饭烹鱼釜，秋水蒲帆卖蟹船。”[①]瞿佑《次直沽》诗中也有“挂帆商舶秋风顺，晒网渔翁夕照间”的诗句。一位不署名的诗人在《直沽棹歌》中唱道：“云帆十幅下津门，日落潮平不见痕。苇甸茫茫何处泊，一灯明处有渔村。”[②]清朝的第二个皇帝康熙对天津鲤鱼很感兴趣，故而于康熙八年（1669 年）十一月初一日，“巡幸”天津的第二天，从“教场过河”时，即命令渔船打鱼，一网竟“获鲤鱼二尾”。康熙十分高兴，“赏银五两”，作为酬金[③]。这也是天津盛产“鲜货”的反映。

由于鱼、虾、蟹是天津的特产，所以，天津地方的各级官僚多以此鲜货作为讨好上司和馈赠亲朋的珍品。譬如，著名诗人朱彝尊就接到曹姓武备自“津门”赠送的一筐鲜蟹和银鱼。朱即兴赋诗回赠，诗中说：“千里三沽使，倾筐异味传。遥怜垂钓客，白首向江湖。”诗人成衡也有“土釜炊红蟹，青丝钓白鱼”[④]的佳句。对于银鱼，史志上有这样的赞美：“鱼类多常品，惟银鱼特产，严冬水冱游集三岔河中，伐冰施网而得之，莹洁澈骨”，其味清鲜，“非地方者所可比”[⑤]。

天津的渔业不仅成为“海滨利源之一”[⑥]，而且起到了活跃市场和丰富人们生活的作用。渔业的发展，还促进了不同地区之间的土产交换，密切了地区之间的关系。如北京的饭馆酒肆，随处都可见到天津的鱼虾、鲜蟹。《清代北京竹枝词》中有这样的描写：“黄花鱼到要争先，多

---

① 《新校天津卫志》卷四。
② 均见《天津县志》卷二十二。
③ 《新校天津卫志》卷一。
④ 《天津县志》卷二十三。
⑤ 《天津县新志》卷十六。
⑥ 《天津县新志》卷二十六。

费无非早一天。”“醋鱼本是专门菜，雅座于今非席棚。”“黄花尺半压纱厨，才是河鲜入市初。一尾千钱作豪举，家家弹铗餍烹鱼。”

天津的螃蟹也广销各地，故有谚语：“天津螃蟹，镇江酒，谓美而多也。”[①]道光年间，天津诗人梅成栋在《闲居杂诗》中写道：“不愁鱼贵惟耽蟹，一个团脐仅一钱”，可见当时的鱼蟹都很便宜。

鱼味可口，蟹虾鲜美，但采捕这些水中之物却十分不易，都是渔民们驾着简陋的小船，冒着生命危险打捞的。每年春季，他们便驾舟出海。“有船约三百号，一为采捕，一则接运入口者，其数各半，沿海居民藉以为生，是亦农民三时之秋也”[②]，勇敢勤劳的渔民就是这样成年累月为生存而日夜奔忙。他们在与风浪搏斗中，积累了丰富的经验。雍正之子乾隆皇帝初下江南时，途经津门，驻跸于大沽造船所。一日，他未带侍从，微服出游。当时天气晴朗，海波不兴，乾隆观海自得。此时忽见一渔翁，收起渔网弃舟登岸。乾隆感到奇怪，向前询问是何原因，渔翁答称就要下雨，并指给乾隆看，日光旁有三道光芒，即雨兆。为了避雨，乾隆也随归，刚进门即雷雨大作，夜以继日[③]。这个故事虽并不一定真实，但也反映了一些事实：一、渔民确实沿水道两岸而居。二、渔翁根据天空的微小变化便可断定阴晴，说明他长期从事渔业，积累了丰富的经验。三、清代的渔业较前仍有所发展。

明清时代的渔业兴旺，也可从渔民所获种类繁多的鲜货得到说明。

鱼类：银鱼、鲤鱼、黄花鱼、鲫鱼、鳝鱼、鲇鱼、白鱼、羊鱼、鲭鱼、雏魛鱼、回网鱼、鲈鱼、鲂鱼、鳗鱼、鲦鱼、燕鱼、鲜鱼、鲮鱼、鲆鱼、比目鱼、魛

① 《新校天津卫志》卷二。

② 《天津县志》卷十三。

③ 戴愚庵：《沽水旧闻》，天津古籍出版社 1986 年版，第 4 页。

鱼、鲁鱼(四月以后回海)、螃头鱼、瓶鱼、鲎鱼等三十多种。

虾:线蜈虾、对虾等。

蟹:秋季最佳。

其他:河鲀、西施乳(即鲀鱼白)、蛏、鳖、蛤蜊、蚌、蚶等。

明朝统治者对渔民的盘剥

封建统治者对劳动人民的榨取无孔不入,当然对渔民捕捞的鱼虾也不放过。明朝政府规定,天津的渔民必须向皇帝进贡"鲜货"[①],并不时派宦官索取。如正德皇帝就曾派太监毕真到天津掠夺鲜货,于是大批上等鱼虾被抢夺一空,还美其名曰"打鲜"。派遣内宦到天津"打鲜",逐渐演变为不成文的制度。每到一定季节,渔民被迫挑选最好的"鲜货",无偿送给官府。前述曹武备送给朱彝尊的鲜货,就是明抢暗夺而来。除此外,渔民们还要向官府交纳渔税,也称"黑土课米银"。

所谓"黑土课米银",原为明代征收的盐税。由于天津地处海滨,居住在沿岸的居民多以刮取黑土淋煎成盐作为谋生手段。明朝政府对于这些贫穷的淋盐者,同样进行搜刮征课。因为是用黑土淋盐,故所征之税称为"黑土课米银"。后来由于海潮涨落,这些被挖的黑土坑大都成了水窟,水窟又逐渐变成了鱼塘。原来淋盐的盐户也纷纷"舍盐而鱼"[②],成为渔民,明朝政府则依然以"黑土课米银"的名义征收赋税。据记载,嘉靖二十九年(1550),经御史题准,"长芦运司利国等场,滨海黑土潮水冲没,因置造船网,采捕鱼虾,先年奉例议纳课米,岁征本色,

① 鱼、虾、蟹等统称为鲜货。

② 《天津县志》卷十九。

赴各原定仓口输纳。近年征收屡后，相应议处，将利国等场原征天津等仓课米，每石折征银五钱，征定赴司，解赴彼处官司上纳”①。万历二十二年(1594)五月，这一规定经户部议决。此即“黑土课米银”的前因后果。

万历二十八年(1600)，税监王虎上疏，要求“征收宝坻等县苇地船网税课银两”②，得到了批准。“收税情由俱依，拟会同抚按、屯田巡监等官查勘明确”，“毋亏国课，亦不许困累地方”③，实际上同意了王虎的提议。所谓“不许困累地方”，只不过是一句空话。于是明朝政府扩大了鱼苇税课征收的范围。

明廷为了扩大收税，又借机搜刮，除正税外，还不断翻新花样。税监污吏为了罔利取盈，提出凡“鱼网船只，皆派征落地税银，且落地商税无物不征”。“复加以鱼苇课税”，实际是“一物二税”，即原来鱼苇课税为一，这样一来，便一分为二，变成“一物二税”了。不仅如此，税监们还“借复银鱼厂之名”，行加征之实。有的税监竟提出，“鱼苇课岁可得四万两”④，说穿了就是大幅度的加征税收。可见明朝政府对渔民剥削之重。但是，由此也反证了明代渔业有所发展，规模也有所扩大，从而也得以活跃城市市场。如果当局给予扶植和鼓励，天津渔业定会有更大的发展，国库收入也会随之增加。然而，由于贪婪的封建统治者只知为满足私欲而肆意掠夺，“凡民间撑驾舟车，牧放牛马，采捕鱼虾螺蚌莞蒲

① 《天津县志》卷十九。
② 《明神宗实录》卷三百四十九。
③ 《明神宗实录》卷三百六十。
④ (明)汪应蛟:《抚畿奏疏》卷七。

之利，靡不刮取”[1]，等于是竭泽而渔。

天津的渔民除受地方各级官吏的盘剥外，还要遭到如虎似狼的税监的掠夺。这些税监多由内官即太监充任。他们的权力无限，可随意指人纳税，又可专折奏事，随时向皇帝告密。他们有权有势，在地方上飞扬跋扈，不可一世，是扼杀天津渔业、压榨渔民的罪魁。这可从腐朽官僚内部相互弹劾的事实中得到佐证：

①万历二十九年(1601)九月，通湾税监张烨揭露税监王虎等人“横行无忌”，“往来抽税”[2]。

②保定巡抚孙玮上疏弹劾天津税监马堂有六条大罪，对渔民多“劚其骨而干其髓”[3]，就是其中的一条。

③万历末年，天津兵备道贾之凤要求撤销银鱼厂和撤回税监徐贵。由于贾之凤的地位和身份所决定，奏疏中用词谨慎婉转，以“时事多难，津海疲累”为由，“乞撤银鱼厂太监徐贵”。他的请求得到御史卢谦的支持，最高统治者才下达“撤回天津采取银鱼内官徐贵”[4]的指令。但命令中也明白写着：“银鱼系太庙进鲜品物，著照旧采进，不得渎奏。”[5]

从以上史料中，不难看出明朝统治集团的贪婪。在他们敲骨吸髓的掠夺下，天津的渔业不仅不可能得到进一步发展，而且出现了渔民弃家而逃的严重局面。对此汪应蛟曾揭露说：“畿辅地方幅员不过千里，物力止只此数”，而“畿内八郡之税已不啻十余万金，此南北各省所未有

① 《续文献通考》卷六《田赋考》。
② 《明神宗实录》卷三百六十三。
③ 《明神宗实录》卷四百二十。
④ 《明熹宗实录》卷三。
⑤ 《明熹宗实录》卷二。

也。而奸弁夏荣者复借查复银鱼厂之名，谓鱼苇课岁可得四万两”，“海滨渔樵之民，闻风股栗，弃业逃窜者，十家而七八矣”[①]。至明朝末期，统治者更加腐败残暴，他们不顾广大人民的死活，到处横征暴敛，“旧税未完，新饷已催，额内难缓，额外复急。村无吠犬，尚敲催追之门，树有啼鹃，尽洒鞭扑之血”[②]。处在这种社会状况下的天津渔业，已是岌岌可危了。至清推行开海政策后，这种严重局面才略有好转。

清政府对天津渔业的管理

清朝初年，由于当时战争未息，对沿海商船、渔船的活动无暇顾及。顺治十二年(1655)，为了迫使以郑成功为首的抗清力量屈服，清廷下达了不准擅自出海的命令。凡出海的渔民必须向政府领取执照，在“沿海近处捕鱼”[③]。如有不遵守者，以违犯律条治罪。顺治十三年(1656)六月，清政府向福建、广东、江南、山东、天津等沿海地区的各督镇下达了“不许片板入海”的命令。命令中说：“海逆郑成功等窜伏海隅，至今未剿灭，必有奸人暗通线索，贪图厚利，贸易往来，资以粮物，若不立法严禁，海氛何由廓清？自今以后，各该督抚镇著申饬沿海一带文武各官，严禁商民船只私自出海。有将一切粮食货物等项与逆贼贸易者，或地方官察出，或被人告发，即将贸易之人，不论官民，俱行奏闻正法。”“各该督抚镇俱严饬防守，各官相度形势，不许片帆入口，一贼登岸。如仍前防守怠玩，致有疏虞，其专讯各官即以军法从事，该督抚镇一并议

① (明)汪应蛟：《抚畿奏疏》卷七。
② (清)郑廉：《豫变纪略》卷一。
③ (光绪)《大清会典事例》卷六百二十九《兵部》。

罪。”[1]禁令的推行，对海上贸易和渔业的正常进行，都是不利的。

海禁令逼使渔民无以为生，不得已铤而走险。清朝为形势所迫，又下达了“准令捕鱼”[2]的通令，以缓和渔民的对立情绪。但是，当时对出海渔船的要求十分苛刻，这实际是变相阻止渔民出海。康熙十一年(1672)四月，清朝廷虽然宣布准许“木筏捕鱼”，但远远不能满足渔民的实际需要。很明显，海禁令不仅影响了海外贸易的进行，也妨碍了渔业的发展。地处沿海的天津，同样受到禁令的严重影响，此时的渔业陷于萧条。

康熙二十二年(1683)，清朝统一了台湾，其统治地位得到了进一步巩固，恢复生产和发展社会经济便成了当时的首要任务。在这种情况下，废除海禁令也就是势所必然了。康熙二十三年(1684)，清朝廷下令废除海禁，指出：“百姓乐于沿海居住，原因海上可以贸易捕鱼。先因海寇，故海禁不开，今海氛廓清。更何所待?”于是大开海禁[3]。与此同时，清朝廷宣布准许“百姓以装载五百担以下的船只，往海上贸易捕鱼”[4]。但又规定凡出海船只必须事先“禀明该地方官，登记姓名，取具保结，发给印票”，方准出海。如有违者，不论官民，“俱发边卫充军”[5]。康熙五十三年(1714)，清廷还令渔船前后刻上“渔”字，两旁刻某省某府某州县第几号渔船及船户姓名，并规定“渔船出洋时，不许装载米酒，进口时亦不许装载货物，违者严加治罪”[6]。虽然条件苛刻，毕竟允许了

① 《清顺治朝实录》卷一百二。
② 《清顺治朝实录》卷七百七十六。
③ 《清朝文献通考》卷三十三《市籴》。
④ 《清康熙朝实录》卷一百一十五。
⑤ (光绪)《大清会典事例》卷七百七十六。
⑥ 《清朝文献通考》卷三十三《市籴》。

出海捕鱼。开海政策不仅有益于沿海城市的商业，也为这些地方的渔业发展提供了条件。在开海政策之下，天津渔业同样出现了新的形势。如开海后的天津海口经常有四百多艘渔船，有时则更多。仅此便可以说明天津渔业的兴旺。

天津渔船一般在每年的谷雨以后、芒种以前出海捕鱼，为了鼓励渔业的发展，清朝廷也曾下令在这个季节不得强雇渔船，扰乱渔民。雍正九年(1731)四月，雍正在给内阁的“诏谕”中说：“天津一带民间渔船，专以贩鱼为业，每年谷雨以后、芒种以前是其捕取之期，亦犹三农之望秋成也。若此时稍有耽误，则妨小民一年之生计矣。目今天津运往山东积贮之米粮，皆雇觅渔舟装载，然亦当听小民之情愿。”①雍正十二年(1734)，清朝廷还下令豁免了“天津苇渔课”②。

一般说来，沿海捕鱼船只不应输饷。清廷曾有规定，“单桅”船不征税，而沿海渔民的渔船只准使用“单桅”。但是沿海关口却强令单桅渔船与双桅商船一样“输钞”。至乾隆年间，这种情况更为严重，引起了沿海渔民的不满。为缓和矛盾，甘汝来曾建议豁免这项税收③。清廷接受了这一建议，便宣布免除“近海单桅渔船税、天津苇渔课”④。

清承明制。明代以天津“鲜货”进贡的做法，也同样被清朝统治者继承下来。天津各级地方官员经常抢夺渔民用汗水捕捞的鲜物，而且每年都要选上等鱼、虾、肥蟹，送往北京。天津的上等黄花鱼几乎全被掠夺而去，供宫廷与显贵食用。

---

① 《上谕内阁》，雍正九年四月二十六日。
② 《重修天津府志》卷五。
③ 《皇朝经世文编》卷五十《户政》。
④ 《石渠余记》卷六《记杂税》。

天津鲜货进呈的顺序是，首先把鱼、虾等鲜货运到北京，然后“由崇文门监照例呈进”，否则被视为“私货”而治罪，因此，“虽有挟带而来者，不敢卖也”①。

渔税是清朝国库收入的来源之一。统治者不择手段地榨取渔民，赋税繁多而又苛重。清朝廷竟规定，渔课也和田赋一样，分上、中、下三等。康熙十六年(1677)，规定天津渔课，下地三百一十七顷四十四亩五分一厘，每亩征银一分，共征银三百一十七两八钱四分五厘。雍正六年(1728)规定，天津渔课下地五百二十顷七十三亩六分九厘，每亩征银一分，共征银五百二十两七钱二分六厘②。这两例都是对下地渔课的征收，可以想见，上地和中地的征收税额要高得多。据记载，天津当时有苇渔三场，共占地二千九百五十三顷八十五亩一厘，各征银数不等，总计共征银三千七百二十两二钱三分二厘③。在当时生产手段还极端落后的条件下，征收税额如此之高，确实使广大渔民难以承担。

结　语

综上所述，似可得出以下的结论：

一、清代天津的农田开垦，多是在明代屯田的旧址上进行的。雍正年间是天津农业发展较好的时期，为乾隆时期的垦荒创造了条件。但是，至嘉庆、道光以后，天津农业即趋于衰落。

二、农业经济的某些发展虽在一定程度上有益于手工业的发展，但是，对天津整个社会经济的影响却不明显。天津于雍正三年(1725)改

---

① 《燕京岁时记》。
② 《重修天津府志》卷二十七。
③ 《重修天津府志》卷二十七。

卫为州，九年(1731)又由州升府，使天津城市性质由军事城堡演变为商业城市。其原因是商业的发展，并出现了“逐末者众”的特点。这些“逐末者”中的一些成员，就有贫困的农民。又因天津漕运的发展，搬运工增多，其中也有许多失去土地的农民。

三、天津由于受自然条件的制约，其农业经济始终没有在社会经济中占居首位，却因地处九河汇流之处，又是海运码头，便自然成为南北交通的枢纽。天津不仅经济地位日益重要，而且促进了商业的发展与繁荣，使其形成北方的经济中心和最大吞吐港口。

四、正因为天津拥有优越的自然条件——水，因此成了鱼、虾、蟹的产地，也就构成了天津物产的一大特点。在封建统治下，渔业和其他行业一样，虽也出现过兴旺和发展，但总的来看，这种发展十分艰难而迟缓，衰落和萧条则不断出现。那些贫苦的渔民在惊涛骇浪中与大自然搏斗所得的部分或大部分收获，被上至朝廷下至地方官吏和办事人员所吞噬，自己长年累月过着不得温饱的生活。因此说，本应在社会经济中发挥作用的渔业，却由于封建统治的遏制而未得进一步发展。然而，天津所拥有的水利优势，又使之成为漕运的必经航道。

第八章　漕运的发展与作用

第一节　明代天津的漕运

明初直沽的漕运

天津地区的漕运，虽然早在魏晋时期就已出现，但是，它对天津社会经济发挥显著作用却是在明代。

洪武元年(1368)，明朝在江南建立后，随即大力发展江南地区的社会生产，社会经济迅速发展，很快就恢复了往日的繁荣。在元朝统治下的北方，社会生产却因战乱频仍而遭破坏，长期以来所形成的我国南北经济发展不平衡的局面更为严重了。面对这种状况，明统治者为了支应北伐、维持其在全国的封建统治秩序，循元旧制，利用河海运道，转输江南富庶地区的粮米与物资到北方来，从而揭开了明代漕运的序幕。

1368年，明军二十五万北伐，“徇河北诸州县”，“命浙江、江西及苏州等九府，运粮三百万石于汴梁”[①]，以供应北伐军需。全国统一后，为巩固在北方的统治，明朝仍继续海运江南粮米，供应北平、辽东。至洪

① 《明史》卷七十九《食货志·漕运》。

武三十年(1397)冬十月,方“停辽东海运”①。这是明统治者南粮北调的最初尝试。在此期间,海运南粮全系供北方征战与开边的军需,数额有限,规模较小,且时断时续,没有定制。时名直沽的天津地区,虽承担海运漕粮的接卸与转搬,但对其社会经济的发展则影响甚微。

永乐初年,明朝虽定都南京,但皇帝却长期驻跸于北京,政治中心与军事中心亦因之北移。百费仰给,军需浩繁,北方的经济实力远远不能供奉,明统治者只好大力“运东南粟,以实京师”②,较大规模的漕运便迅速发展起来。

永乐元年(1403),明统治者“令江南民粮悉运太仓州,于平江刘家港用海船绕出登莱大洋,以达直沽,岁六十一万一千二百余石”③。同年三月,又派陈瑄、宣信等人“都海运,饷辽东、北京,岁以为常”④。

永乐二年(1404),明统治者采纳户部尚书郁新的建议,在继续海运的同时,另辟新运道,将江南粮米“用浅船载三百石者,自淮河、沙河运至徐州颍溪口跌坡下,复用浅船载二百石者,运至跌坡上,别用大船运入黄河,至八柳树诸处,令河南车夫陆运入卫河,转输北京”⑤。河通行河,河阻行陆,水陆交替,辗转输送。当年,海运漕粮四十八万八千八百一十石,卫河僝运粮四十五万二千七百七十六石⑥。漕运南粮的规模与数额都有了较大的增长。

在此期间,明朝北调的南粮,无论经海、经河,均抵直沽交卸,换装

① 《明史》卷三《太祖本纪》。
② 《元史纪事本末》卷十二《运漕》,丘浚接语。
③ 《重修天津府志》卷三十《海运》。
④ 《明史》卷六《成祖本纪》。
⑤ 《明史》卷一五〇《郁新传》。
⑥ 《续文献通考》卷三十一《国用考 · 漕运》。

小船，再转运至北京，直沽遂成为内河与海运的两用码头。每届夏秋之际，满载漕粮的船舶蜂拥而至，交卸、验装，一派繁忙。由于直沽至北京间的水路道狭水浅，舟行不畅，短期内难以将漕粮全部运完，为此，明统治者决定“于小直沽收粮十四万四千石，河西务收粮十四万(一)千石”[①]，并在直沽“置露囤于四百所，以广积蓄”[②]。直沽的地位越发重要，明统治者遂“以直沽海运往来之冲，且海口田土膏腴，便于屯守，乃设卫”[③]，定名为天津。

永乐六年(1408)，“北京军储不足，以(陈)瑄充总兵，率舟师海运，岁米百万石”[④]，建“百万仓于(天津卫)城北尹儿湾，以贮海运”[⑤]。这一年，明朝馈运至北京的漕粮总数为一百八十余万石，其中的一百余万石，就是先卸存于天津，而后陆续载运至北京与通州的。

明代初年，漕运的规模扩大，数额增多，且转输经常化，这就推动了直沽地区的进一步发展，促使天津卫城为承担明朝南粮北调的接转与贮存之重任而兴起。

“里河运粮”后天津的漕运

随着明朝迁都北京工作的加紧进行，政治中心的北移渐趋完成，但当时的北方经济，仍远远落后于南方，物资的供给颇为困顿，而南方的经济实力仍居全国之冠。这种政治中心远离经济中心的现实，不仅影

① 《重修天津府志》卷三十《海运》。
② 《明史》卷八十六《河渠志》。
③ 《皇明国史纪闻》卷三。
④ 《重修天津府志》卷三十《海运》。
⑤ 《天津县新志》卷二十五。

响着明朝的官俸、军饷及宫廷靡费的正常供给，而且危及其统治地位的确立与巩固。为尽快扭转这种不利的局面，将政治中心与经济中心连接起来，明朝大力发展漕运，人为地将全国范围内征收的田赋加以集聚，借助江南的经济实力来弥补北方经济的不足，“百司庶府、卫士编氓，一仰漕于东南”[①]。明朝对漕运的依赖性日增，而往昔的漕粮转输方式却不能适应。海运险远，风涛难测，粮船或失亡漂没，或胶冻海口，河运阻隔、舟车轮替，既旷日误时，又劳费甚巨。只有寻找一条既安全又畅通的运道，才能满足明统治者的需求，为此，明朝开始了对故元运河的治理。

永乐九年(1411)，明统治者派工部尚书宋礼等人勘查运河。征发民工三十万，疏浚与整治久已淤塞的会通、贾鲁二河。筑堽城坝、戴村坝，建闸门三十八座。阻汶水流入洸水，驱其尽入会通河，又开沙湾新河，引山东诸泉之水入会通河济运，还置水柜、陡门，控制与调节运河水量。经五个月的施工，大运河基本贯通。宋礼等人“造浅船五百艘，运淮、扬、徐、兖粮百万，以当海运之数”[②]，经运河而至京师，明统治者乃将漕粮与物资的转输改为以河运为主，而以“三岁两运”的海运为辅的方式进行，漕粟的数额亦显著增加。据《明太宗实录》官方统计，这几年漕运南粮的数量如下表(表 8-1)：

① 《明书》卷六十九《河漕志》。
② 《明史》卷一百五十二《宋礼传》。

表 8-1 永乐九年至永乐十二年馈运北京粮数 单位:石

年 份	馈运粮数
永乐九年	2255543
永乐十年	2487188
永乐十一年	2421907
永乐十二年	2428535

此外,还有大量的木材、砖瓦、杂货、军需物资等,经大运河而转输北京,供应大规模修筑北京城垣及营造宫室的需要。

永乐十三年(1415),陈瑄等人又治理了江淮间诸河,开清江浦。南极钱塘江口,北尽大通桥(通州),全长三千四百余华里的南北大运河全线贯通,成为沟通南北的交通大动脉。明统治者于是罢海运而专行河运,从里河运粮,南粮北调的"运道以定"。此后,江南的粮米与物资沿运河北上"岁运毕如期抵京师,京师米直(值)平,不翔踊"①。

随着明代漕运方式的改变,地控运河北段潞、卫二水相交咽喉,"去神京二百余里,当南北往来之冲"的天津卫城,也顺应其变,借助其地理位置的优越而呈现出新的发展势头。明代沿大运河"里河运粮"以来,其法凡三变:"初,支运;次,兑运、支运相参;至支运悉变为长运而制定。"②每次变革,对天津城市的发展,都带来深远的影响。

永乐十三年(1415)罢海运而专行河运,实施的是"支运"。初期实行民运,"浙江、湖广、江西并直隶(南直隶)、苏、松、常、镇等府所属税粮,除存留及起运南京外,余粮坐拨二百五十万石,令粮里人户自备船

① 《明书》卷六十九《河漕志》。
② 《明史》卷七十九《食货志·漕运》。

艘运赴北京、通州、河西务等处上仓”①。后来则改为军民并运，命“江西、湖广、浙江民运粮至淮安仓，分遣官军就近挽运”，“浙江、(南)直隶官军，于淮安运至徐州；京卫官军，于徐州运至德州；山东、河南官军，于德州运至通州，名为支运，岁凡四次，可三百万余石”②。这种方法，实施了近二十年。在此期间，天津成了明朝重要的漕粮转输中心，“京师岁食东南数百万之漕，悉道径于此”③。或别以车辆、浅舟转运北京、通州；或就地暂行贮囤，以备陆续转搬；并有遮洋船“每岁于河南、山东小滩等水次兑粮三十万石，十二输天津，十八由直沽入海，输蓟州”④。当时，辖属山东把总领下的天津三卫，直接掌管着官运粮船三十七艘，用七百四十余名军兵从事着由德州经天津分别转输京、通、蓟、辽的运粮工作。此外，还要拨派人丁一千五百余名，在三卫辖区内的运河沿线，设置浅铺四十四座，以负修浚河道、牵挽漕艘的责任⑤。

永乐十九年(1421)，明朝正式迁都北京后，鉴于天津三卫官军以“临近京师，天下根本，万一天时亢旱、边务缓急不同，稍有不继，必须用此直隶官军搬运至京，得以一时而集”的原因，而备受明统治者关注，视之“尤重于迤南漕运卫所之官军矣”⑥。这些从事漕粮转输与河防工役的卫所军丁，春兑秋归，勤苦终年，形同役夫，艰辛万状。他们的家小与后代，按明代律令，要列为军籍，世代承袭此业。于是，经过长期繁衍，天津地区就出现了一大批靠从事撑驾船舶、搬运粮米、治水浚河来营生

① 《续文献通考》卷三十一《国用考·漕运》。
② 《皇明国史纪闻》卷五。
③ 《新校天津卫志》卷首《薛柱斗序》。
④ 《重修天津府志》卷三十《海运》。
⑤ 《明经世文编》卷一百七十五。
⑥ 《古今图书集成》卷一百六十四。

的居民，同时，也汇聚了一些为漕运服务的造船、修舶、制器、修械的手工工匠，以及向卫所官兵及其家属销售日用生活物品的摊商、小贩。

“支运法”行之既久，其弊端愈益显露。民运粮入仓，往返经年，有违农时；军运粮转输，轮替交卸，空舟往返，民不任漕，军不胜运。可是，“漕为国家命脉攸关，三月不至，则君相忧，六月不至，则都人啼，一年不至，则国有不可言者”[①]，因此，漕船如穿梭般往来。然而，这种接力转搬的漕运方式，越来越不能适应明统治者的需求了。

宣德六年（1431），明统治者采用陈瑄、周忱等人的建议，变革漕运的方式，“令民运至淮安、瓜州，兑与卫所，官军运载至北，给与路费、耗米，则军民两便，是为兑运”[②]，并制订了《官军兑运民粮加耗则例》，即按地区远近，分别规定加耗的数额。如湖广地区，每运漕粮一石，加耗米八斗，江西、浙江为七斗，南直隶为六斗，北直隶为五斗，若自行径送淮安交兑，亦要加征耗米四斗，以这些加耗粮米供运粮官军途中的消费。同时，也允许距淮安、徐州、临清、德州四仓较近的民户，仍照支运法运粮入仓，交官军转搬，这就是“兑运、支运相参”，其中，兑运额占漕粮总数的十分之六七，支运额仅占十分之三四。这种漕粮转输的方式，一直沿用了四十年之久。

在“兑运、支运相参”施行期间，明朝每年南粮北调的数额急剧增长。永乐年间，除个别年份外，基本上保持在每年二百万至三百万石之间。宣德年间，大多在三百万石以上，而宣德七年（1432），漕运南粮的总数竟达到了六百七十万石的最高峰[③]。正统年间，年运四百五十余

---

① 《明史》卷七十九《食货志·漕运》。
② 《明史》卷一百五十三《陈瑄传》。
③ 《明宣宗实录》卷九十七。

万石，而且在一个较长的时期内，一直保持着这个水平。仅就此数额来说，比元代漕运最盛时（天历二年，1329）的最高数额还要超出近百万石。

数以百万石计的粮米，比较集中地汇聚于天津卫城，短期内难以全部转输京、通而入仓，于是，明统治者在天津广建仓廒，以便就地贮存而备输。宣德年间（1426—1435），在天津卫城，除号称“五大水次仓”之一的天津仓外，又在三卫各增置一仓，即“天津左卫大盈仓，九廒，计四十五间”，“天津右卫广备仓，七廒，计三十五间”，“天津卫大运仓，六廒，计三十间”[①]。宣德十年（1435），在天津卫城设户部分司，派户部主事一员驻此监督、管理仓储收放诸事宜。到正统年间（1436—1449），天津三卫各仓“所贮水次官粮，动称万计”[②]。

景泰二年（1451），明朝为防备北方瓦剌的进犯，在蓟州屯驻重兵，为供给军需粮饷，就“由北塘河口开引新渠，由是，天津粮艘由直沽径宝坻之潮河，而上溯于蓟州”[③]，开辟了由天津转运漕粮至蓟州，以固边塞的重要交通孔道。

在这四十余年间，天津卫城不仅继续充当明朝漕粮转运的重要枢纽，而且成为明朝漕运南粮的贮囤基地，其作用日益加强，其地位也日趋重要。

“兑运法”施行后，运粮民众虽避免了长途跋涉之苦，但仍要担负将粮运至指定仓廒的短途运送之劳，况且，军民互兑，漕粮须由民船移入官舶，靡力耗饷，迁延时日，有误漕粮的及时起运。成化七年（1471），明

① 《新校天津卫志》卷一《仓廒》。

② 《明经世文编》卷四十六。

③ 《重修天津府志》卷三十《海运》。

统治者采纳应天巡抚滕昭的建议，再次变革漕粮转输的方式，“令运军赴江南水次（水边、河畔）交兑，加耗外，复石增米一斗，为过江费”，“由是悉变为改兑，而官军长运遂为定制”[①]。这样，每年就有十二万余官兵，撑驾着一万一千七百七十余艘漕船，分别深入到江南各水次，将应征的粮米与其他物资沿运河而北运，岁运额保持在三百七十万至四百万石左右。

明代的“里河运粮”实行官兵长运以后，每年从春末至秋末，众多的漕船均先后抵达天津卫城。大量的漕米与物资在这里交卸与转搬，随船附载的商货与物品，亦多在此销售与集散，出现了“粮艘、商舶鱼贯而进，殆无虚日”[②]的繁忙景象。天津不仅是明朝官运粮米和物资的重要贮存基地与转运枢纽，而且成为各地商贩购销货物的交易场所。商贾的汇聚、百货的云集、市场的繁荣、人户的增多，加速了天津经济和城市发展的进程。明代著名诗人瞿佑在《次直沽》一诗中，曾描绘了当时天津卫城的风貌：

长川波浪去漫漫，直指东南送客还；
潮水四时来海上，天河一派落人间。
挂帆商舶秋风顺，晒网渔翁夕照闲；
暂倚船窗高望处，青螺数点见前山。[③]

这时的天津，“名曰为卫，实则即一大都会所莫能过也”[④]。

① 《明史》卷七十九《食货志·漕运》。
② 《新校天津卫志》卷首《吕盛跋》的繁忙景象。
③ 《天津县志》卷二十二《艺文》。
④ 《新校天津卫志》卷首《薛柱斗序》。

明末天津的海运

明朝倚漕为命，对维持运河漕道的畅通十分关注，曾明令规定：沿河各地，“舟楫、硙碾，不得与灌田争利，灌田者，不得与转漕争利”[1]。明朝甚至不惜逆自然水势，导引黄河夺占淮河水道而入海，以保持运河的水量，便于漕艘的通行。其结果，“河势愈激，被灾愈广”，山东、河南、江苏等地，因黄、淮数次决口而屡遭洪水泛滥之害。而作为漕运要道的大运河，亦因黄河挟沙的沉积而多处梗塞，“里河运粮”受到极大阻碍。鉴于这种情况，明朝廷中出现了弃河图海的主张。一些官员建议停止河运，循元代旧制，海运漕粮，但是，均因畏海途多沙碛，且又有倭寇骚扰海疆而未能实施，只好连年征发民工，边浚河、边赶运，勉强维持，南来的漕粮日渐短缺。万历三十年(1602)，“漕运抵京仅百三十八万余石”，“自后，仓储渐匮，漕政益弛矣”[2]。运河上往来的粮艘、商舶日渐稀疏，南北物资的交流与经济联系亦因河道不畅而遭阻隔，一些借运河畅通而兴起的新兴市镇，如淮安、临清、德州等，亦逐渐失去了往日的兴旺景象。天津虽也因运河不畅而受到一定的影响，但是，由于它濒临海口，又是通往辽东的要隘，借行海运援辽之机，却能继续保持其发展的势头。

万历末年，女真贵族兴起，危及明朝在辽东的统治，明统治者于是派遣大军驻防辽东，军需供应与日俱增。为供给军队的饷需，明朝就在天津截留南来漕米，供应前方。最初，这些粮米与物资经蓟运河水运至

---

① 《春明梦余录》卷四十六《工部》。
② 《明会要》卷五十六《食货四》。

永平，然后起陆出关。后来，由于“陆运烦费，为难行矣”，明朝廷决定在天津行海运，以“厚其雇值，许以带货”的办法，雇募沿海民船出海，运粮赴辽东[①]。这些被雇民船满载的粮米与物资，从天津出海，经登、莱而北上。每次都有二百余只船，结帮而行，但是，由于民船狭小，难胜风涛，“抵辽者，约六十只，漂损者，前后约二十只，其遇风湾泊各岛者，尚一百八十余只”[②]，影响了辽东军需的供给。

万历四十八年(1620)，明朝廷一方面命江淮地区急速赶造遮洋大船，运抵天津应用；另一方面，则令天津“造船二百只，芝麻湾造船一百只”[③]，以供急需。当年，天津三卫的运军就撑驾着这三百只遮洋大船，将天津派运漕米二十万石，召买米十六万石，顺永地区召买粮二十万石，预截南方漕粮三十万石，“运至天津入海，是天津之运增八十万矣”[④]。明朝廷取自南京的众多军械，亦“俱在天津停贮”，以便经海路运抵辽东。

天启二年(1622)秋，辽东军情紧急，明朝廷为支应辽东军需，决定在天津贮存漕粮五十万石，以为“蓄艾之图”。原有的“天津仓廒，仅二十四座”，不敷贮粮之用，于是，就在“天津仓内赞司衙前与小教场暨城西南、东南二隅，俱建有囤，共计三百余座”[⑤]，这时的天津，已经成为援辽的重要后勤基地。

崇祯年间(1628—1644)，清军屡次南侵，明统治者“尽天下之财力

---

① 《海运摘钞》卷二第二十四，《为辽饷燃眉再陈末议疏》。

② 《海运摘钞》卷四第三十六，《舟车造办无资，来春运务甚迫疏》。

③ 《海运摘钞》卷四第六十，《准淮船雇造愆期疏》。

④ 《海运摘抄》卷六第六十三，《恳乞圣明检发部科诸疏以便责成主持派运分数以求划一疏》。

⑤ (明)毕自严：《督饷疏草》卷三《津门厂囤未备，漕粮豫截过多疏》。

事边陲，不暇于河，复天亢旱，无时雨，北方流大者纤，小者竭，运艘不以时至”①。政治上、军事上焦头烂额的明朝廷，又在经济上受到粮米、物资供应难继的困扰。为了摆脱困境，崇祯十六年(1643)，明统治者采纳监生沈廷扬的《海运策》，命沈廷扬试通海运，循故元海运旧道，转输南方粮米。当年，装载着南方粮米两万六千石的海船，“自淮河口开洋，七日抵天津”②。区区两万余石漕粮，对于在经济上捉襟见肘的明朝廷来说，不过杯水车薪，于事难济，但却给南粮北调的漕运另辟了一条蹊径。因运河梗阻而难以运转的漕运又得以赓续下去。在此期间，天津这个接卸、转输漕粮的重要口岸，仍继续发挥其作用。

随着明末政治的腐败，再加上沈廷扬等人借势横行海上，民以骚震，“至数年，而东南之粟，竟无一粒自海上至京师者”③。不久，明朝覆灭，明代的漕运亦告终结。

第二节　清代天津的漕运

清代的“里河运粮”

1644年，清朝定都北京，为了巩固其封建统治秩序，一方面适当地调整政策，恢复与发展社会生产；另一方面，则因袭明代旧制，继续进行“里河运粮”。

顺治二年(1645)，清军初定江南，就迫不及待地开始了南粮的北调。这一年，户部奏定岁征各省漕粮四百万石，其中，“正兑米三百三十

① 《明书》卷六十九《河漕志》。
② (道光)《江苏海运全案》卷首《陶澍序》。
③ 《明书》卷六十九《河漕志》。

万石，改兑米七十万石”[1]。

清统治者十分清楚：“漕运之务在河”，为了保证漕运的顺利进行，就必须保持一条畅通的运道。但在清代初年，连接南北的交通大动脉——运河，因黄、淮淤灌、年久失修而多处梗塞，沿线地区则又因接连不断地发生洪涝灾害使堤坍路断，严重地影响了“里河运粮”的进行，这就不能不引起清统治者的极大关注，对运河进行了比较有效的治理。

顺治七年(1650)，黄河决口，阻绝张秋运道，清统治者派杨方兴修堤筑岸。自黄河的“西岸至八里庙，开引河五百丈接运”。

康熙八年(1669)，江南董口决，将运道改从宿迁西北之骆马湖穿过，以入黄河。

康熙二十年(1681)，因山东境内湖泊淤垫，开皂河四十余里，连洳河接运。

康熙二十六年(1087)，“于清河县之西，黄河北岸，开中河一道，广九丈至七丈不等，深丈余，长三百余里，通运道者一百八十里，绕出宿迁境北，直接皂河口，凡重运一出清口，即截黄而北，径入清河县西仲庄闸，由中河历皂河而进八闸，以达济宁”[2]。

后来，又分别改挑柳河至仲庄的新河，浚戴村坝淤塞的旧河，浚四女寺引河，开张秋苇河等。顺治初年至康熙年间对运河水道多次进行的疏浚与改造，使大运河重新发挥了南北交通大动脉的作用，成为清代“里河运粮”的通途，每年有一万一百二十九只满载南粮的漕船，往来于运河之上[3]。

---

① 《清朝文献通考》卷四十三《国用考·漕运》。

② 《中国运河沿革》,《山东省建设月刊》第3卷第12期。

③ (乾隆)《漕运则例纂》卷二《漕船额数》。

清初的统治者在沿袭明代漕运旧制的同时，对那些影响漕运的积弊也进行了适当的变革，主要有以下几个方面：

第一，兑运方式的变革。

明代漕粮转输，系军民交兑。开始尚能正常进行，久则弊端丛生。军强民弱，运军借机每多勒索，而司漕、监兑的官吏，则又对运军和粮民仗势掯勒，强要需索以自肥，以致军瘠民病，严重影响了漕运的进行。

清统治者鉴于明代兑运之弊，对兑运方式进行了一些变革。顺治九年(1652)，“定为官收官兑，酌定赠贴银米，民输官给，浮费悉除”①。每年征收粮米时，有漕各省的官府，按规定的数额向民开征，并视运途的远近，加收一定数量的粮米，为过江脚耗，贮仓待解。待每年兑运之时，运军驾船径赴各州县水次，领兑粮米及行月银米，长运至京、通归仓。这一办法推行后，“小民免于挽运而乐于输”，运军“有官给之行月，有民输之赠贴”，“固无运输之苦”②。

第二，漕项名目的增多。

明代漕运南粮，最初，仅为粮米，分为二色：一为糙粳米，用以供军需、民食及王公百官俸廪。二为白熟粳米，亦称白粮，专供内府及宫廷所用。只是在明代中后期，为支应军饷，才将部分粮米折改为征银，实行粮银并解。

清代漕项的名目，较明代大为增多。以粮米而论，就分为五种：一为正兑米，“入京仓，以待八旗、三营兵食之用”；二为改兑米，“入通州仓，以待王公、百官俸廪之用”；三为白粮，“分入京、通仓，以供内府、光

① 《清朝文献通考》卷四十三《国用考 · 漕运规例》。

② 《清朝通典》卷十一《食货 · 漕运》。

禄寺，以待王公、百官、各国贡使廪饩之用”；四为𪍿麦，“入京仓，以供内府之用”；五为黑豆，“入京仓，以待八旗官军及宾馆牧马之用”[①]。从改折征银的随漕款目来看，主要有三大类：一为易米折银。在各地额征的粮米数内，规定将其中的一部分，按每石连耗折银五钱至八钱的标准折为征银，解交户部，由户部改买其他粮米，以敷应用。二为席木板竹之征。在岁漕粮米征收的同时，按一定比例，在某些地区分别加征苇席、楞木、板木，其中的一部分随船解运，以为仓庾苫盖、铺垫之用，其余的部分，则以银代充，征解户部。三为改折灰石米。开始时，在漕粮内划出一定的比例，充作办运灰石的用米，折成银两，供军采办灰石。后来，一度停办，将其与正额粮米一并解运通仓，由官府予以采办。顺治十七年(1660)，再改为按每石连耗折银一两六钱八分，“解户部，听工部按年支取备用”[②]。

第三，设赡运的屯田。

明代漕粮转输，多由卫所军丁承担，他们在行运途中，携有额定的银米，供其运途消费。返归之后，则与卫所戍守的官军一样，动支俸饷，别无家财与世业田土，故一遇赔累，往往倾家荡产，甚至不得不鬻妻典子以供之，因此，漕丁逃亡者日多。

清统治者为驱使运军精心营运，乃对运军“加意体恤”。在运军家居附近的州县境内，每人“拨给屯田五十亩”[③]，使其“在家有赡运之屯田，以为世业”[④]。这些官拨的屯田，可由领运的军丁自家耕种，以收获

---

① 《钦定大清会典》卷十三《户部·漕运》。
② 《清朝文献通考》卷四十三《国用考·漕运》。
③ 《漕运则例纂》卷七《屯田津租》《屯田坐落》。
④ 《清朝通志》卷九十四《食货略·漕运》。

物赡养家小,“其不能自耕者,或官召民租,征租赡军,或民质军田,军自取息”,但禁止私相质卖[①]。

第四,地方对漕粮的贮存与截留。

明代漕粮的贮存有严格的规定,各地额征的漕粮虽集中于指定的水次入仓贮存,但一般情况下,均系暂为存放,待运船到达时,开仓接兑而起运。邻近京师的一些水次仓廒,也是暂代贮存,以便陆续转搬入京、通仓,各地不得截留漕粮。只是到了明末,随着蓟、辽边务紧急,为支应前线军需,方允许在天津截留一定的漕粮。

清统治者则允许地方截留漕粮,或在该地长期贮存,或作他项紧急支用,甚至为解地方燃眉之急,而将通仓贮粮外运至各地贮存。为此,清统治者不仅令运河沿线兴建新的仓廒,而且令江南较大的水次,亦建仓置廒,形成遍及各地的粮仓谷囤。

清代漕政的变革,推动了清代“里河运粮”的顺利进行。在较长的时期内,“民勤秸桎,而额鲜侵欠,军乐委输,而期无违误也”[②]。

清代统治者对运河的有效治理,对漕政的大力变革,使“里河运粮”重新呈现出一派繁荣的景象。这不仅满足了清朝官俸、军饷和宫廷靡费三项庞大开支,促使中央与地方、地方与地方之间经济联系的加强,有助于封建中央集权的巩固与发展,而且推动了交通运输业(尤其是内河航运业)的进一步发展,导致了国内商业市场的形成与扩大,商品经济的日趋繁荣。这就给运河沿岸的一些城镇注入了新的活力,使其迅速地恢复了生机。天津就是伴随着清代“里河运粮”的兴盛与河运业的

---

① 《钦定大清会典》卷十三《户部·漕运》。

② 《清朝通志》卷四十九《食货略·漕运》。

进一步发展而繁荣发达起来，成为我国北方重要的商业经济城市的。

顺治九年(1652)，天津三卫合并，改为天津卫，拥有自备船只十七艘[①]，负责“兑运安阳、涉县、孟县、商邱、宁陵、浚县六县水次”的漕粮[②]。为驱使运军尽心竭力从事漕粮转输，清统治者不仅按律在天津附近的“静海、青县、南皮、沧州等州县境内”划拨土地一百零二顷，作为天津卫漕运兵丁养赡家小之用[③]，而且允许运军在空舟南下赴水次领运时，随带北方盛产的梨、枣等六十石，赴水次发卖以取值。当每船北上时，则又“许随载土产物百石”，返津货卖，且规定“经过关津，免其输税”[④]。

运军既免后顾之忧，又能贩货赢利，故皆乐从事，于是大量商品货物就随漕船而南下北上，促进了各地物资的交流，充实了天津市场，并使其在外来商货的刺激下日渐兴旺起来。

“里河运粮”的兴盛，还推动了天津内河航运业的新发展。清代的北运河水浅道狭，各地漕船抵津后，无法继续北进，于是清统治者决定将漕粮卸在天津，改装入浅船，分运京、通入仓。为了不误漕粮的转输与漕船的回棹，顺治初年，清统治者就命天津额设“红剥船”[⑤]六百只，每船给田十顷，免其征科，以租赡船。但是，由于直隶地亩被圈占后所余无几，船额未能征足，至顺治十三年(1656)，尚缺六十八只[⑥]，只好由官府预为雇募民船，以应转输漕粮之需。

随着漕运的兴盛、驳运数额的增多，而雇募民船却时有不继，康熙

① 《漕运则例纂》卷二《卫帮船数》。

② 《漕运则例纂》卷八《派兑水次》。

③ 《漕运则例纂》卷七《屯田坐落》。

④ 《钦定大清会典》卷十三《户部·漕运》。

⑤ 红剥船，即指可装载二百石以下的平底驳船。

⑥ 《重修天津府志》卷三十九《漕运》。

五十年(1711),改雇募民船为官备剥船。在北运河上额设“红剥船”一千二百只,“交附近沿河之天津、东光、吴桥、通州、武清、香河、文安、大城、任邱、雄县、新安、霸州、安州等十八州县”,空闲时,“按派定州县发回收管,如有商货、盐斤,均准揽载,四月以后,不得揽载远行”,并于漕船未到之前,赶赴杨村,由杨村通判“验明完固,点收起拨”[①],以备驳运漕粮。当时,归天津负责经管的剥船就有三百六十余只,这些船户、舵工、水手集聚于天津,经营内河运输,驳运漕粮、揽载商货,使天津与各地的物资交往和经济联系日益密切,促进了天津内河航运业的发展。

不仅如此,伴随着“里河运粮”的兴盛与内河航运的发展,为漕粮转输服务的各行各业从业人员,也越来越多地在天津定居下来。乾隆十一年(1746),在北运河增设“垡船[②]六十号,衩夫百八十名,浅夫三百名”,负责及时清理河道、疏浚航路[③],还设有“标夫三十三名,自重运入汛起,至空船出汛止”,负责漕船与剥船的牵挽,防止浅阻[④]。此外,还有许多手工工匠,从事船舶修造、船械制作等工作,天津城市的人口渐多,地方经济日趋活跃。

由于清朝允许地方截留漕粮,就地贮存,位居运河咽喉、临近京师的天津,就成为截存漕粮的要地。不仅转运不完的漕粮,要在天津贮存,而且误期迟滞的漕船,也要在天津起卸,就地贮存。康熙七年(1668),运河上粮艘迟至,恐致冻阻,将六百七十只粮船押至天津起卸,贮存天津;康熙三十四年(1695),闸河水浅,南船到达迟误,将未过津关

① 《重修天津府志》卷三十九《漕运》。
② 垡船,即指挖泥小船。
③ 《清朝通志》卷九十四《食货略·漕运》。
④ 《漕运则例纂》卷十二《北河挑浚》。

的漕船七百余只、米十万石截留天津，并将已抵津而未及起卸的江西、湖广、浙江漕粮囤贮天津运河沿岸；康熙三十六年(1697)，在天津截留漕米二十万石；康熙六十一年(1722)，命将“尾船稜米截留天津十三万石”，用以接济直省；雍正三年(1725)，在天津截留湖北、湖南米二十万石，河南小米二十万石，“收贮备赈”；雍正九年(1731)，将直隶截漕四十万石在天津北仓收贮；乾隆十年(1745)，“命将过津尾漕漕粮，酌留二三十万石于天津仓存贮备用”；乾隆二十一年(1756)，“奏准将金山等八帮，共米三十万六千余石，暂行贮截天津北仓，九江前、后两帮，共米八万六千余石，暂行截贮露囤、北仓，兴武四等九帮，共米三十万八千余石，截贮露囤近河之马家庄”；乾隆二十四年(1759)，将先到漕粮于天津截留四十万石，存贮北仓；乾隆二十七年(1762)，“着北仓在截留漕粮三十万石之后，再行截漕二十万石”①。当天津水师与驻防官军增多后，规定每年漕船粮米“过天津，留四万五千石有奇”，以“待水师及驻防官兵俸饷之用”②。这些都是见诸史籍的有关在天津截留、存贮大量漕粮的事例。

此外，为应付急需，以解燃眉之急，清朝多次将通仓收贮的粮米返运至天津存贮。康熙三十六年(1697)，将通仓米石运到天津一万石，“照时价减粜”以救灾。乾隆八年(1743)，“河间、天津地方，雨泽愆期，米价昂贵，将通仓存贮之口外采买备用之粟米，拨十万石运送天津，平粜赈恤”。同年又运“通仓稜、粟各色米四十万石至津囤贮，以备分发各水次，救灾赈恤”③。

---

① 《漕运则例纂》卷十八《截留恩旨》《截留事例》。

② 《钦定大清会典》卷十三《户部·漕运》。

③ 《漕运则例纂》卷十八《截留恩旨》。

为了贮存如此众多的截留漕粮，清朝便在天津大建仓廒。康熙年间，建了“公字廒六间，聚粟廒五间，裹餱廒五间，日字廒五间”，并立盐运司常平仓；雍正二年(1724)，在城北建北仓，“廒四十八座，二百四十间”；乾隆十八年(1753)，在城内东北隅建义仓，廒十间，并在城外四郊，分建义仓十座；乾隆二十一年(1756)，增建泥沽义仓[①]，天津的仓储能力大为增加。

天津河道纵横、交通畅达，在清代仍是重要的漕粮转运枢纽，众多的粮米在此聚集再转输他方。清代初年，封建统治者在易州划地，大兴陵寝，为支应陵寝官兵的俸饷，天津继续向蓟、易转运漕粮。康熙初年，每年漕船到津，即从中划拨“漕粮四万六千八百七十石，白粮千三百十有五石”[②]，由“宁河县之新河口入海河，由海河转入宝坻县之小河，然后，由白龙港、刘家庄等处到达蓟县之五里桥交卸”[③]。此外，还要将“漕粮万九千一百八十七石、白粮四百五十石”，由天津经白沟河，转运易州[④]。

清代行“里河运粮”，进一步促进了天津地方经济的发展和城市的繁荣，天津交通畅达、人户众多，被誉为京东第一大都会、“畿辅之门户”[⑤]，成为清代运河沿岸城市中发展较快的一个。为适应其发展，清统治者遂在雍正初年将天津由卫升州，后又由州升府，天津城市的发展则更加迅速。

---

① 《重修天津府志》卷三十一《经政・仓储》。

② 《钦定大清会典》卷十三《户部・漕运》。

③ 《漕运则例纂》卷十二《北河挑浚》。

④ 《钦定大清会典》卷十三《户部・漕运》。

⑤ 《津门精华实录》。

清代的"奉天海运"

清代初年，海道阻隔，海氛不靖，再加上统治者为阻止各地人民出海援助反清武装而实行严厉的"海禁""迁海"政策，严重地阻滞了海上航运业的发展。

顺治十二年(1659)，下令不准擅自出海，第二年，又正式颁布"海禁令"，规定："今后，凡有商民船只私自下海，将粮食、货物等项与逆贼贸易者，不论官、民，俱奏闻处斩，货物入官。""凡沿海口子，处处严防，不许片帆入口、一贼登岸。"[①]顺治十七年(1660)，下令"迁海"，强迫东南沿海一带的居民举家迁居内地。康熙十一年(1072)，又重申"官员兵民私自出海贸易及迁诸海岛盖房居住、耕种田地者，皆拿问治罪"的禁令[②]。

面对"海禁"，沿海地区的人民为了求取生计，不得不铤而走险，或私相窃出，或贿赂地方官吏暗中出行，"虽严海禁，其私自贸易者，何尝断绝"[③]。清统治者为了缓和社会矛盾，解决经济上的某些急需，有时也不得不在局部地区破例，允许少量船只定向出海，康熙年间开始出现的天津"奉天海运"，即是一例。

康熙初年，地多斥卤的天津地区，农业生产不甚发达，丰收年景尚不敷兵民食用，倘遇灾凶岁月，粮食的供给则更为困窘，虽有漕粮的截留与通仓米粮的调拨，但供需矛盾仍很紧张，因而，粮价波动很大，社会动荡不安。这对于清朝的统治是极为不利的。清统治者出于稳定畿辅

① (光绪)《大清会典事例》卷七百七十六《刑部》。
② (光绪)《大清会典事例》卷一百二十《吏部》。
③ 《清圣祖实录》卷一百一十六。

地区统治秩序的需要，被迫予以变通。接受天津塘沽海上官纲户郑世泰的建议，命其由天津出海，“用海舟贩运奉天米谷，以济津民”，由“官给龙票，出入海口，照验放行”[①]，郑氏遂成为专营“奉天海运”的皇商，人称“龙袍郑”。此后，接踵贩运者不乏其人，而“郑尔端、蒋应科、孟宗孔等其最著者”[②]。

康熙二十二年（1683），统一台湾，进一步巩固了清朝在全国的统治。次年九月，下谕开海，将“直隶、山东、江南、浙江、福建、广东等省先定海禁处分之例，应尽行停止”[③]，允许“百姓以装载五百石以下船只往海上贸易、捕鱼”[④]。

开放海禁以后，天津的“奉天海运”得以迅速发展。康熙三十五年（1696），“令海商运米天津，正税之外，免其杂课”[⑤]，用以鼓励海舶殷户承运。乾隆四年（1739）五月，不仅“谕令商贾等将奉天米石由海岸贩运，以济畿辅”，而且在同年十月，“命嗣后奉天海洋运米赴天津等处之商船，听其流通，不必禁止”，再加上将关东之粟运赴畿内出售，均“获有善价”，故而天津赴奉天的米谷商“贩运者益夥矣”，从前，“不过十数艘”，至此时，“已数百艘，不独运至津门，即河间、保定、正定，南至闸河，东至山东登莱等口，亦即通贩矣”[⑥]。到嘉庆四年（1799），仅天津一县，“向来以商贩东省粮石营生者，每岁约船六百余只，每船往返各四五次或五六次不等。不仅船户藉以养生，沿海贫民以搬运粮石生意者，不下

① 《续天津县志》卷六《奉天海运》。
② 《重修天津府志》卷三十《海运》。
③ 《清朝文献通考》卷三十三《市籴》。
④ 《清圣祖实录》卷一百一十六。
⑤ 《石渠余记》卷六《记米粮税》。
⑥ 《重修天津府志》卷三十《海运》。

数万人”[①]。不仅如此，粮食贩运的数量，亦由初运牛庄米豆岁只七千二百石，增加到“嗣益锦、宁、广、义四州县，视前几加三倍”[②]。粮米贩销的地域也有所扩展，“不但直隶、山东仰其接济，并河南、山西、陕西等省均资流通，借裕食用”[③]。

除此之外，间或亦有粮米自天津海运至关东，用以救灾赈荒。康熙三十二年(1693)，“盛京谷不登，民艰于食”，清廷决定发山东滨海诸州县常平仓米谷以赈济。按旧例，须由登莱起运，这样做耗时费事，十分不便。第二年春天，康熙帝亲至天津“访海道”，确认“自(天津)大沽达(辽东)三汊，较便于登州”[④]，于是，弃旧图新，“航内地之粟，由大沽出口，三日达盛京”[⑤]。此后，“直隶商民往奉省者”，也“俱由天津出口”[⑥]。

清代天津的“奉天海运”，起于康熙，盛于乾(隆)、嘉(庆)。上关国计，下裕民生。对于天津、直隶等地粮食的接济与供应，更有着极为密切的关联。关东偶逢歉收，粮米转运稍有不继，这些地区的粮食便供给困顿，粮价上涨，社会动荡。嘉庆三年(1798)，关东歉收，该省将军为留积米粮供应本地兵民，奏准暂时禁粜，出境之粮数大减，天津地区的粮食供应立刻就受到影响。转年春天，天津粮价飞涨，至夏季，米价“每石比春间已昂十分之五”。涨风甚至波及京师北京与通州。以通州为例，其米价“春初每石制钱二千五百余文，目今，昂至五千四五百文至六千

① (光绪)《栖霞县续志》卷九《艺文》。
② 《重修天津府志》卷三十《榷税》。
③ (光绪)《栖霞县续志》卷九《艺文》。
④ (乾隆)《盛京通志》卷二十五《山川》。
⑤ (道光)《津门保甲图说》东南一带村庄图说第六十七《东大沽》。
⑥ 《清朝文献通考》卷三十三《市籴》。

文不等”，直隶其他各地亦如此[①]。直至当年秋后，关东复粜，方有所缓解。尽管其与国计民生有如此密切的关系，但在嘉庆初年以前，天津的“奉天海运”，都是商民的私人贩运，没有额定漕粮的派征。嘉庆十五年（1810），始有关于奉天漕粮额征的官方记载。当时，额征的“奉天运京米石抵津后，恐一时未能转运赴通（州）”，经皇帝降旨，“令于（天津）北仓存贮，以免露囤”[②]。其种类为黑豆，其数额为三万八千七百四十八石有奇，至道光七年（1827），“始征粟米十分之四”[③]。关东额征的这些漕粮，均“由直隶雇船，于四月内赴牛庄等处装载，六月内抵天津海口，如有迟逾短少，将运委各员、天津道、县分别议处勒赔”[④]。

道光时期的海运南粮

嘉庆以后，河政废弛，“湖地卖放侵占，泉源淤塞枯竭”。运河水道“旱则干涸，舟楫不通；涝则横冲，田庐淹没。水系紊乱，灾害骈臻。敷衍因循，已成积重难返之势”[⑤]。为了维持南粮北调，又出现了弃河图海的主张。

嘉庆十五年（1810），因“河湖多故，逐处淤垫，以致运道梗阻，有碍船行”，故引黄而济运。此举不仅未能稍解运河转运维艰的状况，却因黄河泥沙之沉积而“为害滋深，无一日不言治河，亦无一年不虞误运”。为了不影响“天庾正供”，有些官员就建议利用江浙海口赴关东贩粮、运

① （光绪）《栖霞县续志》卷九《艺文》。
② 《清仁宗实录》卷二百三十一。
③ （道光）《钦定户部漕运全书》卷一。
④ 《清宣宗实录》卷三百四十一。
⑤ 《中国运河沿革》，《山东省建设月刊》第3卷第12期。

货的商船熟悉北上海途的便当条件,“将本年漕米就近酌交商船洒带若干,先为试行,以观成效”①。嘉庆帝谕令有漕各省督、抚大员详议此事。以两江总督勒保为首的一些守旧官僚,提出不可行者十二事,极力反对弃河图海,海运之议搁浅。

道光四年(1824),江南高堰漫口,清水宣泄过多,高邮、宝应至清江浦一带运河水道,节节浅阻,输挽艰难。清统治者仍沿用“借黄济运”之法,将黄河之水引入漕河,增加运河水量以赶运。历时两月有余,“未渡者尚有三分之二”②,海运之议再起。第二年初,道光帝谕令有关官员“各就所属地方,广咨博采,通筹谋画”③。许多地方大员,对海运之议都“争先为难,百议一喙”④。清统治者不得已,只好拨出大量帑银作车船之费,沿河“盘坝接运”,车船交替,水陆相衔,以应付了事。然而,此举亦因水势短绌,难于挽运而失败。道光帝鉴于河运阻滞、靡帑误漕,就接受试办海运的主张,调力主海运漕粮的山东巡抚琦善、安徽巡抚陶澍分任两江总督和江苏巡抚,通力筹划本年滞漕与来年新漕海运事宜。

琦善、陶澍等上任后,立即着手海运南粮的事宜。他们一方面派江苏布政使贺长龄赶赴海口,与地方官商议招徕海船、筹备驳运、兑装等事项;另一方面则由陶澍亲历江干、勘察海道,并将勘察结果画成海运图进呈,详述上海至天津海路途程,力陈海运南粮之可行性。时任户部尚书的协办大学士英和,又提出“暂停河运以治河,雇募海运以利运”的

① 《清朝续文献通考》卷七十七《国用考·海运》。
② 《皇朝经世文编》卷四十七,程祖洛《复奏海运疏》。
③ 《清宣宗实录》卷七十九。
④ 《皇朝经世文编》卷四十八,魏源《道光丙戌海运记》。

主张[①]。道光帝遂决意行海运，并下令在上海设海运总局，在天津设兑收局，准备海运漕粮。

道光六年(1826)二月，又将"苏州、松江、常州、镇江、太仓等四府一州的新漕并缓滞漕粮"迅速集聚上海，"截至二月二十一日止，共兑过正耗米一百十二万二千余石，事机极为顺利"[②]。与此同时，陶澍则亲临上海，"传集商船，面加晓谕"："无论其船赴天津、赴关东，皆先载南粮至七分，其余准带南货。"由于上海的沙船，"以北行为放空，南行为正载"，昔日北放，就须贮泥压舱，今"船商以放空之船反得重价"[③]，商情颇形踊跃，很快就"雇有沙船一千余只，三不象船数十只"，拟分春、夏两次，将漕粮"由海运抵津"[④]。

江浙海船，早就曾络绎不绝地往来于北洋[⑤]，"其船只习于风涛，熟于海线"。在当年五月，"两运告竣"，海运南粮正耗漕、白等米及给船耗米，"通计米数有一百六十三万三千余石"，"风顺水利，颗粒无损，漕运其遂变局"[⑥]。

为了适应海运漕粮的需要，清统治者在天津大力运营。漕船到达天津海口，须用纤夫牵挽至上园交卸，于是，在兑米之时，每米一石，预付船户制钱四文，作为该船到津雇夫之工价，并著直隶总督严饬地方官，禁止纤夫哄抬工价，以坚船户承运之心。漕粮运至天津东门外交兑，立即转卸剥船，一部分运赴京、通归仓，另一部分则运入天津各仓

① 《皇朝经世文编》卷四十八，英和《再筹海运折漕章程疏》。
② 《清朝续文献通考》卷七十七《国用考·海运》。
③ 《安吴四种》卷一《中衢一勺·包世臣〈海运南漕议〉》。
④ 《清朝续文献通考》卷七十七《国用考·海运》。
⑤ 清代将辽东、直隶、山东间的广大海域，称之为"北洋"。
⑥ 《清朝续文献通考》卷七十七《国用考·海运》。

廒,就地贮存。为此,清朝廷除在天津及杨村添备剥船两千余只,在闸河内"额设官剥船三百只、民剥船三百只"[①]外,并命直隶总督"先期多雇民船,在天津东门外等候,随到随卸"[②],因之,"由淀津抵通二百里,无粮船阻滞,挽行顺速"[③]。为就地贮存漕粮,还在天津扩建仓廒。当时天津最大的仓廒就是北仓,但仅能贮米四十万石左右,沙船猝聚,余粮不敷存放,于是清统治者饬令天津县先期购备铺仓席片,于"上园水口,勘定高阜宽敞地面,筑墙挑沟,垫成码头土道备用",建仓囤以储粮[④]。另在北仓之南,临北运河的地方,"设仓廒一座",名中仓,粮艘可直接卸运于此[⑤],增加天津的仓储能力。

道光七年(1827),海运南粮的做法因遭清廷保守派官僚的非议而停罢,官运漕粮仍行河运,勉强维持了二十年。

道光二十七年(1847),河运严重阻滞,虽经治理,漕船仍难于畅行,漕粮不能遄达。京畿地区粮米短缺,粮价大涨。江南的粮商与船户,见有利可图,乃借海途之便,将粮米泛海运抵天津出售。清统治者为解燃眉之急,就分饬天津地方官及直隶各级官员曲意笼络这些商人,收买其米。当江南运米的商船泛海抵津,停泊于东沽、葛沽一带时,地方官派员赴该处"专司其事,如该商自行售卖,不许市侩把持跌价,如由地方官为收买,即速行筹款,妥为办理,不准任意减价,致令亏折"。商人一时

① (道光)《江苏海运全案》卷一,熊应泰《奏为明年暂行海运诸务皆宜预筹谨陈管见疏》。

② (道光)《江苏海运全案》卷一,陶澍《为苏松常镇太四府一州应征道光五年份漕粮议请全由海运疏》。

③ 《安吴四种》卷一《中衢一勺·包世臣〈海运南漕议〉》。

④ 《清朝续文献通考》卷七十七《国用考海运》。

⑤ 《津门保甲图说》西北一带村庄图说第八。

不能完全售尽者，“由地方官按数收买”。同时，要对商人“曲加体恤，严防流弊”，“俾得迅速转运，闻风踵至”，以免“裹足不前，于民食大有关碍”①。第二年，清统治者采纳两江总督李星沅的建议，重行恢复海运，并将苏州、松江、太仓二府一州应征漕、白米全由海运。此后，或河运，或海运，屡相更迭，率无定章。

咸丰、同治年间(1851—1874)，农民起义军活动于苏、皖与鲁南，运河水道被阻隔；再加上 1852 年黄河改道，经山东而入渤海，运河水量大减，中段即行淤浅，难以通行；河道官员又多敷衍因循，河运难以维持，江南漕粮概由海运天津，然后，再驳运京、通。“迨光绪中，张秋绝流，运渠中断，自拦黄坝至临清，夷为平地者二百余里，不得已，而(里河)漕运议停矣”②，海运取代河运，成为清朝南粮北调的重要途径。

结　语

明清时期，我国南北经济不平衡局面更加严重。建都于北京的封建王朝，更加依赖于富庶的江南，仰食于南方。南粮北调的漕运，已经成为封建统治者赖以生存的经济命脉。为满足其庞大的消费，巩固与加强其封建统治，明清统治者大力发展漕运，使其得以空前的兴盛发达。

明清漕运的发展，不仅满足了封建统治者俸饷和宫廷靡费的需要，而且促使交通运输的发达、都市的兴起、商业的发展、物资交流的加强。天津城市的形成、演变与发展，就是伴随着明清漕运的发展而实现的。

---

① 《清朝续文献通考》卷七十七《国用考·海运》。

② 《中国运河沿革》，《山东省建设月刊》第 3 卷 12 期。

明代漕运，无论经海、经河，均以天津为必经之途，明统治者遂在此置囤建仓、立卫筑城。天津城为适应其拱卫京师和保障漕运正常进行的政治、经济需要应运而生，从旧日的聚落市镇发展为军事城堡。此后，随着漕艘的往来、商船的栖泊、交通的畅达、商贾的汇聚，天津城逐步得以发展。至明代中叶以后，天津城的城市建制虽仍为卫所，但其社会与经济则已经比较繁华。

进入清代，漕运较明代又有了进一步的发展，河运、海运并举，官运、商贩兼行。作为京师门户、水陆通衢的天津城，得以迅速地发展起来。清统治者遂先后将天津升卫为州、升州为府，使天津城完成了由军事城堡向商业经济城市的演变。天津城市性质的转化，加快了天津地方经济的发展，加强了天津与各地的经济联系和物资交流。至乾嘉时代，天津城已经发展成为联结北方各地的区域性经济网络的中心和北方重要的贸易口岸。

如果说，明代是天津城市正式形成并有所发展的时期，清代则是天津城市向多功能、开放型经济城市迈进的重要阶段，而促成这个城市演化进程实现的重要因素之一，便是明清漕运的持续发展。

第九章　盐业生产

第一节　盐业的生产

盐业发展的自然条件与资源

明代漕运的发展，尤其是大运河修复后，天津成为北方的交通枢纽，这对天津城市和盐业的发展起了促进作用。天津拥有优越的自然条件，这是天津盐业赖以发展的依据。天津沿海地势低平，春秋两季气候干燥，多风少雨，日照时间长，又地处内海，很少受台风和潮汐的侵袭，非常适合盐业生产，这也是天津成为长芦盐区中心产地的主要原因。具体分析，天津有以下几个得天独厚的自然条件：

气象：降雨量少，蒸发量大，风力大，湿度小。（可参见表 9-1）

表 9-1　天津盐场气象表

晒盐季	平均温度	平均湿度	平均蒸发量	平均降雨量
（4—7 月）	19.7℃	62%	1347.3 厘米	3478 厘米
非晒盐季（9—10 月）	4.6℃	55%	490 厘米	191.3 厘米

土质:滩土坚密,不漏水。

地势与面积:地势濒临近海,滩地又低于海平面,有利于减少人力提海水入滩地。海滩面积大,有利于大规模生产,成本低。

另外,天津沿岸海水含盐量较高,每十斤海水约含盐一两五钱。原料充足,取之不尽,用之不竭。明代三汊沽、丰财、芦台三个盐场,都在天津境内。三汊沽原在天津市内三汊河口附近。丰财、芦台二场,即今塘沽、汉沽盐场的前身。芦台盐场,东南临海,东到东沽,西南到军粮城,盐场面积约 220 平方公里。丰财盐场,东起渤海湾,南接沧州县境,西南邻静海县,面积约 600 平方公里。明隆庆三年(1569)将三汊沽盐场并入丰财盐场。

明朝废清池县,恢复长芦县,归沧州辖,设盐运司驻其地,管理盐政,所以河北盐产区统称长芦盐区。它南起山东利民县的黄河入海口,经河北黄骅县,过岐口、天津的大沽、塘沽、汉沽,转向丰南的南堡、滦县的滦河口,由乐亭县境的大清河口,折向抚宁县的洋河口,沿海长芦盐区一千多里。因天津的丰财、芦台盐场是长芦盐区中心产地,故天津盐场在长芦盐区有着很重要的地位。

丰财、芦台盐场,卤根积层很厚,这是因为北塘口、大沽口一带,受黄海潮汐影响,形成了长数十里淤泥沉淀的浅滩。黄海潮汐,自朝鲜南岸至庙岛入渤海湾,受到岛、屿、岬、角阻拦,潮汐涨落,故卤根积层很厚,这是丰财、芦台盐场产量高、质量好的一个重要原因①。

① 冷家骥:《中国盐业述要》。

明初的煎煮盐

天津盐场自然条件好，非常适合盐业发展，又经历代劳动人民的不懈努力，才从刮土煎盐到小锅煎煮盐。明初，天津盐场还是煎煮盐，但器皿由小变大，产量有所增加。明代中叶，天津部分盐场采用了晒盐技术，生产能力提高，工艺流程也趋于完善，形成了具有天津特色的制盐工艺。

制盐须用卤水，制取卤水的方法各异。如果盐滩是沙土，海水漏过是不能成碱的，必须用烧过的草灰，散在滩场上，用海水渍浸，收起再复淋，就可用了。如果盐滩泥土涵有碱气的，刮取浮泥，放在滩场上，用海水渍浸，等到晒结浮白，扫起复淋，可以备用。然后，把复淋有碱的泥土五六担，积起高堆，修成方池，槽旁掘成井口，用管子相通，用海水浇池中碱泥，使卤水流入井口。这时以三分浮莲子（或用鸡蛋）投入卤中，探测卤水浓度，如莲子立浮在上面，说明卤水浓度饱和。可以煎煮盐。假如莲子下沉，说明卤水浓度不够。如果莲子横浮在上面，说明卤水浓度稍淡，还不能用。这种古老的测卤方法，在20世纪30年代，天津有的盐场还在使用。淋卤设灶煎盐，既要有大面积的海滩，又要有大片草荡、苇塘提供燃料，在这方面天津有得天独厚的条件。

明初煎煮盐的方法仍较落后，煎煮的器皿主要有盘、锅。大盘径长八九尺，小盘径长四五尺，都是铁铸的。大盘由六片铁铸成，小盘则由全块铁铸成，锅也是铁铸的。宽而浅的叫“鏾盘”，锅或盘的四周用石灰粘其缝隙，放入卤水，下面烧火，就可以煎煮盐了。盘为盐场团体煎器，非一灶一丁所有，锅则为灶户每家一口。

大盘是明政府发给各盐场的团体煎煮器，重数千斤，十分坚固。一昼夜可煎煮盐三次，可得盐六百多斤。大盘虽不易坏，但用柴多。

小盘轻而薄，每户一口，一昼夜可煎煮盐二三十斤。小盘易坏，但省柴，便于个体户生产。小盘也是明政府发给灶户用的。

明代煎煮盐的器具都是由运库出钱做的，然后发给灶户使用。煎煮器坏了，重新发给。除了煎煮器外，还有石枕子(撑煎煮器用)、铁铲子(铲盐用)、水斗(汲水用)等，也都是明政府发给灶户的。嘉靖朝时，天津开始用煤做燃料煎煮盐，但煤比柴草、木材贵得多，故用得较少。

明代中叶的晒盐

嘉靖元年(1522)，明政府下令："长芦海滩附近灶民修浚滩地晒盐者，每年以十分为率，止取三分补纳逃亡额数，如遇风雨不结，可为减免。"[①]据此可知，嘉靖朝时晒盐在天津盐场已经应用，所以晒盐的产生当早于嘉靖元年(1522)，这从《元典章》、明章潢《图书编》、明汪砢玉《古今鹾略》中，可以得到证实。

对晒盐过程，谈迁有如下记载：

> 长芦盐筑滩治畦，鳞次而下，其旁为堑。潮上则堑皆平，湖退挹水注上畦中，风之，日之，又注一畦；风之，日之，又注如初。投以石莲，立而不扑，则水气尽，卤□如饴，东北风至，水上凝盐。[②]

"水上凝盐"，即咸水结晶完毕，盐丁光着脚进入盐田，手拿薄木片做的推子，把盐推成堆。盐丁用筐把盐抬到盐田旁，然后把盐运到盐坨上封好。谈迁所述长芦晒盐，在天津盐业发展史上具有重大意义。晒盐不

---

① 《大明会典》卷三。

② (清)谈迁:《枣林杂俎》。

需要锅灶，不用柴薪，成本低、产量高、质量好，是明代盐业生产的一项重大技术改进。晒盐只要开几个水池，引海水入畦，日晒蒸发，就可以得到盐，抛掉了笨重的煎煮器，减轻了劳动，提高了生产力。这说明明代中叶的晒盐比明初的煎煮盐进步了。

明朝承元朝旧制，盐场产量岁有定额，灶户必须完成。目前，我们尚未查到天津盐产量，但可用长芦盐产量比照，因为天津盐产量占长芦盐产量较大份额。洪武年间，全国盐的总产量约为三亿斤，长芦盐产量仅次于两淮、两浙，约占全国十分之一弱。弘治朝后，长芦盐产量超过两浙，仅次于两淮，一直保持到明末。

天津盐场受其优越自然条件恩惠，不仅盐的产量高，质量也是上乘的，天津盐因此被誉为“芦台玉砂”。这种盐稍带淡褐色，颗粒大，结晶体坚，味道醇厚。明庄襗《芦台玉砂》：“土面刮来淋玉液，鏊头沸尽结银花。”明范石蔡在《芦台玉砂》中也说：“破垒烧残炊灶火，荒池漉尽水晶花。”[①]这些都是称赞天津盐质量好的诗。

天津丰财、芦台盐场的盐，为芦盐的上品，邓沽场的盐较丰财、芦台盐场的盐稍差。严镇、越支、石碑各场，盐粒大但色暗，属中上质量。海丰盐场的盐不好，仅可供腌菜用。济民场盐色较黑，又含泥沙较多，仅供渔民腌鱼用。

天津盐物美价廉，“芦盐味鲜，淮盐味苦”[②]，“芦盐价半而色白，其盐真”[③]，因而备受人们欢迎，畅销各地，从而运销就成为盐业发展的重要问题。

---

① (雍正)《重修长芦盐法志》卷十六。
② (光绪)《亳州志》卷六。
③ (清)姚元之：《竹叶亭杂记》卷二。

盐的运销

天津盐业的生产、运输、销售是三个重要环节，互相联系，互相制约。左树珍把三者关系说得很清楚："盐有产必有销……而管其枢纽者，厥在于运。运销者，榷税之根源。榷取于盐，盐主于销。"①

天津"地无崇山巨险，而襟河枕海，拱卫京畿，且当南北往来之冲，实为切近扃钥"②。天津地处九河下梢，无崇山峻岭，临近京师北京，是黄河以北最大的货物转运地。

交通方便，是天津盐业发展的一个有利条件，而水路运输对天津城市和盐业发展所起的作用，尤为显著。成化二十一年(1485)，明朝修复了从新河至北塘间运河——直沽河，河宽五尺，深一丈五尺。直沽河通航后，加快了天津水运事业的发展，也为天津盐业崛起铺平了道路。明代天津是南北漕运的枢纽，每年有几千艘漕船抵达。大运河畅通后，各地客商来天津的增多了。数以万计的食盐，源源不断地运出，可见天津盐业的发展与天津水、陆交通四通八达的关系是多么密切了。"顾天津以舟楫之便，商人乐于行官盐。"③天津成了长芦盐区的转运中心。

天津的丰财、芦台盐场，为了运盐方便，也修了许多平坦大道通往各地。这些大道可供马拉大车行走，为天津盐场提供了运输、销售的方便。明代中叶，明政府出于各方面的考虑，治理了一些天津河道，这不是单纯的治水，也为天津城市的发展创造了条件。

明代天津的盐，大都由水路运出，船运方便，运价便宜。天津盐价

① 《长芦盐务地理》。

② (道光)《津门保甲图说》卷首。

③ (雍正)《重修长芦盐法志》卷十四。

低，质量好，在市场上具有很强的竞争力。长芦盐区的沧州各盐场，陆路运盐，运费较高，商人获利少，所以盐商都愿意来天津盐场贩盐，这与天津盐价格便宜、质量好、运费低、交通方便等有关。商人聚集，无疑促进了天津商业的繁荣和城市的发展。

单就运道来说，天津运输有水、陆两类：

(1)水运。海河边设天津盐厂——天津盐总店，下分北河运道、淀河运道、西河运道、南河运道(御河)。

①北河运道。沿河州县就近落厂，余皆至张家湾落厂车运。

②淀河运道。沿河州县就近落厂，余至保定县、张青口及清苑县落厂车运。

③西河运道。沿河州县就近落厂，余至衡水县小范、任县的邢家湾、宁晋县的丁曹及邯郸等地落厂车运。

④南河运道(御河)。沿河州县落厂，余至大名等地分销。

(2)陆运。由大清河盐坨、羊河口盐坨、宣庄盐厂分销：

①大清河盐坨。距天津四百余里。从乐亭县盐总店到大清河盐坨拉运，其距盐坨五十里。

②羊河口盐坨。距天津四百余里。

③宣庄盐厂。距天津七百五十里。丰润县盐总店，距宣庄盐厂三十里，由越支盐场用大车拉运。[①]

从上述情况看，明代天津水、陆运输，大都是为漕运、盐业服务的。尤其是水运，运输方便，运费低，为天津盐的销售和贸易的兴隆创造了有利条件。

① 林振翰：《中国盐政纪要》，商务印书馆1930年版，第24页。

盐务收入是以盐引销售额的多少来衡量的，销售盐引的数额与销区人口、盐价、质量、交通等多种因素有关系。盐务以盐场管理最为重要，而收入则要看销售盐引的多少了。

明承元朝旧制，划定销售区域行盐。嘉靖四十五年(1566)，划定长芦行盐地区是畿内八府、河南二府。

这种划分销售范围是十分严格的，这一销区的盐运到其他区域销售，就被当成私盐处理。天津盐“本轻价廉，益得乘机而入”[①]其他销区。万历十七年(1589)，河南开封二十三州县改食天津盐，天津盐销区扩大，说明天津盐的销售有了发展。

综上所叙，从明初的煎煮盐到明代中叶晒盐技术的应用，说明天津盐业有了发展，而四通八达的水陆交通，又为天津盐的外运提供了方便。按常理说天津盐业应该有较快的发展，但明朝的严密控制也抑制了天津盐业的发展。

第二节　明朝对盐业的管理

明朝对天津盐业的管理是十分严密的，搜刮也是很重的。盐税收入约占明朝全年财政收入的一半。明政府牢牢地控制盐业生产，为其军事、政治、经济服务，根本不考虑天津盐业生产、市场、消费等实际情况，强行把生产数额固定下来，令灶户生产。

明政府对天津盐业实行专卖垄断，这就给明代天津盐业带来了各种弊端。权贵、宗室、宦官纷纷要求分享这种特权，甚至连正德皇帝朱厚照也要盐引一万二千引。在这种情况下，一方面权贵、宗室、宦官等

① 《续增河东盐法备览》卷中。

强行霸占盐引；另一方面天津盐商不得不勾结官吏谋利。有贿赂自然便有勒索，明末天津的盐务已经到了不可收拾的地步，勒索与贿赂恶性循环是其中的一个原因。

明政府对私盐的打击，单从天津盐业本身考察，即起了抑制天津盐业发展的作用。明政府对天津灶户的人身束缚和额盐的征收，也压抑了天津灶户的生产积极性。明政府对天津盐商的歧视、压迫，给天津盐业生产、运输、销售带来了很多困难，这些是明代天津盐业发展缓慢的主要原因。不论明初的“开中制”，还是明代中叶的“折色法”、明末的“纲法”，都不能从根本上改变明代天津盐业发展缓慢的局面。

盐法

明代天津盐法凡三变：明初“开中法”、明代中叶“折色法”、明末“纲法”，下面分叙这三种盐法对天津盐业的影响。

成化七年(1471)，北直隶、陕西一些府县发生饥荒，明政府召天津商人输粮于这些地方，输粮四斗给一引盐。这是明朝承宋元旧制召商人输粮于边境，以济军粮的开中制度。

《明史·食货志四》解释说：“召商输粮而与之盐，谓之开中。”开中制的实质是天津商人以力役和实物向明政府换取盐业专卖权。开中的地点多是边远地区，道路艰险，所定粮食数量又多，天津商人获利较少，往往裹足不前，严重影响了明朝的边粮储备。

“开中法”对明朝保障边境储粮是有积极意义的，但明政府把盐价定得较高，加上“开中法”手续繁杂，天津商人既要输粮于边，又要持盐引去盐场支盐，最后到指定销区售盐，商人奔波于三者之间，影响了收入，因此天津商人纳粮换盐的日益减少，天津盐引亦随之积滞，一些边区军粮有中断的危险。随着天津盐业的发展，天津商人要求摆脱这一制度的束缚成为历史发展的必然，明政府也不得不改变盐法了。“长芦以十分为率，八分给守支商，曰常股，二分贮于官，曰存积，遇边警，始召商人纳。”[①]虽然买常股的价轻，买存积的价贵，但商人苦于守支年久，争抢存积。因此，常股盐引销售不畅，而存积盐引却供不应求。李东阳说：“各边开中徒有虚名，商人无利，皆不肯上纳。”[②]

弘治朝时，明政府鉴于“开中法”有上述弊端，改行“折色法”，就是叫盐商出钱买盐引，领取食盐贩卖。成化末年，明政府发行盐引，远远超过盐的库存量，故权要霸占盐引太多，造成了盐商手中盐引过剩而盐场却无盐支付，于是明政府允许盐商收买灶户余盐，补充正引。弘治二年(1489)，天津实行了这个办法。天津灶户的余盐价格便宜，盐商又能立即获得食盐，盐商争收灶户余盐，官府盐引仍然滞销。

“开中法”是以明政府垄断天津盐业为前提的，势必引起一切特权阶层要求利益均沾。豪强霸占盐引和反霸占盐引的实质是豪强与天津盐商争夺天津盐利的斗争。

明朝初年，重视“开中法”，所以盐法坏在存积；弘治朝后，盐引存积过多，改行“折色法”，又坏在余盐销售，造成了私盐泛滥。更为重要的是权要、宗室、宦官等的乱法，“近年内外官豪纵客、家人、军伴、投托匠，饰奏捏称其处缺粮，要令子弟、家人上纳，朦胧幸准，乃就京师地方转卖；或赴开中处，每千引卖百余两，或七八十两，名曰卖窝钱。彼尽得利，使客商垂头丧气而已”[③]。

---

① 《明史·食货志四》。

② (明)陈洪谟：《治世余闻》，“佚文”条。

③ (明)朱廷立：《盐政志》卷七。

弘治朝后，“开中法”危机加深，边商衰疲，内商兴起。“折色法”既是明政府解决财政危急的历史必需，又是商品经济发展的必然结果。

“折色法”对天津盐业生产，特别是对天津盐商的发展是有重要意义的。边商演变为内商，坐场掣盐，盐业资本增加很快。内商又把销售委托别人经营或转售盐引，又有了专门为内商转贩、销售的小商人（又称水商），这样内商就成了明代天津盐商的主体。内商不断地发展、壮大是天津盐商演变过程的重要阶段，不仅预示了官盐的衰败，也反映了明朝重农抑商政策的变化。

天津余盐开禁，约在成化、弘治朝间，天津盐商购买灶户余盐，这表明明政府既承认了灶户对额外余盐的支配权，也宣告了官收额盐政策的结束。余盐开禁，标志天津盐商与灶户直接建立购销关系，搬掉了明政府阻隔天津盐商与灶户交易的各种障碍，反映了明代对天津盐业控制松弛和天津灶户人身束缚部分地被瓦解。天津灶户在盐商各种形式的支持下，私煎盐、私卖盐泛滥，明政府失去了对天津盐业的控制，这也是“纲法”产生的原因。

万历四十五年（1617），袁世振创立“纲法”。袁世振，字沦孺，号仰之，湖北蕲州人。他在任职户部管理盐段时，看到了盐引积压，创立了“纲法”。他的目的是想疏通历年积压的盐引，将盐商所领的盐引编成册。明朝规定：凡纲册有名的，成为世袭的引窝，纲册无名的不得贩盐。

盐商为利益所诱，纷纷登记，历年积压的盐引通畅了。万历朝以前，盐引的斤数减少，而价格却上涨了，天津盐商持观望态度，不肯买盐引，明政府以世袭引诱盐商，果然见效。这本是明政府的权宜之计，虽然补救了某些弊端，却给天津盐业带来了无穷的后患。天津盐商据引窝，子孙相继，成了世袭的引商，垄断了盐业生产、销售大权，是专商的开始，给清朝盐政带来了不良后果。明朝为了贯彻其制定的盐法，在天津设置了一些有关的管理机构，以确保天津盐税收入。

管理机构

明朝为了实施其所制定的盐法，控制天津盐业，确保财政收入，在天津设置了一些管理盐政的机构。这是明代天津盐业崛起后，明朝采取的相应措施，从一个侧面反映了天津城市和盐业的发展。

明洪武二年(1369)，在沧州设立北平河间盐运司。永乐十三年(1415)，设长芦巡盐御史，一年两巡。宣德四年(1429)，特命御史于谦率锦衣官巡视天津盐政，督催盐税充实边防军资。正统元年(1436)，又命刑部侍郎何文渊、户部侍郎王佑等巡视长芦盐政。正统十一年(1446)，长芦巡盐御史兼管山东盐政。嘉靖朝后，一度罢巡盐御史，间遣大臣兼理盐政，极为不便。隆庆二年(1568)，又派御史巡盐。隆庆三年(1569)，将长芦盐场由二十四场并为二十场，盐使司下设沧州分司、青州分司。分司下设盐场，盐场设盐课司盐官，盐官下设团首，实行层层严密控制。万历朝时，又罢巡盐御史。

明代的天津盐务机构，负责管理天津盐业的生产、运输、销售，但还没有形成完整的管理机构，尚以巡盐御史督催盐税和察访为主。

前面已述，天津钞关是税收专门机构，于关卡、港口、要地查收税金，这对天津盐商的发展起了抑制作用，因为盐业资金的一部分被贪官污吏放进了自己的腰包。万历二十二年(1594)，天津河西务各种税收高达七万二千两银子，这是一个相当可观的数字，其中不少是从天津灶户身上盘剥来的。

灶户

明政府垄断天津盐业生产，规定灶户按户出夫制盐，称“盐丁”。每二十盐丁为一号，号立料头一人，管理盐丁。明政府只出工本费，免除灶户杂役，强迫盐丁进行繁重的劳动。出产的盐全部归明政府，不许私卖。官府以钞偿付灶户工本费的，叫“工本米”。盐课是按灶地、盐丁数目征收食盐的。

为了确保天津盐业收入，明政府将灶户固定在盐场，便在控制灶户和编制等方面采取了一些办法，如“役皆永充”①即是。

当盐丁缺额时，由附近的农户或犯人补充。盐丁一旦被编入灶户籍，子子孙孙都得当盐丁，失去了人身自由。如果盐丁逃跑了，被抓回来轻则要打八十大棍。谁要窝藏逃跑的盐丁，就罚谁当盐丁。谁要知道盐丁逃跑而不检举，也要治罪。

明代的天津灶户虽属盐运司管辖，但名籍却在州县。盐运司催盐税，而州县却要灶户出杂役，这就加重了灶户负担，灶户的处境越来越坏。隆庆三年(1569)，芦台盐场的灶户，实在忍受不了官府的严重盘剥，冲破了官府的严密控制，全部逃入山中，造成了芦台盐场一度无人做工的荒凉景象。

为了把灶户固定在盐场，明政府于隆庆五年(1571)下达了勿令灶户、民户互相影射的命令。万历二十三年(1595)，户部又令把转移到民户中的灶户清理出来。

明政府对天津灶户的人身束缚和额盐的征纳，使灶户的生产积极

① 《明史》卷七十八。

性受到压抑，灶户的反控制也增强了，明政府不得不变换对灶户的统治方法。

明代中叶，明政府允许灶户交纳额盐后，余盐可以在市场上出售，这就调动了灶户生产的积极性，这对天津盐业发展有一定推动作用。

至明末，天津灶户数以万计沿河而居，盐业日益兴旺。明政府又划临海之地，拨给灶户的叫“灶地”；樵采草刍煎盐地叫“草荡”；斥卤不毛之地，筑池晒盐的叫“盐滩”，这些土地使用权暂归灶户，也刺激了灶户生产的积极性。与此同时，灶户所生产的盐也不全归官府了。但是他们的生活仍很艰苦。由于制盐技术落后，又多是一家一户的个体生产，能力低下，除盐税和贡盐外，余盐虽可以出卖，获得一点收入，而苛捐杂税却十分重。所以有“庶民之中，灶户尤苦”之说。这是因为灶户“粮食不充，安息无所。未免预借他人，所得课余，悉还债主，艰苦难以尽言。小屋数椽，不蔽风雨，粗粟粝饭，不能饱餐”①。

隆庆四年(1570)，御史苏士润上书说：“诸司灶户，惟长芦最苦。”②

明朝郭五常《悯盐丁》诗，是较为真实地描写天津一带灶户生活困苦的好诗：

煎盐苦，煎盐苦，濒海风霾恒弗雨。赤卤茫茫草尽枯，灶底无柴空积卤。借贷无从生计疏，十家村落逃亡五。

晒盐苦，晒盐苦，水涨潮翻滩没股。雪花点散不成珠，池面平铺尽泥土。商执支牒吏敲门，私负公输竟何补？

儿女呜咽夜不炊，翁妪憔悴衣蓝缕，古来水旱伤三农，谁知盐

① (雍正)《重修长芦盐法志》卷十四。

② (雍正)《重修长芦盐法志》卷二。

丁同此楚。我欲挽回淳古风，深惭调燮无丝补。

且以仁煦摩，且以义鼓舞，勿使心似墨，勿使政如虎。中和一致雨旸时，煎晒应无当日苦。[①]

煎盐和晒盐只是生产方式的不同，但灶户的不幸遭遇却是相同的。“借贷无从生计疏，十家村落逃亡五。”这是天津灶户悲惨生活的真实写照。在明政府的统治下，到处是“商执支牒吏敲门，私负公输竟何补”。明政府无休止地掠夺灶户，苛政猛于虎，是“儿女呜咽夜不炊，翁妪憔悴衣蓝缕”的悲苦情景的根源。

明政府不仅对天津灶户盘剥，而且对天津盐商的控制也是严密的，这也束缚了天津盐业的发展。

盐商

明初，凡是经营盐业的，称为“盐商”。这时的盐商，大都具有地主、粮商、盐商等多种身份。“开中法”手续繁杂，天津盐商既要输边送粮，又要到盐场支盐，最后到各地售盐，独力难以胜任，应运产生了“边商”“水商”“内商”。“边商”是指赴边境送粮换盐的商人；“水商”实为“内商”的代销人；“内商”是指当地守支的盐商。这是在盐业资本有力地冲击下，天津盐业趋于衰落的情况下，逐渐形成了以内商为主体的三种类型盐商，它标志着天津盐商与经营土地相脱离，同市场垄断相结合的历史进程。天津盐商初步分工，说明了因天津盐业的发展，原有的经营方式已不能适应，从而产生了新的业盐方式。盐商分工既促进了天津城市和盐业发展，又加快了天津盐商资本积累的步伐。

---

① （雍正）《重修长芦盐法志》卷十四。

嘉靖元年(1522),天津高登等人买占滩地(盐田)四百二十七处,每年得盐利十万余引,可谓富甲天下。由此可推知,高登等人实为滩地的地主。滩地集中,说明天津盐业发展了,因为滩地集中便于扩大生产。明末,天津一部分盐场改煎煮盐为晒盐后,出现了晒盐滩地,占有滩地的称为"滩灶户",这是在天津盐业发展过程中产生的。

明代的天津盐商尽管财力雄厚,但社会地位低下,因为明政府采取了重农抑商的政策,鄙视巨商豪富。这些人稍有背法,就严厉处治,引起了商人的反抗。李贽曾公开为商人辩解,这在当时是十分大胆的行动。李贽对海盗兼商人的林道乾,曾称赞说:"才识过人,胆气压乎群类。"①

万历二十八年(1600),天津大盐商钱似玉贿赂宦官张晔,当时张晔任通湾税监②。钱似玉通过张晔送给万历皇帝朱翊钧一大笔银子,博得万历皇帝的欢心,结果取得了"委察私盐"的大权,借以向盐商和灶户大肆勒索财物。明政府垄断天津盐政,盐商见无厚利,采取了消极的观望态度,出现了"谁知兵后商人少,岁课犹随国用增"③的局面。

万历四十五年(1617),袁世振创立了"纲法",其用意是想疏通历年积压的盐引。袁世振以世袭为诱饵,盐商见有利可图,纷纷登册,经营盐业。天津盐商逐渐成为包买包卖控制盐业生产和销售的代理人。例如,盐商每年冬季发放贷款给灶户,叫"冬赈",借以固定明年新盐价,叫"批水盐"(类似买青苗),这样盐商就控制了盐业生产。为了销售盐,天津盐商在其销区内的州县设立了总店,又在总店周围地区设立了分店。

---

① 《焚书》卷四。

② 张家湾税监在通州,故称通湾税监。

③ (雍正)《重修长芦盐法志》卷十六。

同时,又在各镇设立了支店,又有为盐商跑集市的小贩,在集市日期进行推销。这样一来,天津盐商又控制了销售权。

随着经营方式的变化,盐业政策相对稳定,制盐技术也有了进步,生产工具日益完善,在明末资本主义萌芽因素的刺激下,商业资本趋于活跃,天津盐商对扩大生产、提高制盐技术、促进天津城市发展,曾起过积极作用。这时,天津盐业出现了前所未有的局面:

(1)生产扩大。明初长芦盐年产量是二千五百余万斤,明末则达到三千六百余万斤,其中天津盐场产量占有较大份额。

(2)技术进步。明初,对灶户进行奴役生产,由于灶户的反抗,明末则改为交额盐后,余盐可以出卖,从而提高了灶户生产的积极性。随之而来的是技术进步。例如,明初煎锅"只用中釜,不用牢盆",明末煎锅变为平坦的大盘,深、厚、宽都比明初煎煮锅大十倍。另外,晒盐技术也有很大提高,表现在晒盐技术的应用和灶户的初步分工。灶户分为挑沟工、滩工、驳运工、坨工等。如果制盐技术没有较大的提高,不会出现这样的分工。

(3)雇佣劳动增多。灶户个体生产日益减少,这是由于生产规模扩大,劳动力缺少,盐商从河北盐山、山东惠民一带招募了破产的农民充当盐工。这些盐工是靠出卖劳动力为生的,这就大大地威胁了个体生产的天津灶户,个体灶户破产的不少,也加入以出卖劳动力为生的队伍中。

(4)盐业资本初步形成。明末,天津盐业生产蒸蒸日上,吸引了不少商业资本、高利贷资本投向天津盐业,有助于天津城市和盐业进一步发展。明末,天津盐业资本,是资本主义生产方式所需要的历史前提与条件。

天津盐商兴起,正值我国封建社会内部出现了资本主义萌芽因素,却未能促进资本主义生产方式发展之时，因为明代封建主义生产方式的解体，取决于当时生产方式内部的相互关系和它的牢固程度。我们知道，明政府对天津盐业控制极严，搜刮又十分严重，使天津盐业处在艰难的发展中。在这种情况下，天津盐商不愿冒大的风险，于是便把盐业资本的一部分投向土地、房屋、山场等不动产，所以资本周转慢，资本增殖少，再加上明政府的严密控制，这就给天津盐商带上了浓厚的封建色彩。

在明政府重农抑商的政策下，天津盐商创业艰难，好不容易积累了一些资本，却遭到各级官吏的敲诈勒索，盐商自己又过着奢侈生活，使大量资金消耗掉。再有，天津盐商兄弟或诸子分家，也分散了资金。这些都严重影响了盐业资本的集中，对天津盐业的扩大再生产是不利的。明末，天津虽然出现了晒盐的新技术，但仍然存在古老的煎盐生产，这种一家一户的个体生产，也阻碍了天津盐业生产技术的革新与扩大。当然，个体户破产，正是资本主义生产方式发展的表现。

盐引

明承宋元旧制，商人贩盐，先交现金买盐引，开写盐引数量、字号于册簿。每引一号，前后两卷，盖印后从中间分成两份，后卷给商人的，叫“引纸”——盐引，前卷存根叫“引根”。商人凭盐引到盐场支盐，又到指定销区卖盐。明初，明政府对天津盐业控制极严，盐引印发全由明政府掌握。巡盐大臣每年从户部接收盐引，再卖给商人，作为商人支盐、销盐的证明。盐引形式如下：

引　式[1]

①长芦运司，凡客商卖盐，每引行盐三百斤，直隶盐加包索耗盐十斤，河南盐加包索耗盐十五斤，半印引目，每引完纳引价，随便给引支盐。

②凡客商兴贩盐货，不许盐引相离，违者同私盐追究，如卖盐毕十日内不缴退引者，笞四十。将旧引影射盐货同私盐论罪，伪造盐引者处斩。

③行盐地：直隶顺天府、永平府、河间府、天津府、正定府、顺德府、广平府、大名府、遵化府、冀州、赵州、深州、定州、宣化府属延庆一州，易州并所属涞水县。

河南开封府、怀庆府、彰德府、陈州府、卫辉府所属汲县、淇县、延津、滑县、浚县、封邱、获嘉、辉县、新乡、南阳府所属舞阳一县、许州并所属临颍、郾城、长葛。

右引给客商，收执照盐

准此

年　　月　　日

盐引既是领盐的凭证，又是到指定销区售盐的证明。户部将盐引盖印后，截去左下一角，交给商人。商人到盐场支盐，盐场大使或场知事查验盐引，按盐引书写数字付盐，截去左上一角。等到掣验所时，又在盐引上盖上掣验所的印章，截去右上一角。商人行盐到州县，查验盖印，

① 参见(清)周庆云《盐法通志》卷五十三。

以示官府批准卖盐,凭此盐引在指定销区贩卖,又截去右下一角。盐引四角都被截去的叫“残引”。

从上所叙,可知明代引制手续烦琐,对天津盐商经营盐业十分不便。表面上引制很严密,实际上却漏洞百出。例如,权贵等强占盐引却不受这种限制,故私盐猖獗,官盐反而滞销。

官盐与私盐

明代对盐业控制十分严格,商人越出规定的销区售盐,就以私盐论处。明政府认为:除谋反外,罪莫大于贩卖私盐,格杀勿论。而且对罪犯不称匪而称枭,是说帝王以孝治天下,故不孝之罪通于天。名枭,以示其罪大恶极。这是明代为垄断盐业、保证财政收入所采取的严厉措施。作为重要盐产区的天津,也是被控制的对象。权贵、宗室、宦官等插手盐业,是私盐泛滥的根本原因,天津同样如此。

正德朝时,太监王瓒、崔通去南京,要长芦盐引一万二千引,户部只给一半,正德皇帝朱厚照不满,责问户部,户部坚持说,宁可多给宦官银子,不能多给盐引。正德皇帝朱厚照追问这是什么缘故,户部回答说:“彼既得旨,沿岸骚扰,朝廷岂得闻知?”[①]宦官以钦差大臣为幌子,贩卖私盐,无人敢管,所以“宗藩、贵戚之求土田夺盐利者,亦数千万计”[②]。有的甚至以皇帝“钦赐”为招牌,横行霸道,“勋内官奏乞盐利,满载南行,所至张钦赐黄旗,商旅不行,边储亏损”[③]。私盐充斥市场,官盐存积日多,军需不足。正德朝时,余珊任长芦巡盐御史,对宦官不法行为

① (明)郑晓:《今言》卷四。

② 《明史·刘健传》。

③ 《明史·汪查传》。

十分不满，上书弹劾宦官，反被宦官陷害，械系下狱问罪，最后被谪为安陆判官。嗣后，无人敢管权贵、宦官、势要贩卖私盐的事情。所以，私盐难禁是这些皇亲、国戚、宦官等插手造成的。

万历三十九年（1611），天津私盐猖獗，官吏贪赃枉法，放纵不管。巡盐御史毕懋康发银三百两，运同杨嘉猷捐银二百两，商众也捐了银两，在天津东门外建成九十八间房的临盐关，这是天津最早的查禁私盐的机构。

万历四十二年（1614），天津、静海、宝坻私贩盐超过一万斤的很多，大都是借盐引为幌子，赴场收买，或勾结灶户，私制盐，私贩盐。私盐泛滥，官盐存积越来越多。

崇祯三年（1630），长芦巡盐御史喻思上书说："天津为产盐之薮，舢炉鳞集，私贩莫遏，非得奉旨红牌，则人不知慑，清流而澄其源，私贩则可息矣。"①当然这种办法并不能根治王公贵族兴贩私盐的弊端，官盐依然滞销。

明代中期，天津开始设立武装巡盐，巡查本地区水、陆关口。被视为私盐的，大约有下列几种情况：

（1）商私：商人以官引运盐，私自夹带盐斤。

（2）场私：灶户私制、私售的盐。

（3）船私：船户夹带盐斤。

（4）邻私：盐引有界分，越界分的盐，虽有盐引，也视为私盐。

（5）官私：借以官局经营私盐的。

（6）军私：借军盐之名，兴贩私盐的。

① 《盐法通志》卷二十二。

(7)肩私:肩贩一票多用的。

(8)担私:纠党聚众持械,明目张胆运售私盐的。

(9)包私:把盐装包,由包夹带私盐的。[①]

缉私名目繁多,不一而足。由于明代各级官吏贪赃枉法,缉私终明一代是无法奏效的。

第三节　盐业发展对天津城市经济的影响

明代天津盐业发展对天津城市经济建设、交通运输、文化教育的影响是积极的、多方面的。明代天津的政治、经济、文化教育等方面,都可以找到盐业影响的痕迹。

盐税收入约占明朝全年财政收入的一半,田赋占一半。明末,明朝全年收入约四百万两银子,盐税收入约二百万两银子。长芦盐税每年为十八万两银子,仅次于两淮。在长芦盐税的份额中,天津盐税占有较大的比重。天津既是长芦盐区中心产地,又是长芦盐运销中心,这为天津城市发展和商业繁荣创造了条件。

天津盐产区,大都滨海,或为偏僻地区,人烟稀少。明代天津盐业兴起以后,商人往来这些穷乡僻壤,刺激了商业活动。商人贩盐外出,而把各地的大量日用品、粮食和其他货物捎回天津,使贸易兴盛,商业繁荣,天津逐渐成为食盐与其他商品调节的集散地。所以,明代天津盐业兴盛,对天津经济繁荣起了刺激作用。

明初,天津盐产区都是斥卤之地,不能耕种。明代中叶以后,一部分斥卤地设场开滩制盐,经过一段时间,海滩淤积,引海水入沟十分困

① 以上参见(嘉庆)《新修长芦盐法志》卷七。

难，盐产量低，成本高，故有的被裁废，有的改为农田。例如，天启朝时，天津的咸水沽、葛沽一带，就有荒盐滩改为农田的，这对天津农业生产是有意义的。

盐业对交通运输有很大的影响。自从至元十九年(1282)天津海运试航成功，天津成为名副其实的海运、河运两用码头。由于天津交通方便，长芦各产区的盐，均汇集于天津，等待外运。天津地处水陆交通冲要，又为漕运的枢纽，交通十分方便。明代天津盐业兴起后，又促进了天津城市和水陆交通进一步发展，天津成为黄河以北的最大的交通中枢。

盐业对天津城市建设的影响也不小。天津卫城建成后，随着天津盐业的兴起，沿河两岸建起了码盐的盐坨，“永乐初，北京军储不足，以瑄充总兵，帅舟师海运，岁米百万石。建百万仓于直沽尹儿湾”[①]。后来又在天津城内建立了“堆贮贡盐之地，有官厅数间”[②]。天津盐是贡盐的上品，在天津城北设有皇盐仓，专门用来贮贡盐的。盐是明代天津的重要商品，它促进了天津城市经济的繁荣。可以说，天津从一个军事重镇，发展成为一个经济城市的每一个阶段，都留有盐业影响的痕迹。例如，天津盐商兴办义学、义冢、救火会、育婴堂等福利设施，这些对天津城市也有贡献。

盐业对天津文化、教育事业，也有一定的影响。例如，以业盐起家的周达仁，在天津建立了长芦运学。各地文人、学者来天津暂住、游览、办事，大多与天津盐商有交往，留下了咏颂天津的诗篇，活跃了天津城

① 《明史纪事本末》卷二十四。
② (乾隆)《天津府志》卷十三。

市的文化生活。

总之,明代天津盐业与天津城市发展的各个方面都有着千丝万缕的关系,反过来这些方面对天津盐业也有促进作用。一句话,天津城市发展的因素是多方面的,这些因素互相联系、互相影响、互相促进,绝不是某单一因素能促进天津城市全面发展的。

结　语

天津生产盐的自然条件十分优越,盐业生产延续时间长,食盐又是国计民生的重要商品,在古代天津经济中占有重要地位,按常理天津盐业应该迅速发展,实际不然,这是因为:

一、明政府牢牢地控制天津盐业,为其军事、政治、财政服务,他们所关心的只是盐税收入。为了确保天津盐税收入,根本不考虑天津盐业生产、市场、消费的实际情况,强行规定各盐场生产数额,分派给灶户生产的盐全归明政府,只给灶户工本费维持生活。

二、明政府对天津盐业实行专卖垄断,权贵、宗室、宦官等要求利益均沾,实质上是与天津盐商争利。在这种情况下,盐商不得不勾结官吏谋利,由此造成私盐泛滥。

三、明政府对天津盐商的歧视、压迫和对天津灶户的人身束缚及额盐征纳,压制了天津盐商的积极性,这是天津盐业发展缓慢的一个重要原因。

四、明政府对私盐的打击。单从天津盐业本身考察,这也抑制了天津盐业的发展。

五、明代天津盐务机构,大都是兼税收的,造成了对盐商、灶户的重叠收税,不利于天津盐业发展。

不论明初的“开中法”，还是明代中叶的“折色法”、明末的“纲法”，都不能从根本上改变天津盐业发展缓慢的局面，这是明代社会制度造成的。

明末，天津部分盐场应用了晒盐技术，生产能力提高了，工艺流程也日益完善，使天津盐业步入一个新的阶段。

天津盐业发展刺激了商业的兴盛，商人贩盐去全国各地，又从各地贩来了各种货物，天津成为北方最大的货物集散地。天津水陆交通的迅速发展，为天津盐业运输、销售提供了方便，又促进了天津城市发展和经济的繁荣，而天津城市的发展又进一步推动了盐业发展。

第十章　盐务的治理和手工业简述

第一节　清政府的改革措施

明末战乱，天津盐业不景气，天津盐商“有力者犹勉力支持，无力者相继逃亡。逃亡之盐引，又复加于见在诸商，诸商赔累难支”[①]。清初实行了鼓励盐业生产的政策，使天津盐业在较短的时间里得到了恢复。例如，顺治年间清政府下令蠲免了明天启、崇祯年间加派的各种额外负担，天津盐商和灶户得以复苏，“我朝定鼎，宽恤招徕，将明季一切浮增尽行削去”[②]，改变了明末天津盐商因加增税收而苦于赔累的局面。清朝为了维护其根本利益，对天津盐业实行了一些改革，这些改革有利于天津城市和盐业的恢复。

政策与改革

顺治元年(1644)，清政府以“盐赋国计攸关，长芦宜加清理”为宗旨，提出“国计之盈欠，商灶之戚休”，完全取决于盐务官员的清廉，并要

① (嘉庆)《新修长芦盐法志》卷十五。
② (嘉庆)《新修长芦盐法志》卷十五。

求各级官吏要遵守法纪,不得“作弊生事,扰害盐商灶户”[1]。顺治十二年(1655),又简化了天津盐商纳课领盐引的手续,方便了盐商贩盐,有利于天津盐业的恢复。

康熙朝时,清朝在全国统治地位基本稳固,清政府推行了一整套盐务和税收政策。例如,派专差御史巡视盐务,吏治相对严明,贪赃枉法的减少了。禁止额外加派和禁止各级官吏勒索,这就进一步推动了天津城市和盐业的发展。

康熙五十二年(1713),清政府规定:“嗣后编审增益人丁,止将滋生实数奏闻,其征税收粮,但据五十年丁册,定为常数,续生人丁,永不加赋。”[2]这一刺激生产积极性的改革措施,使天津盐商和灶户获得了休养生息的机会。尽管康熙皇帝采取了兴利除弊的盐业政策,但由于天津盐业积重难返,在天津的官僚、豪强与大商人互相勾结,继续贩卖私盐,官盐仍然滞销。

雍正皇帝看到了官吏巧立名目,勒索盐商,上亏国课,下累百姓,影响财政收入;官吏贪赃枉法,天津私盐更加泛滥猖獗。对天津盐业的这些弊端,雍正皇帝虽有所认识,但因采取的措施不当,反而增加了纷扰,所以收效不大。例如,雍正时将滞销地区的盐引交畅销地区代销,这是拆东墙补西墙的权宜之计,不能解决根本问题。雍正皇帝一方面斥责盐商生活的越轨行为,一方面又保留了盐商的世袭特权。但是,由于此时国内比较安定,盐法虽然不完善,但尚无大的问题发生。

乾隆皇帝是一位有名的政治家,也是清代第一位盐政改革家。为

① (雍正)《重修长芦盐法志》卷一。
② 《清盐法志》卷一。

了发展天津盐业，乾隆皇帝准许灶户将滩地租给商民，或与商民合作晒盐（详见下章）。他的高明之处是在抚商的同时，又能笼络天津盐商为清朝效力。可以说他抚商有方，笼络天津盐商有法。例如，乾隆皇帝隔些年就来天津巡幸，在行宫赐宴，让盐商参加，并赏赐各种物品。乾隆皇帝在各盐场、庙宇、寺观题刻很多，他写的有关长芦的诗也不少。他又亲自到盐商家做客，诗文唱和，流连忘返，这些都是笼络天津盐商的手段。虽然据世袭引窝的天津盐商仍坐享厚利，但天津盐商报效、捐输的数额几乎成了天文数字，足见乾隆皇帝在这一点上比雍正皇帝高明。嘉庆朝时，继续执行乾隆朝时的盐业政策，虽无什么大的改革，天津盐业尚没有大的问题发生。

道光朝时，天津盐务积弊日深，于是采用改票办法，以挽救天津盐业危急。废引改票是清代盐业史上的一件大事。它是在盐商势力通天的情况下，陶澍[①]冒着很大风险干的。他有此魄力，也是难能可贵的。嘉庆、道光两朝，天津盐商报效、捐输数额仍然很大。由于抚商政策跟不上，又两次加征河工费，导致盐商困顿。陶澍的办法是变引商为票商，规定任何人都可以买票贩盐。这样使得食盐的销售、运输都畅通了，又废除了世袭引商的各种特权，实行自由贸易，这是清政府经济管理上的一大成就。咸丰初年，户部饬各盐区参照改票法，酌情实施，此时天津盐政归总督兼管。

咸丰、同治朝时，清政府对天津盐业疯狂“加厘”，竭泽而渔，以维持其摇摇欲坠的统治。这时，清朝的经济百孔千疮，支撑不了巨大的军费开支，才实行了“抽厘法”。“抽厘法”就是在盐课以外，别立税目，以保

---

① 陶澍，字子霖，号云汀，湖南安化人。

证清朝的财政收入，为其政治、军事、经济等统治机构输血。这时，开始设立盐院，由盐政大臣兼管。

综上所叙，可知清朝实施有利于天津盐业发展的政策，主要是在乾隆朝前，而以后的盐业政策主要沿袭了这些做法。道光朝后，由于内忧外患，清政府采取了一些应急措施，多数是不利于天津盐业发展的。

具体措施

清初，将明末加派的盐税免缓了一些，以示与民更始的意思，但基本上仍沿袭明朝盐政制度，牢牢地控制盐业专卖权，同时又将全国盐产地全部收归国有，设立盐场，配置盐务官吏，进行比明朝更为严苛的统治。由盐政大臣规定各盐场的产量，作为考察盐务官员政绩的标准。

清朝对各级官员的考核主要有征课、销引、缉私三项。前两项分别按完成和未完成的程度，给予奖励或处分。顺治十八年(1661)上谕："以后管盐各官，多得盐课者，著以称职从优议叙，额课不足亏欠者，以溺职从重治罪。"[①]在这种政策指导下，尽管长芦盐业发展较快，而盐课增加更为迅猛。例如，顺治初年，长芦盐课为二十万二千多两，康熙朝时，增至四十万六千多两，道光末年，则达到五十万二千多两，造成"课额愈重，岸悬愈多"[②]的恶果。

康熙三年(1664)，颁布了对盐运司、提举司、分司、大使诸盐务官员的处分条例："欠不及一分者，停其升转，罚六月；欠一分者，罚俸一年；欠二分者，降职一级；欠三分者，降职二级；欠四分者，降职四级；欠五分

① 《清盐法志》卷五。
② 《清史稿·食货志》。

者，降职五级。对被处分欠五分者，可以戴罪督课，限期完成。”[①]在颁布处分条例的同时，也颁布了奖励条例：“完成五万两以上的纪录一次；完成十万两以上的纪录二次；完成十五万两以上的加一级；完成二十万两以上的加一级，纪录一次；完成二十五万两以上者不论俸满即升。”[②]

另外，缉私也是考核盐务官员的一个重要方面，对缉私失职官员分别私盐的种类、失察程度和补过表现等，都做了具体处罚规定。例如，康熙三十七年（1698），颁布了对缉私不力官员要给予革职、降级、留任、缉拿等处分[③]。

清政府对天津盐商和灶户也采取了相应的措施。关于清政府对天津盐商所采取的措施，有专章叙述，这里只谈对天津灶户所采取的措施：缓免税课、不许隐占灶户、准许赎回滩地等，这对天津恢复和发展盐业生产是有积极意义的。

（1）缓免税课。顺治十八年（1661），清政府缓免了一些灶户税课，并借钱给灶户修滩地，“每遇潮灾，不惜数万帑金，借给灶户俾资修整”[④]，以期灶户迅速恢复生产。康熙朝时，严格执行对灶户不加额外赋税，灶户人数增加很快。例如，乾隆朝时天津丰财场灶丁为九百一十七人，后增加了五六百灶丁。

（2）不许隐占灶户。清初，天津盐业渐渐复苏，建立了较大规模的生产场地，分工日益细密，雇佣劳动较为普遍，盐商增加投资，生产效率也随之提高了。清政府虽然缓免了一些盐课，然而执行起来也是不容

---

① 转引自张学君、冉光荣《明清四川井盐史稿》，四川人民出版社 1984 年版，第 100 页。
② 转引自张学君、冉光荣《明清四川井盐史稿》，四川人民出版社 1984 年版，第 100 页。
③ 参见《四川盐法志》卷三十五。
④ （清）王守基：《盐法议略》。

易的,苛捐杂税仍很重。灶户为了生存,逃避各种苛捐杂税,不少灶户被迫投到王公贵族门下,成为佣人。王公贵族经营盐业十分霸道,也迫使灶户不得不依附他们。这些王公贵族通过隐占灶户获得了许多好处。顺治十八年(1661),清政府责令巡盐御史亲自到各盐场清理豪强隐占的灶户,采取了比明朝更为严密的管理办法。例如,凡被编入簿册的灶户,发给门牌,上写家长及男丁人数。十家编为一牌,牌有牌头,十牌编为一甲,甲有甲长,十甲编为一保,保有保正,负责稽查犯法和隐匿灶丁。实行这种办法,取得了一些效果。雍正三年(1725),清政府在天津各盐场,挨门挨户清查灶户,逐户编册,并规定今后每五年重新编册。此举的目的,主要是使灶户从王公贵族隐占下分离出来,稳定盐业生产,确保清政府的财政收入。

(3)准许赎回滩地。雍正三年(1725),准许灶户将以前售与别人或典给别人的滩地,予以赎回。灶户无力赎回的,报盐务机构注册,等有赎回能力时,再行赎回,禁止再典卖滩地。雍正四年(1726),又进一步规定:凡民有灶地,以后只许卖给灶户,永远为灶户所有,如有卖给商民的,照卖官治罪。

由于实施上述各种有利于休养生息、恢复天津盐业的政策,天津城市和盐业出现了转机,发展十分迅速。

第二节　盐业的发展

制盐技术提高

清代天津盐业的发展，与制盐技术提高有密切关系。制盐技术提高，主要表现在晒盐技术的普遍应用上。当天津盐业生产发展到一定程度，就会因生产需要而产生新的制盐工艺，因为制盐技术的发生、发展是受生产力制约的。清前期，为了减缓一些税课，清政府又采取了稳定的盐业政策，这也使天津盐业得以十分迅速地发展。在这种历史背景下，日光晒盐的普遍应用，成为清代天津制盐技术的一大进步。

(1)晒盐。康熙朝时，诗人戴宽写的《盐池诗》："凿地作盐池，池光朝滟滟。不藉薪火动，天地自烹炼。"[①]对天津晒盐的描写比较具体生动，说明康熙朝时天津盐场的晒盐技术已推广。

晒盐比煎煮盐先进，但晒盐则要修盐滩。修滩地劳动强度大，投资也多，而且要有一套技术。修造盐滩要看土地成分的构成、灌潮水是否方便，然后选好位置，先培筑堤埝，防止潮水，保护摊坝。开拓的滩地，经水润、石轧，以防漏水。如果滩地是沙土性松的，容易渗水，应该用黑土充填；如果滩地过于凹凸不平，要填平以"砥平坚实"。天津滩地修整是晒盐技术的一部分，这是比明代晒盐进步的地方。

另外，灶户在长期的生产实践中也摸索出许多宝贵的经验。例如，挖宽窄、深浅不同的水沟及开大小、高低不同的水池，都会影响盐的产量。灶户在盐池上分别安装了过水圈、凉水圈，缩短了成盐周期，增加

① 《国朝沧州诗钞》卷四。

了产量，提高了质量。

（2）煎盐。清代前期，天津盐场应用晒盐技术，主要集中在自然条件优越、水陆交通方便的地区。一些贫瘠偏僻地区，却不同程度地保存着古老的煎煮盐方式，而器皿变大、变轻、变深了，这种煎锅叫“中釜”。另外，煎锅又分为煎锅、温锅。煎锅用来煎盐，温锅用以温卤，利用煎锅余热，可以省柴。这是比明代天津煎煮盐进步的地方。

清代前期，每灶用十个盐丁，伙置一锅。锅深五尺，十二小时为一伙火。煎六锅，每锅得白盐百斤左右。每年二三月天晴时，盐丁将卤水注入锅中，发火煎烧，随干随添，盐至蒲锅为止。如果天气阴雨，则煎不了盐。虽然清代煎盐比明代煎煮盐有进步，但劳动强度仍然是很大的。

生产规模扩大

明代晒盐，尚无完整的引海水沟道，清代不仅有较完整的引海水渠道，而且连成一片，这对大规模盐业生产是十分有利的。天津丰财场在天津县的葛沽镇，共辖滩地四个区：邓沽、塘沽、新河庄、东沽。邓沽有进潮沟三道，塘沽有进潮沟二十八道，东沽有小沟一道，新河庄不详。芦台场共辖滩地三区：汉沽、塞上、营城。这三个区毗联，共有进潮沟三十余道。

这些进潮沟旁建立了坚固的晒盐池，一般七层，多的九层，自高次第而下。当海水退潮后，用人力把海水戽入晒盐的第一池中，注满海水后晒几天，放入第二池，晒几天，再放入第三池，照这么做，放到最后一池为止。这样，天津盐场初步形成了较为完整、大片的引海水沟渠，不仅克服了分散滩地的各种弊端，而且对防海潮、大雨等自然灾害也有一定的作用。

生产工具的改进

清代天津盐场的生产工具也比明代有进步，这从煎煮器、提水器及其他工具的不断改进可以看出来。

清初，煎盐器皿变得更大了，平如盘，厚四寸，深四尺。由于煎煮盐工具的改进，生产能力也有了提高。明代晒盐引海水入潮沟全靠人力，既费劲效率也低。清前期，开始用骡马套水车把海水绞上来，引入潮沟。清后期，又改用风车提海水入潮沟，这又比用骡马套水车先进了，而且成本也低。天津盐场使用风车提海水入潮沟，标志着天津盐业从手工工场到现代机器生产的过渡，这说明天津城市发展已达到机器生产可以代替手工操作的前夕，表明天津城市各方面的发展达到了较高水平，这就为天津盐场细密分工创造了条件。

清代制盐的其他工具也比明代有进步。例如，明代制盐只有少量的简单工具，像水斗、盐筐、铁铲等，清代则有卤膏棚、卤锅、水车、风车等较为复杂的制盐工具。另外，清代制盐生产效率也提高了，减轻了劳动强度，降低了成本，节省了人力、物资，这无疑促进了天津盐业的发展。这与天津城市发展是息息相关的，如果天津手工业不发展到一定水平，是不会提供这些先进工具的。

生产分工

天津盐场随着制盐技术的不断提高、生产规模的扩大、生产工具的改进，生产关系也发生了一些变化。清前期，废除了明代灶户奴役式生产，天津盐商通过货币和土地投资，将大量财富转化为盐业资本，建立了生产规模较大的手工业工场。毋庸置疑，这是利润刺激了天津盐商投资的积极性。

这种较大规模的手工业工场，广泛地使用了雇佣劳动，破产的农民和灶户则变为以出卖劳动力为生的被雇佣者。清初，天津盐场出现了专业分工，像挑沟工、滩工、驳运工、坨工等，这是为适应大规模生产需要而产生的。这对提高盐业生产颇为有利。乾隆朝时，天津盐业迅速发展，大部分灶户破产了，靠出卖劳动力为生；一小部分则发展成为占有一定数量盐滩的滩灶户，在封建势力控制下，既保存了落后的生产方式，反过来又对灶户残酷剥削。产生上述现象的原因是多方面的，但灶户苦于兼并和势要侵利，则是主要原因。这时，小规模个体生产已不适应日益发展的盐业生产的需要，灶户兼并势在必行。盐滩规模扩大，盐场分工越来越细，破产的农民和灶户变为被雇佣者，为天津盐业分工创造了条件。如运盐的盐工大致可分为三类：

(1)绠手(又称绠行)。这是运盐场第一道工序，主要工作是把盐坨的盐扒下来，装袋缝。

(2)杠行。主要工作是把装好的盐袋排好以点数，叫“排档子”，又叫“调码”，备装车、装船外运。

(3)称行。主要工作是把装袋的盐过秤，第一次秤，叫“里称”，排好档子，再过第二次秤，叫“外称”。

随着天津盐业的发展，后来又有了车行。起初由灶户运盐，后改为盐商雇人搬运。

产盐质量的提高

目前，我们尚未查到天津盐产量，却查到清初长芦盐年产量约为600万引，约占全国总产量的12%，以天津丰财、芦台二场产量最多。

这比明末长芦盐年产量 60 余万引要多。另外，明末长芦盐运销量为 22985 引。清初时，长芦盐运销量历年递增，到雍正年间，长芦盐运销达到了 966040 引的历史最高水平。

明末，天津盐质量是很好的，美中不足的是，由于海水含泥沙较多，盐略呈黄色或褐色，又加上舟车长途转运，饱受尘埃，盐坨又系露天堆积，风吹雨打，造成了天津盐不干净的缺点。清前期，天津各盐场普遍建立了仓库等设施，天津盐不干净的缺点，有所改善。

天津盐业在康熙至乾隆年间得到较大发展，并成为天津城市经济发展的一个组成部分，这固然与制盐技术提高等因素有联系，也和清朝对天津的盐业政策有直接关系，尤其是乾隆皇帝对天津盐商的安抚，起了很大作用。这些都是天津盐业发展的重要因素。随着天津盐业的发展，清朝对天津盐业的控制也加强了。

第三节　清朝对天津盐业的控制

盐务机构

康熙初年，天津盐务机构开始膨胀，官吏也随之增加，开始向专门化盐务机构方向发展，具有督促税收、稽查私盐、管理盐务，加强对天津盐商和灶户控制等目的。例如，康熙七年(1668)，巡盐御史孟戈尔奏请移驻天津督催引课，把他在京师的衙署交给了工部。“康熙十六年，因商人告运司，居北所者众，督催引课，道远非便，遂移至天津赁民房以居。”[①]天津盐商对清政府把盐务机构移驻天津是十分欢迎的，因为盐

① (嘉庆)《新修长芦盐法志》卷十九。

务机构移驻天津对盐商业盐方便，更为重要的是，加快了清政府与天津盐商进一步勾结的步伐。现将长芦盐务机构、职能、人员等介绍如下：

长芦都转盐运使司。它的职能是监督所属各官员管理盐的生产、运销、缉私及征收盐税、考核所属官员政绩等。《清朝会典》："国初定长芦盐御史一人，巡视盐课。设运使一人、运同一人、副使一人、运判一人、经历知事并所属各盐课司及盐引批验所库大使各一人，是其官制，一依明旧也。"

长芦都转盐运使司。设运使一员，秩从三品。主要掌管征商课，疏引销盐事宜，辖两分司、两所、八场、一巡检、三首领官，驻天津，俸银一百三十两，养廉银四千两。

长芦都转盐运使司下设以下官员：

经历司。设经历一员，秩从七品。掌管解部河工饷课，承催商课。凡运司衙门事务，悉归委办，驻天津，俸银四十五两。

知事一员。职掌与经历略同，兼稽查天津口岸囤积转贩，按日折报，俸银四十两。

广积库。设大使一员，秩八品。掌管平兑、收放各项饷课，经管印信、锁钥等，驻天津，俸银四十两。

吏房。负责官吏的升迁调补、奖惩抚恤等事务。

户房。具体负责盐的生产、运销、征税、缉私等。因年代不同而稍有变化，兹不详叙。

兵、刑二房。管理各处驻军。缉私，处理有关盐务诉讼案件等。

架阁房。负责存放盐务档案、公文、卷册、账籍等。

吏房以下机构，均设立于乾隆三十年(1765)，有书吏、典吏等办事人员。

天津分司属长芦都转盐运使司辖，署址在天津府城东门外海河西岸，设运同一员，秩从四品，辖北所四场，即兴国、富国、丰台、芦台四场，负责商人运支盐引目，签发船票、水程、验放等运务事宜，驻天津办事。其所辖四场署所在地如下：

(1)兴国场，旧在咸水沽，后移高家庄。

(2)富国场，旧在水沽，后移天津。

(3)丰财场，旧在葛沽镇。

(4)芦台场，旧在芦台镇。[①]

盐务历来被视为"肥缺"，嘉庆朝，"盐务盛时，盐政一年数十万，运司亦一二十万。南掣几十万，北掣较苦，亦二三万，三分司与南掣相仿"[②]。清陈康棋《燕下乡脞录》卷下也说："视鹾使者，骄贵简出，出则舆从华盛倍封圻，金钱挥霍，一斥巨万。"从上述材料可以推想，驻天津的盐务官员，同样是大饱私囊的。

清朝健全天津盐政机构的目的，主要为了盐税。随着盐务机构不断扩大，官员也随之增加，反而造成彼此掣肘、互相推诿责任、贪赃枉法、私盐泛滥的局面，因此，缉私成为乾隆朝至清末一百多年天津盐政的重要内容。

缉私

私盐被历代统治者视为顽症，清朝统治者十分清楚私盐泛滥的危害，故把缉私作为天津盐政的主要方面来抓。

---

① 以上参见(嘉庆)《新修长芦盐法志》卷十九。

② (清)金安清:《水窗春呓》卷下。

顺治十七年(1660),天津卫属的唐官屯、陈官屯一带,动辄百人成群结队持械贩卖私盐,十分猖獗。康熙七年(1668),巡盐御史李棠看到了天津盐务各种弊端,请移驻天津整顿,他说:“余轸商、灶之艰难,念吏弊之丛蠹,大欲整顿厘剔之,始请驻节,于期以朝夕经纪其政。”[①]但并未奏效。康熙九年(1670),天津竟然又出现强贩私盐,“结伙百余,骑马带车,各持器械,将岩镇等场之盐贩出强卖,又与满洲庄头、土豪、奸棍结联,将私盐窝囤伊家窃卖,州县捕役,畏其威胁,不敢捉捕,故官盐壅滞”[②]。直至雍正元年(1723),天津各地私盐贩子持械拒捕致有伤人的很多。在这种情况下,清政府于同年六月,在天津的北坨、狮子林、赵公书院、三岔河口、西沽教场、北仓、杨村沿河一带及户部放关处,加强了稽查。乾隆元年(1736),下令“严缉私贩,定缉私赏罚,地方有抢盐奸徒,官吏用盗案例参处”[③],采取了强制手段。与此同时,天津盐场都设立了缉私要口。丰财场缉私要口在挂甲寺等十三处,芦台盐场也在塞上村等处设缉私要口。从表面上看,盘查私盐,不谓不严,但私盐仍未杜绝,这只能说明是因清朝各级官吏贪赃枉法,不能尽职尽责造成的。

清朝为了确保盐税收入,制定了一系列严厉的缉私条例,现将缉私的主要条例,叙述如下:

(1)商人、灶户运盐带军器,同私盐法。

(2)伪造盐引印信,为首者处斩,知情人充军。

(3)转境卖盐者杖一百,买食者杖六十,不知者不坐,其盐入官。

(4)灶丁贩卖私盐,大使失察者革职,知情者枷号一个月。

---

① (嘉庆)《新修长芦盐法志》卷十八。

② (嘉庆)《新修长芦盐法志》卷十五。

③ 《清史稿·嵇曾筠传》。

(5)回船夹带私盐,不服盘查,聚十人拒捕者,斩之。

(6)巡盐兵捕,自行夹带及同他人贩卖,加罪一等。

(7)船户偷盐卖,枷号二个月。

(8)凡灶丁等岁办正额外,夹带余盐及私煎盐货卖者,同私盐法。

(9)凡妇人有犯私盐者,若夫在家,或子知情者,坐夫男。夫远外出,罪坐本妇,决杖一百,余罪收赎。

(10)凡客商贩卖有引官盐,当照引发盐,不许与引相离,违者同私盐。其卖盐了毕十日之内,不缴退引者,笞四十,若将引旧不缴,影射盐卖者,同私盐法。

(11)凡豪强盐徒聚众至十人以上,撑驾大船张挂旗子,用兵仗拒敌官兵,若杀人及伤二人以上,皆斩,为首枭首示众。

(12)凡兵民聚众十人,带军器兴贩私盐,拒捕杀人,斩之。

(13)官脱放者,与犯人同罪,受财者,计赃以枉法论。

(14)巡盐人员,初犯笞四十,再犯笞五十,三犯杖六十。

(15)知情放纵,令军兵同贩的,与犯人同罪等。①

从中可以看出下列几个问题:

(1)清代缉私的律令是十分严厉的。

(2)清代缉私的范围比较广,包括各级官吏、商人、灶户,甚至把小孩、妇女也划为缉私对象。

(3)对持械贩盐的,采取严厉的镇压,防止人们闹事,以巩固清朝的统治。

尽管缉私十分严厉,但私盐依然泛滥。嘉庆十年(1805),进士周济

① 以上参见(嘉庆)《新修长芦盐法志》卷七。

感慨地说:"盐务不理"其本",徒缉私,私不可胜缉也。"[1]周济所说的"其本",是指权要插手盐业和贪官污吏借缉私之名大发横财。王庆云《石渠余记》卷五:"官无大小,按引分肥,商人安得不困? 赔累日深,配引日少,官盐贵而私盐横行,皆加派所致。"真是一针见血之论。一盐引的课税,经官吏勒索,可增至数倍。无怪"夫一引之课,渐添至数倍有余,官无论大小,职无论文武,皆视为利薮,照引分肥,商家安得不困?"[2]天津盐政日益腐败,缉私律令愈是苛刻,收效愈不明显。

销区

私盐泛滥,冲击了天津官盐生产、运输、销售的固有秩序,削弱了清朝对天津盐业发展的控制。市场需求是对天津盐业生产的一种刺激。康熙五年(1666),河南开封府属杞县等五县改食天津盐。康熙年间,"河南诸县多食芦盐,独汝宁一郡食淮盐,芦商欲并之"[3]。

清代天津盐的销售办法是多种多样的,而且推行的时间有长有短。唯独官督商销之法,实行的时间长,也最受欢迎。天津盐销售大致有以下几种:

官督商销:官府监督,盐商销售。

官运商销:官府运盐,盐商销售。

商运民销:盐商运盐,小贩销售。

民运民销:小贩运盐,小贩销售。

商运商销:盐商运盐,盐商销售。

---

① 《清史稿·周济传》。

② 《清会典》卷一。

③ 《清史稿·陈时传》。

官督民销:官府监督,小贩销售。[①]

雍正元年(1723),天津私盐充斥市面,官盐滞销,盐引亏空越来越大。自道光朝以前,行代销法,之后行并引法,都是为加强销售、补上欠课而采取的措施。官运的目的是“销引裕课”,由于额引销售并带积引、余引,为清朝带来了大量盐课收入。官运商销的停止原因是多方面的,首先是清政府的苛敛,其次是贪官污吏的盘剥,所以盐引滞销是无法消除的。

天津盐商有的经营一至数县盐的销售,也有几个盐商合伙经营一个县的。销区分为直岸(大兴县、苑平县等)、豫岸(汲县、武涉县等)、永七岸(抚宁县、芦龙县等)、襄八岸(襄城县、方城县等)、口北岸(宣化县、赤城县等)、汝光岸(正阳县、上蔡县等)、晋北岸(阳曲县等)。

乾隆朝时,始有口岸制度,以产地为始点,销区为终点,由天津盐商穿针引线,将其联成运输、销售网。

运输

康熙二十三年(1684),天津海禁开放,为物资交流增添了翅膀,为漕运、盐业运输开辟了新天地。这时,天津河运也呈现出繁荣景象,海河中运盐船、漕船及其他船只,帆樯林立,来往频繁。由于天津交通四通八达,沧州盐场的盐也经天津转道运出。雍正朝后,天津盐业与城市发展相互促进,“聚天下之粟,致天下之货,以利京师,海岸数十里卤积成盐”[②]。清沈峻《津门迎神歌》:“津口近海鱼盐利,商船舶粮应时

① 参见《清盐法志》卷十七。

② (乾隆)《重修天津府志》卷三十五。

至。”[1]乾隆朝时，天津城市发展达到鼎盛时期，天津盐业、交通、商业等也进入了一个新阶段。清董元度《天津杂诗》：“雄镇畿南傍海涯，百年生聚竞繁华。遥通漕运三千里，近集鱼盐十万家。”[2]

清代天津盐的运输，大致可分为三类：商运、官运和其他运输。现分叙如下：

(1)商运。顺治二年(1645)，停止边商纳粟引盐，改为招商出钱买盐引，盐利专擅于盐商。康熙九年(1670)，天津盐商开始办引课。乾隆十八年(1753)，准许天津一县作为公共口岸，选商轮值，一年更换。嘉庆十六年(1811)，又详定天津口岸运输章程。道光十年(1830)，把天津、武清称作“津武口岸”，均是以商运为主的口岸。道光二十八年(1848)，准许长芦引岸四十四处(包括天津在内)，招商贩盐，也属商运性质，商人对所过关卡、哨所等处的官吏，都要贿赂，销售困难，清政府不得不干涉，采取官运。

(2)官运。道光朝时，天津无官运，因永平等七县，无人承运，只好由各州县自办盐课，由官府运输。以后，凡是退商悬岸，均由官府负责运输。官运实行时间不长就停止了。

(3)其他运输。清初，天津灶户贫困，清朝规定：凡年在六十五岁及壮岁有残疾的，或妇女孤寡无依无靠的，准报各地方官验实注册，给以烙印腰牌，叫“牌盐”，后改称“老少牌盐”。准许这些人每日挑卖盐四十斤，只许陆路运行，不准乘船运盐。[3] 乾隆十六年(1751)，废除了“老少牌盐”，这实质上是禁止民运。借口“牌盐为侵蠹之由，必应停止，老少

---

① 《欣遇斋诗集》卷十四。
② (清)梅成栋：《津门诗钞》卷二十九。
③ (嘉庆)《新修长芦盐法志》卷十。

养赡，日给大制钱二十四文，官盐每斛小制钱五文，闾阎自可相安”[①]。

无论官运、商运、民运，不外乎水、陆两种，因为盐是笨重商品，搬运量大，销售地区又广，劳动强度大。天津陆路运盐以牲口大车为主，水运则以帆船、漕船为主。前者运费高，路途不便，后者运费低，运输又方便，故大宗货物多由水路运出。

清代盐务大权虽归户部掌握，而行政权却归各省管，在运输问题上，地方与户部矛盾重重，很难协调一致，又加上法令多变，给天津盐业的运输、销售带来了不少困难。乾隆朝至清末，尽管管理严密，也无济于事，无法摆脱官引滞销的困境。

运户与天津盐业有关系，又与灶户命运类似。天津运户不仅受商人盘剥，其所经关口、哨所等也好似鬼门关，敲诈勒索是经常发生的。由于运户交不起关税，卖船的有，卖儿女卖妻子也时有发生。“行盐疲敝叹长芦，船运维艰车也无。”[②]从商人被勒索来看，可知运户的遭遇当更为不幸，运户的生活当更加困苦了。

严密的引制

清代沿袭明代引制，但较明代引制严密。顺治元年(1644)，清政府命令宝泉局刊铸铜板，印刷盐引，又令盐商赴户部纳课买引贩卖。

清代定例：商人运卖官盐，购盐时必请运司支单，叫“照单”，又叫“限单”，或叫“皮票”，持此单到盐场支盐。商人先行具呈盐院挂号半印，给发某字某号水陆验单，运司开填引数、商名、印盖付与商人某、伙

① 《清乾隆朝实录》卷四百四十一。
② 冯文洵：《丙寅竹枝词》。

计运赴地方、发卖盐色、到达日期等。该管官司将商人所报水程、引目及验单数目、号名与水陆印盖相同,方许发给商人,自行货卖或派与铺行发卖。

顺治五年(1648),清朝廷准巡盐御史金志远所奏:"天津运盐,南所由陆,北所由水,其来已久。近因土气不靖,道路多梗,车牛缺乏,改南所亦由水运。议定每船一只,运司给票一张,填商名、盐数,并船户姓名,行至天津,赴北所照案查验放关。"[①]为了区别官、私船,顺治十六年(1659),准许各商船用火烙记号于船头,以防止被乱捕、乱抓。

除了上述引式,还有京引循单式、京引环照式、盐船护票式、鱼盐票式等,都与天津城市发展关系不大,于此从略。

康熙三年(1664)三月,长芦巡盐御史张吉午向户部建议,增加天津卫盐引数,雍正十二年(1734)至乾隆十七年(1752)间,增补盐引多次,这说明天津盐业兴旺。道光朝后,天津盐业不景气,不仅不能增补盐引,盐引反而减少了很多。可见康熙、乾隆间天津盐业处于全盛时期,道光至同治间,天津盐务因战乱,生产趋于下降,不得不减少引数。道光二十八年(1848),采取了试行盐票、引数加斤、并补积欠、按引分摊等办法,引起了天津盐商的不满,故收效不大。天津盐商与清政府的关系非同一般,而且这种关系的好坏,影响着天津盐业生产。为此,我们在下节专门讨论天津盐商。

① (嘉庆)《新修长芦盐法志》卷十五。

第四节 盐 商

盐商势力的扩大

随着清政府采取有利于恢复与发展天津盐业的政策，从事盐业的商人逐渐多起来。清政府于康熙二年(1663)，公开号召天津的殷富户投资盐业，后来又以各种利益吸引各地商人来天津经营盐业。先后有山西、安徽、浙江、江苏等地商人来天津业盐。天津盐业资源十分丰富，但缺乏资金，这一措施，解决了天津盐业发展所需要的资金。外地资本大量涌入天津，为天津城市发展带来了生机，也给盐业兴盛铺平了道路，促进了盐商之间的竞争，这是商品经济发展的必然结果。竞争的积极方面是促进了技术改进和劳动生产率提高，竞争也是康熙、乾隆间天津经济繁荣的一个重要标志。这时盐商演化为三类：

(1)坐商。控制盐场，垄断销售。持有引票(又称龙票)，这是封建世袭的"引岸专商制度"的产物。这类盐商在清朝廷庇护下，资本日益雄厚，势力日益扩大，成为盐商的主体。

(2)引商。又叫行商，是直接运输、销售盐的商人，受坐商控制。

(3)号商。又可分为三种：①票商，每次购买百张盐引，分销各镇；②盐贩，以劳动牟取利润；③短贩，就市镇零售食户，利于速销。

康熙、乾隆间，天津"供盐之商既多。人心参差，相为凌竞，强者二于并兼，弱者困于壅遏，利争于下"[①]。这时期，一方面由于竞争、兼并使盐业资本趋于集中，对扩大再生产有利；另一方面，是较大规模的盐

---

① (雍正)《重修长芦盐法志》卷十五，(嘉庆)《新修长芦盐法志》卷十八。

场出现，生产能力大大提高，成本降低，这就使原来单独或小规模产盐的灶户受到冲击，纷纷破产，大部分灶户转为以出卖劳动力为生的被雇佣者，这就加重了灶户被压榨、被剥削的程度。

天津有些盐商为了在竞争中取得胜利，纷纷建立了行会，作为工商业者聚会的地方。为了便于与清政府协调关系，盐商还组织了一个类似行会的组织，叫“芦纲公所”[①]。这种组织与天津城市经济发展趋势是相适应的。它既是商业性质的组织，又是商品经济发展的产物，反过来又促进了天津盐业的进一步发展。与此同时，一些官吏、地主、高利贷者趋于利，也跻身天津盐业，一跃而成为百万富翁。他们发财致富的手段，除了剥削灶户外，主要靠食盐加价和加大包装消耗。以官引为幌子，多载多运，故意减少购盐数量，造成市面食盐紧缺，然后抬高盐价，以获厚利。盐商对灶户则采取压价买盐。另外，掺杂使假，老百姓买两斤多盐，还得不到纯盐一斤。他们致富是暴发式的。所以说天津的大盐商得以发展，与清政府的庇护很有关系。

清政府与天津盐商

天津盐商对清政府有先天的依赖性，这构成了天津盐商与清政府勾结的先决条件。天津盐商用大量金钱换来了各种特权，清政府则以各种特权换取了维持封建统治的财力——金钱。天津盐商的发展、壮大是在清政府的庇护下逐渐羽毛丰满起来的，进而成为天津政治舞台上一支不可忽视的政治力量。盐商势力日益强大，不能不影响政局。例如，“乾隆年间数次南巡，盐商办差捐饷，以致商人势焰日甚，各处渐

① 明末，实行袁世振“纲法”，业盐的商人被称为“纲商”，故长芦盐商叫“芦纲”。

改商引,更成部案。嘉庆及道光初年,地主官吏更艳商人之利,惟商人之命是听"①。

天津盐商财势通天,不但地方官要看其脸色行事,一些王公、大臣都折节下交,"商人查有圻家巨富,交通朝贵"②。甚至连皇宫中也与天津盐商通气,可见天津盐商势力多么大了。今据中国第一历史档案馆所藏《天津档》明确记载:乾隆三十二年(1767)、三十五年(1770)、三十八年(1773)、四十一年(1776)、五十三年(1788),帝前后五次来天津巡幸,并注明为了"巡视河工"。而其真正目的是为了筹备军饷,变相让盐商出钱,即"捐输"。

天津盐商捐输始于雍正十年(1732),美其名曰"报效",实质上是天津盐商甘心情愿为清朝统治服务。自此以后,天津盐商每遇重大军需,都"报效"巨款,以此攫取清政府给予的一些特权,例如免交课税、缓征盐税,甚至可以获得高官厚禄。天津盐商广交权贵,抬高自己的政治地位,成为清代特殊阶层之一。

天津盐商捐输较大的款项有:

乾隆十三年(1748),金川用兵,长芦盐商"报效"二十万两银子。

乾隆二十四年(1759),伊犁屯田,长芦、山东盐商"报效"二十万两银子。

乾隆三十八年(1773),金川用兵,长芦盐商"报效"六十万两银子。

据不完全统计,仅乾隆、嘉庆两朝,长芦盐商共"报效"三千万两银子,其中,天津盐商的额数虽然不详,但数额是不会少的。

---

① (清)段光清:《镜湖自撰年谱》。

② 《清史稿·李仲昭传》。

乾隆皇帝每次来天津，供应费用浩大。乾隆皇帝所乘御舟安福舻座船，长八丈四尺，宽一丈六尺。此外，还有八条大船随从，游幸各地。“天津为首驻跸地，芦商供亿浩繁。”[①]但乾隆皇帝毕竟是一位政治家，他看到了天津城市的繁荣与天津盐商关系很大，故而乾隆皇帝在行宫宴请天津盐商，并对天津盐商有不同的赏赐，“乾隆四十一年二月，恩恤芦盐商赐九老会诗及珍物，诏免本年钱粮十分之三”[②]。像什么御书、缎匹、帽纬、荷包等什物，都是乾隆皇帝笼络天津盐商的手段，才有“万户鱼盐供国税，一川风月属盐商”[③]的诗句。“一川风月属盐商”虽有些夸张，但天津盐商的政治、经济地位迅速提高，却是事实。

清政府深知自己与天津盐商的微妙关系，故采取了控制与笼络两手。当天津盐商困顿时，基于清政府的根本利益，会适当地减少或缓交一些盐税。假若天津盐商真的破产，也意味着清朝失去了一大财源。“盐政于国计为最巨……长芦密迩都城，辇下户口亿万，皆仰食其地所出，食盐之额至十余万引，亦綦盛哉！”[④]

雍正元年(1723)，清政府允许商人历年拖欠累至一百数十万两的钱“延期偿还”，这是清政府为恢复和发展天津盐业所采取的措施之一。而对“盐商有势光棍数人，专意钻营势要”[⑤]，要严加惩处，也是为控制盐商所采取的手段之一。其目的是为稳定天津盐业发展，确保财政收入。

---

① 《清史稿·食货志》。

② (民国)《天津政俗沿革记》一卷首。

③ 《归云楼集》卷七。

④ (雍正)《重修长芦盐法志》卷十五。

⑤ 引文均见(雍正)《重修长芦盐法志》卷一。

乾隆朝时,天津盐业进入了鼎盛时期。天津盐商殷富,凡遇大工、大赈,都捐助巨款。其中有因水旱灾筹济的赈款,也有因军需报效饷糈的,或襄助镇压农民起义而备充赏赉的,或充作河防工程紧急用捐款等。“遇有疏浚之需,往往借资商力,非无由也。桥以通往,闸以便蓄,池以转运,均与河道有关。”[①]尤以乾隆、嘉庆朝时较多,咸丰、同治朝时就少见了。这说明乾隆、嘉庆朝时,天津盐业兴盛,天津盐商与清政府关系密切;咸丰、同治朝时,天津盐业凋敝,天津盐商自顾不暇,无力捐输。清政府为保证其财政来源,则要天津盐商纳税,而且商课较重,长芦盐课一年约为二百万两银子,于是天津盐商与清政府又产生了矛盾。

天津盐商对“报效”“捐输”十分感兴趣,既获得了特权、高官、厚利,又有好名声。反之,天津盐商对名目繁多的商课十分反感,但迫于清朝廷的控制,又不能不顺从。

关于天津盐价,官定的叫“额定官价”,天津盐商每每借故提高盐价,以补商课的亏空。康熙十六年(1677),清政府免去了盐商余引输课时,“仍时戒商人不得贵价以病民”[②]。乾隆二十九年(1764),因绳索、席片、车船、饮食涨价,天津盐商借机将盐价每斤增加一文钱。乾隆四十七年(1782)、五十三年(1788),天津盐商借口成本提高,又要涨盐价。道光四年(1824),天津盐商因捐输南河工程,再次要求涨盐价。

天津盐商因“报效”“捐输”“商课”造成的亏空,要求涨盐价补偿,清政府对此颇为不满,“若加价取偿,是使民代商捐,亦属不成事体”[③]。连对天津盐商用涨盐价来解决“报效”“捐输”“商课”造成的亏空,也斥

① 《清盐法志》卷三十二。

② 《石渠余记》卷五。

③ 《国朝续文献通考·征榷考七》。

为“亦属不成事体”，是基于清政府的根本利益考虑的，怕广大人民群众起来推翻他们的统治。

盐商的奢侈生活

天津盐商自从获得了控制盐业生产和销售大权以后，既不用太劳心费神去组织生产、销售（委托代理人代办），又不用担心市场被别人侵占，于是便把大部分时间和精力用于享受方面。“衣服、居室，穷极华靡。饮食器具，备求工巧。俳优妓乐，恒午（舞）豪奴，服食起居，同于仕宦……各处盐商皆然。”[①]

天津盐商的饮食、器具、衣饰十分奢侈，可以与王公贵族相比，终日“俳优妓乐，恒舞酣歌，宴客嬉游，殆无虚日”[②]。天津盐商的奢侈生活，引起了雍正皇帝的注意。他在雍正元年（1723）八月严厉指出：天津盐商之饮食、服饰越礼犯分，叫天津盐商“痛自改悔，循礼安分，不敢蹈僭越之愆”[③]。在雍正皇帝的眼里，天津盐商的生活太奢侈了，达到了“越礼犯分”的程度，不得不加以干涉。但这是无效的警告，天津盐商照样过着花天酒地的生活。“查小山有圻即声山宫詹之曾孙，在天津以盐务起家，祖父亦为御史，家门鼎盛，与朝贵皆至亲，一时煊赫无比。少年以子承两房，计产三千万，年逋四十遽卒。计平生挥霍不下六七千万两银子，故俗呼‘遮半天’。”[④]仅一个查小山一生就花掉六七千万两银子，天津盐商又岂止一个查家！

---

① 《清乾隆实录》卷十。

② 《重修长芦盐法志》（雍正）卷十。

③ （雍正）《重修长芦盐法志》卷一。

④ 《水窗春呓》卷下。

在天津文人的笔下，天津盐商也是逞富斗豪，过着纸醉金迷的生活。例如，清华长卿《堆盐坨·戒游惰也》："堆盐坨，堆盐坨。护坨堤，风生波。草荡百里膏且腴，鱼盐美利芦商多。芦商公子多豪富，双臂镂金腰束绣。醽醁当筵斗碧鸡，琵琶一曲抛红豆。"诗中描写了一些盐商纨绔子弟走马斗鸡、游冶青楼楚馆、豪华奢侈的生活，也暴露了这些公子哥儿们的精神空虚。

崔旭《津门百咏》云："盐荚长芦比要津，风天气色属商人（刘梦得句）。铜山金穴须臾事，大宅连云递旧新。"这是因为"煮海之利，国赋为最多。而滨海之民，资此为养者亦最多。乃近代之制，尽属于盐商，贫民不得与焉"①。天津盐商垄断了天津盐业，攫取了不少财富，周楚良《天津竹枝词》道出了其中奥秘："占尽便宜欺尽世，余殃留得后人遭。"一语破的，说明了天津盐商的本质。清黄钧宰《金壶七墨》卷一也说："纲盐之利不在官，不在民，商人占其利。"是的，盐商占其利，且是在"余殃留得后人遭"的前提下得来的。天津盐商虽然生活奢侈，但对天津城市发展和文化、教育等事业还是有一定贡献的。

盐商与文人

清金楷序、方南堂撰《辍锻录》："淮海维扬州地多盐筴之利，挟巨资者，如雍正间马氏玲珑山馆，其一也。然于风雅一道，未尝稍废，以是四方名彦，靡不闻风而至。"江苏扬州一带盐商与文人名士结合是有典型意义的。盐商与文人互相利用，互相吹捧，主要是盐商为了改换门庭。清黄钧宰说出了其中奥妙："（盐商）其者颇与名人、文士相结纳，藉在假

① （清）梁章巨：《退庵随笔》卷八。

借声誉，居然为风雅中人。”[1]不错，不少盐商招徕名人、文士，主要以金钱和物质引诱他们，但也不可否认，有些盐商本身确实有较高的文化修养，能文善诗。我们绝不能因为他们具有盐商、文人双重身份而否定他们对天津文化、教育事业的贡献。

顺治朝时，承办盐务致富的张霖，字汝为，号鲁庵，康熙朝时为兵部郎中，在旧金钟河畔修了“问津阁”，是天津首屈一指的园林。张霖又在锦衣卫桥旁建立了“遂闲堂”，也很有名。大盐商李承鸿，从浙江来天津业盐起家，修了“寓游园”，内有十景，也是天津有名的园林。

浙江的陈仰之勾结康熙皇帝的权臣明珠，承包盐引，发了横财，修建了豪华住宅、园林，同时也豢养了一批文人，以示自己的高雅。查日乾也是以盐商起家的，在天津西郊修建了显赫一时的水西庄，邀请了博学多才曾修《明史》的朱彝尊和桐城派创始人方苞，以及《明史》纂修者姜宸英、画家朱岷等，长期住在水西庄中，唱和、宴饮，使水西庄名声越来越大，连乾隆皇帝也多次驻跸水西庄。水西庄成为当时天津文人荟萃的地方，为查家增加不少光彩。

查日乾的长子查为仁是天津早期“四君子”之一。其弟查为义，字履方，号集堂，官至通判。乾隆十二年(1747)(或作乾隆十六年)查为义捐城内废宅地址，盐运使卢见曾捐钱，建成问津书院，共五十九间房屋。其三弟查为礼，字恂叔，号俭堂，做过广西太守，工诗善画。因此，我们不妨说查家是典型的盐商与文人并官僚的双重世家。查日乾为了拉拢文人墨客，“集各省之庖人，以供口腹之腴。下箸万钱，京中御膳房无其

① 《金壶七墨》卷十一。

挥霍也。”[①]（详见下章）

当时，还有朝鲜人安尚义、安岐父子业盐发家。安尚义，名图，字易之。给事权臣明珠，为盐商，家巨富，侨居天津。安岐是其少子。安岐，字仪周，号麓村，别号松泉老人，室名沽水茸堂、古香斋（一作古香书屋）、小绿天亭。他大量收购珍贵书画，著《墨缘汇观》。雍正朝时，天津城池年久失修，安岐曾捐钱修天津城垣。

乾隆朝时，诗人金玉冈，字西昆，号芥舟，别署黄竹老人，也是盐商起家。其祖平始迁自浙江会稽。小筑园林，延接名俊，与遂闲堂张氏、于斯堂查氏风雅相继。

咸丰初年，天津盐商权守经仿照清宫内院格局建筑一所豪华住宅。

天津盐商、文人结成一体，是有其社会原因的，也是清代风尚。天津盐商想借助著名学者、文人，成为风雅中的人物，过终日宴饮、唱和、清谈的封建社会文人的悠闲生活，以示高雅。而许多著名学者、文人来天津居住，也推动了天津文化、教育事业的发展，为文艺创作、学术交流起了媒介作用。我们认为各地著名文人、学者集聚天津，为发展天津文化、教育事业做出了一定贡献，这与康熙、乾隆间天津经济迅速发展不无关系。

天津盐商与文人攀缘，成为社会上一支不可忽视的力量。不少读书人愿意托人情找门路，投在盐商处当差。这些读书人由于不能中举，前途渺茫，而投在盐商处办事，则可与中举相媲美。

天津盐商为了沽名钓誉，往往借开办学校，办善堂、救火会、义冢、育婴堂，以及施舍稀粥、棉衣等，扩大自己的影响。

---

① 《沽水旧闻》。

天津卫学(文庙内),雍正三年(1725)改为州学,雍正九年(1731)又改为府学。乾隆朝时,巡盐御史李棠,重振儒学。同时,盐政长官孟公,创设了天津海河浮桥,称为孟公桥。天津邑绅王又朴捐地修了三取书院,经费由天津盐商供给。乾隆五十九年(1794),由众商捐修了育婴堂,共有房一百零二间,用来养育穷人的婴儿,调治疾病。嘉庆六年(1801)育婴堂重修,改归运库支给费用。从上所叙,可知天津盐商对天津城市建设、文化、教育、慈善事业等方面,都有一定贡献,天津盐商在古代天津城市发展的历史长河中,起过积极作用。

第五节　手工业简述

盐业是古代天津的手工业,它与天津城市发展是相辅相成的。盐业的发展离不开其他手工业。随着天津经济的繁荣昌盛,天津盐业和其他手工业也有了较大的发展。我们在介绍天津盐业以后,有必要将天津其他手工业加以论述,以便对天津城市发展有一个较为全面的了解。

天津早期手工业多是为天津盐业服务的,或是盐业、渔业、农业的副产品,例如制卤、制硝、织席、制虾油虾酱等。制卤是用晒盐剩的浓卤汁放在“卤浅”(一种盛盐的器具)内晒,除其硝性,待能熬卤时,放入卤坑中,这叫“卤汤”,是制卤的原料。然后在卤坑旁择隆高的地点建筑土灶,上搭木架,覆以草席,土灶有铁门一方,卤锅前后共有两个,一为煮熟用,一为煎熬用。卤熬浓液量减少时,将煮熟的卤水用木勺随时添入,试验浓度时将煎熬的卤汁放于甲壳中,置通风处,据凝结的快慢,判断卤汁的浓度。灶位土台的旁边,掘有模型数方(一般有六方)。卤汁熬至适度时,倾入土模,土模内面铺泥土一重,卤汁凝成块后,外面光滑，模下面呈凹形，中有一孔，旁有两隆，故卤块上端有一纽。制卤以秋、冬最为适宜。卤块为做豆腐、浸制烟叶用。

制硝是把盐滩内浓度为七八成的卤汁放入池中，等冬季西北风起，卤汁凝结，将水放出，所剩粥浆的凝结物，晒干就是硝土，是制硝的原料，将其堆在池旁备用。制硝所用的土灶，与制卤相同，铁锅两旁各有土坑两个，深五尺，底铺草席。将硝土放入坑内，以铁锅烧沸的水，浸冲坑内，等硝质溶化后，用木锨搅匀。每灶四周，有浅池子约十五六个，长约八尺，阔四尺，深一尺。浅池子四周有小水渠，内铺盖草席，将溶化的硝土倾入池中，经二十四小时，凝成硝皮，可以做熟皮子用，也可以做黑色炸药，在医疗上，当作泻剂。①

金朝曾命令靖海（今天津静海区）民采苇编席袋，用来装盐，每年要用一百二十万张苇席。天津农民利用当地盛产的苇子，编成苇席，为天津盐外销提供了包装，促进了盐业的发展。咸丰、道光时，诗人杨光仪《沽上棹歌》云："莲花泊里驾轻舟，莲花卸瓣天欲秋。挂帆估客胜芳去，笑指汀芦初白头。"②天津周围有许多沽塘，盛产芦苇，当有此种手工业，可惜文献无证。

制造虾油、虾酱是每年五六月份，渔民以生虾百分之七十，盐百分之三十，盛于大缸内，用木槌捣到融烂，数月即成。油质浮在上面，渣滓沉在缸底，用木或竹筛压榨，将浮在上面液质过滤起为虾油，其余是虾酱。有人误以为虾油是油脂，是不对的。虾油实为卤虾的液水，不属于油脂类的物质。

---

① 《中国盐业史》（台湾版）。

② 注云：胜芳多以织席为业，津人往贩之。

无论制卤、制硝、织席、制虾油虾酱均属于初级工艺，工艺落后、制作简单，多数是伴随着盐业、渔业、农业开发而产生的，依附性强，其产品是天津手工业的低级产品。

随着天津城市和盐业、渔业、农业的发展，明末出现了织绸、造船、机械制造以及为盐业服务的煤户和柴行。这一时期，天津手工业的特点是产品靠工匠的手艺高低决定的。所谓手艺就是以人力和工具加工于原料，改变其性质和形式，成为产品。这显然比天津早期手工业进步了，表现为工艺较为复杂，产品的性能高，不单纯是原料的初步加工。这从一个侧面反映了天津城市发展和经济的相对繁荣。

万历四十八年（1620），“在天津造船二百只，芝麻湾造船一百只”[1]。这种船，两舷高，头和尾向上翘，吃水深。有樯两根至六根不等，是为抵挡海浪冲击设计的。此船为漕粮运输的主要工具。另外，天津内河航行用船，形状呈扁平，只有一樯，船体长而窄，吃水不深，行驶速度较快。天启元年（1621），后金攻陷辽阳，明朝派都察院右佥都御史兼管海防、粮饷。为了备战，明朝在天津赶制战舰，这说明天津造船技术又有了提高，因为制造战舰要比造运输船复杂得多，造船促进了天津与各地的物资交流和商业繁荣，为盐业提供了运输工具。我们推想，明末天津既能造船，修船当然也不在话下，可惜未发现有关这方面的记载。

明末，明朝援助朝鲜抗击日本侵略，天津军事地位更加重要了。明朝大批赴朝鲜的军队和粮饷，都在天津集中，并拨专款在天津赶制军火器械，供援朝鲜军队使用，由此可知，这时的天津已有制造军火器械的

① 《海运摘抄》卷六。

手工业。

明末，天津盐业发展了，出现了向盐场提供燃料的煤户和柴行，同时在天津盐场内部也出现了司牛、司车、医工等个体手工业者。这些个手工业者都是辅助盐业生产的，与天津城市和盐业发展是相辅相成的。只是这些对天津城市发展做出贡献的行业和代表人物，文献记载不详。

康熙朝时，天津城市呈现繁荣景象。到乾隆朝时，天津城市发展又步入一个新阶段。伴随着城市的发展，出现了不少艺术作品，既有为豪华住宅配套的古朴典雅的木雕艺术，也有为宗教信仰而修建的寺庙社坛的装饰艺术，又有为重新修缮的海神庙、河神庙、小圣庙建筑的砖雕作品。这一时期，手工业的特点是随着人们物质生活的改善，出现了供人们娱乐的艺术作品和装饰艺术，如风筝、砖雕、木雕等。不管是建筑装饰性的木雕，还是娱乐性质的风筝，都只能在天津城市经济发展到一定程度，才能产生这些制作精细的工艺品。

地毯工艺传入天津，约在乾隆朝时，开始是以家庭作坊形式出现的。作坊一般都有固定的台案，工人在有经验的老师傅指导下工作，尤其拴头工序全凭记忆。图案织纹要修改多次才能出厂。后来，利用放大样，解决了死记拴头的问题，生产效率迅速提高。花色也由单一变为多品种的美丽、鲜艳的图案，这是地毯工艺史上的一次飞跃。尤其是“片活”的应用，使天津地毯更上一层楼，图案、花色、质地俱佳。质地坚实而柔韧是天津地毯的特点，因而使天津地毯在国内外享有很高的声誉。

我国酿酒起源很早，殷代已有酒字。甲骨文的酉字即酒字，说明殷代饮酒成风。先秦时代，已有酿酒工艺，《尚书·说命篇》：“若作酒醴，尔维曲蘖。”蘖即麦芽或谷芽，醴即用蘖作为糖化剂酿造的酒。唐宋文人与酒结下了不解之缘，在他们笔下，描写酒的诗篇屡见不鲜。

天津酿酒起于何时，文献无明确记载。大约在道光朝时，天津酿酒已具相当规模。那时在海河岸分布了不少小酒厂，尤其是大直沽一带，更是酒厂集中的地方。过去在大直沽后街有一条小溪，水质纯净，非常适合造酒。直沽白干酒驰名中外，与大直沽水质好不无关系。那时的大直沽地旷人稀，空气清新，是酿酒的好地方，这是天津制造好酒的一个重要因素。明宋应星《天工开物》上说："凡酿酒必资曲药而成。无曲，即佳米珍黍，空造不成。"可作旁证。

风筝，又叫纸鸢、鹞子、纸鹞，木做的叫木鸢。在上古时，当某人有灾难时，将其姓名写在风筝上，然后把风筝放在空中，剪断系绳，使其远飞，便认为灾难消除了。这反映了当时人们的愚昧。风筝也用在军事上，据《独异志》记载，侯景围了台城，"简文帝放纸鸢，飞空，告急于外"。放风筝也是一种运动，《燕京岁时记》："风筝在天，以能清目"，从医学角度讲，这是有道理的。

道光朝时，天津有董姓、王姓、朱姓三位文人，酷爱风筝，发明了能折叠的风筝，提高了风筝扎制的水平。早年天津穷孩子管自己扎的风筝叫"屈帘儿"。天津风筝以做工考究、色彩鲜明、技艺高超驰名中外。

清代后期，天津盐商、达官贵族竞相修建豪华住宅，建筑风格也趋于典雅、富丽堂皇，天津砖雕应运而生。砖雕既是建筑上的细活，又富于装饰性，尤其适合古色古香的建筑。道光朝时，天津砖雕艺术有了突破性的进展。有个叫马顺清的人，发明了贴砖法。就是在原雕砖的砖面上，再附上一块砖，增加了图案层次，给人一种高浮、透彻的感觉，加强了表现力，形成天津砖雕艺术的特有风格，为后来雕砖名艺人刘凤鸣的艺术提供了有益的借鉴，对形成著名"刻砖刘"的艺术流派奠定了基础。

随着天津城市的繁荣昌盛，盐商、达官贵族大建园林、住宅，木雕为典雅的园林、住宅增添了不少光彩。嘉庆、道光朝时，房家木雕作坊传到房广元时，他广泛吸收南北木雕的特点，使天津木雕既具有南方木雕的灵巧、玲珑剔透的优点，也有北方木雕的整体、概括的长处，为形成天津木雕艺术风格做出了贡献。比房广元稍晚的著名木雕艺人朱兴涟，吸取中国国画的技巧，使花鸟画与木雕艺术有机地结合起来，形成了天津木雕独特的艺术风格，给后来被誉为“木雕刘”的刘杏林的艺术成就予以深刻的影响。

综上所叙，可知天津手工业与天津城市发展相适应，尤其与商业活动关系密切，有些手工业产品本身就是商品，例如苇席、硝、卤等。有些手工艺品如砖雕、木雕等的发展也与商业繁荣有关联，因为如果盐商不获巨额利润，也就不会修建豪华园林、住宅。总之，天津手工业是天津城市发展和商业繁荣的折光反映。

结　语

清朝采取了一些有利于天津盐业发展的措施，对天津城市和盐业发展起了促进作用。应当指出，清朝对天津盐业的管理依然沿袭了明朝的盐政，但是清朝认识到盐务的根本在于场务，从而加强了场务管理，天津盐务机构便随之膨胀。道光朝后，天津盐业衰败，本系清朝政策不当，绝非强化天津盐务机构所能挽救的。在天津盐政恶性循环中，庞大的天津盐务机构对日益腐败的天津盐务起了推波助澜的作用。

郑观应指出：“今天下皆官盐，而实则天下皆私盐，名曰缉私，恐缉私之人即贩私之人。枭私、邻私、船私可缉也，官私不可缉也。故缉私之难，虽历代明君、贤相经营擘画，终无善法。”①

“官私不可缉也”即私盐难禁的根本原因，是“缉私之人即贩私之人”，当然缉私收效不大。至乾隆朝后，问题就更严重了。盐引滞销，是私盐泛滥的结果。武装走私成分十分复杂，在一定程度上具有以武装形式反对清朝统治的因素。清代的缉私，只能束缚天津盐业的发展，而无法抑制社会对盐的不断增长的需要，更不能解决积重难返的弊端和清朝各级官吏贪婪成性的恶习。

天津交通四通八达，也是天津盐业发展的一个重要因素。康熙二十三年(1684)，清朝废除了海禁令，天津水路运输又如添了双翼，海运畅通无阻。雍正朝后，天津城市与盐业兴盛比翼齐飞，与天津交通方便是有很大关系的。乾隆五十一年(1786)，天津驳船已有一千多只，说明天津水路交通已经很发达了，南北货物汇集天津，沧州盐场所产的盐也经天津运出，天津名副其实地成为北方最大的货物集散地。

天津盐业固定资本多而流动资金少，清政府以各种利益吸引各地资本来天津业盐，这就为天津城市和盐业发展创造了条件。天津盐业资本初步形成，雇佣劳动力增多，盐场细密分工，使天津盐业跨入了手工业工场生产阶段。

天津盐商与清朝廷关系十分密切，尤其是与乾隆皇帝关系密切。例如，天津盐商给乾隆皇帝母亲八十寿辰的礼品十分名贵，另外乾隆皇帝每次来天津，天津盐商供应非常丰盛。乾隆皇帝对这些十分满意。天津盐商多次捐输，报效清政府，这就加强了清政府与天津盐商的关系。

---

① 《皇朝经世文编·郑观应〈盐务〉》。

天津盐商舍去大量资本，换取各种特权。他们拉拢社会名流、学者、文人，主要为了跻进缙绅文人行列中，以扩大社会影响、抬高社会地位。另外，天津盐商对天津城市发展，做了一定贡献，也应给予肯定。

天津手工业与天津城市发展相辅相成。随着天津经济的繁荣，手工业也出现了新的发展趋势，对天津城市发展起了一定的促进作用。

明代，出现了资本主义生产关系的因素，其对天津的影响则是推动了天津手工业的发展。明朝对天津商业、盐业、手工业的掠夺和压制，遏制了天津商业资本发展和手工业向制造资本转化。所以明代天津手工业发展缓慢，而且多不见于记载。

明末，造船业为天津盐业提供了交通工具，促进了天津城市和海运、河运事业发展，为沟通南北货物交流、商业繁荣，做出了贡献。

创建于康熙四十二年(1703)的清真大寺，寺内门窗、瓦顶上的花纹，与寺院内的肃穆典雅浑然一体。砖雕装饰在门楼、屋脊、影壁上。这些古色古香的装饰物，使寺院房屋更为富丽堂皇、典雅。天津盐商不惜花费重金修建豪华住宅，又为建筑的装饰艺术木雕、砖雕的发展创造了条件。

清代后期，天津经济进一步发展，人们的生活稍有改善，对娱乐性艺术作品有了要求，风筝等也应运产生。

以上所叙，可知天津手工业是随着天津城市发展和商业繁荣，以及人们的需要而产生的，具有浓厚的地方色彩。但是，对天津社会经济来说，起主要作用的不是手工业，而是商业，即天津城市的发展是以商业经济作为支柱的。

第十一章　商业的发展与影响

第一节　明代天津的商业

商业兴起的缘由

天津自古即富渔盐之利，又是天然的河海两用码头，且地势平坦、腹地广阔，“由广大顺平，乃东西腰膂，南北舟车，并集于天津，下直沽、渔阳，犹海运之故道”，“实往来通衢”①，为商业活动提供了极为有利的条件。但在明代以前，囿于封建生产关系的束缚和生产力发展水平的局限，天津(时称直沽)的商业活动并未能凭借优越的条件而获得发展，只是到了元代，才伴随着海运漕粮的兴盛而出现过“一日粮船到直沽，吴罂越布满街衢”②的兴旺景象。

明朝建立之后，封建统治者对统治政策进行了调整，社会经济较快地得到恢复与发展。许多产品被卷入市场，转化为商品，从而为商品经济的发展提供了物质条件，大运河的贯通与海路的开辟，则为商品流通

① 《松窗梦语》卷四。
② 张翥：《退庵诗》卷四。

领域的扩大提供了交通保障。这就刺激了明代商品经济的发展与商业市场的扩大。尤其是在明代中叶以后，随着手工业中资本主义萌芽的出现，以及一些手工业生产中心及区域性经济网络中心的形成，商品经济的发展更为迅速，南北方的经济联系更为密切，各地物资交流亦进一步加强。天津的商业就是在这种历史背景下，随着漕运的兴盛、大运河的畅通，借河海交汇之便、商品转输之利而发展起来了。

促使天津商业得以兴起的原因之一，是大量漕船在此栖泊，随船附载的各地“土宜”涌入天津市场，刺激了天津商业的发展。

南北经济不平衡的局面与南粮北调的历史趋势，发展到明代更加严重。明统治者对江南粮米和物资的需求更加迫切，可谓“倚漕为命矣”[①]。为驱使运军尽心竭力转输漕粮，以支应军国所需，明统治者允许运军随船附载一定量的各地土产货物，供其发卖而取值，并对这些随船附载的土产货物给予免征税收的优待，名之曰“土宜”。成化十年(1474)，限定运军免税附载的“土宜”数额为每船十石，万历年间又放宽至六十石[②]。按当时额定的运粮漕船的数目核算，每年有多达数十万石的各地土产货物，随船附载至北方沿河各口岸，待漕船返棹时，则又有相当数额的北方各地土产货物被携载至南方。当然，这些官定的“土宜”附载限额，运军往往并不遵守。他们“希图觅利，或揽客商货物取其雇直(值)，或寄装在京势豪人等土产”，“乘时射利习成俗”[③]，明代官员李东阳曾在诗作中描绘过运军蜂拥而上、抢载私货的情景：

---

① 《明书》卷六十九《河漕志》。

② 《明会典·漕禁》。

③ 《古今图书集成》卷一百六十四。

南京马船大如屋，一舸能容三百斛；
高帆得势疾若风，咫尺波涛万牛足。
官家货少私货多，南来载谷北载鹾；
凭官附势如火烧，逻人津吏不敢诘。[①]

由此可知，每年随船附载而北上南下的土产货物，是远远超出那数十万石的官府限定之数量的。

明统治者对漕粮的转输期限有严格的管理。规定各水次在每年十月开仓兑粮，十一月兑竣，十二月开帮起运。按途程的远近，要求在转年的五月初一、七月初一、九月初一分别运抵京城。正德年间，为严格验核运期，还颁发了《水程图格》，开列起讫地、里程、运行时限，由运官随帮逐日将行止情况填注于图格，交接后，送户部审核查验。如“无故违误，运官住俸问罪”[②]。运途遥远，船舶重载，践浪履波，时限迫促，再加要为避开黄淮汛期而兼程，为防胶冻河口而攒行，运军日夜急奔，犹恐不及，因此，无暇在途中将附载货物脱手，只有在将粮米运达指定口岸后，候验查交接完毕，方能赁主货卖。

天津居运河转折之要冲，是明代漕粮转输的重要集散地和贮存所，“九洲万国贡赋之艘”，“莫不栖舶于其境”[③]，数以百万石计的漕粮，均要在此交验接卸，然后移舟转输北京、通州等各仓，因此，天津就成为运军将附载货物脱手发卖的理想之地，也是运军回程揽载商货的便当之区。随船附载而来的大量土产物品涌入天津市场，在此销售与集散，同

① 《怀麓堂集·杂记一》。
② 《大明会典·漕规》。
③ 《津门精华实录·重修卫学碑记》。

时充实了天津的商品货源，填补了货物的不足，活跃了市场，从而刺激了天津商业的兴起与发展。

天津商业得以兴起的原因之一，是各地商旅乘大运河水道畅通之便，联袂发舟，往来贩货，大批的商品货物进入天津市场销售与集散，促进了天津商业交易活动的开展与商品市场的扩大。

明朝建立后，封建统治者在促进农业与手工业恢复和发展的同时，对推动物资流通的商业，也采取轻税政策，“凡商税三十分取一，过此者以违令论”，并大量裁并税课司局[①]，从而推动了社会产品向商品的转化及转贩贸易的兴旺。

永乐初年，明统治者又对纵贯南北的大运河进行了整修，使这条内河水道畅通无阻，各地商旅频繁往来，满载的商船帆樯络绎不绝。运河上，商船与漕船百舸竞逐、首尾相衔，“燕、赵、秦、晋、齐、梁、江淮之货，日夜商贩而南；蛮海、闽广、豫章、楚、瓯越、新安之货，日夜商贩而北”[②]。大运河这条南北交通的大动脉，加强了南北方在经济上的密切往来，各地物资的调剂与交流日渐频繁，商品经济日趋发展，商业市场亦日益扩大。

随着明代商品经济的发展、商业市场的扩大、交通运输的畅达，天津以其所拥有的特殊地理条件而成为“输将要地、商贾通津”[③]，不仅闽、越、吴、楚、齐、梁等地的商民在此杂遝而居[④]，就是“河间、保定之商

① 《明史》卷八十一《食货志·商税》。
② （明）李鼎：《李长卿集》卷十九。
③ 《古今图书集成》卷八十三。
④ 《新校天津卫志》卷四《艺文》。

贾,亦多出其途”[1],天津成为运河沿岸“商贾之所萃集,五方之民所杂处”的繁华地区[2],各地的商货,自然而然地要随商人的足迹而涌入津门。

如果说运军附载的“土宜”对天津商业的兴起有着较大的促进作用,那么,各地商旅纷至沓来所带来的数额、品种又远远超过附载的“土宜”。各地商品的源源涌入,对天津商业的兴起有着更为巨大和深远的影响,不仅充实和丰富了天津市场的商品货源,加强了天津与各地的经济联系与物资交流,而且为天津后来向吞吐四方货物、调节南北经济的贸易港口与商业经济中心城市的发展奠定了基石。

促使天津商业得以兴起的原因之三,是地方经济的迅速发展和从事商业经营活动的人员与日俱增。

前已述及,天津地多斥卤,瘠无沃田,农业生产一直未能得以发展,但天津自古以来即富渔盐之利,是著名的海盐产区,“凡近海俱盐坑”,“产盐甚饶”[3]。到了明代,由于封建统治者的大力经营,天津的盐业生产有了进一步的发展,产销俱旺,这就为天津地方社会经济的发展提供了较丰富的财源。

天津地区河流众多,交错纵横,内河航道畅通无阻,内河航运业伴随着漕运的兴盛而有较大的发展。在运河上,为支应明朝驳运漕粮之需而聚集着众多的拥有驳船、以承揽水运而谋生的船户。天津又濒海,在近海亦涌现出专门承接货物运输的船商。尽管由于统计资料的缺乏,我们无法了解当时天津河、海运输业的详情,但从前述万历年间

---

① 《松窗梦语》卷四。
② 《新校天津卫志》卷首《薛柱斗序》。
③ 《枣林杂俎·智集·孙廷铨》。

(1573—1620)辽东海运在天津近海一次即可雇募民船二百六十余艘的记载,就可以想见天津河、海运输业发展的概貌。天津河、海航运业的发展,为商业活动的开展提供了便捷的交通条件,满足了各地商货长途贩运的需要,既为外地商货的涌入创造了条件,又为本地商品的输出提供了便利。这就为天津地方经济的发展开拓了新的财源。

天津地方经济的发展、商业活动的兴旺,使早因“可耕之地固少”而“逐末者众”的天津居民,纷纷投身商业,“以贾趋利”[①],“操奇累赢,乘时变化”,“泉布日流,生产日茂”[②]。有的居民甚至在此“立产业基址”[③],从而推动了天津商业的兴起和市场的兴旺。

商业发展的概况

天津的商业发展到明代中叶以后,即迅速兴起,呈现出一派兴旺景象。

(1)各地商品货物荟萃

如前所述,随着明代大规模的“里河运粮”,运军附载的“土宜”大量运入天津市场,对于此时运军附载的“土宜”的品种、数量及销售情况,鉴于统计资料的缺佚,我们尚不能详加剖析,只好借助一些相关的资料,进行一个约略的推测。

万历年间(1573—1620),明统治者在明令放宽运军附载“土宜”之限额的同时,又特别规定:“凡漕运船只,除运军自带土宜货物外,若附带客商、势要人等酒、面、糯米、花草、竹木、板片、器皿、货物者,将本船

① 《津门精华实录》,第 23 页。

② 《天津县新志》卷二十四《侯能墓表》。

③ 《天津县新志》卷二十四《副使毛恺德政碑》。

运军并附载人员参问发落，货物入官。”[1]从这个禁令的内容与颁布的背景中可以看到：

第一，运军附载北上的货物，必然包括禁令中所指的各种物品。其中，既有日常的食品和应用器具，又有供修建之用的原材物料，还有供观赏与把玩的消闲物件，品种繁多，用途广泛。它标志着这些北上的南方货物已经开始注入天津及北方居民的经济生活之中。

第二，这些被禁载的货物，多为南方盛产而价格低廉、北方缺乏而价格昂贵之物，将其远贩天津市场，势必赢利丰厚，因而，不仅运军附载，客商争运，就连一向视商为末、不屑与商人为伍的势要人等，竟也跻身商贾之列，借漕船之便而依势附载，夹带私运。

第三，明朝之所以颁令禁止上列货物的附载，必定是这些货物的附载数量不仅较大，而且源源不绝，它非但影响明朝漕粮的正常转输，并且会影响明朝商税的收入，因而，引起明统治者的极大关注，不得不在增加运军附载“土宜”数额的同时，又颁布禁令，对某些货物的逐利竞载加以限制。

尽管如此，却因这些货物已经成为天津及北方居民日常生活之所需，是运军及商贾的生财之道，也是某些官吏和势要人等的重要财源，故而只能是明禁而实难禁，这些随漕船附载而来的物品，照旧源源涌入天津市场，在此销售与集散。

此外，随着交通运输的畅达、各地商旅的频繁往来，大量的商品货物亦纷纷进入天津，在此交易货卖，如闽、广的蔗糖、蓝靛(颜料)、茶叶、海货、珍贵木料、干鲜果品，江、浙的丝绸、布匹，景德镇的瓷器，江南的

---

① 《大明会典·漕禁》。

竹木及竹制器皿，直隶各地的棉花、梨、枣、豆、麦等。有些商品货物还经此而转贩他乡，如福建的南纸商，每年载货“由闽航海，荷神庇，得顺抵天津”，而后再转运京城销售[①]。辽东地区盛产大豆，榨油后的余渣压成饼，是良好的农家肥料，商人们买后，用海船载运至天津，然后舟车分运各地销售[②]。由于各地商货的荟萃，天津市场一度出现“市集诸番舶”[③]“百货倍往时”的繁荣景象[④]。

(2)南北经济往来加强

由于天津所处地理位置的优越，促使其在明代中叶前后成为沟通南北经济、调剂各地物资余缺的水陆要冲，南北经济往来日益加强。

明代中叶，北方河南、河北一带地广人稀，气候宜于植棉。种植面积扩大了，但由于地土高燥，纺织技艺不佳，纺纱时“棉毳断续，不得成缕”，勉强纺成，“纵能作布，亦虚疏不堪用”，故棉贱而布昂；而当时的南方，特别是长江三角洲一带，纺织技艺精良，生产之纱“作缕紧细，布亦坚实”，却因地窄人稠而无力扩展植棉面积，致使布贱棉贵[⑤]。各地商人鉴于此，就借运河之便而往来贩运，“棉则方舟鬻于南，布则方舟鬻诸北”[⑥]，天津就是北棉南运、南布北销的重要枢纽之一。

当时，载布的河船从天津出发，可辗转沿清苑河西去，一直运抵雄

---

① 李华编:《明清以来北京工商会馆碑刻选编》，文物出版社 1980 年版，第 98 页《延邵纸商会馆碑文》。

② [日]加藤繁著，吴杰译:《中国经济史考证》(第三卷)，商务印书馆 1973 年版。

③ 《古今图书集成》卷九十一，王洪《直沽城》。

④ 《文献通考》卷十八《征考》。

⑤ (明)徐光启:《农政全书》卷三十五。

⑥ 《元明类事钞》卷二，王象晋《木棉谱序》。

县城下销售[①]。天启年间(1621—1627),在赴辽东的海船上,就载有在天津购买的青梭布、栀黄布、深蓝布、秋色布、紫花布、白色布等南方贩来的棉布[②]。当粮船、商舟南下返航时,又满载北方的棉花而归。这时,北河之棉顺永平新河、白河而下,西河之棉则沿大清河、滹沱河、西河而来,在天津市场上赁商交易,登船南运[③]。

明代中叶以后,天津的盐业生产也有了较大的发展。当地生产的卤醇如饴、粒大味厚的长芦盐,行销四方,供亿民食,天津成为长芦盐运销集散的中心。天津生产的芦盐质高而价廉,再加上有畅达的交通,故商人们"乐于行官盐"[④]。就是沧州分司所辖各盐场所产之盐,亦逆程折道,"经天津寻至他郡邑者,半也"[⑤]。除官盐外,大量的则是盐贩的夹带私运。运河上"小船及经过之马快官粮等船,装运私盐"[⑥],"北行则夹私抵通(州),南归则贩卖抵临清"[⑦],甚至有辗转将"长芦盐窃之维、扬卖"[⑧]的,近海地区则有江南、北军民,"造遮洋大船列械贩盐"[⑨],其"方舟而载大者,引百余计,小者,亦数十计"[⑩]。这些私盐贩运者,或凭权贵势力而"窝顿兴贩",或以钱物贿通官府及侦捕吏卒,使其"往往甘其小饵,明与为市,白昼公行,重禁绳之不能止"。就连行官盐的商人

① 《古今图书集成》卷六十八。
② 《督响疏草》卷三《天启二年发过鲜运疏》。
③ 《河北省棉产调查报告·天津棉花来源》。
④ 《天津县新志》卷二十四《青州分司署碑记》。
⑤ 《明史》卷八十《食货志·盐法》。
⑥ (雍正)《长芦盐法志》附载《援证六》。
⑦ 《中国盐政沿革史》(长芦部分),第24页。
⑧ (明)顾炎武:《肇域志·江南》。
⑨ 《明史》卷八十《食货志·盐法》。
⑩ 《天津县新志》卷二十四《青州分司署碑记》。

当中，亦“有借引夹带，敢扞法网而弗暇自爱者，以故私贩多”[1]。

天津沿河一带还有许多经营粮食生意的“贩粟者”。他们往来于直隶河间府各县，“间以年之丰欠，或籴之使来，或粜之使去，皆辇致之”[2]。而磁州彭城“居民善陶罐之属，或绘以五采，浮于釜（阳河），达于（天津）卫，以售于他郡”[3]。

综上所述，可以清楚地看到：明代中叶以后的天津，随着南北经济往来的加强，已经开始呈现出吞吐四方商货、交流南北物资的区域性经济网络中心的雏形。

(3)集市扩展，繁华区出现

随着天津商业的发展，作为商品交易场所的集市在天津日渐增多，商业比较集中的繁华区亦开始出现与形成，它标志着天津商业的繁荣。

宣德至成化年间（1426—1487），天津城内商品交易的场所——集市就已有五处：

“宝泉集”，坐落于城内鼓楼附近，每月初五、十五、二十五行集；

“仁厚集”，坐落于东门内，每月逢初三、十三、二十三行集；

“货泉集”，坐落于南门内，每月逢初六、十六、二十六行集；

“富有集”，坐落于西门内，每月逢初九、十九、二十九行集；

“大道集”，坐落于北门内，每月逢初八、十八、二十八行集。[4]

弘治六年（1493），天津的商业活动日渐兴旺，商品货物日益增多，原有的集市已经远远不能满足需要，明统治者就在天津城区附近“添设

---

① 《天津县新志》卷二十四《青州分司署碑记》。

② （嘉靖）《河间府志》卷七《风俗》。

③ （万历）《磁州志》卷二《村镇》。

④ 《新校天津卫志·市集》。

五集一市”[①]：

“通济集”，设在东门外，每月逢初二、十二、二十二行集；

“丰乐集”，设在北门外，每月逢初七、十七、二十七行集；

“水丰集”，设在张官屯，每月逢初四、十四、二十四行集；

“宫前集”，设在天后官前，分为宫南、宫北二集，每月逢初一、十一、二十一行集；

“安西市”，设在西门外。[②]

与此同时，天津早期经营商业比较集中的繁华区也随着天津商业的兴起而开始出现与形成。天津东门外一带，紧傍海河，是海路入津的通衢，漕船、商舶多停靠于此，粮米、商货亦多在此接卸。其邻近的天后宫，自元代以来就是人们朝拜海神、祈求保佑的祭神赛会的盛地，官绅、士庶熙来攘往，店铺、货摊沿街而立。每逢祭祀之期，“数日之内，庙旁各铺所卖货物，亦利市三倍云”[③]。再加上在这一带设有三个集市，故而成为天津早期繁华的商业中心区，热闹异常。

此外，天津城北门外，有大道通京城，又是南、北运河相汇之区，多有粮船、商舟停泊。“有杂粮店，商贾贩粮百万，资通京师”，故亦呈现繁华景象。河东大直沽一带，为海船进入天津的通道，也有杂粮店，“通济河东一带村庄”[④]。

明代官员李东阳曾在《过天津》一诗中，描绘过天津商业繁盛、市集兴旺的情景：

---

① 《明史》卷七十九《食货志·漕运》。

② 《新校天津卫志·市集》。

③ 《津门杂记》卷中。

④ 天津市文物管理处编：《津门考古》，天津人民出版社 1982 年版，第 88 页。

玉帛都来万国朝，梯航南去接天遥；
千家市远晨分集，两岸河平夜退潮。
贡赋旧通沧海运，星辰还象洛阳桥；
何由四塞襟喉地，重镇还须借使轺。①

明统治者对商业的扼制

明代中叶以后，天津商业有了较大的发展，天津的社会经济与城市建设也有了新的发展，然而，作为上层建筑的天津城市的建制，还仍旧是为适应明朝政治、军事、经济需要的天津三卫。辖区虽广，但辖区的居民却分属于邻近的各州县管理。政出多门，事权不一。这种军事城堡式的城市建制，阻碍了天津商业与天津城市的进一步发展。

不仅如此，明朝对商民的剥削与掠夺亦日益加重。早在永乐二十一年(1423)，巡按山东监察御史陈济就曾上书皇帝，认为直沽等地方为商贾往来之所聚，“今建都北京，而四方百货倍于往时，其商税宜遣人监闸一年，以为定额，庶无侵欺之弊”，明统治者“从之”②。这是见诸明代官方史籍的有关在天津派官置卡征收商税的最早记载。这时所设的收税关卡，既无固定的税衙与驻所，又无征收的规章与税率，只是由监闸的漕官在验放船只时予以征收。

洪熙元年(1425)，明统治者在天津开始向开设店铺、货摊的商贩征收“市门摊课钞”。仅仅过了四年，至宣德四年(1429)，天津的“市镇店肆门摊税课，增旧凡五倍”，连“塌房(货栈)、库房、店舍居商货者”，也要

① 《天津县志》卷二十二《艺文》。
② 《明成祖实录》卷一百二十五。

加征。[1] 万历年间，明朝在全国开征的商税名目不下数十种。其中，以“天津店租、广州珠榷、两淮余盐、京口供用、浙江市舶、成都盐茶、重庆名木、湖口长江船税、荆州店税、宝坻鱼苇及门摊商税”[2]为最著者。在这十大税目中，属于今日天津辖境内的税目就有两项，而“天津店租”又居十大税之首。尽管由于统计资料的不足，我们无法了解明统治者当时在天津所征商税的确切数额，但从上述记载中，亦可想见天津商税在明朝征税额中所占比重之大、数额之多。

正统四年(1439)，明朝将原设于漷县(通州南)的钞关，南迁至武清县河西务[3]。派官员驻此，扼运河水道而征收税课。正统十一年(1446)，这里每年要征收船钞一百一十九万贯，船铺牙行税银四千余两，商税正余银四千余两，条船船税银一万四千九百余两[4]，在运河沿岸所设置的七大钞关中居第二位。万历二十五年(1597)，明朝加紧了对商民的搜刮。在“河西务，大小货船，船户有船料矣，商人又有船银，进店有店税矣，出店有正税”[5]。这一年，在此所收各项商税，净增一万五千两，总额达到六万一千两之巨[6]。

万历年间，明朝政治腐败、财政困顿，就加紧了对百姓的掠夺。除加派“三饷”外，还派出大批矿监、税使，对百姓敲诈勒索。他们“视商贾儒者，肆为攘夺，没其全资，负戴行李亦被搜索。又立土商名目，穷乡僻

① 《明史》卷八十一《食货志·商税》。
② 《明史》卷八十一《食货志·商税》。
③ 《明会要》卷五十七《食货志·船料》。
④ 《大明会典·钞关》。
⑤ 《古今图书集成》卷二十三《杂税部·艺文》。
⑥ 《明神宗实录》卷三百一十五。

坞，米盐鸡豕，皆令输税”[①]，天津地区亦蒙受浩劫。

万历二十八年(1600)，天津“区区一隅，三监并列，重迭征收”。南有天津税监马堂，坐镇临清，扼卫水之口；北有督理通(州)、(张家)湾少监张烨，驻河西务钞关，监进出京师之门，“落地之税已属张烨，南来之税又系马堂”；中有真(定)、保(定)、蓟(州)、永(平)矿税监王虎，控卫、潞诸河交汇之区，“旁搜蔓引，商船过地，无不波及，甚则倡为鱼闸、官地之税”[②]，“后并税武清等县非产鱼之处，增苇网诸税，且及青县、天津”[③]。

万历二十九年(1601)正月，天津税监马堂向内库呈进“新增盐课银，凡六千五百余两，租税银六万五千余两，助琉璃桥工银五百两，无碍官银四千五百余两，节省银二千两”。通湾少监张烨向内库呈进“税银八百七十五两，牧马子粒等银二万四千三十余两，长芦盐税银二千六百两”[④]。同年七月，马堂又向内库再呈进“税银五万三千两，省费银二百两，节省银八百八十两，盐务银六千五百二十六两”[⑤]。我们从马堂等进呈内库银数之巨，就可想见明统治者对天津地区商税掠征之酷了。

明代末年，“由临清以至天津、芦沟、通湾，其税不知凡几”[⑥]。明统治者这种关卡林立、苛敛暴征，不仅使天津地区的“商民苦累”，而且使各地商旅因“税使辛螫，视为畏途。舍其重利，不通往来”。如河西务，

① 《明史》卷八十一《食货志·商税》。
② 《明神宗实录》卷三百五十一。
③ 《明史》卷八十一《食货志·商税》。
④ 《明神宗实录》卷三百五十五。
⑤ 《明神宗实录》卷三百六十一。
⑥ 《明经世文编》卷四百五十二，梅国祯《请罢税疏》。

"先年,布店计一百六十余名,今止(只)存三十余家矣"[①],倒闭了四分之三。而往日大量运抵天津市场的鱼盐螺蛤、絮帛栗稻、曲纸板木等货品,均转道远贩他乡,天津"阛阓之中,惟薪藁满车,酱醢满甑"[②]。

明朝统治者的酷政,严重地扼制了天津商业的发展,减缓了天津城市发展的势头。到崇祯年间,农民战争烽烟四起,清军叩关战乱频仍,社会动荡,生产停滞,再加上运河失修、河阻路断,漕船、商舶日渐稀少,履河而至的各地商货日趋断档;海路不靖,海盗横行,泛海而来的南方物品亦日益绝迹。天津市场的商品,货源紧缺,天津的商业活动,交易冷落,天津的商业呈现出一派萧条的景象。

第二节 清代天津的商业

商业的恢复与发展

清代前期,封建统治者采取了一系列复苏社会经济的政策,迅速地恢复与发展社会生产力,同时,因袭明代旧制,疏浚、整修南北大运河,使其重新畅通,大兴"里河运粮"。天津的商业在这一历史背景下,重新恢复了生机。

清统治者为便于漕粮的转输,不仅允许运军附载各地土产货物往来贩卖,而且允许运军借漕船回空之机揽载商人货物而远行,就是集拢于天津沿河一带支应漕粮驳运之特设的"红剥船",在每年四月之前,大批漕粮尚未抵津之际,亦可揽载商货而运行,因而运河上往来的漕船、

① 《明经世文编》卷四百一十一,赵世卿《关税减疏》。
② 《天津县新志》卷二十四《副使毛恺德政碑》。

“剥船”舳舻相接、首尾相衔，一派繁忙。各地的商货，经这些河船的转运而纷纷涌入运河沿岸的城镇与乡村。有些与人们日常生活比较密切的物品，更辗转远贩他乡。如运河上“回空粮船带盐，几及淮引全纲之数”。其中，质高价贱的“芦盐”，居十之八九，而“淮盐”，居十之一二[①]，沿水路可辗转贩运至安徽、江西等地。

此外，运河沿岸各地的商人，也借河运之便而纷纷发舟运货，往来贩运。临近京师，扼据河畔的天津，是栖泊商舟、吞吐商货的重要口岸。康熙年间，每至夏秋间，在南北运河相交的天津三岔河口附近及芥园、湾子、茶店口、院门口、大红桥等地，“帆樯络绎，水手如云”[②]，大量的商品货物在此交易，真是“河路码头买卖广，繁华热闹胜两江”[③]了。

“海禁”开放后，“北洋航线”[④]迅即开通，天津的海运业亦得到较快的发展。早在严饬“海禁”的康熙年间，天津的海船就曾领“龙票”经营天津与辽东间的海运贩粮。“海禁”撤销后，不仅由天津赴奉天的贩粮船日多，沿海各地的商旅亦皆携货放舟北洋，“直趋天津、奉天”，往来贸易，“万商辐辏之盛，亘古未有”[⑤]。

当时，由福建厦门满载商货启碇的海船，“顺风，十余日即至天津”[⑥]。从广东潮州出发的“舶艚船”，“春夏之交，南风盛发，扬帆北上，经闽省，出烽火、流江，翱翔乎宁波、上海，然后，穷尽山、花岛，过黑水大

① 陶澍：《陶文公全集》卷十五《陈奏回空粮船未便任带芦盐折》。

② 《津门保甲图说·西南一带村庄图说》。

③ 《津门杂记》卷下。

④ 北洋航线是指清代往来于北洋海域的海上航线。

⑤ 《皇朝经世文编》卷四十八《户政·漕运下》。

⑥ （清）蓝鼎元：《鹿洲全集·漕粮兼资海运疏》。

洋，游奕登、莱、关东、天津间，不过旬有五日耳”[①]。

清统治者对前来北方进行贩运贸易的闽粤商船，“念其远涉重洋，风涛颠险，均有宽税之条”，对其所载的“糖包，每大包准除皮十斤，每小包准除皮五斤，其红、白糖内，每大包优免十斤，每小包优免五斤，往来船料并免报纳。至水手所带零星货物，税银不及一钱者，概行优免。仍于税银内，每百两免银二两，以示优恤。复念该商在津贸易洵属循良，又于税银百两再加免银二两，以示格外柔远之意”。“又于共计正项税银之内，每两又复恩免三分，以恤舵（手）水（工）之艰劳。”[②]因此，粤商船往来天津贩货“岁以为常”。每至六七月间，商船队一时而集，浩浩荡荡直抵天津郡城停泊。“连樯排比，舵水人等，约在一万上下。”[③]

江浙商人乘海船赴天津、奉天贸易者也日渐加多。起初，他们“岁止（只）两次”，后来，因为“由上海至天津，风利七八日可到，至迟，不过旬月，从无阻滞”，于是就改为“一年行运四回”[④]。

“船小桅细，只可内洋往来”，向来不远航的天津商船（时称“天津卫船”）和宁河海船（时称“宁船”），此时不仅频繁地往来于直隶、奉天、山东等地，开展近海贸易，而且有的还南下江浙等地，从事远海贩运[⑤]。这两种海船，在清代天津开埠以前，最盛时“共有七百只上下”[⑥]。

清初，天津河海运输业的发展，长途贩运的大批商货的涌入，推动了天津商业的迅速恢复与发展，天津成为北方兴盛的商业吞吐口岸之

① （清）蓝鼎元：《鹿洲初集》卷十二《潮州海防图说》。

② 《天津商会档案》（二类）二千七百四十二卷《闽粤会馆碑文》。

③ 《津门保甲图说·天津道会议详稿》。

④ 《皇朝经世文编》卷四十八《户政·漕运下》。

⑤ 《天津县志》卷二十一《艺文·朱奎扬〈天津海运碑记〉》。

⑥ 《李文忠公全书·奏稿》卷二十《海船苦变通办法折》。

一。商业的发展、社会生产的大幅度增长，冲击着旧有的天津城市建制，促使清统治者不得不一再调整原有的城市建制，以适应其发展，天津遂完成了由军事城堡向商业经济城市的转化。这一转化，为天津商业的发展开拓了道路，扫清了障碍，使之得以更快地发展。至乾隆年间，天津出现了一派兴旺繁荣的景象。

商业的兴旺与繁荣

(1)商货丰盈，交易繁盛

清代中叶，天津河海运输业日益兴盛，各地商旅往来日渐频繁，天津市场商货丰盈、交易活跃，为商业服务的行业、新的商业繁华区都有了较大的发展。

这个时期，在天津市场上交易的各地商品货物种类繁多，数额很大。当时，闽粤海船每年运津的货物，以蔗糖为大宗。这些蔗糖多来自广东的琼州、雷州和福建的厦门、台湾等盛产蔗糖之地。广东的琼、雷二州所产的白糖，每年"货至苏州、天津等处"①，厦门的帆船自台湾载糖至天津贩卖，"其船颇大，谓之糖船"②。此外，还有各种土特产品及手工业制品运抵天津，如福建的松糖、鱼翅、橘饼、胡椒、鞭杆、粗碗等，广东的松糖、洋碗、苏木、烟草、茶叶、翎羽、名贵木料、各种香料、独门药品、药酒、铁锅、毛边纸、缝衣针、铜纽扣、栲纱云绸、葵扇、草席、蓝靛、玉器、象牙雕刻、白铜烟筒器具(抽水烟的烟具)、锡制热碗与酒壶(祭祀用

---

① (道光)《琼州府志》卷五《舆地·物产》，又见(嘉庆)《雷州府志》卷二《地理志·土产》。

② (道光)《厦门志》卷五《船政·商船》。

具)等[①]。江浙海船除了"向带茶、布、姜、果等物"[②]外,还带有粮米、毛竹、长屏纸(南纸)、明矾、杉木、绍酒、锡箔(祭祀用品)、江西瓷器等[③]。

秋后,当闽粤、江浙商船返航南下时,则将北方的药材、核桃、红枣、黑枣、瓜子、杏仁、豆麦等携载至南方销售。据记载,上海每年从关东、天津等处运回的豆麦等物有千余万石[④],而福建的农民在春天"把糖卖给附近口岸的商人,乘南风的季节风季运往天津或北方口岸",其糖价则"议定俟糖船返埠时,一部分付给现金,另一部分以北方带回的棉花支付"[⑤]。

临近天津的直隶各地,则主要利用内河航运,将各种商品运抵天津。如直隶永年和邯郸的煤炭、石炭,磁州的器皿、矾皂,涉县的花椒、核桃等,多由各地顺滏阳河,船载运至天津销售[⑥]。待其返归时,则将天津的食盐等百货沿河贩运至各地,仅天津一地,来往不停的盐船,"其数不下一千只"[⑦]。

天津成为南北货物交流的重要枢纽之一,每年若"南方之货物不至,北方之枣豆难消(销),物情殊多未便"[⑧]。

随着天津商品货物的增多、商业交易的活跃,旧日的商业繁华区更

---

① 杨仲绰:《天津"广帮"略记》,参见中国人民政治协商会议天津市委员会文史资料研究委员会编《天津文史资料选辑》(第27辑),天津人民出版社1984年版。

② 齐学裘:《见闻续笔》卷二《乙酉二月奉委赴上海查办海运事宜通禀各宪稿》。

③ 张章翔:《在天津的"宁波帮"》,参见中国人民政治协商会议天津市委员会文史资料研究委员会编《天津文史资料选辑》(第27辑),天津人民出版社1984年版。

④ 《安吴四种》卷一《中衢一勺·包世臣〈海运南议〉》。

⑤ 彭泽益编:《中国近代手工业史资料(1840—1949)》(第1卷),生活·读书·新知三联书店1957年版,第503页。

⑥ 张岗:《清代直隶商品经济分析》,《河北师院学报》1985年第3期。

⑦ 樊百川:《中国轮船航运业的兴起》,四川人民出版社1985年版,第90页。

⑧ 《陶文毅公全集》卷八《筹议海运折子》。

加兴旺、繁华，新兴的商业中心区亦随之崛起。

天津东门外沿河一带，早在明代中叶以后就已初步成为天津早期的商业繁华区，清代中叶则更加兴旺。不仅江浙海船携载粮米与商货在此停靠，往来载运“芦盐”的船只亦俱在此停泊卸装，“米船、盐艘往来聚焉，故河东多粮店，盐坨亦鳞次其间”①。

天津城北门外沿河一带，这时则崛起为新兴的商业繁华区。这一带紧邻府、县官衙，“过浮桥而北，为赴京师大道，运河逶迤其间”②。每年惊蛰节后，闽粤商船同时麇至。他们船载而来的商货，如铁锅、缝衣针、铜纽扣等，多集中在此销售。这一带就因出售这类商货的店铺多而集中，分别得名“针市街”“锅店街”。这些街衢与相邻的街市，组成了天津城北门外新兴的商业繁华区。“商旅幅(辐)辏，屋瓦鳞次”，发展十分迅速。不久，其市面的繁华、店铺之麇集、商货的纷繁都超过了东门外，成为“津门外第一繁华区也”③。

在天津城内及城厢附近，还有许多经营某些商品比较集中的交易场所，如鸟市(北门外迤西)、肉市(北门外迤东)、鱼市(大仪门口、分府署前、南大寺前、津道署前、天后宫前)、菜市(海关道署前)、果市(估衣街口)、骡马市(城外西南隅)等④。在嘉庆、道光年间，北来的闽粤海船还载有外洋的舶来品，抵天津销售。天津北门外、东门外都有专门贩卖这些洋货的市场，称为“洋货街”。在那里，“百宝都从海舶来，玻璃大镜

① 《津门保甲图说·总说序》。
② 《津门保甲图说·总说序》。
③ 《津门保甲图说·总说序》。
④ 羊城旧客:《津门纪略》卷十《市廛》。

比门排。和兰琐伏西蕃锦，怪怪奇奇洋货街”①。时至今日，这些天津商业的旧遗址历经沧桑，大多已面目皆非，无从辨识其旧日的风采了，然而，它们却以地名的形式留存于津城。

为了适应天津商业繁荣、交易活跃的需要，乾隆年间在天津相继出现了“洋行”“局栈”一类的办事机构。当时，在津邑地方，闽粤两省的洋、沙船只载货来津贸易，“恐人地生疏，设立洋货起卸行，代客评价出售”，“此洋行、局栈之所由来也”。在这里，“任听客商自行投卸，其投卸行，贮货、发售不归局栈者，听牙行照例抽用（佣金）；其卸贮局栈，经本客自行发卖者，局栈每两得钱一分五厘，为房租、饮食之资，仍以一分正厘归行，作为牙用（佣金）”②。这种为商业经营、货品交易提供服务的办事机构的出现，为买卖双方提供了方便，故而颇受欢迎，发展很快。仅嘉庆四年（1799）这一年内，开设的“洋行”“局栈”就增加了九家。

乾嘉时代的诗人崔旭，曾经写诗歌颂天津城市的繁荣与商业的兴旺：

畿南重镇此称雄，都会居然大国风；
百货懋迁通蓟北，万家粒食仰关东。
市声若沸鱼虾贱，人影如云巷陌通；
记得销金锅子里，盛衰事势古今同。③

（2）银钱业的兴起与发展

经过清初近百年的恢复与发展，至乾隆年间，天津已成为各地商品

① 崔旭：《津门百咏》。
② 《天津商会档案》（二类）二千七百四十二卷《闽粤会馆碑文》。
③ 《津门杂记》卷上。

货物集散的重要商埠。商业的繁荣、交易的活跃，加速了货币的流通，天津的银钱业应运而生，并且随着天津商业的发展而发展。

清朝实行银本位制，规定商、民纳税要缴纳银两，但在日常流通中又通用铜质的制钱，商人在商业经营与交易活动中，经常要进行银与钱的兑换，于是，在乾隆年间，就出现了私人设摊而贾的兑钱摊、换钱铺与首饰楼。前两种以兑换制钱、银锭及国家发行的钱帖为业。第三种则以销售、制造首饰兼营银钱兑换。这是天津最早出现的银钱业。这些店铺、贾摊，尽管规模不大，业务单纯，却适应了天津商业经营活动的需要，满足了人们日常生活中的某些需求，因而生意颇为兴隆。经营日久，业丰利聚，于是又扩充营业，发展成为经营存款、放款及银钱兑换的钱铺、钱局或钱号。乾隆四十年(1775)前后，天津北门外、东门外都建有这类银钱业的店铺。后来，它们势力扩展，店铺越聚越多，在这两个地方形成了天津有名的“银市”①。

随着天津与外地商业交往日趋频繁、贸易联系日益密切，一种利用汇兑调拨货款银两的金融组织——票号，在天津兴起。由于经营此项业务最早的多是山西商人，故俗称之为“山西票号”。

乾隆年间(1739—1795)，山西商人雷履泰在天津开设日升昌颜料庄，贩卖各种颜料。其中有一种颜料名铜绿，需从四川采办。每次赴川采办此货时，商人都要携带巨额货款，在镖局武师的护送下前往，既费时日又花佣金，且不安全，“雷履泰乃倡用汇票，以便两地商人清算，免除运现的麻烦”②。他“先谋诸四川官府，将其上缴北京朝廷的地赋和

① 羊城旧客:《津门纪略》卷十《市廛》。

② 陈其田:《山西票庄考略》,第 28 页。

税款送解北京户部，换取收据，再向四川官府兑取现银”。后来，则进一步扩大，“联络四川来华北采购货物的商人，将现银交与四川日升昌分庄，换取汇票，持票向北京、天津日升昌兑取现银”，“复联系京、津去川采办货物的商人，将现银交与日升昌，持票向四川日升昌分庄兑取现银”[①]。这种办法既方便又安全，颇受官府与商贾的欢迎，因而业务兴隆。日升昌亦因兼营此项业务从中收取手续费——汇水，在十几年后，获利银数十万两。

嘉庆二年(1797)，雷履泰另划资本，创立日升昌票号，专门经营银钱汇兑业务。此后，山西富商纷纷仿效。嘉庆十九年(1814)，在天津开设蔚泰厚绸庄的山西商人毛凤刿创办了蔚泰厚票号。北京、天津及长江流域各商埠经营绸缎、典当、茶叶、皮毛和杂货的山西帮大商号，亦相继创办票号。仅天津一地，“自道光初年起，十余年间，继续成立之票号，多至十七家”。这些票号以其股东所籍之县份不同而划分为“平(遥)帮”“祁(县)帮”“(太)谷帮”[②]三大帮，“当未设银行时，全持此以为汇兑”[③]。

随着票号的发展，其业务亦日渐扩充。除经营汇兑外，还有衍生的存款、放款，有的甚至兼营放债，于是，票号与社会各行业间的往来也日益密切。不仅各商号之间多借票号往来，就是专门经营银钱业的钱铺，亦“多揽票庄之存款，以扩充业务，故钱铺营业以票庄之兴而渐趋于发

① 中国人民政治协商会议天津市委员会文史资料研究委员会编:《天津文史资料选辑》(第20辑)，天津人民出版社1982年版，第93页。

② 王子建、赵履谦:《天津之银号》第1章《概述》。

③ 王子建、赵履谦:《天津之银号》第1章《概述》。

达”[①]。

乾隆年间(1736—1795),天津银钱业中还出现了“以物质钱之所”,这就是典质店。经营者拥资设店,收取商民之物为抵押,借予现钱,划定赎期,至期本利收回,归还原物;至期不来取赎,即以抵押物顶债。由于经营典质店利大,经营者日多。乾隆二十八年(1763)前后,天津城就有四十多家典质店。道光年间(1821—1850),不仅有在县署立案、奉官谕帖开设的典质大店,还有许多在“县署中不立案,只贿通地面官人,即能暗中营业”的小典质店。店中经营私押,“百日不赎,则将原物变卖,息重有至五分者”[②]。至咸丰四年(1854)以后,天津的典质店比比皆是,逐步发展成为商业资本与高利贷资本结合为一体的典当业[③],并随着天津城市的发展而畸形发展。

(3)产业资本萌芽的显现

随着清代商品经济的发展、商业市场的扩大与统一、各地之间经济联系的加强,新的资本主义生产关系的萌芽在封建社会的肌体内不断孕育与萌发。这种现象,在清代天津的商业经营活动中已经有所显现。

马克思曾指出:“产业资本的萌芽早在中世纪就已形成。它存在于以下三个领域:航运业、采矿业、纺织业。”[④]清代中叶,在天津拥有海船的大船商(时称“海号”或曰“海户”)及靠出租货船为业的船主(时称“船户”)的经营活动中,就可以看到这种“产业资本的萌芽”的端倪。

清代“海禁”开放之后,在天津就出现了养海船出海贩运的大船商,

① 《清稗类钞》第5册《农商类·山西票号》。

② 《韩其美误买金人》,载《沽水旧闻》,第19页。

③ 吴石城:《天津典当业之研究》,《银行周报》19卷36期。

④ 《马克思恩格斯全集》(第25卷),人民出版社1974年,第1024页。

还汇聚着许多承揽内河漕粮、商货转运的船主。他们拥有河海船只，雇佣“掌驾”（司一船之总务）、舵工、水手等从事运输，并靠剥削这些受雇者的剩余劳动获取利润。据有关材料统计，当时出海长途贩运的船商，在每一航程中的纯利润约占全部收入的百分之五十强①；而受雇之人，即便司一船总务的“掌驾”，虽乘风破浪、往来南北，“操作有年，然所得无几”，数口之家，“仅足温饱，初无余粮也”②。

由于从事河、海航运业利厚财丰，故而船商与船户之间竞争激烈。为争揽业务，他们使用各种吸引货主的招数进行竞争。如曾被称为天津富户“八大家”之一的天成号韩家，在乾隆中期，就曾以若海上遇险，货物受损，货主可得到适当赔偿的办法来吸引货主，在竞争中挤垮或吞并了许多中小海船主，逐渐扩展其势力。后来，天成号韩家成为垄断天津海上航运业的大户之一。

那些在激烈的竞争中得胜的大船商，在发家后，除继续经营海上航运业之外，还将其积累的资财投向其他行业，从事各种商业经营。如天成号韩家，在发家后，就将其经营海船运输所获的利润投向其他商业，开设了粮行、银号、当铺等，将其积聚的货币、资财转化为商业资本而增殖；同时，又以商业经营所获利润来支持海船运输的扩大与发展，促其再转化为航运业资本并增殖。这种航运业资本和商业资本的混合与转化，正表现了早期资本主义生产关系的某些特性。

此外，在一向由国家严格控制的天津长芦盐的生产领域中，也有资本主义萌芽的显现。

---

① 参见郭松义《清代国内的海运贸易》，载《清史论丛》（第4辑），中华书局1982年版。

② 《陈五掌驾之暴富》，载《沽水旧闻》，第11页。

在中国封建社会，盐课是封建国家财政收入的大宗，因此，历代封建统治者都严格控制盐业的生产与运销，甚至对生产者与生产资料都加以控制，不准外人染指。随着清代商品经济的发展，在长芦盐的重要产区——天津，出现了一种专以坐场收盐为业的商人，被称之为“场商”。他们或以资财租买灶地，或放债给灶丁，与之合伙经营。这种经营方式有力地冲击了封建国家直接控制盐业生产的局面。官府虽禁而不止，后来就不得不予以通融，下令“丰财、芦台两场滩副灶户无力勘晒，准租给商民，或与商民伙晒”[①]。这种“场商”通过租赁的途径将灶户的生产资料——灶地转至自己手中，进而控制盐产，出现了商人出资，灶户出力，合伙晒盐的生产形式，使商业资本与制盐生产资料相结合，逐渐转化为原始形态的产业资本。这在旧日的封建官营盐业生产史上是罕见的，标志着资本主义生产关系的萌芽在清代天津长芦盐业内部已经开始有所显现了。

(4)商贾汇聚及其财势增长

清代天津商业的发展与城市的繁荣，使得人们“不种田、不筑厂，赤手空拳即可把钱想”[②]，因而吸引着四方商旅，“履丝曳缟之商，群萃而托处”[③]，不少人购买了产业基址，成为天津社会上炙手可热的豪门富户。

道光年间，天津县城有住户 9914 户，其中，从事商业及与商业有关的户数为 5245 户，占全县城内户数的 53％，故天津“烟户市廛，颇称繁

① 《清盐法志》卷十三《长芦》《场产门》《盐滩》。

② 《津门杂记》卷下。

③ 《天津县志》卷二十一《艺文》。

富”[①]。此外，还有许多来自闽粤、江浙、直隶、山西、山东的客商经常往来于天津城厢内外。他们往往随船押货抵津，临时住于客、货栈内，待交易完结，即随船返乡，不在天津落户久居。

天津商业的兴旺、交易的活跃、市场的扩展，使不少商人资财丰盈，家业富足，成为天津社会上财势显赫的豪富。其中，尤以经营盐业、海运业、粮食业的富商巨贾为最。

康熙年间，管理长芦盐政的官署迁至天津，经营芦盐运销的盐商麇集津城。他们交结官府，垄断运销，财雄势盛，富埒一方。康熙年间的大盐商张霖，曾任臬司，交结朝中权臣明珠，积有“产业八十三万余两”[②]。乾嘉时代的查家，“富堪敌国”，“穷奢极欲，挥金似土”，为“沽上首富”[③]。此外，还有南斜街高家、东门里权家、只家胡同董家、鹾商牛继善等，均为津门巨富的盐商大户。乾嘉时代的天津诗人杨一昆在其《天津论》中，曾描绘了这些大盐商的显赫与气派：“第一是盐商，走久接地方。一派纲总更气象，水晶顶、海龙裳，大轿玻璃窗儿亮。跑如飞蝗，把运司衙门上。店役八九个，围随在轿旁。黑恙马褂是家常，他的来头可想。”[④]

清代中叶，随着海上运输业的发展，天津养海船的海户日多。他们拥有海船，以招揽商品货物的运输及兼营商业而致富，成为家资丰厚的富商大贾。如乾嘉时期的天成号韩家，就是这样发家的大海户。韩家

---

① 《津门保甲图说·总说序》。

② 《清康熙硃批谕旨·直隶巡抚赵弘燮奏报张霖盐案折》，载《文献丛编》（第12辑）。

③ 《沽水旧闻》，第7—8页。

④ 《津门杂记》卷下。

有大海船数十艘，“船大数丈，九桅五帆”①。除往来南北，进出沿海各港口外，并远航朝鲜、日本等地，还经营多种商业店铺，是咸丰年间的天津富绅“八大家”之一。杨一昆在《天津论》中描绘了大海户的豪富：“其次粮字号，买手最吉祥。年深也把船来养，一年四趟（趟）。锦州、牛庄，荒年一载大沾光，一只可赚三只粮。钱来的涌，职捐的狂，蓝顶、朝珠皆可想。”②

天津还有许多开设粮米、杂货等店铺而发家的富户。他们“认客投主，有帖应行，拿用也够加一帐”③。如乾嘉年间的正兴德穆家，先以开设米面铺、磨坊起家，后又开办正兴德茶庄，销售茶叶，成为富户。杨柳青石家，早在明代即以贩粮为业，渐置田产。雍正、乾隆年间，石家开设万兴粮行，勾结官吏盗卖官粮，朋比俵分骤增财富，于是广置田产，在嘉庆、道光年间，成为拥有四万余亩土地，并开设许多店铺的地主兼富商。土城刘家，也是以经营粮食、油坊起家。在道光年间，刘家成为占有土地五十八顷并经营商号的地主兼商人④。至咸丰初年，这几家都跻身天津富绅“八大家”之列。

天津还有一些封建王朝御用的“皇商”。他们奉官谕帖，凭借官府提供的官帑从事商业经营，为封建王朝采办商品货物。如芦盐巨商范毓䄷，其先世早在清军入关前就与满洲贵族有着经济上的密切往来。顺治年间，其祖“岁输皮币入内府”，“为世业”⑤，后来成为奉敕赴山西

① 《陈五掌驾之暴富》，载《沽水旧闻》，第 11 页。

② 《津门杂记》卷下。

③ 《津门杂记》卷下。

④ 参见辛成章《天津“八大家”》，载《天津文史资料选辑》（第 20 辑），天津人民出版社 1982 年版。

⑤ 《清稗类钞》第五册《农商类》。

采办米粮，支应拓边之军需的皇商。乾隆年间，范毓䭪及其子，不仅是拥有垄断顺天府属大兴、宛平及河北、河南二十州县口岸，销盐十万六千二百八十二引的长芦盐商，而且是奉命赴日本采办洋铜、赴乌苏里绥芬采办人参的皇商。天津的大布商王凤起，从乾隆四十三年(1778)起，每年从户部领用银十八万九千二百余两，"领买户部三库绸、布、绒麻等项"[①]物品。这些皇家商人受到官府的支持与保护，是一种拥有封建特权的大商人。

(5)商人会馆的出现与增多

天津商业的繁荣、各地商旅的增多、交易的频繁，促使商人们迫切要求有一种地方性的组织。一则"以敦亲睦之谊，以叙桑梓之乐，虽异地宛若同乡"[②]；再则可以借同乡之力互相提携，彼此关照，在商业经营中互予方便；第三，还可结成团体，代表本籍、本地域的商人与官府进行交涉，维护本籍、本地域商人的经济权益，又可以出面调解商务纠纷，保护本籍、本地域商人的经济利益。于是，清代中叶以后，在天津的各地商人就相继建立了以乡谊为纽带而结成的团体——会馆。

天津最早出现的会馆是闽粤会馆。开海以后，来天津进行贸易的福建、广东的商人日渐增多。不仅有随船队往返的行商，也有开设店铺居住下来的坐贾。有的甚至在津购田置产，安家娶妻，在津落户。乾隆四年(1739)，在津仅广东商人开设的大商号就已有十余家，小商号则达三十余家，于是闽、广、潮三帮商人就抽积储金，在兴旺热闹的北门外建

① 《清高宗实录》卷一千〇五十八。

② 李华编：《明清以来北京工商馆碑刻选编·前言》，文物出版社1980年版。

立闽粤会馆[1]。馆内“专祀天后圣母，无僧道住持，俗呼洋蛮会馆”[2]。

乾隆二十六年(1761)，山西商人冯承凝、贾汉英等，在河东杂粮店街立山西会馆，作为“西客烟行聚议之所”[3]。这是天津的商人会馆不仅按地域，而且按行业建立之始。道光三年(1823)，长芦盐商、山西临人侯方濂在估衣街建立第二座山西会馆[4]，作为“山西盐、当、杂货等商”聚议之地。“馆内各有公所，栋宇巍焕，局面堂皇。内祀关圣帝君，无僧道住持。该馆存项甚巨，皆本省人捐纳。”[5]在道光年间(1821—1850)，天津除有上述各会馆外，还有建于北门外护城河北、估衣街万寿宫内的江西会馆[6]，建立在杨柳青镇的第三座山西会馆等[7]。

天津的商人会馆的出现与增多，是在封建经济形态下天津商品经济发展的产物，也是天津商业市场与国内商业市场的联系进一步加强的标志。尽管其带有明显的地域与行业的排他性，但它却在一定程度上维护与保障了本帮、本行业商人的经济权益，促进与加强了商人之间的经济往来与社交往来。这不仅进一步推动天津城市商业的发展，而且为商人们结成更紧密的商业经济团体与行业组织奠定了基础。

综上所述，我们可以清楚地看到：在清代，随着国内经济的恢复与发展、商品经济的日益兴旺、商品市场的扩大与统一，地处河海之滨的

① 《天津商会档案》(二类)二千七百四十二卷《天津闽粤会馆重修碑》。
② 《津门杂记》卷上。
③ 《津门纪略》卷二《局所》。
④ 《续天津县志》卷三《附建置》。
⑤ 《津门杂记》卷上。
⑥ 《津门保甲图说·总说序》。
⑦ 《津门保甲图说·总说序》，西南一带村庄图说第二十三《杨柳青镇图》。

天津，已经成为我国北方“聚天下之粟，致天下之货以利京师”[①]的重要贸易港口和商业经济城市，被誉为“蓟北繁华第一城”[②]。

清政府对商业的控制

清代商品经济发展和贩运贸易的兴旺，虽满足了封建统治者的经济需求与搜求新奇物品的奢侈欲望，出现了封建社会晚期经济的表面繁荣，对封建国家中央集权的发展与巩固起了一定的作用，然而，它的继续发展，却不仅不能支撑与维护封建统治秩序，而且会冲击封建制度所赖以存在的经济基础。这是封建统治者所不愿看到，也不能容许的，因此，必然要遭到封建专制政策的制约。随着清代天津商业的发展，封建统治者对天津商业的掠夺和对商人的控制也日益加强，力求将其强行控制在封建制度所能容许的范围之内。

清代初年，天津地区的商业历经了明末酷政与连年战乱，市面一派萧条。清朝的商税难以开征。最初，额定河西务钞关每年应征商税为三万五千八百四十七两，但一直未能达此定额，顺治十三年(1656)，将其额定的应征商税额减去四千九百七十七两[③]。随着清代社会经济的发展，尤其是河运漕粮的兴盛、大运河的恢复通航，天津的商业再次获得转机，并且日渐繁荣兴旺，清朝就加重了对天津榷税的征收。康熙元年(1662)，在天津北门外河北浮桥旁设立天津钞关(亦称“大关”)，“征收水陆出入货物税银”[④]。后来，又将河西务钞关原征的税额一并归入

① 《天津县志》卷二十一《艺文》，陈廷敬《海门盐坨平浪元侯庙碑记》。

② 《津门杂记》卷上。

③ 《重修天津府志》卷三十三《榷税》。

④ 《津门杂记》卷上。

天津钞关征收,年征税银达四万四百六十四两[①]。不久,又先后在天津设立盐关[②]、工部关[③]。至道光年间,在天津从海口逶迤至杨柳青镇的海河、北运河沿岸,除上述各税关外,还有大大小小的税局达十三处之多。

在税关、税局增加的同时,税课的掠取也日益加增。康熙二十三年(1684),清统治者初开"海禁",为鼓励各地商人从事长途贩运,商税的征收额较低。定为值百抽五,再打七六折,对各税关亦"岁无定额",允许其"随征随解",对南方泛海而来的商人更加优恤,减半核收。商人受惠,趋之若鹜。嘉庆初年,所定之商税征收额亦不过银四万余两,税关"按四季解部","解储藩库充公"[④]。随着天津商品货物日渐加多,交易日益活跃,商旅往来日趋频繁,商税征收额亦日见增长,原有之定额已经屡屡突破。嘉庆中期,清统治者规定:税关所征税款,除按定额解交外,"如又有赢余,尽数报解,傥有缺额,在于监收之员名下按数分赔"[⑤]。此令一颁,各税关的监收官员为了邀功请赏,免受赔累而多方勒索、竞相铢求,甚至上下其手,鲸吞财货以自肥。道光、咸丰年间(1821—1861)的天津举人杨光仪,曾写诗勾画这伙鱼肉商民的贪官污吏的丑恶嘴脸:

钞关桥上人如鹜,商船打鼓马(码)头住,偷漏不愁长官怒。官吏来,钞关开。榷算弄威福,杂坐半舆台,长堤归去飞尘埃。归去

① 《重修天津府志》卷三十三《榷税》。
② 盐关:稽核盐引,收缴盐课。
③ 工部关:专门征收木料等税。
④ 《重修天津府志》卷三十三《榷税》。
⑤ 《重修天津府志》卷三十三《榷税》。

对妻孥，妻孥笑相索：珊瑚枝大蠙珠白，今日放船何所得？[①]

明里官府公开增税额，暗中官吏额外加措勒，清朝对天津商民的苛征暴敛可谓重矣。

此外，清统治者对商人的控制也不断增强。康熙年间，虽然开放“海禁”，允许商船出海从事远贩贸易，但对商船的出海却始终怀有戒心，因而就用法律、法令的形式，加以控制。为防范商人乘大船放洋不归，便规定商船只“许用载五百石以下船出海贸易”[②]，限制商船的规模和载货量。雍正初年，更以残酷的连坐法来控制商人的出海贩运，规定：凡商船出洋，必须由“商总出具保证，牙行、保甲人等出具保结，合伙商人各具连环保结”，向官府领得船照后，方可出洋贩货[③]。道光年间，借口整饬海防，对商船的出海远贩控制得更为严格。天津地方官就规定：“天津、宁河等处商船，向例祇(只)准赴奉贩运粮石，由天津道请有宪台衙门粮照，填给收执，回棹呈缴，不准乘机多贩，私越外洋”[④]，严格限定天津商船出海的去向与贩货的品种、数量。道光二十二年(1842)，天津官府规定：凡闽粤商船，到大沽口后，“照旧收取炮械、查对票照，封舱放行后，即令在葛沽一带停泊，听候盐政及天津道查验，其货物即由该商自雇小船拨(驳)运到津，投行贸易，本船不必抵郡”，只有当“船主、客商有与津郡字号交易事件，必应进郡者”，经官府核查后，方“准其赴郡”[⑤]。对那些经批准从南方远贩商货的闽粤海船，亦限制其进入天津

① 《津门杂记》卷上。

② 《大清会典事例》卷二百三十九《户部·关税·禁令一》。

③ 《雍正朱批谕旨》，署江苏巡抚尹继善奏折，雍正六年十二月十一日。

④ 《津门保甲图说·天津道会议详稿》。

⑤ 《津门保甲图说·天津道会议详稿》。

城开展贸易活动。

面对清朝日益加重的苛征与控制，天津的商人为谋自存，就被迫用大量财物去交结官府、“报效”朝廷，以舍财而换得官府的荫庇，获取商业经营上的好处。

在天津的商人中，与清廷交往最为密切的莫过于长芦盐商。他们以成千累万的银两报效清廷，支持其维护封建统治秩序。“报效之例，肇于雍正六年芦商捐银十万两”①，此后，各地的盐商均纷起仿效。清统治者则对盐商予以经营芦盐运销的引岸垄断权，以及封爵赐官、缓征课税、蠲免欠课等政治、经济上的特权，用以笼络商人。这种情况，对商人来说，虽花费了钱财，但不仅可以便利经营、增加财势，而且得以跻身仕途、厕身缙绅之列；对清廷来说，不仅可以获取大量财货，以补政费、以充军饷，还可以控制商人的经营活动，使其更加依附朝廷。金钱这条纽带，将封建官府与大商人联结得更为紧密，“官以商之富也而朘之，商以官之可以护己也而豢之”②。

天津的票号商人，则以大量的现金支助官员，换取经营上的好处，他们或将现金预借给科举考试取中的人，供其应酬官场的交际，或将金钱垫付给后补的官员，助其贿买官缺，同这些未来的新贵联络交情。待这些新贵实授外放后，票号即凭借与他们的这种交往，在其任职的地方，获得种种商业经营上的实惠，或取得当地官款的收存权，或经官吏的支持而增加信誉，取得更多商民的信任，顺利地开展其营业活动③。

这种情况，造成了中国封建社会晚期的商品经济虽有较大的发展，

---

① 《清史稿》卷一百二十三《食货志·盐法》。

② （同治）《两淮盐法志》卷四十四《人物·才略》。

③ 彭信威：《中国货币史》，上海人民出版社 1965 年版，第 96—97 页。

但又不能冲出封建商品经济的范畴,只能在封建制度容许的轨道上运转;同时,也决定了中国封建社会晚期的商人阶层,不仅没有能力,而且也不愿意与束缚其进一步发展的封建统治抗争。因此,清代天津的商业虽然呈现一派繁荣兴旺的景象,但在天津开埠前,一直未能获得长足的发展。

结　语

由于明代漕运的发展,有力地推动了天津地区的社会经济,使天津有条件发展成为封建的军事城堡,这不仅满足了拱卫京师的需要,而且使天津的交通运输得以发达,商品市场得到发展。到明代中叶以后,随着外地商货的源源涌入、各地商旅的频繁往来,天津已经发展成为舟车并聚、交通畅达、货物荟萃、交易活跃、商贾云集、人户众多的比较繁华的都市,并显示出持续发展的活力。

然而,天津商业的进一步向前发展,却受到各种封建制度的制约而未能长足前进。

首先,明代天津城市军事性建制的长期存在严重地阻碍了天津商业的继续发展。在整个明代,天津城市的建制,始终是为满足封建王朝政治、军事需要而建立的军事卫所制。明代后期,天津这种军事性质的城市建制,更因其成为拱卫京师、抵御清军入侵的军事锁钥及后勤供应基地而突出起来。卫为武置,“无州县承平之余”,既难于以一个独立的经济、行政实体与外界力量加强联系与往来,又难以进一步吸引与借助外界的力量来推动自身经济的发展。这对于天津商业的继续发展,十分不利。

其次,明代后期政治腐败、财政竭蹶,为了摆脱困境,明统治者加重了对广大人民的剥削与掠夺，商民首当其冲。捐苛税重，财货被掠，再加上连年战乱，交通断绝，因而商旅裹足、市面萧条，这就使仰赖交通发达、商货涌入而发展起来的天津商业，陷入无源之水、无本之木的困难境地，失去了继续前进的动力与根基，阻滞了天津商业的继续发展。

尽管如此，明代天津商业的兴起与发展、社会经济的成长与壮大，仍为清代天津商业的发展以及城市性质的演变奠定了基础。

清朝统一全国以后，适时地调整统治政策，发展社会经济，并且鼓励商人经商，以“便民”“裕国”，促进了社会生产力的提高和社会经济的发展，也推动了商品经济的发展，促进了国内商品市场的扩大和统一局面的出现。清代天津的商业就是在这一历史条件下，借助漕运的兴盛、交通的畅达、外地商货的涌入等外来经济因素与外界经济力量的作用而得以复苏和发展。

随着清代天津商业的发展、社会经济力量的壮大，旧的城市建制已经严重地阻碍了天津的继续前进，同时不断地冲击并迫使封建统治者调整旧的城市建制，完成了天津城由军事城堡向商业城市的转化。天津城市性质的转化，是天津商业发展、地方经济实力壮大的结果，反过来，它又适应了天津商业与地方社会经济的进一步发展，至清代中叶，天津呈现出一派繁荣兴旺的景象。正如马克思指出的那样：“商业依赖于城市的发展，而城市的发展也要以商业为条件，这是不言而喻的。”[①]

但是，天津商业在其继续前进的过程中，仍受到其内部与外部诸多因素的制约，走着一条缓慢、曲折而坎坷的道路，未能得到更大的发展。其原因如下：

---

① 《马克思恩格斯全集》(第25卷)，人民出版社1974年，第371页。

一、天津地处我国经济比较落后的北方沿海，农业、手工业的发展都比较薄弱，社会经济的实力也不够雄厚，清代天津商业的繁荣兴旺，是借助外界力量的推动，因而它的继续发展，就要建立在加强与外界联系的前提下，将自己纳入全国商品市场之中，借外力来弥补自己经济实力的不足，促进自身的发展。然而，自乾隆、嘉庆以后，国内的社会经济已经开始走下坡路，商品经济亦停滞不前，这种局势，自然而然地要波及天津市场，因此，天津的商业在嘉庆后期亦开始显露萧索的迹象。

二、天津商业与地方经济实力多操于官府及豪商富贾之手，富商大贾们与封建统治者相依相存，有着千丝万缕的联系，所以，天津商业的封建色彩同样十分浓厚。天津商人资本的大部分，不是用于扩大经营或投资生产，而是用于捐官买爵、报效朝廷和奢侈挥霍。即使投资，也多是用于买房、置地，或放高利贷，这样就阻碍了货币、资财向商业资本的流动与转化，限制了商业活动的扩大经营，使天津商业难以进一步发展。

三、封建统治者对天津商业的苛征暴敛，对商业经营活动的多方抑制，使商民的经营活动运转维艰，丧失了扩大经营的积极性，从而妨碍了天津商业的继续发展，使其未能赶上或越过南方各沿海城市。

然而，经过明清两代历时数百年的不断发展，天津作为北方商业城市的显要地位已经确立，并不断地发挥其作用与影响。

第十二章　文化生活及民俗

第一节　卫学及其他

由于社会经济的发展，天津的居民亦随之增多，为满足人们文化生活的需要，尤其是对教育的迫切需要，故在建卫三十一年后的正统元年(1436)，天津卫学即正式成立了。

为什么要建立天津卫学？首先，是封建统治阶级感到有此需要。自建天津三卫之后，当时的社会风气如何？那就是："盖天津近东海，故荒石芦荻处，永乐初始辟而居之，杂以闽、广、吴、楚、齐、梁之民，风俗不甚统一，心性少淳朴。官不读书，皆武流，且万灶沿河而居，日以戈矛弓矢为事，兵马倥偬之际，而欲其和辑小民，不亦难乎！既不读书，争相骄侈为高，日则事游猎，从歌舞，俱在绮襦纨绔之间，而欲其道德揖让，不亦难乎！"[①]封建统治阶级的传统指导思想是"建国君民，教学为先"，即崇尚"文治"，针对当时天津如此社会风气，怎么会不提倡教育？

其次，是为了满足天津三卫武臣和军士子弟的需要。据记载："天津三卫前未有学。正统纪元，圣天子嗣位之初，以武臣子弟，皆将继其

① 《新校天津卫志》卷四《艺文·天津整饬副使毛公德政去思旧碑》。

祖父之职业以效用于时，不可不素养而预教之，乃命天下凡武卫悉建武学而立之师，选武官与军士子弟之俊秀者充弟子员，于是天津及左右卫始有学。”[①]这里所指的“武学”，乃在武卫所建的儒学，与后来万历年间专为培养武生而建的“武学”有别。首任卫学学官为曲阜李赐。开始效果欠佳，“诸生率初就学，倥傯（侗）悍厉之气固自若也”。经过李赐“列教条，正句谈，导进退”之后，才“颇蹈矩矱”。接着，学官改由房山刘俊和杭州詹穆担任。经过六七年的教育，情况有了较大改变。据当时目击者称：“余尝以公暇诣学，进诸生于明伦堂。见其循循雅饬，进止有序，无复骄悍粗厉之气，窃喜学校教育之有益于人者，固若是哉！”[②]

再次，是人们希望经过科举以进入仕途的需要。明清时代，以科举出身为入仕正途。而通过科举取得贡生、举人、进士等资格，是人们通常进入仕途的一条途径。明代的府、州、县学以及卫学，都是为科举服务的。天津卫城建立之后，经济随之发展起来，居民也日益增多，人们总望其子弟入学受教，进而科举中式成名，故卫学的建立，符合当时天津卫城各界人士的需要。如为了修建卫学两庑，当时“境内耆老高仲良、蒋英、高冕辈，闻之而递相播告，以乐助之”[③]。“境内耆老”乐于捐资修学，正好说明卫学符合人们的需要。

天津卫学的地址，即今天津市南开区东门内文庙。正统元年（1436），由天津左卫指挥佥事朱胜“捐舍基建之”。按明制，卫学设在文庙内，故二者是同时建立的。创建之初，设备简陋，“首建堂斋公廨。

① 《新校天津卫志》卷四《艺文 · 创建明伦堂旧记》。
② 《新校天津卫志》卷四《艺文 · 创建明伦堂旧记》。
③ 《新校天津卫志》卷四《艺文 · 创建两庑旧记》。

（正统）十二年大成殿成”[1]，但没有两庑。每遇春秋两祭，只好搭篷席，设先贤位，祭毕后又撤去。直到天顺戊寅年（1458），才由户部员外郎解延年“首捐俸为倡”，又得到其他僚佐和地方人士的赞助，建成两庑若干楹[2]。万历七年（1579）之后，天津道赖庭桧又“增修学校，振作人才”[3]。至万历二十九年（1601），天津卫学宫由于岁月辽远，风雨侵凌，栋垣摧圮，已经有点不像学宫的样子了，复经地方官汪应蛟、张汝蕴、李望瑞等人的努力，对学宫做了较大的改建。原来没有泮池，大门“近市”，正殿地基卑下，启圣祠和名宦乡贤祠列于庙之前，且无文昌祠。他们为了不“惜小费而溷大体”，于是，“为之凿池，为之易门，为之崇殿基，为之建文昌祠于东，移启圣祠于后，而迁名宦乡贤俎豆于学之旁”[4]，使学宫为之改观。到了天启年间，因多年失修，天津卫学宫的围垣、射圃，种种亭榭，又毁坏颓废了，而且地基多为左右侵占，水道湮塞，淫霖为浸。虽经地方官王涵一捐资二百四十两略加修葺，仍未解决问题。到了崇祯二年（1629），由于风雨侵凌，虫蠹毁剥，自殿庑以至祠斋堂舍，所在颓檐破壁，卫学更加破烂不堪。在当时的地方官石声谐、王秉衡、苏鸿逾等人的主持下，做了第三次大的修复，又使卫学“翼翼乎改观”。不仅如此，石声谐还“捐十万余缗钱，为津创置雍阳邑腴田二百亩，用资寒生之弗能举火婚葬者”[5]。关于文庙的建筑模式，明清两代各地基本相同，即皆自庙门而北为泮池、棂星门、殿门、大成殿、崇圣祠，殿东西为两庑。

① 《新校天津卫志》卷三《寺观宫庙·文庙》。

② 《新校天津卫志》卷四《创建两旧记》。

③ （光绪）《重修天津府志》卷三十九《官迹》。

④ 《新校天津卫志》卷四《重修天津卫学宫旧碑记》。

⑤ 《新校天津卫志》卷四《重修天津卫学宫旧碑记》。

学署为文庙的组成部分，其中有明伦堂、文昌祠。

天津卫学的规格，从正统元年（1436）至正德十一年（1516）之间，只相当于县学，“请增广生二十名，仅与邑额埒”①，“正德十一年，提学洪奏准卫学比照各县学廪膳名数，定优等生二十名；比增广名数，定次等二十名；其余生员，均作附学之数”②，仍然是县学的规格。万历四十六年（1618），天津卫学廪生张希戴等四人，援潼关卫例，经多次呈请，始经“学院题准，增廪膳十名，增广十名”③，才达到州学的规格，“允廪贡如州制”。直到清雍正三年（1725），改天津卫为州，卫学才正式改为州学。据《明史·职官志》：“正统元年始设提督学校官，又有都司儒学、行都司儒学、卫儒学，以教武臣子弟。俱设教授一人，训导二人。”但训导的人数后来似有改变。天津卫学的教职役工人数，据有关天津地方历史文献记载，只知清入关后至康熙三年（1664）的情况。清承明制，很可能康熙三年以前的情况和明代相同。若然，则为教授、训导各一人，斋夫六人，膳夫二人，门斗五人，掌教三人，分教二人，学书一人。卫学生员中规定廪膳生三十名④。卫学设教授、训导各一人，始于明景泰五年（1454）⑤。有姓名可考者，除上述李赐、刘俊、詹穆和负责重修《天津卫志》的胡曰楙之外，尚有汪渊、吴道行、韩自立三人，余不可考。天津卫学的经费，除教职役工与廪膳生由国家开支外，还有学田的收入。计学田二处：“一坐落天津武清县纳粮地八十一亩六分，系前任天津道石声

① 《新校天津卫志》卷三《寺观宫庙·文庙》。
② 《新校天津卫志》卷三《寺观宫庙·文庙》。
③ 《新校天津卫志》卷四《重修天津卫学宫旧碑记》。
④ 《新校天津卫志》卷二《官职·建教官》。
⑤ 《新校天津卫志》卷二《官职·建教官》。

谐捐俸银"[①]购置;"一坐落尖山,共地二十六顷",系明天启年间卫学生员侯倬捐献[②]。还有清军同知卢观象,也曾"创学田水利,有功天津"[③]。学田的收入,主要用于修理文庙、赈济贫生。

天津卫学的教学内容和明代州、县学的教学内容相同。"明代在各卫亦设有学校,是一种地方学校性质","学校课程除规定学生专治一经外,礼、乐、射、御、书、数设科分教。旋裁并乐、御两科,定为礼、射、书、数四科。习'礼'由中央颁发经、史、律、诏、礼仪各书,令生员皆须熟读精通。设置'射圃'习射。习书依名人法帖,每日习五百字。习数须精通九章算法"。明代的科举制度更加重视形式,规条亦更烦琐,科举考试内容,"专取《四子书》及《易》《书》《诗》《礼》《春秋》《礼记》命题。其文略仿宋经义,代古人语气为之。体用排偶,谓之'八股'"[④]。明代的府、州、县学包括卫学,是与科举密切相连的,教学内容必须服从科举的要求。

有明一代,通过天津卫学的培育,成为举人、进士的有多少人,文献上虽未详,但揆之常理,凡是天津卫军籍、官籍的举人、进士,既生长或生活在天津,其中多数人应是在卫学肄业过的。据记载:从正统至崇祯年间,天津三卫先后有王鹓、赵鉴等乡试中式的举人二十六名,皆为军生或官生。其中刘钰、蒋仪、张佑、张恩、刘焘、李旦、汪来、季永康、任天祚、贾允迪、张夙抱共十一人先后成为进士[⑤]。

---

① 按:《重修天津卫学宫旧碑记》称二百亩。

② 《新校天津卫志》卷三《学田》。

③ 《新校天津卫志》卷二《官职》。

④ 以上引文,见毛礼锐等编《中国古代教育史》,人民教育出版社1979年版,第412—413页。

⑤ 《新校天津卫志》卷三。

按明制，每年由府、州、县、卫学选廪生入京师国子监肄业谓之岁贡。贡生当时被认为是在学的优秀者。据统计：自成化三年(1467)至明末，由天津卫学岁贡者计九十八名，其中有六名曾官知县或府同知。在这九十八名“岁贡”中，除十七名为官生和一人不详外，其余皆为军生①。由此可以推知：明代天津三卫学生员的家庭出身，以军籍者居多，正反映了天津三卫作为军事建制的特点。在明代天津卫学的教师和生员中，除汪来曾著《北地纪》四卷，被收入《四库全书总目提要·史部存目》较有影响外，其余的没有出现过在当时和后代有影响的人物。以生员来说，如曾入天津乡贤祠的二人：一为倪维城，是由于“少孤，孝事节母陈氏，及长，孝中愈笃”；再是王绍庆，事迹为“以弟延庆误遭缧绁，绍庆悯其无嗣，以身代之，苦历三木，后遇赦得免”②，即是说这两位生员之所以被崇为乡贤，只是他们的行为符合封建社会提倡的孝悌之道，并不是在其他方面有什么成就。另一位被许为“高谊”的生员王珠，是因为“素性耿介，事父母孝，处乡党和，好施予，不杀生，时称为道学”③。同样是由于他符合“道学”规范，也不是有什么作为。总之，天津卫学，作为封建社会上层建筑的一个组成部分，是为巩固封建统治阶级的政权服务的，同时，对天津卫城的繁荣与发展，也起了相应的作用。

除卫学外，天津还建有专门培养武生的“武学”。“武学初设西南城角楼上，万历四十年天津道高邦佐移建城内西北隅。”④“武学”设在“武庙”内，和卫学设在文庙内一样。至于武学的内容，为“每三岁试骑射、

① 《新校天津卫志》卷三《岁贡》。
② 《新校天津卫志》卷三《孝弟》《高谊》。
③ 《新校天津卫志》卷三《高谊》。
④ 《重修天津府志》卷三十五《学校》。

论策，抡数十人入学，择武举一员训之，名曰科正。事专董于兵备道，不隶学使者。武生能文中学院试者，复得进儒学”[①]。直到清雍正年间，武学才被“裁归儒学”[②]。

随着天津屯田的发展，天启年间，主管京畿屯田事宜的左光斗还在天津建立了“屯学”，专为屯农子弟就读而设。仍按卫学例，以读经应策为教学的主要内容，并非是培养农艺技术人才的学校，有同卫学分校。有关屯学的内容，本书下编第六章中已做介绍，不再赘述。与屯学性质相近者，还有“运学”。明万历二十年(1592)，长芦御史黄卷设长芦运学，专为盐商灶籍子弟就学而设。“由盐道考试，不经地方官”[③]，教学内容与卫学全同。至于屯学、运学的具体地址、规模、教师与生员等方面的情况，因无文献可考，不知其详。同样，按常理推断，明代的天津一定还有训蒙的蒙馆以及家塾、义学等设施，可惜只有零星记载，如仅“查志隆……万历十五年任潞藩就封，道经天津……创建小学，教民兴行”，“梁云龙……立学乡社”[④]而已，其余的就不可得而详了。

第二节　艺文简介

《天津府志·重修凡例》曾指出：“特津郡艺文无多，金石尤落落可数。”这一断语，用以形容明代的“津郡艺文”较为确切。考天津文献，有明一代，著录天津三卫人士的著作和历宦天津有影响的地方官吏的著作，屈指可数；见于记载而仅仅寓居过天津的书画家只有二人；后来享

① 《重修天津府志》卷三十五《武学》。
② 《重修天津府志》卷三十五《武学》。
③ 《天津政俗沿革记》卷一。
④ 《新校天津卫志》卷二《官职》。

有盛誉的杨柳青年画，虽创始于明中叶的弘治、嘉靖时期，但直到明末，仍处于初创阶段，在全国影响不大；明人描绘天津风物的诗文也不多见。现分别介绍如下：

天津三卫人士的著作，计有：

《蕴古书屋诗文集》（据《津门诗钞》），张愚撰。张愚系明嘉靖壬辰科(1532)进士，“除户部主事，历升都察院右副都御史。赋性刚方，莅政明敏。巡抚延绥，饬戎务，钦赐蟒玉。五十三岁卒于官，赐谕祭，荫子元性。入延绥名宦祠，入天津乡贤。家有懋功祠，在天津鼓楼东大街前”①。

《淮川余稿》（据《津门诗钞》），刘焘撰。刘涛，嘉靖戊戌科(1538)进士，“除授济南府推官，历升都察院左都御史兼兵部左侍郎。幼娴弓马，志尚韬钤。屡叨重寄，累建奇勋。两次奏情，屡疏求退。上封乃祖乃父，荫子维城、维垣、维墉。居乡惟以耕读为业，仕进不以进用为心。修河防而一方受惠，立义冢而九死衔恩。齿德兼隆，功爵并懋。平生撰述最多，所著有书稿奏议行于世”②。

《北地纪》四卷（据《明史·艺文志》），汪来撰。《四库全书总目提要·史部·地理类存目三》介绍该书称：“来字君复，天津卫人，嘉靖辛丑进士③，官庆阳府知府。庆阳为汉北地郡，故以名书。不分门目，惟以时代先后为序，采事迹诗文之有关庆阳者，得八十一人。以后稷居首，次以淳维而自附其名于末。故实艺文，错杂互编，人物名宦，混淆并列，为从来志乘所未有。其前三卷题名来，而四卷独标北地举人孙倌

① 《新校天津卫志》卷三《甲科》。

② 《新校天津卫志》卷三《甲科》。

③ 按：应为辛酉，1561年。

撰，盖末卷皆来之文章，嫌于自炫，故托之倌云。”关于汪来的生平简况为：“除授刑部主事，历升山西兵备副使。莅官正大，志在忧国。抑豪纵，培善良。居家不发私书，不接冠盖，以诗文自娱。”①

《（万历）重修天津卫志》，天津卫学训导胡曰梯主其事。据《（万历）重修天津卫志》首载《明万历十八年山东按察副使彭国光〈重修卫志牌〉》称：“为重修卫志事……慨自正德十四年以后，湮没遗忘，不知其几，何以继盛美而示将来！本道整饬一方，职司风纪，亦与有责焉，合行修纂。看得天津卫儒学训导胡曰梯，青年锐志，博学练才，堪以委任。为此牌，仰本官从公遴选有学行生员及老儒历谙世故者各三名，先开姓名，呈道定夺。”《重修天津卫志》的明刻本惜今已不可见。

《嘉言编》八卷（据《天津县志》），王绍庆撰。绍庆为天津卫学生员，被崇为乡贤，事迹见前。

《浙西海防稿》（据《重修天津府志》卷三十七），张遇撰。《重修天津府志》注云：“《浙江通志》，遇，天津人。”复据《新校天津卫志》卷三《乡科》，称“张愚（《重修天津府志》作遇）”，未知张愚是否即张遇，待考。

历数天津有影响的地方官吏的著作，其中含有天津地方史料，如万世德的《海防奏议》四卷，有的为个人诗文别集，可供研究著者生平之用，故亦开列如下：

《海防奏议》四卷（据《明史·艺文志》），万世德撰。《四库全书总目提要·史部·诏令奏议类存目》加以著录，称：“世德山西编头千户所人，隆庆辛未进士。历官右都御史，总督蓟辽。万历二十五年，倭寇朝鲜，议设海防巡抚，以世德为都察院佥都御史，管理天津登莱旅顺等处

① 《新校天津卫志》卷三《甲科》。

海务。至二十六年，改世德经理朝鲜，而以汪应蛟为代。是编所载，自二十五年九月至二十六年六月，一年之中，条上一切海防事宜，凡为疏四十八篇。”

《学诗略》一卷、《中铨》六卷、《古今彝语》[①]**十二卷**（据《明史·艺文志》及补编），汪应蛟撰。应蛟字澄源，婺源人，万历二年（1574）进士，万历二十七年（1599）任天津巡抚。《明史》二四一卷有传。

《石隐园藏稿》八卷（据《明史·艺文志》），毕自严撰。自严山东淄川人，万历二十年（1592）进士，天启二年（1622）任天津巡抚。《明史》二五六卷有传。

《物类集说》三十四卷（据《明史·艺文志》），解延年撰。延年山东栖霞人，正统七年（1442）进士。景泰三年（1452）任天津户部分司监督，天顺元年（1457）再任。

《南隽集》二卷、《易问大旨》不分卷（据《明史·艺文志》及补编），汪必东撰。必东湖广崇阳人，正德六年（1511）进士，正德十一年（1516）任天津户部分司监督。

《赵南星文集》二十四卷、《学庸正说》三卷、《史韵》二卷（据《明史·艺文志》），赵南星撰。南星直隶高邑人，万历二年（1574）进士。万历十一年（1583）任天津户部分司监督，《明史》二百四十三卷有传。

《念初堂稿》四卷、《续集》二卷（据《明史·艺文志》），陈嘉谟撰。嘉谟，四川富顺人[②]，成化八年（1472）进士，弘治九年（1496）任整饬天津道。

---

① “彝语”即“彝训”，指日常可为准绳的训诫语。

② 按：应为巴县人，《重修天津府志》误。

《白鹿洞书院志》六卷（据《明史·艺文志》），刘俊撰。俊直隶房山人，正统年间，曾任天津卫学学官。

明代隶籍天津的书画家，文献无征，可考者只有明末清初曾寄寓于天津的戴明说、励杜讷二人。戴明说，原籍沧州，崇祯七年（1634）进士，入清后于顺治十二年（1655）先后任刑部侍郎、户部尚书，顺治十五年（1658）复任太仆寺卿，顺治十七年（1660）卒[①]。励杜讷原籍静海，生于崇祯元年（1628），卒于康熙四十二年（1703）。康熙十九年（1680）特授翰林院编修，康熙四十二年（1703）擢刑部侍郎，卒于任上[②]。从沧州、静海晋京，必经天津，故推断戴、励二人曾在天津寓居过，正因如此，故在 1962 年天津市艺术博物馆举办的《天津书画三百年展览目录》上，首刊戴、励二人作品，将其归入天津书画家行列。戴明说，字道默，号严荦，"工诗文，善墨竹，飞舞生动，其飘举之笔，大得吴仲圭法。间作山水，亦超脱有致"[③]。戴氏传世的书画作品，有《墨竹图》（天启五年作，藏故宫博物院）等[④]。另一位书法家励杜讷，《清史稿》卷二百六十六有传，称："励氏自镇海北迁，讷以杜姓补诸生。康熙二年，纂世祖实录，选善书之士，讷试第一，赴馆缮录。书成叙劳，授福建福宁州同知，命留直南书房，食六品俸。"故励杜讷是以精于书法而受知于清廷的。《宋元明清书画家年表》亦著录励氏的生卒年，列为书法家。励杜讷传世的作品，已知有《行书颂天彝仆射功德篇轴》（天津艺术博物馆藏），其余不详。

---

① 钱实甫：《清代职官年表》，中华书局 1980 年版。

② 《清史稿》卷二百二十六。

③ 孙濌：《中国画家大辞典》，中国书店 1982 年版。

④ 郭味蕖：《宋元明除书画家年表》，人民美术出版社 1982 年版。

关于天津的绘画,还必须提到杨柳青的年画。据《金史》记载,杨柳青最早名柳口镇,明代改称杨柳青,现为天津市西郊杨柳青镇。距市区约十五公里,东南临运河,西北靠子牙河,交通方便。历史上杨柳青之盐运和商业都很发达,而且风光宜人。杨柳青年画即因在杨柳青一带制作而得名。经调查考证,“杨柳青年画始于明代末期(?),当时究竟有那些年画作坊,至今还未找到确切的记载。清代最早生产年画的作坊是戴廉增、齐健隆两家。根据戴家家谱的记载,戴廉增生于雍正十三年,戴家在杨柳青设画店,传到戴廉增已九世”①。据此可做一推算:古人一般早婚,平均十六岁结婚,十七岁得子,即平均以十七年为一代,从戴廉增往上逆推八世,则戴家在杨柳青设画店,应始于明万历年间。即是说,在万历年间,杨柳青就有画店出现了。明代的杨柳青年画,虽然今天已不可能见到原貌,但中国民间木版年画的产生,是和民间贴门神和祭灶的风俗相联系的。从民间木版雕印的门神和灶王爷画都比较粗糙来推断,早期的杨柳青年画不可能有较高的水平,因为任何品种的艺术创作都有一个发展、提高的过程。从传世的大量杨柳青年画来看,题材多为胖娃娃、仕女和小说与戏剧的故事。善用重彩,色调暖,且多以谐音表意,如“莲(连)笙(生)贵子”“莲(连)年有鱼(余)”“金玉满堂”(以“金鱼”画面示意)等,这些都说明:杨柳青年画是为满足文化程度不高的农民、手工业者、市民、商人而创制的。从杨柳青年画产生的时代,也可看出,明代到万历年间,天津卫城城区及附近郊区,经济已有了较大的发展,市民、商人、手工业者、农民的人数亦有较大增加。人们在求得

① 张映雪:《杨柳青木版年画的源流及其艺术特色》,载天津市艺术博物馆编《杨柳青年画》,文物出版社 1984 年版。

温饱之后，自然有文化生活的需要，杨柳青年画正是在这一社会历史背景下产生的。

明代人记述天津的历史、建筑和风物的诗文，除天津地方志的“艺文”所载之外，尚有散见于明代人的诗文集中者。以描写天津的诗而言，如宋讷《直沽舟中》（见《西隐集》）、张以宁《直沽》（见《翠屏集》）、瞿佑《次直沽》（见《（雍正）新修长芦盐法志》）、曾棨《过直沽》（见《西野集》）、丘濬《舟次直沽简彭产实同寅》（见《琼台会稿》）、李东阳《直沽八景》《舟次直沽与宝庆谢太守》（见《怀麓堂集》）、吴承恩《杨柳青》（见《吴承恩诗文集》）、于慎行《行杨柳青道中》（见《谷城山馆诗集》）、屈大均《天津夜泊》（见《翁山诗外》）等，都可作研究天津古代史的参考资料。

第三节　寺观宫庙与社会的关系

封建社会的城市，虽一般都有寺观宫庙的建筑，但规模有大小，所建寺庙的内容也不尽相同，从中可窥见城市的某些特点。如“天妃宫”，乃祀海神的寺宇，为祈求海上交通安全而建，只在沿海城市有。早在元代时的海津镇就建立该庙。据明末清初的屈翁山《广东新语》卷六《神语·天妃》记载，“天妃”神在广东亦崇祀，并指出祀“天妃海神”，是因为广东滨海，海上交通频繁的缘故。再如武庙的建立，“文武庙他方皆归并孔圣，独津则另祀武成王，亦列配哲如礼，此在道统原属见知（?），在治统则正合今日经纬无觭重之病也”[①]，为什么在明代的天津三卫独建武庙，并与文庙并列？正好说明天津三卫当时乃军事建制，武臣和武人的势力相当大，因而才有此独创。又如马王（神）庙，在内地和与普遍养

① 《新校天津卫志》卷三《文庙》。

马无关的城市，很少建立，而天津三卫在宣德十年(1435)即创建，因当时的“马政”为天津一大特色。官方在此大批养牧马。明李东阳咏天津“八景”之一的《天骥连营》，有“龙媒昔在涯洼川，寄牧三沽近九天”[①]诗句，可见养马盛况。大批养马，必希望马群繁衍健壮，正如明刘生中《新建马神庙记》所说：“盖国初寄种马于编户，而责其孳息”[②]，自然要祈求马王神护佑，于是才有马王(神)庙的出现。另外，还可从“关王(帝)庙”的建立来说明问题。关羽，系三国蜀汉大将，后被佛教和道教神化，尊称为关公、关帝。宋徽宗宣和五年(1123)，封之为“义勇武安王”。明万历三十三年(1605)，又加封为“三界伏魔大帝神威远震天尊关圣帝君”。由于封建统治阶级的提倡，故“关王(帝)庙”各处皆有，但天津在明代建立此庙，却有其特殊目的，即让这位“关圣帝君”为之“镇仓”。据《创镇仓关王庙旧碑》记载：“明之鼎建津储也，岁遣部臣来司，庶慎以供宸居而悉运政，盖有深意存焉矣。故当斯任者，必以正人，而又正神临之，乃可以厘奸而裕其积，所谓明有法度，幽有鬼神者。永乐以来，正人代望，乃神之正者，则莫关公若。公生汉末……寥寥千载，生气犹存，真如列宿争芒霄汉，而瞻报不穷焉。建庙镇仓，相沿岁久。”[③]为何要建“镇仓关王庙”？正好说明明代漕运以天津为枢纽，在天津储粮粮仓之多。至于其他不同内容的寺观官庙的出现，则可窥见当时天津三卫有不同的宗教信仰，也可作为考察民风的一个侧面。

根据《新校天津卫志》《重修府志》《天津近代城市建筑简史》(卢绳)和某些文献的记载，元代在天津建立的寺观宫庙，寥寥无几，计有：

---

① 转引自《新校天津卫志》卷四《艺文》。

② 《重修天津府志》卷三十四《马神庙》。

③ 《新校天津卫志》卷四。

灵寿宫。在河东，元至元年间建。“灵慈宫”，即“天妃灵慈宫”，也称“天妃宫”，在河东大直沽，元至正年间建（或称它建于元延祐七年，即1320年），也称“东庙”。又，“灵寿宫”与“灵慈宫”所处方位相同，未知二者是否为一。建造年代虽一作至元，一作至正，或作延祐，但建于元代则是无疑的。

天妃宫。这是天津的第二座“天后宫”，也称“西庙”，一直被保留下来。明正统年间，礼部札付天妃宫道士部振祖领道藏一部，于此，可知天妃为道教所奉之神。

海会寺。在城西稽古寺西。元至正间，天竺国僧海会结庵于此，故名。明万历年重建。

三皇庙。一在西门外西北隅，元季建，后更名古皇庵。

以上是元代建造寺宇的情况。从元代在天津所建四至五座寺庙宫观来看，可以说明当时的海运频繁，故而出现了两座天妃宫；再次，当时的天津，已有了国际交往，印度（天竺）僧人海会来此结庵，即为一例；另从宗教信仰来看，“天妃”“三皇”均为道教所供奉的神，“灵寿宫”所供何神，虽无明确记载，但凡名为“宫”者，大多为道教神庙，故可推知，元代天津的道教势力较大。

到了明代，还新建或重建了以下庙宇：

（1）佛教寺庙二十二所，即海会寺、涌泉寺、观音寺（三所）、大寺（观音庵，二所）、稽古寺、白寺（即白庙。据华鼎元《津门征迹诗》断为佛寺）、西方庵、观音庵、净土院、药王庙（四所）、白衣寺、大佛寺、甘露寺（据《津门征迹诗》断为佛寺）、弥勒庵、宏济院（法华园）、地藏庵等。

（2）道教寺庙十六所，即天妃宫、城隍庙、关帝庙（三所）、东岳庙、太虚观、三官庙（二所）、真武庙、玉皇庙、元帝庙、三元庵、九天庙、小圣庙

(祀海神平浪元侯)、泰山行宫等。

(3)伊斯兰教清真寺二所,即金家窑清真寺、穆庄子清真大寺。

(4)民间宗教寺庙二所,即五圣庙、马王庙。

(5)中国传统庙宇二所,即文庙、武庙。

(6)性质不详的寺庙八所,即庆国寺(挂甲寺)、永明寺、红寺、善庆庵、镇海寺、慈惠寺、育德庵、天安寺。

以上寺庙宫观修建的年代和所在方位,已于本书上编有所介绍。

明代在天津修建的寺庙宫观总计达五十二所,比之元代所建者,超过十倍有余。一个城市的寺庙的增加,是和该城市人口与建筑面积的增加直接相连的,可见明代卫城的规模和人口比起元代的海津镇来,已有了很大的发展,作为封建城市已经正式形成。再从寺庙所属的宗教来看,明代的天津,佛教和道教仍是当时人们崇奉的两大宗教。尤其值得注意的是,元代的天津尚无清真寺,而明代却有了两所清真寺,说明伊斯兰教在当时已有了一定的影响。

除了上述寺庙宫观建筑之外,还有本地的纪念性建筑,如天津整饬副使毛恺祠,在大仪门里街北;在文庙和武庙内,还各有名宦祠与乡贤祠。为进士、举人立坊,表示荣誉,亦为当时一种风气。在天津卫城内,明代所立坊,计有:"黄甲联芳坊",为进士张愚立,在北门里;"登瀛坊",为翰林院庶吉士刘钰立;"群英坊",为举人王鹓、叶广、赵鉴等立;"一鹗横秋坊",为举人蒋仪立,后仪成进士,又为之立"进士坊"。

第四节　民俗剪影

一个城市的民俗活动,不是孤立的,有它的地域性和延续性。即是说,一个城市的某些风俗习惯,是长期形成的,产生的年代久远,一直延续到今天。如农历五月初五为端午节，有吃粽子的风俗，至今延续不衰。其地域之广，遍及全国，其形成时间之久，至迟在晋代已有此风俗。据《初学记》四引晋周处《风土记》："仲夏端午，烹鹜角黍"，"角黍"即粽子。又如今天天津的风俗，农历腊月初八要吃"腊八粥"，其实，不独天津如此，整个河北省和山西、山东等地皆然，而在四川等地却无此风俗，这就是地域性。吃"腊八粥"的风俗，追溯其历史，至迟在北宋时就有了，据宋孟元老《东京梦华录》卷十《十二月》中记载，该月"初八日……诸大寺作浴佛会，并送七宝五味粥与门徒，谓之'腊八粥'。都人是日各家亦以果子杂料煮粥而食"。可见，明代天津的一些民俗活动，是和天津附近河北省的一些地区相同的。

明代天津的风俗，还有一个特点，即由于"地当冲要，人杂五方"，加以"天津无沃田，人皆以贾趋利"，故"风俗不甚纯一"[①]。这个特点，到清代更加明显。例如，以宗教信仰和某些礼仪来说，明代天津，既信奉佛教、道教，也有人信奉从西北传来的伊斯兰教；在民间，还有信奉从江南传来的"五通神"（即五圣），并建了五圣庙。这纯属淫祀。明代天津居民的民族成分既有汉族，也有回族同胞，早在明万历二年(1574)，后者就在天津金家窑建立了第一座清真寺，为天津的物质和文化建设做出过贡献。又如"乡饮酒礼"的风俗，被认为是"礼教之大典"，每年的正月十五日和十月一日举行。"今府州县，仍载其公费，记其仪文，独天津俱废。"[②]何以会如此？按明洪武十八年(1385)重定乡饮酒礼，规定"其座席间：高年有德者居于上，高年纯笃者居于次，余以齿序。其有曾违

① 《重修天津府志·风俗》。
② 《新校天津卫志·风俗》。

条犯令之人,列于外坐”。这样做的目的,是要“叙长幼,论贤良,别奸顽,异罪人”[①]。显然,只有土著民众长期聚居的地方,彼此熟悉了解,才有可能“叙长幼,论贤良,别奸顽,异罪人”,才有可能举行乡饮酒礼。而明代的天津,“本卫土著之民凋零殆尽,其比闾而居者,率多流寓之人”[②],在这个“商贾凑集之地”当然就难推什么乡饮酒礼了。

既然天津“人杂五方”“土著之民凋零殆尽”,自然就“风俗不甚纯一”,不但明代如此,直到今天也仍然如此。以过元旦来说,天津本地人讲“大年初一吃饺子”,而寓居天津的四川人,往往按照老家的习惯,“大年初一吃汤元”,并且这一天要吃素。现据《新校天津卫志》卷二《风俗》和其他资料,择要介绍具有北方特色的明代天津民俗活动:

周代以冬至所在之月,即夏历的十月为岁首,谓之建子,古人对冬至就很重视,认为是个重大节日。在明代,“每年圣旦、令节、元会、长至(即冬至)”要行“四大礼”。在行大礼之前,天津的官员还要“先习仪于所谓涌泉寺者”[③]。

在立春这一天,要“食萝卜,谓之咬春”。在立春的前一天,要“迎芒神,设宴啖春饼”。同时在这一天,还要“鞭土牛,观者取土涂壁”。因立春这一天有“鞭土牛”的风俗,故民间称立春为“打春”。另据胡朴安等编《俗语典》对“打春”的解释:“《晁冲之诗》‘自渐白发嘲吾老,不上谯楼看打春’。按旧制:府县官迎春前一日,迎春牛置署前。次日束红丝鞭打之,谓之打春。”可见“鞭土牛”这种风俗至迟在宋代就有了。

正月元旦这一天,要“盛衣冠”,“设盛馔和乐同享,各食角子,取更

---

① 《明会要·乡饮酒礼》。

② 《新校天津卫志·利弊》。

③ 《新校天津卫志》卷四《天津重修涌泉寺旧记》。

新交子之义。亲戚乡里，交拜履新，互相请席，名曰吃年茶”。角子即饺子，今天津大年初一吃饺子，是在明代就有的风俗。把春节期间“请席”，叫“吃年茶”，亦为一特殊名词。今四川等地在元日之后互相请席，谓之“请春酒”。

正月十五日，“通衢张灯结彩，放花炬，妇女群游曰走百病”。

正月二十五日有“填仓”的活动，即“罗灰末于院中，名曰打囤。置诸谷少许于中，为丰登兆”。这种“填仓”的风俗，是从农村传来的，而且为北方所独有，在四川等地即无此习俗。

二月初二日，“以灰末谷糠末从河下引至家，名曰引钱龙。食煎饼、煎饼粉”。至今天津仍有“二月二，龙抬头”的谚语。

三月清明的前一天为寒食，“妇女上坟扫墓，标楮钱焚化，增新土于冢上，陈祭品，哭新鬼”。清明前后扫墓，全国各地皆然，而明代的天津，独记“妇女上坟扫墓”，并“哭新鬼”，可见寒食妇女外出扫墓之多。

五月五日端午，特点是“儿童彩绳系臂，谓之续命缕”，为西南地区所无。此日其他活动，全国皆然。

七月十五日“修盂兰盆会”，全国皆然。此日天津一带地区还有“放河(荷)灯路灯”的风俗。据老舍《四世同堂》描写，抗日战争期间的北京，仍有此俗。在四川铜梁一带，抗战前，七月十五日延僧道做法事数日，最末一天也有“放河(荷)灯”的仪式，较浓重，在做法上似乎与天津地区不同。

十月一日，“祀祖父，焚寒衣”。这也是北方一带的特殊风俗，至今天津仍有“十月一，送寒衣”的谚语。

“十一月冬至，拜官府，谒师长，为年节礼。绅衿行之。”可见冬至被官绅们认为是个大节日，要“为年节礼”，而民间并无此习俗。

"十二月八日，食腊粥，以米豆枣栗杂煮之，曰腊八粥。二十四日相传灶君朝天，设糖果而饯之。"吃"腊八粥"和"祭灶"的风俗，至今北方仍流传，唯"祭灶"的日期由二十四日改为二十三日，至今天津仍有"腊月二十三，糖瓜粘"的谚语，谓祭灶饯以糖瓜。

"除夕多嫁娶"，这是明代天津的一种习俗。还有，在除夕，除"易门神、换桃符"各地皆然外，明代的天津还有"插芝麻秸于壁"的习俗，在南方和西南地区未之曾见。

在婚礼问题上，明代天津的风气尚俭朴，"不计财礼，不侈妆奁"。结婚之日，只有士绅之家才行"亲迎"的仪式，当时的庶民已久废。

明代天津的丧礼如何？只能从天津方志所记清初的情况来推测，因一种风俗的形成有其历史延续性。清初的天津丧礼，大致是"亲初殁，男妇哭奠于城隍庙、土地祠。三日送路，五日成服。绅士家遵行家祭礼，发引前一日，士庶均行祖奠。殡期用纸绢扎彩，靡费不一，事近于奢"①。这种习俗，到清中叶，发展到"天津因重出殡，致赁铺杠房林立，闾巷仪从导引，漫无限止。大家费数千金，寒素亦近千贯，虽倾家有所不惜，似非此不可为人子者"②的"大出殡"陋习。

明代天津的杠房，曾为丧家一害。从康熙元年(1662)《霸易道署天津道张汧示》来推知，清初出现的这种情况，一定是从明代延续下来的，因一种社会风气的形成有其历史渊源。据"张汧示"称："近闻天津三卫地方，有仵作一行，恃有杠具，各分疆界，把持恣肆措索。如遇三卫地方有丧，不容彼此搀越。不顾人家贫富，一概需索多价。若遂其意则已，

---

① 《重修天津府志》卷二十六。
② 《重修天津府志》卷二十六。

少拂其欲,便多方勒措,使人有不得不从之势”,“甚至吹手纸扎等行,亦皆效尤无异。种种恶风,不一而足,利己病人,莫此为甚”①。清初经官方饬禁,兼设义杠,此风才被煞住。

关于天津的皇会,在清代为一大盛举。明代是否有皇会,文献虽无明确记载,但所谓皇会既为庆祝天妃圣诞而举行的盛大赛会,而“天妃宫”建于元代,历史悠久,为祭天妃而进行赛会之事,似不可能起于清代,大概早在明代就有了,惜文献无征,不知其具体内容而已。据清张焘《津门杂记》卷中《天后宫》记载:

> 三月二十三日,俗传为天后诞辰。天津系濒海之区,崇奉天后较他处尤虔。东门外有庙宇一所,金碧辉煌,楼台掩映,即天后宫,俗称娘娘宫。庙前一带,即以宫南宫北呼之。向例此庙于十五日启门,善男信女络绎而来。神诞之前,每日赛会,光怪陆离,百戏云集,谓之皇会。香船之赴庙烧香者,不远数百里而来。由御河起,沿至北河、海河,帆樯林立。如芥园、湾子、茶店口、院门口、三岔河口,所有可以泊船之处,几于无隙可寻。河面黄旗飞舞空中,俱写“天后进香”字样。

以上描写,虽系清代皇会景象,但既然天津“崇奉天后较他处尤虔”,“天后宫”早在元代就建立,肯定在明代为祭天妃而举行的赛会活动,也会是相当隆重而又热闹的。如前所述,一个地方的民俗,有其历史渊源,有其延续性,清代天津的皇会如此盛况空前,不可能不带有明代天津皇会的影子。

① 《新校天津卫志》卷四。

同样，据《津门杂记》卷中《四月庙会》记载，在清代天津的“四月庙会最多。初六、初八日，天津府、县城隍庙赛会。自朔日起至初十日香火纷繁，而灯棚之盛，历有年所，尤为大观。各所分段，搭造席棚，或三或五，两厢相联，灯彩陈设，备极华丽”。既然天津城隍庙建于明永乐四年(1406)，有庙就有祭赛活动，从上述清人的记载，不难推断其中也包括了明代天津城隍庙赛会景况的影子。此外，我们还可从蓟县明崇祯七年(1634)所立《城隍庙进冠服袍带圣会记》碑加以印证。碑文记述蓟县“每年八月十八城隍尊神岳降之期，旧有善会恭进冠冕袍带、神库，猪、羊以庆”。明代蓟县对城隍的祭祀即如此隆重，当时的天津远比蓟县繁荣，祭赛城隍的规模绝不会比蓟县差。

结　语

天津卫城建成之后，随着军民人口的增加，势必需要文化生活，尤其是对教育的需要，故很快建了卫学。自卫学建立后的二百零八年(1436—1644)之间，虽培养了一批封建社会的知识分子和少数官吏，但并未出现对当时和后代有影响的人物，故明代天津的教育事业不算发达。这和卫城为军事建制与城市的发展程度有关。明代天津卫学，为清代天津教育的发展打下了基础。

据现有文献，明代天津人的著作很少，除汪来的《北地记》外，其余在国内无甚影响，至于绘画、书法更不足道。应该说，明代天津的学术、文学、艺术等方面是落后的。天津缺乏文化气息，有其历史渊源。

从元明时期天津所建的寺庙宫观来看，明代比元代所建的数量超过十倍有余，说明卫城比起元代的海津镇，无论是人口和建筑面积都有了很大发展，作为封建城市已正式形成。从明代所建寺庙的性质来看，当时天津以信奉佛教、道教者为多,伊斯兰教已传入,还有从江南传来的五通神也有人崇奉。由于天津濒海,尤崇祀海神,故早在元代天津就出现了两座天妃宫,而且早在元代就有天竺僧海会来此建立海会寺,可见那时天津就有国际交往。此外,由于天津为军卫,故单独建有武庙、马王庙。再以关帝庙而言,各地皆有,而天津独建"镇仓关王庙",正反映漕运以天津为枢,在天津的粮仓之多。这些都反映出天津的特色。

明代天津的风俗,由于"人杂五方",土著甚少,故从人们的宗教信仰和某些礼仪上,反映出"风俗不甚纯一"。但明代天津卫的风俗,无法离开地域性,总的来说,仍具有和它毗邻的河北省其他地区的北方特色,其中若干民俗活动仍延续到今天。

总之,明代天津的文化教育,和国内历史悠久的城市相比,是落后的。

第十三章　文化教育的发展和民俗的某些变化

第一节　文化教育进一步发展的原因

作为封建社会的城市，天津到了清代，尤其是经过康熙、雍正、乾隆三朝的经营，有了较大发展。随着城市的繁荣与发展，与之相适应的文化教育，也同样有了长足的进步。就全国范围来说，明代天津的文化教育，根本不能和其他名城相比，还是很落后的；但到了清代，天津的文化教育，起了根本变化，有了较大的发展。

这是因为，清朝不但继承了封建统治阶级的“建国君民，教学为先”的指导思想，崇尚“文治”，并具体制订了“偃武修文”的措施，从而在全国范围内促进了文化教育的发展，其中当然也包括天津在内。清代同样开科取士，但武举人、武进士比起文举人、文进士来，不仅社会地位相差悬殊，即以清朝规定的奖励规格来说，也相差甚远。如“会试举人，每名车价银十两（三年一办）”，其中不包括武举；“新中举人，每名牌坊银八两”，“新中进士，每名牌坊银一百两”（均三年一办）；而“新中武举人，每名旗扁银五两”,“新中武进士,每名旗扁银十两”(均三年一办)[1]。以新中文、武进士而论,官府可花一百两银子为文进士立牌坊,而对武进士,只花十两银子为之制旗扁,二者整差十倍。不仅如此,从对“文庙”和“武庙”的“春秋二大祭”的规格来看,也体现了重文轻武:规定文庙用银四十三两五钱,而武庙只用银十八两五钱[2],本来“武学”设在武庙,到了雍正年间,干脆取消了“武学”,一起“裁归儒学”。这些都是清朝提倡“文治”,贯彻“偃武修文”的具体措施。

再有,随着天津城市经济的繁荣,陆续出现了一批大商人,特别是大盐商。他们“大宅连云递旧新”[3],大起楼台园林,不惜花耗巨资。同时他们大量收藏文物,并广泛交结本地和来往于天津的文人、学者、书画家,如前述张霖和查日乾、查为仁父子,以及安岐等大商人即是如此,这对促进天津文学艺术的发展是大有裨益的。

又因天津所处的特殊地理条件和优美的自然环境,吸引了一批文人、学者、书画家来此寓居,这也对天津的文化教育起了促进作用。天津为首都门户,密迩京师,又是南北交通要冲,清代的江南文风很盛,江南文人学者晋京,必经天津,免不了在此逗留,而在京的文人学者,或时来天津,或来此寓居。如旗籍诗人佟蔗村,本非天津人,就曾偕其爱妾赵艳雪长期寓居于天津的艳雪楼。至于天津的优美自然环境,乾嘉时期的名诗人张问陶曾誉之为“二分烟月小扬州”[4],直到光绪年间,有人

① 以上引文,见《新校天津卫志》卷二《赋役·官役食》。
② 以上引文,见《新校天津卫志》卷二《赋役·官役食》。
③ 《津门百咏·鹾商》。
④ 《船山诗草·咏怀旧迹十首》之五“天津”。

仍称“沽上人家千万户，繁华风景小扬州”[①]。可见当时的天津，其秀丽风光，有“小扬州”之称。有这样优美的自然环境，再加上一些清雅的园林、别墅，如怀园、郭园、康园、宁园、南庄、屋南小筑、河渚草堂、卧松馆、虚舟亭、香林苑等点缀其间，一些文人、学者、书画家自然会到此流连了。

基于以上原因，清代的天津，在被迫开为商埠之前，无论是教育事业的发展、文坛的进一步繁荣，以及艺苑活动的丰富多彩等方面，和别的历史悠久的名城相比，已经缩短了差距；反过来，也从这个侧面反映了清代天津城市有了巨大的发展变化。

第二节　教育事业的发展

由清初至咸丰十年(1860)，天津的学校，计有四种类型，即官学、书院、义学、家塾。如上所述，天津城市在清代有一个恢复和发展的过程，反映在教育事业上也同样如此。这一点，可从清代天津自顺治到咸丰十年之间(共 215 年)的科举情况得到证明。而清代的教育是直接为科举服务的，不管是官学、书院、义学还是家塾，都成了科举的附庸或预备场所。以天津科举中式人数而言，乾隆年间是最多的，可见天津的教育到了乾隆时期，也和天津城市经济发展一样，是鼎盛时期。关于官学等四种类型的学校分述如下：

官学

所谓官学，即明代的卫学。清承明制，直到雍正三年(1725)升天津

① 《津门纪略》卷七《竹枝词》。

卫为州之前,仍为卫学;雍正三年(1725)至九年(1731)为州学;雍正九年(1731)由州升府,又由州学升为府学,同时又于雍正十二年(1734)在府学之西建立了天津县学。府学称上庠,县学称下庠,二者不相统属,只是"学额"有多少之分。书院见于文献记载者有三。义学可考者十八处。家塾状况不详。清代已无"运学""屯学"。

作为明代延续的卫学,其规模与教学内容亦如明代,变化如下:

(1)廪膳生三十名,原规定每月支银三百九两六钱,顺治十二年(1655)会议裁三分之二,减为支银一百三两二钱;康熙二年(1663),又裁廪粮银八十三两二钱。

(2)压缩编制。康熙三年(1664)规定:训导、斋夫由原六名裁为三名,膳夫由原二名裁为一名,门斗原五名裁为三名。原有学书一名,已于康熙元年(1662)裁汰。

这些措施,不是清朝对文教不重视,而是出于经济拮据①。

对卫学学宫的修葺,于顺治十年(1653)由盐务官员张中元、杨义和地方官员管效忠、甘应祥、徐来麟、李呈祥以及城内"显人大贾"共同捐输,对学宫进行了重修;康熙八年(1669),由长芦盐运使李棠和诸绅士捐款,又重修学宫;康熙十二年(1673),天津道薛柱斗与"同城诸公"捐资再次加以改建;康熙四十七年(1708),又在地方官的主持下对学宫做了一次修葺②。其余"捐俸修学"的地方官,尚有天津道张道湜和户部分司监督苏霖、陈襄以及清军同知高必大等人③。以上就是清代天津

① 又据《重修天津府志》卷二十七《经政·田赋》记载,府学编制只有斋夫二人、膳夫四人、门斗三人,未详从何年始。

② 据《重修天津府志》卷三十七《学校》。

③ 分别见《新校天津卫志》和《重修天津府志》。

卫学历次修葺的大略。

清代天津卫学学官，有苏腾霄等十五人为正职（相当于州学正），其中十一人为贡生，二人为举人，二人为进士，全部为直隶（今河北省）人；还有王君弼等七人为副职（相当于州训导），其中三人为贡生，其余四人不详，也全部为直隶人。

关于卫学训导，康熙三年（1664）裁汰，何年复设，不详，但康熙五十七年（1718）已有井辂任天津卫学训导的记载，最迟已于是年复设[①]。

天津州学时间很短，学正有王希尧，贡生；阴俨，进士。训导有苏炳、周爰诹，均为贡生。州学学额，计廪膳生三十名，增广生三十名，其余为附生。名额不详。

天津府学，仍在原卫学地。雍正十一年（1733），巡盐御史鄂礼、知府李梅宾、知县徐而发等人重修府学学宫。雍正十二年（1734），在府学之西建立天津县县学，自后有两学，重修学宫，府、县两学宫均包括在内。乾隆三年（1738），知府程凤文重修明伦堂。乾隆八年（1743），盐运使倪象恺重修学宫。乾隆十八年（1753），盐运使卢见曾又进行重修。其余捐资重修学宫的，尚有董岱（乾隆己卯举人）、徐通复（乾隆丙午举人）、华光炜等人[②]。天津府学设教授、训导各一员，从雍正九年（1731）至咸丰十年（1860），任天津府学教授者，有陈王庭等十七人。其中进士十四人，举人三人，从学官的科举出身地位，比起卫学来，已大大提高。另据《重修天津府志》记载，天津府学教授，自同治到光绪年间，没有一个进士任此职者，可见府学学官的地位已不为官方和具有进士身份的

① 均见《新校天津卫志》卷二《官职》和《重修天津府志》卷十三《职官》。

② 均见《重修天津府志》卷四十三。

人所重视。府学训导有雷滋年等二十一人，其中除二人不明外，计贡生十五人，举人四人[①]。府学学额，“岁、科试各取文童二十一名”；咸丰三年(1853)，因团练出力保全城池，“加广文武额各五名”，即岁、科试各取文童由二十一名增为二十六名，“自咸丰六年岁试始，廪膳四十名，增广生四十名，一年一贡”[②]。天津因系产盐区，又是长芦盐运使驻扎之处，故又规定：“长芦商、灶两籍童，经盐运使考取，汇送学臣……拨归天津府学。原额文武各取十二名，商、灶各六名。康熙五十二年，加广文额二名，合前十四名，商、灶各七名”，并规定“商、灶籍廪生，向不食饩，并不挨贡”。对商、灶两籍举贡生的规定，“自雍正十年总督刘於义奏准，二年一贡”[③]。在天津府学(包括卫学)的学额内，特别规定了考选商、灶两籍童生入学的人数，正好说明清代天津地区盐商和灶户的势力有了大的发展，明代卫学即无此规定。

天津县学学额，规定“岁、科试各取文童十八名”，“咸丰三年，因团练出力保全城池，加广文武额各三名，自咸丰六年岁试始”[④]，即从咸丰六年(1856)“岁试”(三年一举行)开始，县学学额增加为二十一名。咸丰八年(1858)，又“因县人张锦文捐输，加广文武额各三名；又因续捐输，加广文武额各一名，自咸丰九年岁试始”[⑤]，即是说，天津县学的学额，从咸丰九年(1859)岁试开始，又由原二十一名增加到二十五名。按县学的通常规定，天津县学仍为“廪膳生二十名，增广生二十名。二年

① 《重修天津府志》卷十三。
② 见《重修天津府志》卷三十五《学校》。
③ 见《重修天津府志》卷三十五《学校》。
④ 见《重修天津府志》卷三十五《学校》。
⑤ 见《重修天津府志》卷三十五《学校》。

一贡”[1]。县学编制是设教谕、训导各一名，斋夫三人，膳夫三人，门斗三人[2]。从雍正十二年(1734)至咸丰十年(1860)，县学教谕计有殷俨等二十一人，其中进士一人(州学正调任)，举人十八人，贡生二人；训导计有张廷蔚等二十二人，其中举人三名，贡生十九名[3]。

府学、县学还拥有学田，计“河北地共八十一亩六分，尖山庄地共廿二顷五十亩”[4]。学田的收入，按常规，一是用于修理文庙，二是用于赈济贫生。

书院

书院，始于唐，兴于南宋。到了清代，初期为了钳制思想，对书院采取抑制政策，继而又改为控制政策，使之官学化，成为官学的补充。山长、教席由官方延聘，经费由官方拨给。对到书院肄业者的选取，也由官方掌握，考核亦由官方负责。据统计，清代设立的书院，民办者还不及官办的十分之一，可见书院的官学化已占压倒优势[5]。清代书院有四种类型，以考课为主的书院数量最多。这类书院的主要工作，是每月进行考课。其课程已不是讲学，而是通过考课以督促学习制义(八股文)。每月进行考课两次，一般定在每月的初二、十六两日。两次课试，一次为官课，由藩、府、州、县轮流出题、阅卷、给奖；一次是师课，由掌教出题、阅卷，书院给奖。这类书院试后阅卷评定等次，发给奖银，与官学

① 见《重修天津府志》卷三十五《学校》。
② 《重修天津府志》卷二十七《经政·田赋》。
③ 《重修天津府志》卷十四《职官》。
④ 《重修天津府志》卷三十五《学校》。
⑤ 陈元晖:《中国古代的书院制度》，上海教育出版社 1981 年版，第 97 页。

已无区别。咸丰十年(1860)以前,天津有三取书院、问津书院、辅仁书院三处。从文献记载来看,这三处书院均属以考课为主的那一类。

三取书院在三汊河东岸,康熙五十八年(1719)创建。乾隆二十年(1755),“县人王又朴与士商捐修学舍十二间。每岁经费,由商款捐领款项内支给”①。乾隆四十四年(1779),孙泳任天津知府,“重修三取书院,加生童膏奖,一如问津,士人德之”②。到了嘉庆六年(1801),众商又加以重修。既“加生童膏奖,一如问津”,可见它属于以考课为主的那一类书院,而且,“课期与问津书院同”③。

问津书院在城内鼓楼南,“乾隆十六年长芦盐商查为义施地,盐运使卢见曾建屋五十九间”④。据卢见曾《问津书院碑记》解释,该书院之所以名“问津”,是源于“孔子之道犹海也,学者蕲至乎道而止。今之制义,其津筏也,学者因文见道,譬如浮海者正趋鼓楫,候劲风,揭百尺维长绡挂帆席,然后望涛远泱……”⑤又据《津门纪略》卷四记载:“问津书院在鼓楼南大街,每月课生童二次,课期按初二、十六两日官斋分课。各延山长评定甲乙,膏奖由运库支发。”可见问津书院的目的,重制义,把制义看作进入孔子圣域的津筏,其活动内容系以考课为主。卢见曾(进士)不但创立问津书院,还“日集诸生课之”⑥。天津道董承勋于乾隆十六年(1751)莅任,曾“聘名进士吴联珠主讲问津书院……文风蒸蒸

① 《重修天津府志》卷三十五《学校》。
② 《重修天津府志》卷四十《宦迹》。
③ 《津门纪略》卷四。
④ 《重修天津府志》卷三十五《学校》。
⑤ 《重修天津府志》卷三十五《学校》。
⑥ 《重修天津府志》卷四十《宦迹》。

日上，登贤书，捷南宫者接踵焉"[①]；天津知府金文淳（进士），乾隆二十八年（1763）到任，"崇尚文士，惠政甚多。罢官后主讲问津书院，课生童如子弟。凡所识拔者，无不腾达云"[②]。以上是有关问津书院的简况。

辅仁书院在城西北文昌宫旁，旧为海潮庵，"道光十七年县人侯肇安等捐建。天津道金洙拨款生息，知府陈彬、知县沈莲生捐资置地收租为岁用经费"[③]。可见这是个地道的官办书院。金洙《辅仁书院碑记》称：

> 值郡人士重修文昌宫落成……董其役者为邑绅侯君肇安、王进士天锡、梅举人成栋，适来白曰：庙宇既成，拟将聚士林会文其中，以立月课。闻之，欣然善其意之有当也，为酌立朔望两课。朔日斋课，郡人公捐办理；望日官课，分道、府、县三衙门轮流阅文，随意捐廉以为奖赏饭食之用。黎明齐集，日暮交卷。行之期年，人数络绎加增……转岁列优等者七，游泮者九，未可谓无成效也。

碑文还指出该书院的经费来源：

> 拨借库款大制钱八千串，发质库生息，每岁息钱，半归库本，半充课用。时郡守陈公捐施地九百余亩，邑令沈公捐施地二百余亩，岁入其租，用助膏火。就庙旁海潮庵立为辅仁书院。甄定生童额数八十名，酌议条规八则，学规十六则，交执事人遵照办理。[④]

---

① 《重修天津府志》卷四十《宦迹》。
② 《重修天津府志》卷四十《宦迹》。
③ 《重修天津府志》卷三十五《学校》。
④ 《重修天津府志》卷三十五《学校》。

以上记载很具体，就以考课为主的书院来说，也是很具有代表性的。辅仁书院的教席，可考者有梅成栋（举人）、沈兆沄（进士）二人。

书院也和封建社会别的机构一样，日子一长，弊端就陆续出现。据清郝福森编《津门闻见录》（手抄本，六卷，藏天津图书馆），记周楚良撰《津门竹枝词》，有两首形容书院的："辅仁书院文昌会，会课功夫须要长。半世寒酸无发迹，一当首事便辉煌。"可见"首事"有贪墨行为。"书院朝餐太不文，譬如常素忽茹荤。争盘夺盏重墀下，手口无停是冠军。"既说明"会课"时由书院供餐的史实，又说明这群到书院肄业的生童们那副争嘴抢吃的可笑面目。故到道光二年（1822），松筠玛拉特氏（蒙古正蓝旗人）署直隶总督时，曾有"奏请整顿直隶各属书院"①的措施。

和书院性质相近的，还有玉成文社。创办人"倪象恺，四川威远举人。乾隆五年任长芦盐运使。雅好斯文，立玉成文社。召集诸生，按期试艺。丹黄甲乙，手口忘瘁。士子经指授者，为文悉有程法"②。此外，还有长芦盐运使在经济上资助书院的事例，如徵瑞"自乾隆四十八年凡三任长芦盐政……增书院膏火费"；李如枚"嘉庆间任长芦盐政，培养人才，谊极优渥，生童肄业书院者，于常例膏奖外，益以廉俸，鼓舞振兴，文风蔚起"③。

义学及家塾

义学即义塾，为贫家子弟无力延师者而设，由官办或私人集资创办。在封建社会属于普及性教育。据记载，天津清代义学计有：(1)"一

---

① 《重修天津府志》卷四十《宦迹》。
② 《重修天津府志》卷四十《宦迹》。
③ 《重修天津府志》卷四十《宦迹》。

在城内东北隅，雍正七年巡盐御史郑禅宝建。每岁束脩银六十两，运署公费项下支给”；(2)“一在东门外南斜街，雍正九年盐运使彭家屏建，每岁束脩银六十两，运署公费项下支银廿两，商人金义泰来号捐银四十两”；(3)“一在总镇署前，雍正九年总兵袁宏相捐建”；(4)“一在城内西街，雍正十一年建”；(5)康熙四十七年(1708)天津道李发甲详(呈请)建者，共四馆：“一在西门内城隍庙东，一在河东，一在东门内，一在北门内大仪门口”，而且还有义学田，“地在葛沽，岁入租银租米支给四馆”；(6)运署义学有十处，包括前述雍正七年(1729)和九年(1731)所建的两处在内。城内五处，曰：集益、博文、广业(皆为官房)、务本、约礼；城外东三处，曰：养蒙(在河东瞿黄口，官房)、兴仁(设在盐坨，官房)、正谊；西二处，曰：尚志(设在南阁)、修道(皆为官房)。“其非官房之三处，皆僦寺庙，或有迁移。”[①]樊彬在《津门小令》的“几处诗书开义学”句后，注称“义学十余处”，惜不详其名称和方位。

义学除上述李发甲详建的四馆有学田之外，其他义学也有学田，称义学田，计：“葛沽地共五顷十一亩七分二厘……每年实收租银廿七两八分。水稻地四顷十三亩九分六厘……每年纳租米九十三石二斗五升。雍正四年，天津道每亩减租米五升，每年实收租米七十六石二斗五升二合五勺。”[②]

兴办义学，在封建社会被认为是积德的善事，故一些有钱人家或乐于做善事的人，往往捐资兴义学，或尽义务为义学教师。清代天津，人口众多，贫家子弟不能就学者当也不少，既有官办义学，当然也有私办

① 据《重修天津府志》卷三十五《学校》叙录。
② 据《重修天津府志》卷三十五《学校》叙录。

义学，惜文献所记寥寥，今能知者，捐资建义学的人，计有赵宏燮、靳连、郦延本、张廷琛、李春城等人[①]。至于义学教师的姓名，可知者则更少，其中特别值得一提的是杨一昆（1753—1807）。一昆，字二愚，号无怪，乾隆五十三年（1788）举人。绩学授徒，起凤楼书社，后进多所成就。如尝假馆城东盐坨之地十年[②]，其地由野而文。一昆善恢谐，博通经史，致力诸子尤深。时有妙想，于朱熹之说，攻之尤力，所著《四书教子尊经求通录》，不迷信古人，文亦畅快。一昆还是有名的天津书法家和画家。平生著作，尚有《陈仲子二十艺》一册（清同治十三年刻本）、《骍角集》一册（清嘉庆五年刻本）、《种桃斋诗文集》（见《大清畿辅书征》）、《说诗求似》等[③]。流传下来的画有《墨笔梅花轴》和法书《行书论书篇轴》（均藏天津市艺术博物馆）。这样的举人、学者，愿到城外盐坨荒野任教十年，在封建社会是难能可贵的。

关于家塾情况，文献记载则更少，只知“陆樟……浙江山阴人。族祖某，家于津，延课家塾，遂占籍饮泮食饩，从游甚盛。嘉庆戊午举京兆，壬戌成进士”，这位家塾教师后来竟成了进士[④]；“金振……山阴人，授徒于津，遂家焉”；“孟泽大妻边氏，工诗词制艺，有女弟子从学者，其子以家学游庠”[⑤]。在封建社会，出现了女老师在家教女学生的事迹，亦属难能可贵。对教蒙馆家塾的教师待遇，可分为三等：“供馔宿馆者为上，次则只供早馔，下则并不供馔矣”[⑥]，可见广大享受中下等待遇的

① 以上姓名，分别见《重修天津府志》卷四十《宦迹》和卷四十三《人物》。

② 按：此即设在盐坨的运署义学“兴仁”。

③ 据《天津县新志》卷二十一和《大清畿辅书征》卷二十三《杨一昆传》。

④ 《重修天津府志》卷四十三《人物》。

⑤ 以上引文，均见《重修天津府志》卷四十七《列女》。

⑥ 樊彬：《津门小令》注。

家塾教师,其生活是相当清苦的。

从科举中式看教育的发展

如前所述,清代的教育是直接为科举服务的。清朝通过科举以选拔各级官吏,故某一地区,也可通过科举中式的情况来说明其教育是否发达。《重修天津府志》卷二十六曾指出:"又闻天津士人,工于应试文字,近年举人会试者计逾百数,实为天下罕见。"经过考察,上面的话并不夸张。下面,将顺治至咸丰十年(1860)各朝科举中式人数及曾担任何种官职的人数,分别予以介绍[①]:

顺治朝——进士四人,举人八人,贡生六人,共计十八人。注明曾任何种官职者有十二人,分别为:知府一人,府推官一人,知州一人,州同一人,知县六人,教谕二人。

康熙朝——进士三人,举人二十五人,贡生五人,共计三十三人。注明曾任何种官职者有十三人,分别为:吏部观政一人,内阁中书二人,粮道一人,知县五人,学正二人,教谕二人。

雍正朝——进士四人,举人二十二人(内商籍一人),贡生十三人(内商籍一人),共计三十九人。注明曾任何种官职者有九人,分别为:巡抚一人,侍读学士一人,同知二人,江防同知一人,知县三人,教谕一人。

乾隆朝——进士三十一人(内商籍一人),明通榜十人,中正榜二人,举人二百五十四人(内商籍十六人),贡生七十人(内商籍一人),共

① 在统计时,有一人先为贡生,又为举人后成进士者仍作三人统计,故统计数非绝对人数,只说明各种科举中式情况。在统计任何官职人数时,凡《重修天津府志》中未注明者未计,名下标明"有传"者,未查传文中所述曾任何官职,亦未统计进去。

计三百六十七人。注明曾任何种官职者有一百七十八人，分别为：巡抚一人，翰林院检讨一人，刑部郎中二人，刑部员外郎二人，兵部主事一人，宗人府主事一人，工科给事中一人，詹事府詹事一人，御史一人，内阁中书一人，布政使一人，道员五人，督粮道二人，盐法道一人，知府三人，同知八人，知州十一人，州同三人，州判二人，通判一人，司库大使一人，知县七十人，县丞一人，教授五人，学正十人，教谕二十八人，府学训导一人，州学训导二人，县学训导十一人。

嘉庆朝——进士十五人，举人一百零八人，贡生二十七人，共计一百五十人。注明曾任何种官职者有八十五人，分别为：太仆寺卿一人，御史一人，内阁中书一人，布政使一人，督粮道一人，布政司理问一人，知府五人，同知三人，知州四人，州同三人，知县三十二人，教授三人，学正二人，教谕十四人，府学训导二人，州学训导一人，县学训导十人。

道光朝——进士二十一人（内商籍一人），举人一百五十五人（内商籍三人），贡生四十六人（内商籍二人），共计二百二十二人。注明曾任何种官职者有一百一十八人，分别为：巡抚一人，刑部尚书一人，太仆寺卿一人，刑部郎中、员外郎、主事各一人，礼部主事一人，兵部主事一人，御史一人，内阁中书一人，国子监学正一人，道员一人，盐法道一人，知府八人，同知六人，府通判一人，知州七人，州通判一人，知县四十四人，学正八人，教谕十八人，县学训导十一人，盐井提举一人。

咸丰朝（至十年）——进士五人，举人四十二人（内灶籍一人），贡生十四人，共计六十一人。注明曾任何种官职者有三十七人，分别为：户部、刑部员外郎各一人，刑、户、工部主事各一人，御史一人，内阁中书一人，布政使一人，通政副使一人，知府三人，同知三人，知州一人，州同一人，知县十人，学正一人，教谕七人，县学训导二人[①]。

从以上统计，可以看出：(1)清代天津科举中式人数是逐步发展的，乾隆朝的人数最多。康熙和乾隆两朝的年数分别为61和60年，从两朝天津科举中式人数相较，乾隆朝大大超过了康熙朝，是和前面所述的清代经济发展状况相一致的。即是说，到了乾隆年间，天津的教育随着经济的发展也有了很大发展。(2)在科举中式人数中，商籍和灶籍也占有一定比重，说明清代天津的盐商和灶户，通过学校教育，部分人直接进入仕途，登上了政治舞台。(3)注明曾任何种官职的总人数为453人，其中任知县者最多，为170人，占总人数的37.5%。可见通过天津的教育，为清朝培养了众多的基层地方官吏，他们直接为清朝效劳，这正是清朝乃至各个封建王朝重视教育的根本原因。

第三节　文坛呈现繁荣景象

如前所述，由于清代天津城市经济的发展，呈现繁荣景象；教育事业也随之扩大、提高；天津又具有特殊的地理条件，为京师门户、南北交通要冲，而且自然风光秀丽；再加上一批大盐商大起园林楼阁，延揽四方知名之士，诗酒流连，因此，许多国内著名文人、学者都来天津寓居过，他们直接参加了天津文坛的活动。如姜宸英、梅文鼎、赵执信、吴雯、朱彝尊、徐兰、方苞等，都是号称“园林甲一郡”的大盐商张霖的座上客[②]，查初白、查浦、朱字绿等人，也在张霖家客居过[③]。另一位大盐商查日乾及其子为仁，“以禺筴起家”，于康熙年间在天津兴建了闻名遐迩

① 以上统计，均根据《重修天津府志》卷十七《选举》。

② 《重修天津府志》卷四十三《人物》。

③ 汪沆：《津门杂事诗》注。

的水西庄，并在水西庄广开坛坫，名流宴咏，殆无虚日，其中有“厉鹗、杭世骏、万光泰、汪沆诸人”[1]。一位大盐商李承鸿，字云亭，浙江山阴人，“来津以盐筴起家，耽诗好客，筑寓游园，有半舫轩、听月楼、枣香书屋诸胜，名士皆馆其家，提倡一郡”[2]。以这三个大盐商为例，可以看出其共同点，即都雄于财，在津城大起园林，倾心结纳海内著名文人学者，而且他们自己也擅长诗文。这样的条件，对促进天津文学艺术的发展自然大有裨益。在这些大盐商的座上名流中，有的因爱上天津，就占籍于此，如“徐兰，字芝仙，绍兴人，以诗名吴越间。中年游天津，遂占籍焉”；有的因长期寓居天津，写下了专门反映天津的著作，如“汪沆，字西颢，浙江钱塘人。举博学鸿词。同修府、县志，主查氏最久。著《津门杂(事)诗》百首”[3]。

不过，也应指出，国内的名流学者、文士来天津寓居，直接参加天津文坛的活动固然起了相当的作用，而天津文坛之所以呈现繁荣景象，主要还是天津作家自身努力的结果，应该着重介绍这方面的情况。据有关文献记载，从清初至咸丰十年(1860)之间，天津文坛的主要特点如下：

首先，作家数量大增，各方人士都有。如梅成栋辑《津门诗钞》三十卷，采录清初至道光初年的天津诗人二百余人，诗作近两千首(个别为明人作)。其后，华鼎元撰《津门征献诗》八卷，对天津一百二十位诗人予以评介。华光鼐辑《津门文钞》七卷，专收天津人所写散文。这些地方性诗文总集的出现，只有当天津的诗文作者大量涌现之后才有可能。

---

① 《重修天津府志》卷四十三《人物》。
② 《重修天津府志》卷四十三《人物》。
③ 《重修天津府志》卷四十三《人物》。

其次，出现了一批有影响和成就的作家。有的全国知名，如查为仁、王又朴、佟蔗村等。有的代表了天津不同年代的诗文水平与风格。尤应指出的是，出现了女作家。

最后，据有关文献记载，撰著专集（包括学术著作）的数量同样大增，多达二三百种，其中不少著作反映了各个年代天津的现实，而且出现了专门选录天津人作品的地方性诗文总集。

现将这一历史时期在天津文坛上有过影响的作家作品，综合简述如下：

查为仁（1695—1749），一名成甦，字心谷，号莲坡，又号莲坡居士。原籍江西临川，世居天津。查氏以盐业起家，是大富商。查为仁年十七，举乡试第一，被人告发有贿赂得中之嫌，被逮，长系大狱。他在狱中仍读书不辍。越八年，被释放，赐还举人。为仁因科举得祸，遂绝意仕进，建水西庄，大兴园林，广置图书金石鼎彝于其中。偕其弟为义、为礼以诗文相切磋，并与南北过津文人交游，查氏与水西庄之名因而大噪。为仁天资颖慧，尝学诗于父初白。自经患难后，益肆力于学，于书无所不读。他的诗，能承家学，才藻横溢，神情兴会，多所标举[①]。查为仁当时在国内就知名，袁枚《随园诗话》卷三就提到查氏和他的水西庄。查氏平生著作颇多，如他与厉鹗在水西庄同笺的《绝妙好词笺》，一直广为流传，被收入《四库全书》。《四库全书总目提要·集部·词曲类》称该书笺注“或因词而考证其本事，或因人而附载其佚闻”，“其疏通证明之功，亦有不可泯者矣”。直到1984年，上海古籍出版社还将该书继续影印出版。又如查氏所撰《莲坡诗话》三卷，也一直传世不衰，不仅被《丛

① 据《大清畿辅先哲传》卷二十本传。

书集成初编》收入，也被丁福保所辑《清诗话》收入(只收四十三种)。中华人民共和国成立后，《莲坡诗话》被中华书局于1963年重新排印出版，1978年又重印，于此也可见其影响。查氏其他著作，尚有《蔗塘未定稿》八卷，《押檂词》一卷，《外集》八卷(清乾隆年间精刊本)，《咋非斋草》(又名《怅然吟》)一卷(清乾隆戊戌精刊本)，《赏菊偶和诗》一卷，《花影庵杂记》二卷，《拟乐府补题》一卷(后三书据《天津县新志》)。

王又朴(680—1760)，字从先，号介山，雍正元年(1723)进士。入翰林院为庶吉士，明年，授吏部主事，出为河东盐运使司运同。以事被劾，左迁陕西凤翔府通判，甲寅年告病归里。乾隆四年(1739)，再补汉中府通判，调泰州运判，擢庐州府江防同知，两权池州、徽州知府。当他任泰州运判时，重筑杨公堰，商民称便。所到之处，颇有政声。王氏在青年时曾以古文受知于桐城方苞，又以诗受知于卢见曾，有誉于时，可见他是擅长诗文的；但究其平生，则于经学多所阐明，尤其是对《易经》的研究，卓有成效[①]。王氏的代表作《易翼述信》十二卷，被收入《四库全书》，《四库全书总目提要·经部·易类》评价该书称："至其注释各卦，每爻必取变气，盖即之卦[②]之遗法，其于河图洛书及先天后天，皆不列图，而叙其说于杂论之末，特为有识。""阐发证明，词理条畅，可取者亦颇多焉。"其他著作尚有《诗礼堂全集》(一名《王介山先生全集》，五十七卷。另有两种卷数不详。清刊本)，单行本有《诗礼堂古文》五卷(又题《王介山古文》。清乾隆十九年天津诗礼堂刻本)，《诗礼堂杂咏》七卷(清乾隆十九年刻本)，《大学原本说略·读法》二卷，《中庸总说·读法》

---

① 据《大清畿辅先哲传》卷二十一本传。

② "之卦"即变卦。

二卷(清乾隆十二年天津诗礼堂刻本。按:《清史稿艺文志补编·经部·四书类》尚著录有《读孟》十五卷),《介山自订年谱》一卷(金钺辑。《屏庐丛刻》本),《诗礼堂杂纂》二卷,《史记七篇读法》二卷(均见《清史稿艺文志补编》著录),《河东盐法志》十二卷(据《大清畿辅先哲传》)等。从以上书目,可知王又朴是哲学家、史学家而兼散文家和诗人,学识渊博,而且他的诗礼堂还自刻书,为天津的雕版印书事业较早地做出了贡献。总之,把王又朴列入当时国内知名学者和文人之林,是毫无愧色的。

佟蔗村(1669—?)[①],名鋐,字声远,号蔗村,别号空谷山人和已而道人,汉军正蓝旗人。佟鋐长期寓居天津,佟鋐是清初天津的著名诗人。据文献记载:"佟鋐字蔗村……父某官河南布政使,兄弟六人皆通籍仕路。鋐以国学生例授别驾,不愿谒选,绝意华膴。卜居天津城西,临流水,榜其居曰沧浪考槃。布衣葛履,忘为贵介也。性嗜山水,耽吟咏。早年诗学苏陆,一变而入大历、贞元之室,津之能诗者未有过之。"[②]佟蔗村之妾赵艳雪,也工诗。"鋐筑楼贮之,因名,俗呼佟家楼,在浣花村旁。"[③]在天津历史上,有两大名胜,除水西庄外,就是这座艳雪楼。历来咏水西庄和艳雪楼的诗,屡见不鲜,故在天津历史上佟鋐是颇负盛名的。但佟鋐之所以在全国范围内被普遍引起重视,则是由于他最初助刻孔尚任的名著《桃花扇》和与屈翁山的深厚友谊。孔尚任《桃花扇本末》称:"《桃花扇》抄本久而漫灭,几不可识。津门佟蔗村者,诗人也。与粤东屈翁山善。翁山之遗孤,育于其家,佟为谋婚产,无异

① 涂宗涛:《佟蔗村与屈翁山》,《天津史研究》1986年第2期。

② 《天津县志》卷十八《人物·流寓》。

③ 《天津县志》卷七《园亭·艳雪楼》。

已子，世多义之。薄游东鲁，过予舍，索抄本读之，才数行，击节叫绝，倾囊橐五十金，付之梓人。”《桃花扇》能从抄本变为刻本，从而广泛流传，要归功于佟鋐的赞助。《桃花扇》家喻户晓，凡读《桃花扇》者，就知津门有蔗村其人，佟氏之名也因之而著。至于佟蔗村与屈翁山之间的深厚友谊，详见《佟蔗村与屈翁山》一文①。可惜这位“津之能诗者未有过之”的诗人，没有诗集传世，平生诗作已大部分散佚。现在所能见到的，只有《冬日过海光寺》《过张鲁庵方伯一亩园感旧》《游王氏依绿园》以及与钱陈群《初夏舣舟葛沽偶步野诗联句》等四五首遗诗和残句“不是悲秋亦断魂”而已。

其他的大批作家，虽不一定全国知名，但在天津地区却是有影响的。他们代表了天津不同年代的诗文水平与风格。他们之间为了以文会友、相互切磋砥砺，还先后组织过文学团体，如成立诗社之类。据记载，早在康熙年间，天津就成立过“草堂诗社”。推黄谦主盟，成员有梁洪、张霔、龙震、大悲院诗僧释世高等。与此同时，张霔还与刘文彬、施虎文、李峨仲等组成另一个“近古诗社”。乾隆之季，以康尧衢为首成立了规模较大的诗社，成员包括了当时天津大部分知名诗人。惜文献未注明该诗社的名称。道光年间，以梅成栋为主组成了“梅花诗社”。先后入社者达四十余人。其后，梅宝璐、华长卿、华光鼐等人都分别组织过诗社。无疑，这些诗社对推动天津的诗歌创作是起了作用的。甚至那位能诗的道士王野鹤也“傍三叉河结庐曰香林苑，极幽洁……诗人过者屐满户外，或戏谓其斋曰诗厂”②。可见当时的香林苑，虽非诗社，但

① 涂宗涛：《佟蔗村与屈翁山》，《天津史研究》1986年第2期。

② 蒋秋吟：《沽河杂咏》注。

也起了诗社的作用。由于方志和有关艺文志所载清代的天津文士、诗人、学者人数众多，这里，首先选择最具有代表性的张霔、梅成栋、华长卿三人略做介绍：

张霔(1659—1704)，字念艺，一字帆史，号笨仙(一作笨山)，又自号秋水道人。其父明宇是大盐商，其兄霖官至布政使并署巡抚，霔出身贡生，“官中书舍人，累试不第，归筑小室曰帆斋。霖门业甲三津，霔性孤逸，萧然无所与，尝科头趿履行街衢，为车马客所辟易。与龙震交最笃。诗似李白，书得张旭神骨”①。主要著作有：《读晋书绝句》一册(清光绪十一年天津徐氏蝶园刻本)，《欸乃书屋诗集》二卷、附录一卷(清光绪二十一年天津徐氏蝶园刻本)，《欸乃书屋乙亥诗集》一卷(高凌雯、金钺辑《天津诗人小集十二种》本。1935年天津修志局汇刊)，《绿艳亭稿》十五卷(抄本。北京图书馆藏)，《帆斋遗稿》(据《大清畿辅先哲传》)等。

梅成栋(1776—1844)，字树君，号吟斋。读书聪颖，博通群籍，尤工于诗。嘉庆五年(1800)举人，屡试进士不第。退而授徒讲学。如道光甲申年，曾“馆于城西陆氏”，教蒙童，“晨课惟温三字经，早书背罢不闻声”②。他曾在查氏水西庄故址创立“梅花诗社”，集沽上诸诗友唱和其间。后主辅仁书院讲席十余年，以奖掖后进为己任。陶梁任大名知府，聘成栋为天雄书院山长，寻授永平训导。卒于任所。成栋与庆云县的崔旭同年考中举人，同出张问陶之门，时有一日得两诗人之庆；成栋与崔旭被陶梁誉为“燕南二俊”，专门选辑二人的诗为《燕南二俊诗钞》。成栋家贫好义，济人之急，颇得众心。当他卒于永平府训导任上时，市

① 《重修天津府志》卷四十三《人物》。

② (清)梅成栋：《欲起竹间楼存稿》卷二《闲居杂诗》。

民巷哭罢市[①]。综观成栋的诗，主性灵，有真情实感，语言自然流畅，反映当时天津地区现实的诗篇不少，不同于一般文人流连风月之作。尤其可贵的，敢于指斥时弊，如那首《公论》[②]：

> 津门设巨窖，筑作饥民坟。杀此千万人，蜀川某使君。大蠹忍众怒，流言如不闻。一二小胥吏，仓谷与之分。侵食粒粒粟，毙命何纷纷。所以西郊鬼，怨毒郁愁云。双旌导之去，上考书贤员。何来无耻辈，制额颂芳芬。曰抚字心劳，取以报其勋。公论从此废，褒贬何足云！是非久颠倒，可哀在斯文。

写得尖锐泼辣，淋漓沉痛，置诸白居易的《新乐府》中亦无愧色。他对人民的疾苦表示了深厚的同情，对贫富悬殊现象也深为不满，如《秋间大疫，继以霪雨，居民悲苦，病起书事》[③]：

> 西郭无棺藁葬多，空余蒿目叹如何。
> 贫家自泣黄昏雨，富室犹听红雪歌。
> 司命神灵心似石，杀人医士轿如梭。
> 纷纷勾摄仍无定，疫鬼呼船夜渡河[④]。

其中“贫家自泣黄昏雨，富室犹听红雪歌”，对比何其鲜明！成栋不仅以诗闻名，还是个地方文献学家，所辑《津门诗钞》，不但选录了天津清代诗人的作品，还对所录各诗的作者附以小传，或加评语，或记其遗闻轶事，故其既是一部地方性的诗歌总集，也是天津地方史的重要参考

---

① 据《大清畿辅先哲传》《天津县新志》《重修天津府志》中本传加以综合介绍。
② 《欲起竹间楼存稿》卷二。
③ 《欲起竹间楼存稿》卷一。
④ 闻天津宝坻、静海俱有鬼夜渡河船，给人纸钱。

书,许多清代天津诗人的作品赖之以传,并可窥作者生平梗概,其功不可没。成栋著作,除上述《欲起竹间楼存稿》四卷(道光十二年刻本),另有《天津诗人小集十二种》六卷本和所辑《津门诗钞》三十卷(道光四年刻本。思诚书屋藏版)外,还有《树君诗钞》一卷(陶梁辑《燕南二俊诗钞》本),《吟斋笔存》三卷(《屏庐丛刻》本),《精选五律耐吟集》一卷(辑本,清道光十八年刻本。金鹅山房藏版),《精选七律耐吟集》一卷(辑本,清道光十八年刻本。金鹅山房藏版),《欲起竹间楼文集》三卷(据《大清畿辅先哲传》)。

华长卿(1804—1880),原名长懋,字枚宗,号梅庄,晚号米斋老人。长卿父省香,长于写古近体诗,兼工金石八分隶书篆刻。家富藏书,有文名。长卿能绍其家学,少学诗于梅成栋。及长,其舅父沈兆沄任江安道,长卿在那里做幕宾十年,纵游吴越楚皖齐晋大梁,足迹半天下,文思益进。道光十一年(1831)考中举人,咸丰三年(1853)选奉天开原训导,曾参与纂修《盛京通志》。同治六年(1867)告归,学使奏保加国子监学正学录衔[①]。长卿长于诗词,风格沉雄,写了不少反映现实的爱国主义诗篇。如他最早刻印自己的诗选《嚮言集》(道光二十五年金陵刻本),在自序中明确指出:“仅就戊戌迄癸卯六年中有不得已于言者,得五十首,名曰《嚮言集》,非效无病之呻吟,半属有感之讽谕。”其中七古《禁烟行》,对鸦片的危害进行了愤怒的指斥;《南风行》对1840年英国海军进犯津沽的猖獗和直隶总督琦善对敌妥协屈辱的丑行进行了揭露;《诸将》五首中,对爱国英雄关天培的殉国牺牲,抒发了沉痛的悼念之情;《负尸行》写了1842年英国侵略军攻占镇江屠杀后的悲惨情景。这些

① 据《大清畿辅先哲传》卷二十六本传。

诗篇,都是作者激于爱国主义热情有感而发的讽喻诗。长卿的诗词专集,还有《梅庄诗钞》十六卷(清同治八年东观室刻本),《四十贤人集》一卷(又名《屠酤集》。清道光二十四年刻本),《朧香馆词钞》二卷(稿本。天津图书馆藏)。除擅长诗词外,长卿博览多闻,还长于考据,而于史学体例,亦颇精核。于文字声韵学,也工力深厚,平生著述宏富,不失为一位博学多才的学者。有关这方面的著作,计有《尚书补阙》一卷(清咸丰元年刊本),《古本周易集注》十二卷(据《大清畿辅先哲传》。下同),《毛诗识小录》四卷,《春秋三传异同考》四卷,《两晋十七国南北朝年表》二卷,《唐宋阳秋》五卷,《说文形声表》十四卷"部首"一卷,《说雅》六卷,《正字原》六卷,《历代宰相表》五卷,《圣庙崇祀图考》二卷,《史骈笺注》四卷,《疑年录小传》四卷,《查初白、张船山年谱》二卷,《畿辅人物表》一卷,《津门选举录》一卷(或作六卷),《石鼓文存》一卷,《汉碑所见录》一卷,《说文引经考》一卷,《方舆韵编》二卷(或作五卷),《俗音正误》一卷,《姓薮》四卷,《泉谱》二卷,《西岳山房文钞》四卷等。

除以上三位在天津地区具有代表性的作家之外,据文献记载,其余作家撰著专集(包括学术著作)达二三百种,但大多已湮没,著录版本或注明稿本、抄本有下落者,仅五十人左右。为了节省篇幅,只将有专集传世并知其版本或稿本、抄本的下落者共五十人的姓名列出(大体按时代先后排列):金平、龙震、周人龙、张坦、张埙、丁时显、金至元(女)、胡捷、周人骥、周焯、周人麒、胡睿烈、华兰、金玉岗、查礼、金铨、查昌业、吴日圻、郑熊佳、释智方、殷希文、康尧衢、沈峻、沈兆沄、华亭、余峥、董怀新、刘锡、樊彬、姚承恩、姚承丰、蒋玉虹、栾立本、查彬、华长忠、王敬熙、梅宝璐、释显清、赵新、杨光仪、于士祐、张梦元、王鹄、华光鼐、华鼎元、孟继坤、孟继埙、李庆辰、徐士銮、王增年。他们的专集共计刻本七十九种、稿本或抄本七种、钤印印谱一种。

至于其余的大量诗文集和学术著作，虽见于文献记载，但由于不知其版本或稿本、抄本的下落，就不予介绍了。即使上面已经提到的作者，也并未将其著作全部统计进去，如周人麒，只统计了他的《孟子读法附记》（清乾隆甲辰保积堂刊本）一种，其实他还有《衣亭诗文集》（据《大清畿辅先哲传》），因不知其版本和稿本藏于何处，并未统计在内。

还应指出：清代天津，曾出现了一批女诗人，如佛女、曹炯、殷湘英、许雪棠、程德辉、栾樟妻王氏、黄静宁、李玉蟾、金沅、金至元、汪瑞、刘风岐妻吴氏、陈三才妻宋氏、孟泽大妻边氏、佟瑛妻赵氏、赵艳雪等人，皆工诗，有的还有诗集。除前面已介绍的金至元《芸书阁剩稿》外，还有栾樟妻王氏《南游》一卷、黄静宁《秋声阁吟草》、金沅《问梅草》、汪瑞《冰雪集》、佟瑛妻赵氏《残梦楼诗草》等[①]。一批女诗人在清代天津出现，从这个侧面也反映了当时文坛的繁荣景象。

第四节 艺苑活动丰富多彩

书画篆刻艺术方面的成就

诗书画同源，这是中国古代的文化传统。清代天津出现了大批诗人、文士和学者，其中不少人同时又是书法家、画家或金石篆刻家。故不但清代天津文坛呈现繁荣景象，同时天津的书画篆刻艺术也取得了较大成就。据一些志书、杂记、画录的记载，有清一代，天津画家有名可查并对其艺术活动加以评述者，即达二百多人；又据《津门诗钞》（梅成

---

① 据《重修天津府志》卷四十七《列女》。

栋)、《津门征献诗》(华鼎元)、《津邑选举录》(陈垲)、《敬乡笔述》(徐士銮)等七书记载,仅天津县(包括府城),从顺治到咸丰年间,书画篆刻家有姓名可考并对其艺术活动加以评介者,经初步统计,即达一百一十五人(内含女画家六人。另有四人年代不详尚未计在内)。1962 年,天津市艺术博物馆举办《天津书画三百年展》。其中展出从顺治至咸丰年间的天津书画家二十九人的作品共四十六幅。在这段历史时期内,天津的主要画家有朱岷、查为义、查为礼、沈铨、李绂麟、金玉冈、张赐宁、陈靖等人;主要书法家有朱岷、厉宗万、乔耿甫、杨一昆等人。

清代早期的天津绘画艺术,在花鸟中"文人画"成了主流。如查为义(1700—1763)、查为礼(1715—1782)、朱岷(康熙、乾隆间人)等,都是清代天津早期有代表性的文人画家。他们都能文、能诗、能书,以专画梅、兰、竹、菊见长。查为礼还喜画指画。以查为义的《墨兰》、查为礼的《仿高司寇指画荷花册页》[①]而言,虽描绘的都是自然,题材较为一般,可是有"借物抒情"之意,表现了那个时代画家的思想感情。

朱岷,原籍江苏武进,后受查为仁之邀,长期寓居水西庄,著有《南草堂诗稿》《田盘纪游诗草》,是书画家兼诗人。他的画,题材较广泛,如《忍冬书屋图》《秋庄夜雨读书图》《松云泉石图》都显得有生气,有意境,富情趣。尤其是那幅《秋庄夜雨读书图》,把人们带到深秋夜静、阴雨连绵的幽静境界,正是当时水西庄秋景的写照,不失为天津的珍贵史料。朱岷在当时是享有很高声誉的画家,《宋元明清书画家年表》(郭味蕖编)就著录了他的作品。同时,朱岷也是书法家,他的隶书写得非常出色,在当时就很受人重视。

① 原画均藏天津市艺术博物馆。以下所举字画,未标明者,藏处均同此。

金玉冈(1710—1773)是天津最早的山水画家之一。他多画墨色山水,有时也加以淡彩。风格细致,常用数家皴法,受元代山水画家王蒙、黄公望的影响较深。为了观察山河景色,开阔眼界,他曾多次游历国内名山大川。他画的《松云泉石图》《峰顶云罩挂月图》,显示了山明水秀的浓郁气氛。《松云泉石图》是他五十四岁左右的作品,在艺术上更加成熟。

陈靖,乾隆、嘉庆间人,年代较晚于金玉冈。他师古人,更师造化,颇好游历。对学王原祁的山水兴趣很大,据传他曾拜王宸为师,终身钻研山水画。他是娄东画派的嫡传,但山水画并不枯槁乏味。风格和王原祁也略有不同,有润泽之趣,设色用墨明快,也很干净利落,笔法苍劲,艺术上有独到之处。他的《设色山水八条屏》,把山川的面貌、四季的景象,都精熟地画了出来,给人留下深刻的印象。

陈靖的弟子王访舟(乾隆、嘉庆间人)也工山水画。另外,还有吴念湖(乾隆时人)、梅雅村(乾隆、嘉庆间人)工于画竹,亦有名于时[①]。

清代中期,天津花鸟画方面影响深远的画家,当推沈铨(乾隆、嘉庆间人)、张赐宁(乾隆、嘉庆间人)。沈铨主要画花卉,喜用古松、怪石、奇葩、异草作题材,偶尔也画山水,喜写黄山之胜。他的《双鲦》《蕉竹》等作品,技法纯熟,笔调雄健。沈铨花卉宗恽南田,其着色花卉,工丽艳雅,直追南田。他还工篆刻,高喆《青来印谱跋》:“君作奇古十之三,文雅十之七。”[②]同时沈铨还是诗人,著有《天琴石砚山房诗草》《黄山记游》。张赐宁虽为天津人,但曾在扬州寓居的时间较长,是扬州画派成

① 《津门百咏》注。

② 《津门征献诗》卷七。按:青来,沈铨字。

员之一。他画花卉多受陈淳、徐渭画风的影响，山水受沈周、石涛的影响。但他并不因袭复古，其作品有一定的生气和独创性，以清新的画风出现在当时的画坛上。如他的《秋山晴霭图》简练朴实，富有生气，《济僧像》使人感到超群拔俗，具有深沈幽默的效力[①]。

清代天津画坛上，还有一位画美人和牡丹的能手，他就是李绂麟（嘉庆、道光间人，字桐圃）。昔人对他的评价是："沽上以画名者……人物则李桐圃绂麟，工秀得龙眠之遗"[②]，"李桐圃，丹青好手也。翎毛花卉，无一不佳，出名尤在美人，故津中有'李美人'之目"[③]。"李绂麟……工花卉，以牡丹得名，时称李牡丹。"[④]观其《从军图卷》（与沈铨合作）、《撚花美人轴》《观鹅图轴》以及《梅树君竹楼编诗图》，可知昔人对他的评价，并非过誉。

清代天津的书法，比起绘画来，稍有逊色。早期天津学董其昌字的人较多，而且馆阁体的影响在当时书法界占支配地位，有特点而能自成一体的书法家还相当少。早期具有代表性的书法家，除朱岷外，当推厉宗万（1705—1759，静海人，曾寓居天津）。其所写的行书，潇洒而又有相当工力，形态变化多端，从他的《行书宋句轴》可见一斑。清代中期，天津书法家当推乔耿甫（乾隆时人，字默公，号五桥）和杨一昆（见前）。梅成栋评乔氏的书法艺术称："五桥善草书。沽上自朱导江（岷）先生、徐文山诸公后，善书者推金（铨）、乔……（五桥）神于《淳化阁帖》，于放

① 以上资料来源，主要根据张映雪《琐谈天津书画三百年展览》（《文物》1963 年第 4 期）和《天津书画三百年展品目录》。

② 《津门诗钞》卷十八。

③ 《津门闻见录》卷一。

④ 《瓯钵罗室书画过目考》。

肆之中含秀绝之致。能以绵濡墨作擘窠大字，人以为宝，名驰闽、粤间，海外人争购之。”[①]观其《草书临书谱册》，信然。另一位善草书的是金竹坡（乾隆、嘉庆间人），名显一时。另外，杨一昆的行书，能放得开，也比较巧丽秀劲。

篆刻与书法有密切联系。清代天津的篆刻家，除沈铨外，当推周焯（见前）、金铨（见前）、李钊三人。周焯，字月东，号七峰，“饶才艺，工分书及摹印”[②]。且他不但工于篆刻，对篆刻学也独具卓识。据高喆《青来印谱序》：

乡前辈周七峰先生工摹印法，尝谓予言：摹印，一镌字匠之能耳。然不足贵者，土木形骸，非精神气味之所存也。是虽一技，然欲出凡流，自名一家，亦颇不易。必本之汉印以探其源，参之诸名家印谱以别其流，博涉乎许氏《说文》及金石文字以穷其变，斯规模具矣。未已也，又必摩挲于三代彝鼎以资其古，沉浸于诗书载籍以资其文，周览于名山大川以资其奇，交游于大人君子以资其雅。久之，奇、古、文、雅之气充乎其中而溢乎其外，有不觉其流于腕底指尖者，夫然后超乎凡流，而得自名家。不然，其去镌字匠盖无几何矣！[③]

上面这段话，深得篆刻学三昧，于此亦可见其摹印之不同凡俗。金铨，号野田，江启淑《续印人传》称：“野田……游意六书章草，寄情篆刻，一以秦汉为宗。其刀法苍莽秀劲，绝类何雪溪、樵啸民，与李放亭定业、

① 《津门诗钞》卷一百七十。
② 《津门征献诗》卷四。
③ 《津门征献诗》卷七。

高青畴秉,为时并重。”[①]金铨还“工草隶诸书,于魏晋唐宋名贤真迹,靡不搜览规模,精求神理”[②]。李钊(康熙至乾隆间人),名虽少逊于周、金二人,仍为时人所称道:“摹印昔年数李老,窥𥥍蟠扁析秋毫。有时谢客还自秘,不是解人不奏刀”[③],诗中所称“李老”即李钊,可见亦为艺林推重。

和书画艺术有关的,还必须提到清初天津的一位著名书画收藏家、鉴赏家,即前面说到的安岐。其父尚义擅园林之胜,搜集历代文物字画弆藏其间,如唐孙过庭《书谱》真迹,原藏梁清标家,后归安氏。安氏在沽水草堂将它重摹上石,拓印问世。这个拓本很有名,为世所重,称为《书谱》天津刻本。安岐(1683—?),“善古诗,鉴赏古迹,不爽毫发。倾家收贮项氏梁氏卞氏所珍,颇为当代推重”[④],著有《缘汇观六卷》传世。该书考据至为精当,“其所见之广、鉴别之精,实所罕觏”。“其正录中于宋以前书画,多有考证,颇为精当。”“他如论游丝书及赵董书法,与夫论诸家书法画法处,颇多卓见。”[⑤]

鼎盛时期的杨柳青年画与初露头角的“泥人张”

天津杨柳青年画,创始于明中叶,到了清乾隆、嘉庆时,发展到鼎盛阶段,远近驰名。清代最早生产杨柳青年画的作坊有戴廉增、齐健隆两家。其后,除在杨柳青镇大量生产外,周围的三十多个村庄也从事画业

① 《津门征献诗》卷六。
② 《津门征献诗》卷六,载梅成栋撰《金野田先生传》。
③ 《津门杂事诗》。
④ 杨子勤:《雪桥诗话续编》五。
⑤ 《书画书录解题》。

生产。一般先由民间画师起稿，刻印后组织各村庄的男女老幼进行加工，画脸添色，并有专人从事装裱和外销。杨柳青是当时的生产中心和集散地。年画除在华北各省销售外，还远销东北、陕西、内蒙古、新疆等地。

杨柳青年画题材广泛，形式也较多样，大致可分为历史故事、文学典故、民间神话传说、戏剧人物、风俗、时事、肖像、格言劝诫、仕女儿童、花鸟虫鱼、风景名胜等。其中有不少反映了当时人们的生活、生产状况、风俗习惯及当时人民对未来幸福生活的祈求和愿望，画中洋溢着浓厚的生活气息。凡属精品，不仅具有艺术价值，还具有一定的史料价值。如以《三国演义》为题材的年画，《赵云截江夺阿斗》《当阳长坂坡》表现了赵云、张飞忠诚果敢、疾恶如仇的英雄气概；《东吴招亲》《回荆州》表现了诸葛亮非凡的才智；《三顾草庐》描绘了刘备请诸葛亮辅政的历史故事。这些年画反映了古代政治、军事的斗争[①]。以《水浒传》为题材的年画，如《忠义堂》歌颂农民起义，赞美了李逵与梁山好汉疾恶如仇、除霸安良的事迹；《庆顶珠》介绍梁山英雄肖恩偕女桂英反抗恶霸勾结官府进行勒索渔税的斗争。还有《穆家寨》《辕门斩子》等反映古代人民抗敌保国的爱国思想。像这样内容的年画数量最多，流行最广，不胜枚举。

反映现实生活方面的年画也不少，如《耕织全图》《庄稼忙》《瑞雪丰年》《鸡鸣富贵》《鸡声茅店月，人迹板桥霜》等。描绘儿童生活的如《十不闲》《五子夺莲》《欢天喜地》《叫蝈蝈》《儿童乐境》等。这些年画都从不同角度再现了当时人民生活的各个侧面。至于祈求幸福生活，向往

① 上引作品，均见文物出版社 1984 年版《杨柳青年画》。下同。

吉祥如意、和平安康题材的年画，就更多了。当然，杨柳青年画作为封建社会的产物，其中有些作品也宣传封建道德观念和城市小市民阶级的庸俗趣味；在质量上，也有为追求利润而粗制滥造的现象，崔旭在咏“画作坊”一诗中，有“亦同射利诗文稿，粗具形骸便印行”[①]之语，正是指此而言。尤有甚者，私制淫画。据清王清彦(同治时人)撰《通今要言》[②]卷二记载：“津郡每至年终，向有卖淫画者，最为风俗人心之害”，可见年终卖淫画的历史相当长，不能不影响杨柳青年画。这些都是糟粕。但总的说来，从主流上看，杨柳青年画在题材上反映了人民的生活、思想感情、要求和意愿。有歌颂也有鞭挞，爱憎分明，其艺术得到劳动人民的喜爱，这些都应予以充分肯定。

在艺术特色和手法方面，杨柳青年画在我国民间年画中也独具一格。在绘画艺术表现上，吸取了中国古典绘画传统的表现方法。作者善于抓住主要特征，如画儿童，就突出儿童的天真活泼，着重刻画灵活的双眼、圆胖的小手。画仕女就着重刻画聪颖、典雅、俊秀的特点。就是同类人物，因性格的不同，年龄、身份的不同，在刻画上也各具情态。从那些优秀的作品中，可以看出民间画家对生活观察是非常细致的，并经过苦心的推敲和研究始落笔描绘，所以作品才能深刻反映现实生活，富有强烈的感染力。至于具体的艺术手法，杨柳青年画作品中的线描，吸收了历代画家创造的“十八描”的方法，即对不同的对象运用各种不同的线条进行描绘；在画面处理上，非常重视装饰性和形式美的效果，也很注意构图的对称、虚实、均衡和统一；在色彩上，杨柳青年画用木板

① 《津门百咏》。

② 《通今要言》，稿本，天津图书馆藏。

套印，同时又采用人工敷色加工描绘的方法，有的作品色彩给人以舒雅、素淡、文静、调和、悦目的感觉，有的作品虽然格调明朗、色彩鲜艳，但绝不生硬、刺目；敷色方法上，有填有染，笔触矫健有力，所用色彩由于加调了白粉，效果极佳，使作品显得柔和、雅致；在制作时间的长短上，年画分细活、粗活两种，细活精致细腻，绘画工时长，粗活加工少，有的仅寥寥几笔，所费时间短，但所谓“粗”“细”并非艺术水平高低之分，其艺术效果各有不同。

杨柳青年画在开型和类别上，也是各式各样的，有中堂、四扇屏、八扇屏、对楼、贡尖、三才、格锦、喜寿屏、门画、灯纸、花纸等。在中堂条屏里又分大小不同的一二三路。四条或八条屏画如为同一题材，合起来便成“通景”，分开每条又是独幅的画。此外，还有一种“过稿年画”，不用木板，不用印刷，只是把草稿完成后，再用纸罩在画稿上，照原样进行描画。这种年画和前面所介绍的年画相比，无论制作方法和效果都完全不同。“过稿年画”虽数量不多，但也有世代相传的精品。总之，杨柳青年画以它顽强的生命力，依靠民间画家们的艺术创造，赢得了广大劳动人民的喜爱和支持，沿着自己的道路不断发展壮大。它是祖国文化遗产中的一宗财富，在历史上所起的作用是不能低估的[①]。

清代天津另一民间艺术的代表，就是“泥人张”彩塑。“泥人张”是人们对天津泥人张彩塑艺术创始人张明山的亲昵称呼。张明山于道光六年(1826 年)出生于天津府城内一个贫民庭，其父张万全靠捏制和出售泥制动物、山石、文具为生。少年时的张明山，只念过几年私塾，除帮

① 以上内容，根据张映雪《杨柳青木版年画的源流及其艺术特色》一文加以改写。该文载《杨柳青年画》，文物出版社 1984 年版。

助父亲做泥人外，还刻苦学画。早年主要学人物画，中年以后又把志趣转向于画山水。每天他都要临摹几幅上官周的《晚笑堂画传》，所以他的艺术修养提高很快，做泥人的水平也大大超过他的父亲。《天津志略》称："张长林字明山，精于泥塑。能手丸泥于袖中，对人捏像，且谈笑自若，从容不迫，顷刻捏就，逼肖其人，故有泥人张之称，誉驰南北。"张家的手艺代代相传，张明山的子孙至今还享有着"泥人张"这个美称。中华人民共和国成立后，天津市专门成立了"泥人张彩塑工作室"。

当时，天津做泥人的艺人不止"泥人张"一家，一位叶姓泥塑艺人早在张明山之前就驰誉津门，同时，民间还传说天津有位"娃娃张"，与"泥人张"毫不相干，这位"娃娃张"就是专门为娘娘庙做"娃娃大哥"的。在众多的做娃娃、做泥人的艺人当中，张明山何以能后来居上呢？当然是由于他的天赋和勤学苦练。但他初露头角，则是由于一个偶然的机会。道光二十四年(1844)，著名须生余三胜来津演出，轰动一时，于是街头巷尾马上出现了许多余三胜的画像和塑像。这些作品都从简单的形似出发，强调余三胜额部的三道皱纹，虽然外形像，但神态呆板，毫无生气。张明山也做了一尊余三胜像。在做像之前，他多次听余三胜的戏，熟悉余三胜的一举一动。他的作品没有强调余的皱纹，而是抓住余的神情和习惯动作进行刻画，因此神态毕肖，被人们誉为"活余三胜"。在这次非正式的比赛中，十八岁的张明山初露头角，艺压群彦，脱颖而出，从此名噪津门。青年时期的成就，为以后的艺术生涯打下了良好基础。因此他步入中年，艺术上已是成熟期了。张明山的不少杰作，现故宫博物院和颐和园都有收藏。泥人张彩塑的黄金时代虽是在第二次鸦片战争之后，而作为创始人的张明山，其开创之功是不可没的[①]。

戏曲的兴起与民间艺术的活跃

(1)关于戏曲活动

我国戏曲有悠久历史。清代天津，随着经济的发展和城市的繁荣，当然会有戏曲活动。早在乾隆时代，从著名画家江萱所画反映大直沽至三汊口北一带繁荣景况的《潞河督运图》中，即可清楚地看到戏楼。可见清代的天津，至迟在乾隆年间就有戏剧演出活动了，尤其是到了嘉庆、道光年间，戏曲活动已经相当活跃。首先，介绍几位可考的演员、剧作家、戏曲音乐家：

刘赶三(1817—1894)，名宝山，字韵卿，号芝轩，天津人，著名京剧演员。“面冷而工谑，世业药商，至其父，家渐起，令之就学，以儒生倡大门户。赶三折节读书，未冠，已负声华。后无所遇，改业伶，习须生，已而学为丑。”[②]他曾任清代戏曲艺人行会组织“精忠庙”之会首，以擅演丑旦戏著名。演《探亲家》时，辄骑真驴上台。常在剧中借题发挥，大胆嘲讽封建统治阶级。后因讽刺李鸿章丧权辱国受杖责，郁愤而死。刘赶三不但是著名的京剧演员，更可贵的，是他的正义感，借演戏之机，大胆讽刺封建统治阶级，甚至敢于嘲讽同治皇帝，这在艺人中是不多见的。有关刘赶三借题发挥进行嘲讽的事例，据任二北《优语集》卷七记载，就有“君子坦荡荡”“小的刘赶三”“阔哥儿害梅毒”“不雄不雌之百姓”“老五老六老七”“滕文公封王”“满贮稀粥”“真皇帝何曾得座”“有的

① 以上资料，由天津市艺术博物馆崔锦同志提供。

② 任二北：《优语集》卷七，上海文艺出版社 1981 年版，第 205 页。

都是走狗""老爷们是吃过冰的""还要变""家私要算姓李的了"等。其中"阔哥儿害梅毒",就是在大庭广众中直接嘲讽微服冶游,致害梅毒,诳称出天花而死的同治皇帝的。内容是:"清穆宗崩时,赶三适在阜成园,演《南庙请医》一剧,作科白曰:'东华门我是不去的。因为那门儿里头,有家阔哥儿,新近害了病,找我去治;他害的是梅毒,我还当是出天花呢,一剂药下去就死啦!我要再走东华门,被人家瞧见,那还有小命儿吗?'闻者咋舌,目为疯人。"[①]有的听了上面的科白,"愕然语赶三曰:'是国君也,虽诚如尔之所言,为人民者,亦当为之掩饰,不宜宣扬于众。幸坐者无亲贵,不然,尔死不知其所矣!'赶三正襟曰:'……穆宗在位,不因民困而求救拯之方,乃花天酒地,致酿恶疾,祸由自取,可以蒙一隅之听闻,而不可蔽万方之耳目'。闻者辄目为疯人"[②]。这哪里是"疯人"!真是有胆有识的铮铮汉子!天津应该以出现这样的人物而感到光荣。

石玉昆(约1810—1871),字振之,天津人,清代子弟说书演员。擅长《龙图公案》。演唱时自弹三弦自唱。曾任礼王府"供奉",但他的多数踪迹仍在北京说书场中。他以说《三侠五义》名动京师,其唱调称为"石韵""石派书",有"巧腔"之誉。据子弟书《石玉昆》(别题《评昆论》)载,他"指法儿玲珑嗓音儿嘹亮,形容儿潇洒字句儿清新",因此,成为道光、咸丰年间的著名曲艺演员。据传小说《三侠五义》《小五义》《续小五义》均是他人根据他的唱本改写而成。

---

① 张江裁:《燕都名伶传 · 刘赶三传》,转引自任二北《优语集》卷七,上海文艺出版社1981年版。

② 张江裁:《燕都名伶传 · 刘赶三传》,转引自任二北《优语集》卷七,上海文艺出版社1981年版。

王增年（生卒年不详，咸丰间人），剧作家、诗人，著有《暗香媒传奇》（咸丰元年刻本，北京图书馆藏。又，咸丰辛亥稿本，吴晓铃藏）。此剧见庄一拂编著《古典戏曲存目汇考》（上海古籍出版社 1982 年版，第 1404 页）。该剧内容未详。此外，他还著有《妙莲华诗草》五卷、《诗余》二卷（同治二年刻本）、《妙莲华室诗词钞》二卷（1922 年刻本，天津图书馆藏）。

杨暎昶（约 1740—1815），字米人，剧作家。原籍安徽桐城。曾官长芦分司，寓居天津。著有《双珠记》传奇。据《古典戏曲存目汇考》载："按《续板桥杂记》载，秦淮名姝，首推二汤，李生姐妹也。早堕风尘，从良未遂。桐邑杨米人，曾为二姬作《双珠记》传奇，情文并茂，惜尚秘之枕函云。疑即此剧。米人，名暎昶。"该剧本已佚。

吴念湖（见前），天津人，乾隆三十一年（1766）举人，乾隆三十二年（1767）进士。戏曲作家，著有《珊瑚鞭》传奇，又是戏曲音乐家、画家。"喜词曲，尝酒后耳热，偕二三友人演南北二调，虽老乐师不逮。"①因而人称之为"风流太守"，因他曾任莱州府知府。

其次，有关清代天津的戏曲活动情况，虽文献记载甚少，但我们仍可从崔旭写成于道光四年（1825）的《津门百咏》和樊彬写成于嘉庆二十三年（1818）的《津门小令》中，窥见一斑。如记载："戏园七处赛京城，纨绔逢场各有情。若问儿家何处住，家家门外有堂名（注：戏园。起于近年伶人寓此者五十余家）"②，可见至迟在道光初年，天津已有戏园七处，而且可以"赛京城"，从事戏曲活动的伶人多达五十余家，这时的戏

① 郭师泰：《涤襟楼古文所见录》，转引自《津门征献诗》卷六。

② 《津门百咏》。

曲活动已相当发达。在这之前，似乎尚无正式戏园，而是"生业仿京城。戏演新班茶社好……（注：茶馆演戏，京城最盛，津中后亦多有）"[1]，即是说普遍把茶社当演出场所。同时茶馆也是说书艺人演出和三弦弹唱之处："清凉茶肆瀹汤初，座上盲翁讲法如。一自梨园夸弟子，三弦冷落说唐书。"[2]还有在酒筵席间的演出活动，有似后来的"唱堂会"，其内容主要是"唱曲"："琵琶清脆响流珠，宛转歌喉学凤雏。小曲近来兴北调，当筵赢得一狂呼。"[3]"听曲挥金轻似土，出门跑轿快于云（注：醵金听曲，肩舆飞奔，此商派也）。"[4]"津门好，妙曲值千金。一片管弦歌荡调，十番锣鼓演清音。花酒夜沉沉（注：荡子调细声曼引，情致动人。十番清音歌曲，间以鼓吹，亦复不俗）。"[5]此外，还有杂技演出，内容也不单调，颇受人们欢迎："曲唱连环佳子弟，技翻筋斗莽妞儿（注：不施脂粉者名子弟班。九连环，小曲名。女筋斗多景州一带人，每年来此售技）"[6]，"津门好，杂技亦称奇。琐屑新闻夸数宝，荒唐故事演捶皮，影戏夜迟迟（注：手摇竹片唱无稽近事，名数来宝。击皮鼓唱，名捶皮。灯下影戏唱声尖远）"[7]。可见当时所谓的"杂技"，有唱九连环小曲的，有唱数来宝的，有击皮鼓演唱故事的，还有女演员表演翻筋斗的，而且皮影戏也传到了天津。"影戏"的"唱声尖远"，今天的唐山皮影仍然如此。总之，至迟到了道光初，天津的戏曲活动已有了相当发展，流风所及，甚

① 《津门小令》。
② 《津门百咏》。
③ 《津门百咏》。
④ 《津门小令》。
⑤ 《津门小令》。
⑥ 《津门小令》。
⑦ 《津门小令》。

至儿童也受到感染，不然就不会出现“只有儿童偏快乐，满街学唱二簧腔”[①]的现象了。

(2)关于民间艺术表演

清代天津民间艺术表演，日趋活跃，表演的形式也丰富多彩。民间艺术表演是否发达，往往和该地的民俗密切相关。清代天津民俗，基本上仍沿袭明代，但随着时间的推移也出现了一些新内容，留待下一节再谈。天津民间艺术表演之所以日趋丰富多彩，主要是由于经济的发展与城市的繁荣，逢年过节，婚丧嫁娶，迎神赛会等方面，逐渐讲究排场而促使它繁荣起来。据记载，天津有不少大小庙会，其中以正月十五日的灯节、三月二十三日的皇会、四月初八日的鬼会(城隍出巡)、四月二十八日的药王诞辰赛会、五月初在小圣庙祀元侯的赛会、七月十五日的盂兰盆会等庙会最热闹。其中又以“皇会”的规模最大，最具有代表性。皇会热闹非常的场面已在上一章做过介绍，而皇会正是开展民间艺术表演活动的场地。古代“庙会”就是祭神报赛活动，不但百货杂陈，各种民间艺术表演也集中于此，至今犹留下“赶庙会”一词，可见寺观是各种民间艺术表演的重要舞台，它和寺观的祭神活动有着密切关系。据《(道光)津门保甲图说》(道光二十六年刻本)记载，到清代中叶，天津城内及郊区的寺庙，初步统计达354座之多，显而易见，比起明代的天津，寺庙数目的增加十分惊人，这也证明清代天津城市无论是人口、房屋兴建、建筑面积等方面，都大大超过明代，不然是不需要也容纳不了这么多寺庙的。既有这么多寺庙，平均每座庙每年举行一次祭神活动，而大多数祭神活动又形成“庙会”，就会有民间艺术表演活动，如“皇会”就是

① 《津门百咏》。

典型的例子。可以说，清代天津寺庙的大量增加，对促进民间艺术表演活动的日趋活跃，是有直接关系的。

下面，仅就清代天津皇会上的各种民间艺术表演形式，略做介绍，借以窥见当时民间艺术表演的活跃情况。乾隆年间的杨一昆写过一首杂言古风《皇会论》，对皇会上的各种民间艺术表演，做了生动的描述："春光明媚艳阳天。只听得锣鼓声喧，又见那儿童欢喜妇女争妍，却原来是皇会重兴第二年。月未逢三，早将会演。""跨鼓声喧，中幡耀眼，看会的来到街前。""买卖齐声喊，喧哗有万千。""通纲抬阁是新演，今年会胜似去年。节节高，乏人办。莲花落，不耐看。猴爬杆，亦有限。杠箱官，委实可厌。稍可的是侯家后拾不闲。秧歌高跷数见不鲜，唯有那溜米厂高跷人人称赞。不论女，不论男，颠倒争把青蛇看。""又见灯火高悬，清烟四散，宝塔仍是章家办。花瓶会，到底让口岸店。打顶马的数周家露脸，衣帽新鲜，顶戴齐全，人物体面，胜似当年王寿田。""耳边金鼓震连天，会儿多，记不全，法鼓还算大园小园。一到茶棚敲的更熟练，翻来覆去离不了七二么三。夜色漫漫，行人缓缓。一更之后，众会蝉联。一伙子清音大乐声悠远，两当子河南雅乐喧，后跟一行道士调笙管……少不了老鹤龄在和平音乐前。不知不觉已过了四驾辇，法鼓声犹近，鹤龄音不远，提灯伞扇来到跟前……"[①]其中提到的民间表演艺术形式，既有"跨鼓""中旛""通纲抬阁""节节高""莲花落""猴爬杆""杠箱""拾不闲""秧歌""高跷""法鼓""清音大乐""河南雅乐""调笙管""鹤龄"等，还有类似展览活动的"宝塔""花瓶会"。可以说，皇会的表演形式繁多，争奇斗艳，热闹非凡。

---

① 《津门杂记》卷四。

据《天津皇会考记》[①]记载和“中国民族民间舞蹈集成（天津卷）编辑部”的实地调查，从乾隆年间一直流传下来的民间表演艺术，除常见的“莲花落”“秧歌”之外，还有以下数种：

“高跷”，一组由十二人组成，全市共有一百多道高跷会，在天津民间花会中是最大的舞种。分“文跷”和“武跷”。“文跷”跷高三尺，以扭、逗表演为主，注意人物感情的交流，“武跷”跷高一尺八，着重表演特技，如跳叉过人、蝎子爬等。

“皇会高跷”，有它自己的组织，分“庆寿八仙老会”和“津道鹤龄老会”等。均成立于乾隆朝之前。前者专扮为天后圣母祝寿的“八仙”，均由十三四岁的幼童，踩着高跷，随着唢呐声，在合唱庆寿歌声中表演；后者则由四个扮为鹤、两个扮为凤的幼童高跷表演者组成。鹤及凤均以藤作胎，外面用布和羽毛装饰而成，踩着高跷，伴着唢呐及单皮鼓，边表演边唱着吉祥的歌。传说“津道鹤龄老会”在乾隆帝下江南时曾在东浮桥前朝驾。乾隆赐鹤童项圈四个，龙旗两面。

“跨鼓”，由八人表演。每人把直径约三尺的大鼓套在脖子上演奏，同时有文童子十二人在一旁随唢呐伴奏，演唱鹤龄之歌，武童子十二人表演击钹。忽聚忽散变化队形，并利用钹面出“天下太平”“江山太平”字样。

“中旛”是在高三丈的竹竿上扯着旛，旛约五尺宽，上有旗、灯笼、伞、铃铛等装饰物，全旛重约百斤。“中旛”由一人表演，有“托塔”“脑尖”“旱地拔葱”等多种惊人绝技。“乡祠前远音法鼓中旛会”，据传成立于康熙年间，乾隆帝下江南路经天津，曾接过驾。乾隆赐每人马褂一

① 望云居士·津沽闲人著，一册。津沽文学社 1936 年铅印本。

件，并奖给龙旗两面。

“天津法鼓”由鼓、钹、铙、铛子、镲铪五种打击乐器组成。演奏时以鼓为主，铛子、镲铪伴奏，钹、铙则边演奏边舞蹈。法鼓的演奏严谨，配合协调。演奏的高潮是“上擂”，节奏由徐到急，由慢到快，钹、铙边击边做着上下翻飞的动作，使人眼花缭乱，激动人心。法鼓在皇会表演活动中占有重要地位。

“杠箱”，亦称“五虎杠箱”，是一种武打特技表演。情节是表现巴家五虎与劫杠者精彩的对打，以及杠箱人在竹竿上翻滚跌打的特技。杠箱表演，是将六七十斤重的杠箱穿在一根两丈多长的竹竿上，由两人边杠边表演技艺。但无论变化什么花样，竹竿不许落地，也不许离身。这是一种高难动作的表演。

“双伞秧歌”，约在康熙年间从山东传来。表演者由二十四人组成，在两位舞伞者的带领下，边扭边摆出不同的阵图，有“一字长蛇阵”“二龙出水阵”“三环套月阵”等二十八种阵图（即不同队形），故又称“双伞阵图秧歌”，有其特点。

“节节高”，亦名“重阁”。其表演特点是一个人身上背一道具，道具上面再驮一个人，表演人数为八对（十六人），每一对都扮演某一出戏中的戏剧人物，如第一对是《万家店》，下面的许仙身背一节秫杆（道具，非实物），挑着一个幌子，上面站着白蛇。下面的表演者均为身强体壮的人装扮，上面的由十二岁以下的幼童扮饰。表演时随着鼓、锣、海笛、呐的音乐节奏，变换着不同的队形。“重阁”有其自己的组织，其中“陈家沟子阖乡公议德善重阁老会”，成立于道光初年。

“通纲抬阁”，就是“抬阁”，即“制造木柜，方广数尺，以十余人抬之，上以数人饰古衣冠，装演故事，如《让成都》《取荆州》《杨妃醉酒》《霸王别姬》，名曰抬阁”[1]。

“拾不闲”，从《杨柳青年画》所载《十不闲》画面反映，乃是一种民乐合奏。当中一人，同时手脚并用，敲击锣、钹、镲、羯鼓四种乐器，两旁再配以唢呐、京胡、板胡等一起演奏。

除此之外，杨一昆在《皇会论》中未提到而仍在民间流传的，尚有“太平花鼓”和“捷兽会”。前者是乾隆朝以后才兴起的，后者可能是杨一昆漏记或当时尚未进入皇会。“太平花鼓”是咸丰年间一位凤阳人到天津西沽传授的，还成立了“西沽太平花鼓老会”的组织。表演形式是在大鼓、钹、铙、海笛的伴奏下，八位演员边舞边唱，在歌唱中不时变换着队形和舞姿。唱的曲目有《凤阳歌》《平安歌》《国泰歌》等多首。演员挑选能歌善舞的十三四岁的幼童，装扮成梁山泊故事中的人物，手拿道具进行表演。“捷兽会”俗称“姜家井狮子老会”，成立于乾隆朝之前。它表演的特点，是由五只大狮子（每只由两人操作）、四只小狮子（每只由一人操作），按着八卦“乾坎艮震巽离坤兑”八八六十四门技艺表演，因此也称“九狮图”。最精彩的节目有《一炷香》《大马驮象》等。相传乾隆皇帝下江南路经天津，“捷兽会”曾朝见天子，受过赏赐[2]。至于《皇会论》中提到的“猴爬杆”，可能是一种杂技表演。其余如“清音大乐”“河南雅乐”等，内容和形式不得而知。其他仍一直在民间流传，而不见文献记载的民间艺术表演，尚有龙灯、竹马灯、旱船、小车会、花棍舞、地秧歌、碌碡会、弄镲、霸王鞭、罗汉会、篓子灯、宝辇等数十种，其中有些表演形式，可能追溯到更早的年代，尚待进一步研究。

---

① 张紫晨:《中国民俗与民俗学》，浙江人民出版社 1958 年版，第 284 页。

② 以上资料，由“中国民族民间舞蹈集成（天津卷）编辑部”钱韵雅同志提供。

第五节 天津民俗活动的某些变化

如前所述，天津的民俗活动有其延续性和地域性，清代天津的许多风俗习惯，是从明代延续下来的，但随着时代的推移，也增加了一些新内容，是文献记载的明代天津所没有的，特分为拴娃娃、年节习俗、祀神活动、市井风气等项，现加以补叙：

拴娃娃。天后宫俗称娘娘宫，本为祀海神天后的庙宇，后来又添了“送子娘娘”“眼光（宫）娘娘”之类的“娘娘”神，不知何时开始。但据“泥人张”有关记载，至迟到清道光年间，天津就出现了专为娘娘宫做泥娃娃的民间艺人，即是说，最迟于这时民间到娘娘宫去“拴娃娃”的风气就形成了。所谓“拴娃娃”，即婚后无孩子的女子，为了求子，乃去娘娘宫给“送子娘娘”烧香许愿，从那里偷偷地拿一个泥娃娃回家（神前摆有若干三四寸高的泥娃娃），并把这个泥娃娃作为自己的长子，在家供起来。等到女子生了儿子，即使是头生子，也行二，因前面还有个“娃娃大哥”。对“娃娃哥”每天要供饮食，四季还得给它变换衣服，当真的娃娃看待。随着时间的延长，“娃娃哥”的年龄也在增长，女子还得到娘娘宫附近的泥人店里去换一个年龄相当的泥娃娃。这个“娃娃哥”一直供到老，老年的“娃娃哥”还有胡须。这种定期去泥人店换泥娃娃的举动，叫“洗娃娃”。正因天津在清代普遍家里都供有“娃娃哥”，故天津对人的尊称总叫“二爷”，和他处称“大爷”是一个意思。尊称人为“二爷”的风俗，直到中华人民共和国成立前的老天津人还一直沿用。“拴娃娃”是应该否定的封建落后民俗。

年节习俗。临近春节前，“年货上街，即有卖春联、神龛、佛像者”，还有“插供纸花”和贴剪纸“聚宝盆”等活动[①]。“人日几家尝豆粥，天灯半月缚麻秸(注:人日——正月初七日食豆粥，云免头疼。正月天灯上缚麻秸)”[②]，这样的“天灯”似乎从元旦点到正月十五日。“灯夕乐忘归。几队秧歌喧月上，满城花爆乱星飞(注:上元各处张灯，演秧歌会。苇缚火药燃之，直上半空始响，名曰起火)。”[③]所谓“起火”，就是今天的“大两响”鞭炮。“灯照元宵无鼠耗，针停上巳护龙睛(注:灯夕照鼠耗。上巳闺中不动针，恐刺龙睛)”[④]，可见元宵节燃灯还寓有驱鼠耗的意思。三月三日，有妇女停针不做女红的习俗。上元灯节，天津还有“草把灯”，场面甚为壮观:“草把灯，筑场数亩，缚草为之，高下燃炬如昼，中盘旋可十余里，游者每迷所出(按:《日下旧闻》载有黄河九曲灯，即草把灯也)。”[⑤]“草把灯”何时举行，诗注虽未说明，但按之常理，很可能是上元灯节活动的一种形式。到了端阳，天津运司署舍药，故有“丸药舍端阳”[⑥]的吟咏。同时，端阳节还有“门挂朱判祛疫”的世俗，即所谓“仗剑门悬朱判子”[⑦]，也就是在门口悬挂用朱砂所绘仗剑判官图。“六月大日稽古寺作曝经会”[⑧]，惜其内容不详。中秋节，市上有卖“倒沙兔儿爷”者，老舍《四世同堂》中仍有此描写。同时天津还有一特殊风俗，即“中秋于蟹壳燃油捻，名曰爬月”[⑨]。腊月初八日，“舍豆结缘陀佛念，谢

---

① 《津门小令》注。
② 《津门小令》。
③ 《津门小令》。
④ 《津门小令》。
⑤ 《津门杂事诗》注。
⑥ 《津门小令》。
⑦ 《津门小令》。
⑧ 《津门小令》。
⑨ 《津门杂事诗》注。

花还愿道童来，庵院岁修开（注：腊八日舍结缘豆。痘愈者愿舍道童）"[1]。可见腊八这一天，有小孩的人家要向寺庙施舍豆子，名"结缘豆"，意在使神保佑孩子出痘平安，而且小孩出痘痊愈后，还要向道观的道童还愿。

祀神活动。除前面已介绍过的三月为祭祀天后诞辰而举行的盛大"皇会"之外，还有四月的"鬼会"（祀城隍），以及上元节竞在土地庙悬灯以敬神的活动："万盏明灯酬土地，一街变相赛城隍，举国信如狂（注：户部街土地庙上元悬灯最多。城隍庙在城西北隅，四月赛会）。"[2]到"举国信如狂"的程度，可见热闹非凡。五月，倾城前去小圣庙祭元侯："二月连朝有盛会，刹那五月赛元侯。津门仕女倾城至，戴七星花结伴游（注：《天津县志》：小圣庙在河东盐坨。《长芦盐法志》：小圣海神也，旧有庙在河西，封平浪元侯，每年五月初旬，游人倾城而至。二月二十一、二、三日有胜会，闺人咸集。津人妇女戴七星花，以通草为之）。"[3]诗中所称"二月连朝有盛会"，既然"闺人咸集"，又戴七星花结伴而游，很可能是和妇女有关的节日或祭祀活动，惜内容不详。重阳节，道观有举行"攒斗"的活动，即"重阳道观聚施主香为塔燃之，名'攒斗'"[4]。在祭祀中，天津还有一个小庵名韦驮庵，香火也很盛。"手中神杵惯降魔，香火朝朝供养多。宝殿空王偏寂寞，小庵如斗祭韦驮（注：韦驮庵。刘家胡同小韦驮庙香火最盛）。"[5]这个小小的韦驮庵竟"香火最盛"，除说明群

① 《津门小令》。

② 《津门小令》。

③ 蒋秋吟：《沽河杂咏》。

④ 《津门小令》注。

⑤ 《津门百咏》。

众信奉佛教者多之外，似乎和韦驮惯于降魔有很大关系，也是人们惧魔的一种反映。何以人们普遍惧魔？也许这和现实生活中的“魔”多不无关系。

在天津的“祀典”中，也有它的地方特点。由于天津产盐，故除海滨有“圣母庙”，还有“薰风烈日祠”。“万灶盆牢（牢盆）传圣母，百年俎豆报贤王，风日祭河旁（注：圣母不知姓名，始教津人晒盐之神，海滨有庙。又有‘熏风烈日祠’）。”[①]关于儿童，父母往往于神前许愿带锁，以祈长命。“线索钱穿长命绳，铁环鼓打太平声，嬉笑闹春晴（注：小儿于神前许愿带锁，红线缀金玉钱挂胸前以延寿命。太平鼓以竹枝敲之，镮声铮铮然，即柘枝遗意）。”[②]这种在儿童脖子上带“长命绳”的习俗，今天的老天津人中也偶有保留者，至于儿童打太平鼓为游戏的古俗，今已不可见。

上述种种民俗，很多是封建迷信的活动，应于否定。这也反映了当时处在封建专制下的天津广大居民的文化教育水平低下，祭神活动是其愚昧迷信突出的例证之一。如“阎罗借寿鬼图钱，猬鼠尽神仙（注：病谒城隍神，焚纸陌，云赂阎罗可以借延寿命。狐鼠猬蛇称胡黄白柳四大家，犹南之五通也）”[③]。把“狐、鼠、猬、蛇”当为四大“神仙”祀奉，实属愚昧可笑，但对“赂阎罗可以借延寿命”之举，却不能完全以“荒诞任流传”来解释，这恰恰是那个社会现实生活的折射。人们对阎罗形象的描述，历代是有变化的。宋人谚云：“关节不到，有阎罗包老”，这时人们把阎罗看为正直不阿的神。而到了明中叶，吴承恩的《西游记》中，唐太宗

① 《津门小令》。
② 《津门小令》。
③ 《津门小令》。

李世民冥游地府，魏征能给崔判官写“走后门”的私信，崔就暗中延长李世民的阳寿，直到李世民还阳时，阎王正式提出想吃北瓜，让李世民还阳后派人为他送瓜，因此有了“刘全进瓜”的情节。这时人们心中的阎罗，不但能“通关节”，而且已经是直接索取贿赂的地府统治者了。吴承恩的这些描写，正是当时贿赂公行的现实的反映。清代天津人焚纸陌，贿赂阎罗以借延寿命的举动，也正是那个社会充斥贪官污吏的反映。

市井风气。作为清代城市的天津，和其他城市一样，也有它的市井风气，而且有些风气还带有地方特色。以婚礼来说，“彩舆高结锦楼台。观望儿疑猜（注：娶妇彩轿高丈余，上用玻璃、红绿帛装成重楼复阁形）”[①]。“门外笄舆回对月，裙边莲瓣隐绚云（注：新妇逾月归省父母，名回对月。杂剪绫帛作云蝠钩连，名绚云鞋）。”[②]娶妇所用彩轿的形式以及“回对月”等，均为西南地区所无。为丧礼服务的，有“芦席结成楼阁状，纸人扎出奴婢娇，金玉镂还雕（注：棚匠扎彩，皆甲他邑）”[③]。其中，请棚匠搭芦席棚，也有为婚娶而设的。在小儿玩具和娱乐品方面，“儿戏笑声哗。碎剪羊皮糊老虎，细穿马尾叫蝦蟆，竹马纸乌纱（注：天后宫及各庙会皆卖耍货戏具）”[④]，可见卖小儿玩具包括羊皮糊的老虎、用马尾穿的蝦蟆、竹马、纸糊乌纱帽等。“声高戏学抖壶卢，街市任欢呼（注：秋冬市人卖抖壶卢，其声翁翁，又以绳放于地，名闷葫芦）”[⑤]，这种“抖壶卢”，也大多为儿童所玩，直到今天，春节前还有儿童玩的。娱乐

① 《津门小令》。
② 《津门小令》。
③ 《津门小令》。
④ 《津门小令》。
⑤ 《津门小令》。

品和文玩有:“风筝放出美人游。花样巧工留(注:风筝作美人神仙形,殊有凌云之致)”[①];“琉璃瓶脆高擎过,争买朱砂一寸鱼(注:天后宫旧名灵慈宫,岁朝闺人咸走集焉。宫前有鬻小红鱼者,以玻璃瓶贮之)”[②]。还有古董摊,“城门内外满街泥,古董摊多不整齐。宋砚汉章名字画,家家也卖玉东西”[③],可见城内外卖古董文物的摊贩甚多,反映了当时城市文化生活的需要。尤其在雍正、乾隆年间,天津出现了洋船运来的洋货,后来更出现了“洋货街”:“洋船更载收香鸟,试爇龙涎银叶烧(注:五月后洋艘抵天津,炎方花鸟,无不麇集)。”[④]

作为城市生活的组成部分,在“鹾院署对岸一带,多医卜设摊售技”[⑤],即有江湖郎中卖药的,占卜算命的。而且,“西关外横街多倚门者”,那里还多有妓院。同时也出现了手擎石锁,动辄就动武行凶的流氓恶少:“百斤石锁手能擎,一语许人身便轻”[⑥],可见天津在 1949 年以前多“混混儿”和脚行恶霸等有其历史渊源。同样,一些游手好闲者,“把就鹌鹑看赌彩……三尺斗雄鸡(注:冬月斗鹌鹑,以财争胜负名赌彩。河东有斗鸡坑)”,“竹驾鹦哥听竞噪,泥盆蟋蟀看争雄。也有游侠风(注:游闲恶少,争胜在此)”[⑦],可见当时天津也有斗鹌鹑、斗鸡、斗蟋蟀的风气。这里,还必须提到清代中叶在天津普通出现了吸鸦片的恶

① 《津门小令》。

② 《津门杂事诗》。

③ 《津门百咏 · 古董摊》。

④ 《津门杂事诗》。

⑤ 《津门小令》注。

⑥ 《津门百咏 · 恶少》。

⑦ 《津门百咏》。

风:“城开不夜有传灯,脸色照人青(注:鸦片烟从洋舶来,人多嗜之不厌)。”[①]此种恶风,在明代和清初的天津并未出现,而是帝国主义大量输入鸦片之后带给天津人民的灾难。

最后提及一下天津的“理门”。“从前,天津有一种禁烟戒酒的道门,叫作‘理门’。民国初年,是‘理门’最盛时期,全市有大小公所九十多个,二众[②]公所二十多个。公所,就是当年理门传道授徒的坛口……一般俗称入道为‘在理’,称道徒为‘在理的’。理门信仰佛、儒两家,多宣扬肤浅的学说,作庸俗的解释,没有明确的神道见解……信奉多神,提倡烧香、上供、“打坐”、‘求顺’;主张养生,禁戒烟酒是唯一绝对的戒律……它的成员几乎都属于小市民阶层。”[③]据调查,“理门”这个封建迷信的道门,创始于清初,不久传入天津[④],当时是以抗清为政治目的的秘密组织。其祖师羊来如,山东即墨人,参加白莲教,为头目之一。后为逃避清兵的追捕,改名羊来如(原名羊澄清),潜入天津,趁清朝强制推行剃发令遭到广大汉族人民抵制的时机,创设“理门”。要求入道者严禁烟酒,各穿道服,在家修行。这样,加入“理门”,穿上道服,就不用剃发,既不出家,又保全了头发,因而入“理门”者人数众多。在收徒仪式上,羊来如分别把第一批十一个徒弟叫到身边,把“五字真言”附耳低传给每一个人,原来是“同心灭北清”五个字。后来道徒日多,在清朝官吏密切监视的压力下,羊来如屈服了,把“五字真言”改为“观世音菩

---

① 《津门小令》。

② 二众:“理门”对妇女的称呼。

③ 载《“理门”祖师羊来如》,天津民间文艺研究会编:《天津风物传说》,百花文艺出版社1984年版,第258—259页。

④ 中国人民政治协商会议天津市委员会文史资料研究委员会编:《天津文史资料选辑》(第24辑),天津人民出版社1983年版,第202页。

萨”，抹去了反清的政治色彩，一变而为“严戒烟酒”的封建落后道门了。

结　语

清代天津，经过康、雍、乾三朝的努力，恢复和发展了国民经济；清朝推行崇尚文治与偃武修文的政策；一批大盐商大兴园林，以结纳国内知名文人、学者；再加上天津特殊的地理条件和优美的自然环境，因而使天津的文化教育有了很大发展。以教育来说，乾隆时期发展到了顶峰。在文坛上，出现了查为仁、王又朴、佟蔗村等在国内有影响的诗人、学者。文学创作呈现繁荣景象：从清初至道光初年，见于《津门诗钞》的诗人达二百余人，从清初至咸丰十年(1860)之间，据文献可考的天津作家、学者的专集即达二三百种之多。在艺术活动方面，涌现出一批书画篆刻家，少数人在国内也有影响；民间的杨柳青年画进入黄金时代；具有天津特色的“泥人张”也初露头角；戏曲演出活动逐渐兴起，出现了“戏园七处赛京城”和伶人达五十余家的兴盛局面；民间艺术表演更趋活跃，其表演形式多达数十种。清代的天津民俗，基本上沿袭明代，有些是迷信落后的，但也增加了一些新内容，这和这个城市的发展变化与社会现实密切相关。

总之，从清代天津文化教育的发展可以看出：第一，必须以经济为基础，只有城市经济发展了，文化教育才有可能随之发展；第二，文化教育为广大城市人民生活不可缺少的部分，城市的扩大和发展，反过来又促进了文化教育的发展，也可从文化教育的状况，来观察一个城市的发展状况；第三，要发展文化教育，还必须有一系列发展文化教育的政策和具体措施，各级地方官吏和士绅大贾还应大力扶持；第四，和国内别的历史悠久的城市相比，尽管清代天津的文化教育较之明代已有了大的发展，但就具有全国影响的文人、学者、艺术家来看，仍为数甚少，还是比较落后的，这和天津城市形成的历史较短有关，换言之，天津缺乏文化传统。历史留给天津的文化遗产是不丰厚的。

附录：

天津古代城市发展史大事记

公　　元	中国纪元	大　事　记
约距今 6000 年	约新石器时代中期	燕山地区原始部落到天津从事采集活动。不久，全新世海侵淹没天津平原。
约距今 4000 年	约新石器时代晚期	全新世海侵结束，天津平原自张贵庄以西成陆。
公元前 602 年	周定王五年	黄河迁离天津，至山东入海。
公元前 332 年	周显王三十七年	齐威王伐燕，取十城，天津海河以南地归齐。
公元前 221 年	秦始皇二十六年	秦统一，分天下为三十六郡，天津海河以北属渔阳郡，海河以南属巨鹿郡。
公元前 206 年	汉高祖元年	汉灭秦，天津海河以北属渔阳郡泉州县，海河以南属渤海郡东平舒县。
206 年	建安十一年	曹操凿平虏、泉州、新河三渠，海河水系形成。
520—524 年	北魏正光元年至五年	折原东平舒、章武两县沿海地置章武县，海河以南地属之。
707 年	唐神龙三年	姜师度凿平虏渠，通三会海口，往蓟州运粮。

续表

公　　元	中国纪元	大　事　记
936 年	后唐清泰三年	石敬瑭割燕云十六州予辽，辽在今宝坻地置新仓镇。
1048 年	宋庆历八年	黄河迁至界河(今海河)入海。
1168 年	金大定八年	金世宗狩猎三汊口。
1214 年	金贞祐二年	刘永昌起义，占宝坻等县。翌年因策反直沽寨都统梁佐等人，遭擒，被杀害。
1236 年	南宋端平三年	立三汊沽、大直沽等盐场。
1279 年	元至元十六年	置直沽广运仓。
1283 年	至元二十年	海运南方漕粮，首航抵直沽。
1288 年	至元二十五年	在河西务置漕运司，专理接领海道运粮事。
1309 年	至大二年	立镇守海口屯储亲军都指挥使，率汉军五千，于直沽沿海屯种。
1316 年	延祐三年	改直沽为海津镇，命副都指挥使伯颜镇守。
1326 年	泰定三年	重建天妃宫于海津镇(元初所建者毁于火)。
1345 年	至正五年	重建大直沽天妃庙。
1349 年	至正九年	立镇抚使于海津镇。
1358 年	至正十八年	毛贵起义军过直沽。
1368 年	明洪武元年	明将徐达下直沽，攻克元大都。

续表

公　　元	中国纪元	大　事　记
1400年	建文二年	燕王朱棣“靖难”过直沽，赐地名为天津。
1403年	永乐元年	重建天妃宫。
1404年	永乐二年	天津置卫、筑城。
1405年	永乐三年	明王朝命沿海“诸军士屯守”，天津开始屯田。
1415年	永乐十三年	大运河全线贯通，罢海运，行“里河运粮”，天津成为漕粮转输要地。
1423年	永乐二十一年	明王朝在天津由监闸官员收取商税。
1436年	正统元年	天津卫学设立。
1446年	正统十一年	将通州以南漷县之钞关，迁至天津河西务。
1451年	景泰二年	开蓟运河，由天津转输漕粮。
1471年	成化七年	行“开中法”，商人输粮支边，领“芦盐”销售。
1485年	成化二十一年	修复新河至北塘的直沽河，为天津盐业兴起铺平道路。
1489年	弘治二年	行“折色法”，商人纳粮，领“芦盐”行销。
1490年	弘治三年	设兵备道于天津，统三卫军兵。
1493年	弘治六年	天津商业发展，增设“五集一市”。
1566年	嘉靖四十五年	明政府划定“芦盐”行销的区域。

续表

公　　元	中国纪元	大　事　记
1569年	隆庆三年	长芦盐场归并为二十个，天津的盐场辖属青州分司。 芦台盐场灶户逃匿山中。
1594年	万历二十二年	“六天津新设水陆兵”，命其“开屯自食”。
1597年	万历二十五年	天津出现民屯，与军屯共存。 设天津海防巡抚。
1599年	万历二十七年	天津市民掀起抗税斗争，烧官衙、杀税使。
1600年	万历二十八年	天津三监并列，重叠征税，商业发展受阻。
1601年	万历二十九年	汪应蛟等改建卫学学宫，使其改观。
1611年	万历三十九年	天津私盐泛滥。
1613年	万历四十一年	徐光启在天津试行南稻北栽。
1617年	万历四十五年	明朝行“纲法”，长芦盐商列名纲册，垄断销地，世袭占有。
1618年	万历四十六年	天津卫学升为州学规格。
1620年	万历四十八年	为支应辽东、朝鲜军需，在天津造船二百只。天津三卫拥有数达三百余只的遮洋船队。
1621年	天启元年	为支应辽东、防卫京畿，复设天津巡抚。
1622年	天启二年	张慎言上疏在天津屯田。左光斗在天津大兴屯田，设立屯学。

续表

公　　元	中国纪元	大　事　记
1629 年	崇祯二年	石声谐等重修学宫，并捐资在津购地，创置学田。
1652 年	清顺治九年	合天津三卫为天津卫。
1662 年	康熙元年	在天津设钞关，征收商税。
1663 年	康熙二年	清王朝鼓励天津殷富户业盐。
1669 年	康熙八年	康熙皇帝首次巡幸天津。
1677 年	康熙十六年	长芦盐政管理机构移至天津，并在天津设盐关，稽核盐引，收缴盐课。
1684 年	康熙二十三年	开海禁，各地商船纷纷载货泛海而来，天津商业发展。
1694 年	康熙三十三年	开通大沽至辽东的海道，天津与东北的商业贸易往来更加频繁。
1704 年	康熙四十三年	总兵蓝理在天津城南垦田屯种，人称“城南蓝田”。
1719 年	康熙五十八年	创建三取书院。
1725 年	雍正三年	天津由卫升州，不久又升为直隶州，辖武清、静海、青县。 清王朝在天津各盐场挨户清查灶户，逐户编入册籍。
1728 年	雍正六年	芦商“报效”捐银十万两，开盐商捐输之例。
1731 年	雍正九年	天津升州为府，辖天津、静海、青县、南皮、盐山、庆云、沧州六县一州。 州学亦随之升为府学。

续表

公　　元	中国纪元	大　事　记
1734 年	雍正十二年	天津县学建立。
1739 年	乾隆四年	天津最早的商人会馆——闽粤会馆建立。
1751 年	乾隆十六年	问津书院创建。
1752 年	乾隆十七年	乾隆皇帝首次巡幸天津。江西会馆建立。
1761 年	乾隆二十六年	山西商人在天津建立“西客烟行聚议之所”——山西会馆,这是天津第一个行业商人会馆。
1797 年	嘉庆二年	最早的汇兑组织“山西票号”——日升昌票号在天津创立。
1826 年	道光六年	官督商办由上海海运漕粮抵天津。
1837 年	道光十七年	辅仁书院创建。
1840 年	道光二十年	第一次鸦片战争爆发,英舰抵天津大沽口外。
1858 年	咸丰八年	清政府与英法等国签订《天津条约》。
1859 年	咸丰九年	天津军民在大沽口击退英法联军。
1860 年	咸丰十年	英法联军在天津登陆,攻入北京,清政府与其签订了《北京条约》,天津被开为商埠。